現代文「歎異抄」に学ぶ

親鸞の教え

田中教照

山喜房佛書林

まえがき

本書は、いろいろな尊いご縁があって出版の運びとなりました。

遠くは、筆者が学生時代から公私ともにお世話になった先々代の山喜房佛書林社長、浅地康平氏から『歎異抄』について本を書くように薦められ、約束しながら多忙を理由に実現しないまま、氏はこの世を去られ、今日に至っていたこと。三十年にわたって講師を務めさせていただいた、浄土真宗本願寺派築地本願寺の仏教壮年会の第三代会長の滝沢昭太郎氏からも『歎異抄』についての講義を本にするよう要請され、前半の師訓篇については簡単なものを十周年の記念に出版しましたが、この次は、後半も含めた完全版をと要請されながら、氏もまた故人となられ、約束を果せずはや二〇年が経過してしまったこと。そして、これも同じく、浄土真宗本願寺派東京教区山梨組の組長であった願正寺住職上杉恵教氏が平成十一年から平成二十三年に至る間、筆者を講師に組内僧侶中心の歎異抄を学ぶ会を開催され、本誓寺住職福井正樹氏がそのテープを起こされ、三冊の冊子にまとめてくださったこと。これらのご縁が後押しをして、築地本願寺仏教壮年会の三〇周年を記念にして出版しようということとなりました。特に、山梨組での歎異抄を学ぶ会では金子大栄氏の『歎異抄』をテキストにして学びをすすめてまいりましたので、それをベースにした本書は、いちいち特記しない所でも、金子大栄氏の教えが色濃く反映されています。筆者は、親鸞聖人のみ教えの理解においては、多くの示唆を金子大栄氏からいただいて今日にいたりました。感謝のみであります。

このようなご縁のなか、親鸞聖人のみ教えをはじめて学ぶ人たちに接しながら、『歎異抄』を学びたいという要望にも応えて講義してきたところですが、その際、いつも痛感していたことが、いきなり第一条の「弥陀の誓願不思議」からはじまる文章の解説の困難さでした。この第一条は聖人のみ教えの総括、まとめであって、それを初心者が最初に学ぶのは、どうみても無理があると思いつつも条の順序にしたがって講義してきたのですが、今回、本書を出版するにあたっては、条の順ではなく、教えの学びのしやすさ、を第一にして条の順序を変えてみてはどうかと考えてみました。せっかく出版の機会を得たのですから、このようなこともひとつの試みとして世に問う価値があるのではないかと考えました。今後も初心者がまず『歎異抄』を通して親鸞聖人のみ教えを学び始めたいと思うとするならば、どの条から順に学ぶのが分かりやすいか、そういう観点からも、この『歎異抄』へのアプローチの方法は今後の課題ではないでしょうか。

世の中には、沢山の『歎異抄』の解説書があるなか、屋上屋を重ねる今回の出版ですが、右のようなご縁をいただいた結果でしたので、これがいささかでも親鸞聖人のみ教えの学びに貢献することがあれば、望外の事とするものです。いや、むしろ妨げとならねば良いが、というべきかもしれません。

南無阿弥陀仏

略号

『聖典』……『浄土真宗聖典（註釈版　第二版）』本願寺出版社　二〇〇四年

金子………金子大栄『歎異抄』徳間書店　昭和四十八年

目　次

歎異篇

述懐篇

はじめに

『歎異抄』の作者

『歎異抄』の作者ははっきりとは確定できません。これまでの諸説をまとめると、おおよそ三つの可能性に集約されます。

一つは、如信上人
二つは、覚如上人
三つは、唯円房

です。

『歎異抄』は親鸞聖人のみ教えを口伝で伝え聞いた人が書き残したものであることは、その序文からもうかがい知ることができますから、親鸞聖人のお言葉をもっとも近くで直接聞いておられたのは、孫の如信上人です。なので、耳の底に残っている聖人のお言葉を記すことが出来るのは如信上人だという理解で、作者は如信上人とする説。また、ひ孫にあたる覚如上人が作者だという主張は、覚如上人が著された『口伝抄』が『歎異抄』に内容的に近いということが論拠になっています。この人も親鸞聖人に近い立場の人ですから、これも有力な説といえます。

しかし、これらはいずれも状況証拠です。それに対して、唯円房は、この『歎異抄』のなかに、実名で二回も登場します。唯円房が聖人にお尋ねする場面、そして聖人が唯円房に問いかける場面は、両者が親密な関係で、み教えについて対話しつつ、真剣に学びを深めていたことがうかがえる文面になっています。その点で、他の二説よりもはるかに説得力のある作者候補といえます。そこで、ここでは、作者を唯円房としてお話を進めてまいりたいと思います。

『歎異抄』の構成

『歎異抄』は、全体としては、五部に分かれていると見ることができます。初めに序文、次の第一条から第十条までが「師訓編」。浄土真宗の祖師、親鸞聖人の言葉が示されている部分です。そして、別序を含めて第十一条から第十八条までが「歎異編」。唯円房が当時の異義を歎いて、それをただそうとしている部分です。最後に、「右条々は」ということばで始まるところからが「述懐編」。唯円房自身の感想を記した部分。いわば「まとめ」の部分です。そして「流罪記録」になります。

しかし、「師訓篇」も「歎異篇」も各条の内容が学びのために順序よく配列されているとは到底思えません。第一条から第二条、第三条と順に学修することが親鸞聖人のみ教えを学ぶのに好都合であるとはいえないと思います。そこで今回は思いきって条の配列を変えて、学びやすい順に構成してみることにしました。前代未聞の試みですが、まず親鸞聖人が法然聖人からすすめられた「ただ念仏」から学び、その淵源(えんげん)である本願を知り、人間悪に気づく、という流れで聖人のみ教えの根本を学び、そして次に応用問題として、念仏を現実の生活の上でどう受け取っていったらよいか、といった順に学びの構成を試みてみました。「歎異篇」も学問派と道徳派に二大別し、それぞれをまとめて解説してみることにしました。特徴のあるところをまとめて学ぶ方が理解しやすいと考えたからです。以上の理由から、序文のあとは第二条からの学修となります。このような学びが成功するかどうか、読者の皆様のご叱正をうかがいたく存じます。

序文

序文には、歎異抄がなぜ書かれなければならなかったか。その基本的精神と作者の切実な念(おも)いがつづられていますので、歎異抄全体を概観しておく上でも重要です。

【原文】

ひそかに愚案(ぐあん)を回(めぐ)らしてほぼ古今(ここん)を勘(かんが)ふるに、先師(せんし)(親鸞聖人)の口伝(くでん)の真信(しんしん)に異(こと)なることを歎(なげ)き、後学相続(こうがくそうぞく)の疑惑(ぎわく)あることを思ふに、幸(さいわ)ひに有縁(うえん)の知識(ちしき)によらずは、いかでか易行(いぎょう)の一門(いちもん)に入(い)ることを得(え)んや。

【現代語訳】

(1)人知れず(2)愚かな私が思案をめぐらせて、大雑把ながら昔と今とを比べて見たところ、昔、親鸞聖人が私に(3)口づから伝えてくださった真実の信心とは異なった解釈が今、流行していることは、まことに、(4)歎(なげ)かわしく、後学の弟子たちがみ教えを(5)正しく受け継いでいないのではないかと疑われるところがあるので、こういう時は、(6)聖人に直接のご縁があった学僧から正しいことをうかがわないと、(7)易しい修行の宗教といえども入信することができないでしょう。

まったく(8)自分勝手な見解でもって他力の教えを乱すようなことはあってはなりません。

よって、(9)今は亡き親鸞聖人がお話しくださったみ教えの趣旨について、今も耳の底に残っているところを少しばかり書き記してみましょう。

これも、ただただ、(10)同じ心でお念仏を行じている人たちの疑念を少しでも解消したい、と思うからにほかなりません等々。

まったく自見の覚悟をもって他力の宗旨を乱ることなかれ。

よって故親鸞聖人の御物語の趣、耳の底に留むるところいささかこれをしるす。

ひとへに同心行者の不審を散ぜんがためなりと云々。

「ひそかに」ということ

歎異抄の作者、唯円房は、「(1)人知れず」(ひそかに)、「愚案を回らす」ことからこの著書を書き始めています。ということは、親鸞聖人の主著『教行信証』の冒頭、総序の御文にも「ひそかにおもんみれば」と出てまいりますのと心情を同じくして、師である聖人のお心に背かぬようにと、書き出しから心掛けていることがうかがわれます。「ひそかに」ということは、「おおっぴらに」外に向かって、大きな声をあげることとの反対ですから、見えないところで、内密に、人知れずということです。これは、私たちの〈内心の深い〉ところから自らの心を顧みるという意味と、遠く過去にさかのぼり、さらには行く末まで現実には見えない〝ひそみ〟のところを思う、という意味と、両方の意味があると考えられます。

ですから、「ひそかに」という方向性は、過去からの伝統や未来への見通しなどを踏まえて今を考え、同時に、自己顕示性を避けて、さらに、人には知られない自分自身の内面に向かって深く深く想いを掘り下げ、めぐらして、ついにたどりついた見解をこの書物に示した、ということになります。したがって、ここには、親鸞聖人ご存命中の過去を振り返って現状を思い、将来に向かってもこのまま行ったらどうなることか、と案じる心の広い念いと同時に、自らを非常に謙遜した態度をもって、徹底して掘り下げた、稀なる念いがそこに表わされている、といえましょう。そう考えると、私たちの思索はまだまだ行き届いていません。反省させられます。

「愚案」ということ

「愚案を回らして」というところの「愚」（（２）愚かな私）という字も、また、親鸞聖人が「愚禿」とおっしゃるのと同じ念いでしょう。どこまでも、人間の力でできることの限界に気づいた深い反省の言葉が「愚禿」であり、また、ここの「愚」案という表明でしょう。この表明も、誤り多き私たちの判断への深い内省をこめた表現といえます。人間が自分の頭で考えたことは、仏様の智慧に比べれば、結局のところ、「愚」の域を超えてはいないのです。仏様からいただいた智慧が人間の存在、それ自身を照らし出すとき、はっきり「愚」（愚かな私）と念わしめられます。このような反省は、仏様と向き合うことなくしては、ありえません。そう考えると、この表明はとても重要なことです。つまり、

〝真実の宗教に触れることがなければ、自分を「愚」とする世界は開かれない〟

ということです。これは、「ひそかに」という想いと連なって、自分の身を仏様の智慧の光で心底まで、奥深く、徹底して省みた結果、開かれたものが「愚」という境地だということです。それが「愚案」（愚

かな私の思案）という態度、姿勢に表わされた、といえると思われます。

「口伝」という物指し

その「愚案」を回らして、「**古今を勘ふる**」、すなわち古と今とを勘案する、つまり秤にかける。天秤棒に引っかけて、昔と今とを比較してみる。そうすると、「**先師（親鸞聖人）の口伝**」つまり、親鸞聖人から直接「(3) 口づから」うかがっていた「真実の信」（**真信**）と異なっているという、非常に深刻な状況が明らかになった、ということです。

『歎異抄』の作者、唯円房にとって一番大切なことは、「**口伝の真信**」なのです。親鸞聖人が直接伝えて下さった〝真信すなわち〈真実の信心〉というものは、〈口伝〉の中にある〟というのが、唯円房の基本的な受け止め方でありました。したがって、信心の是非は、親鸞聖人から直接に窺ったこと、つまり「口伝」を物指しとして判断しなければいけない、ということがこの言葉によって示されています。

そういう意味では、逆に、この『歎異抄』の作者は、親鸞聖人から直接お話をお聞きすることが出来る立場にあった人、ということですね。自分は、先生から直接に聞いているが、その直接に聞いた話とくいちがった話をしている人が最近は多くいるようだ、歎かわしい、といっているのです。

「歎く」という態度

普通、「真実の信心」と異なることが起こった場合、異なっている所を「正す」とか、「非難する」ということになるのでしょうけれども、この『歎異抄』の作者は、あくまでも、「**異なることを歎き**」と、『歎異抄』の「歎異」に当たる言葉でもって問題を取り上げます。「(4) 歎かわしい」（歎き）ことだと。その理由は、愚かな私だという視点に立つと、「愚案（ぐあん）を回（めぐ）らして」いくしかないわけですから、異なるといっても、「歎く」以上の正義は打ち出せない、ということです。お前たちは間違っているぞ、というような、居丈高な、矛先を相手側に向けるような態度はとれないわけです。〈歎（なげ）かわしい〉、〈情（なさ）けないと思うだけだ〉、という。そこが何処（どこ）までも唯円房の奥ゆかしいところであります。現代人は、とかく、正義をふりかざして、あまりに相手を追いつめすぎていないでしょうか。愚かな私という視点を持てば、歎く以上の正義は打ち出せないはずですが――。正義に奢ってはならない、と反省させられますね。

また、素直な態度でみ教えをいただいていけば、当然正しい教えが受け継がれるはずなのに、どうして曲がってしまったのだろう。なんとか正しい教えに戻ってほしい――そういう切実な、けれど、やさしい気持ちが先に立って、「歎く」というのでしょう。これも作者が阿弥陀仏の慈悲心をいただいているからで、そのお心を戴しているからこそ〝歎かわしい〟、という気持ちが現れ出たのでしょう。親鸞聖人も主著『教行信証』の最後を「善不善の心を起すこと有りとも、菩薩はみな摂取せん」という『華厳経』の文でしめくくっておられます。善と悪を分けて悪を非難し、遠ざける、というのでなく、善も悪も摂（おさ）め取る――すべて受け容れる、というのです。悪いことは悪い。でも見捨てられない。何とかしたい。そこに「非難」でなく、「歎き」があるのです。悪をも包み込む〝摂取〟という太っ腹な気概が現代人にも必要な気がしてきます。

「相続」すべきこと

つづいて、「⑸正しく受け継いでいないのではないかと疑われるところがある」（**後学相続（こうがくそうぞく）の疑惑（ぎわく）あることを思ふ**）と述べています。ここで「後学相続（こうがくそうぞく）」といっていることは、とても注目に値します。後の者は先輩たちの教えを学び、それを受け継いでいく、そこに覚りへの道が開かれる、という、仏教の学びの基本的な姿勢は、「相続」を措いてない、ということ。つまり、相続が重視される、ということです。したがって、「後学」する者の務めは「相続」することにあり、殊更に、新しいことをいう必要はない、ということでもありますね。

ところが、「疑惑がある」ということですから、「相続」ということが危うくなっている。先輩たちの教えが正しく継承されていない惧れが感じられる、というのです。「疑惑」があるということは、文字通り、「疑い」と「惑い」がある、ということでしょう。どうしてこんなことになるのか、と、疑念と戸惑いがふつふつと収めようがないほど、著者の胸の中に湧き起ってきているのです。そこで、これは何か手を打たなければならないのではないかと、念い立たれたわけですね。

「有縁の知識」に依る

この疑惑を解消する道は、というと、「口伝の真信」に立ち返るより外はない。そして、「口伝の真信」は、「(6) 聖人に直接のご縁があった学僧（**有縁の知識**）」によらなければ得られない、ということです。「有縁」というのは親鸞聖人と直接のご縁が有った人。「知識」というのは、知識を持っている人、つまり学のある人、という意味です。したがって、聖人に直接出会い、口伝の真信を共有する学のあるよき師、学僧に遇うという深いご縁に恵まれなければ、どうやって疑惑を解消し「**易行の一門に入ること**」ができましょう。つまり、「口伝」にもとずいて、正しい知識を伝承しているところの、「善知識」（学僧）に導かれることがなければ、「(7) 易しい修行の宗教」（**易行の一門**）といえども、入信することはできない、ということです。

その「有縁の知識」によることとの反対が、次の「自見の覚悟」。自分自身の考え方、自分勝手な宗教経験を振り回すことです。つまりは「自力」（自惚れた自己中心性）の物の見方、勝手な見方・考え方です。自分勝手に親鸞聖人の教えを解釈していきますと、だんだん教えが自分に都合よく曲げられていって、相続という謙虚さがあやしくなっていきます。つまり「後学相続」の正当性に疑惑がでてくるわけです。「相続」、つまり、正しい継承がなされなくなっていけば、必然的にそこに自己流の勝手な解釈が入ってきます。それが「相続の疑惑」です。

当時は、文字が読めた人は少なく、テキストとかお聖教というものをみんなが共有できたわけではありません。印刷物はなく、書写したものだけで、それも一部にしか普及していなかったので、多くの人は口伝えに伝えられたものを、そのまま憶えていくしかありませんでした。そのため、伝言ゲームではありませんが、最初の人の話が、最後のところでは、全くちがった話になる、といったことが往々にしてあった、と想像できます。

「自見の覚悟」を破る

親鸞聖人の話も、伝わっていく間に、全くちがった解釈が、その中に混じってしまった。それが、「**自見の覚悟をもって他力の宗旨を乱る**」。つまり、「（8）自分勝手な見解」（**自見の覚悟**）がそこに入ってしまったために、「他力の宗旨」がおかしくなってしまった、という事態が起こったのです。

「自力」（自惚れた自己中心性）を混じえずに、「他力」（如来様のはたらき）を素直に受け入れていくということ、つまり、「口伝の真信」をいただいている「有縁の知識」に素直にどこまでも順っていくということ。これは、言うのは簡単ですが、実行は非常に難しいわけです。どうしても自己流の理解が避けがたく混じってしまいますから。そこに「(7) 易しい修行の宗教」(**易行の一門**)といわれながらも、その易行の一門に入る人は非常に少ないわけで、お経のなかにも「易レ往而無レ人」(往きやすくして人無し)と説かれるゆえんがあります。

「他力の宗旨」は、「他力」ですから、「如来様のはたらき」。これを受け入れて、「自見の覚悟」(自分勝手な見解)をそこに混じえさえしなければ往きやすいのですけれども、「他力」を受け入れるということが私たちにはなかなかできないのです。日常が自己中心の生活ですから、どうしても「自見の覚悟」が入りやすいのです。したがって、「口伝の真信」を相続する「有縁の知識」(学僧)によって、「自見の覚悟」をうち破る道をご指導いただき、「他力」を受け入れるということでなければ、「易行の門」を実践することができない、ということです。

「聖人の御物語」がかなめ

そういう基本的な考え方をもって、『歎異抄』の作者は「(9) 今は亡き親鸞聖人がお話しくださったみ教えの趣旨について、今も耳の底に残っているところ」(**故親鸞聖人の御物語の趣、耳の底に留むるところ**)を少しばかり記すことにした、というのです。

ここの「**故親鸞聖人の御物語の趣、耳の底に留むるところ**」――これが「口伝」の中身であり、これが唯円房自身が「相続」した教えであるわけです。これを根拠にして、「(10) 同じ心でお念仏を行じている人たちの疑念を少しでも解消したい」(**同心行者の不審を散ぜん**)とするのです。「同心行者」とは、同じこころで、修行をしていく念仏の仲間。でも、仲間としてお念仏を大事にしていこうとする姿勢は同じであっても、心にわき起ってくる「不審」や不明な点が気にかかる。それを親鸞聖人のお言葉に学んで解消して行きたい。それが、この『歎異抄』を書くことになった動機、ということです。疑念や疑惑が湧いたら原点に帰る。口伝の親鸞聖人のお考えのところに立ち返って、そこから自分たちを見直して間違いがないか、学びなおしてみる――。これが『歎異抄』の異義をただす姿勢だというのです。

以上が「序文」に述べられている内容のあらましです。

師訓篇

師訓篇（しくんへん）の趣意

序文に述べられた「**故親鸞聖人の御物語**（おんものがたり）**の趣**（おもむき）**、耳の底に留**（とど）**むるところ**」を具体的に記したものが次の第一条から第十条までの親鸞聖人の言葉、すなわち「師訓篇（しくんへん）」なのですが、ここで注意しておかなければならないことは、『歎異抄』は、親鸞聖人の各条ごとの言葉を論拠にして、間違った考えをひとつひとつ論破する、という形式で書かれているわけではない、ということです。したがって、親鸞聖人の言葉を書き残した「師訓篇」つまり第一条から第十条までを全体としてよく理解することが、「口伝の真信」を相続し、ひいては後半の歎異篇の異義をただす根拠となる、と作者は考えている、ということです。

とはいえ、親鸞聖人の言葉は「述懐篇（じゅっかいへん）」にも出てきます。そのため、「述懐篇」のところに親鸞聖人の言葉が出てくるのはおかしいではないか。これは、やはり、「述懐篇」の親鸞聖人の言葉が、もとは、「師訓篇」の方にあったのではないか。あるいは、「師訓篇」の聖人の言葉がもともとは「大切の証文」としてむしろ「述懐篇」のところに組み入れられていたのではないか――こういう疑いをもたれる方もあるわけです。

しかし、これは、「述懐編」が親鸞聖人の物語と歎異を思い合わせながらのまとめの述懐であるということからすれば、現在の異義を念い、かつての聖人の言葉をなつかしく念うがゆえに、改めて聖人のお言葉を書き記されたのである、と理解できましょう。したがって、「述懐篇」の聖人の言葉は、「師訓篇」とは分けて理解するのがよい、と考えます。

親が子を念う心として

また、『歎異抄』「師訓篇」を読むわたしたちの心持ちは、「わたくしたちの親たちの心になって親鸞のことばを聞くということであります。」（金子三八頁）と金子大栄氏はいっています。親が子を念うような心とはどういう心でしょうか。例として、飛鳥時代の彫刻や、天平時代の美術とかいうものは、あの時代の人たちは、今の美術と比べて、あまりにも幼稚なものしか描けなかったのだ、というような批判的な言い方はすべきではないように、

「わたしたちが、『歎異抄』を読む心もちにおいても、むかしはこんなことしか考えなかったのだ、ということでなくして、われわれの親たちが喜んで聞いたその聖典のよさが、子孫のわれわれにもわかるであろうか、というのが古典のこころである」（金子三九頁）

と金子氏は述べています。

そして、さらに、

「それをもう一ついいかえますと、今日の問題も必ず親鸞が答えてくれるにちがいない――、ということであります。　略　そして、どんな問題であろうとも、『歎異抄』に親しんでおれば、何かそ

こから答えが出てくるにちがいない。略　親鸞のことばというものを根拠として唯円の歎異を見ていこうとするのでありますけれども、わたくしは逆に唯円の歎異というものを親鸞のことばの注釈として見ていきたいと思っているのです。親鸞のことばがはっきりわかる人はそれでけっこうなのですが、何かもう一つそこのところがわかりたいというときは、唯円の「歎異篇」によって了解することができる。略　唯円の説明を聞いて、はじめて、ああ親鸞の心はそうであったかというところへ帰ることができるのです。」（金子三九―四二頁）

と、金子氏はいっていますから、『歎異抄』を古くさいものとして読むのではなくて、〈私たちの問題の答えを、そこに見いだすことが出来るのではないか〉という気持ちで唯円の歎異の心を探究し、親鸞聖人のお心に迫ってまいりたいと私も思っているところです。

念仏と本願と往生

すでに述べましたように、『歎異抄』の基本精神は「相続」ですから、『歎異抄』には親鸞聖人の中核となる教えがそのまま語られている、と考えなければなりません。そうすると、『歎異抄』が語るキーワードは「本願」と「念仏」と「往生」であると金子大栄氏はいっています。この三つのことばの意味とそのつながりを了解しておかないことには、『歎異抄』は読めない、ということになります。そこで、「師訓篇」の本文に入る前に、この三つのことばについて以下、金子氏の卓越した理解を手がかりに概略を学んでおくことにしましょう。ただし、金子氏は、本願、念仏、往生の順に解説しますが、私はまず身近な念仏から説明に入りたく思います。

「念仏」ついて

親鸞聖人は、主著、『教行信証』教巻において、お釈迦様の数ある教えの中でも、「真実を明かす」お経は『大無量寿経』である、と述べられ、その『大無量寿経』というお経は「如来の本願を説きて経の宗致とす、すなはち仏の名号をもつて経の体とするなり」と要約され、お釈迦様にこのお経を語るように促した、奥にある隠れた「念い」は、阿弥陀仏の本願であり、この「本願」がこのお経の中核「宗致」である、そしてまた、「名号」（南無阿弥陀仏）がその「体」である、とこの二つがこのお経の教えの根本、車の両輪である、と示されました。

では、このときの「体」とは何を意味するのでしょうか。ここでの体とは「実体」ということです。私たちが直接に触れていくもののことです。つまり、いちばん具体的な「ものがら（物柄）」を表わして「体」というのです。したがって、南無阿弥陀仏という具体的な「ものがら」があってはじめて仏様のはたらきも感じられ、真の自己も見えてくるのですから、「南無阿弥陀仏」が『大無量寿経』の教説の実体——具体的な「ものがら」である、ということです。

一般的な多くの人々の考えでは、仏様というものがあって、そして、自分というものがあって、仏様と自分との間をつなぐジョイントの役をするものが「念仏」だ、あるいは、「信心」だ、というふうに考えてしまいがちですが、それは、理屈にしかすぎません。

光があり、目があるから見えるのだ、というのは、理屈です。実際は、そうではないのです。実際は、見えるという事実があってはじめて目があり、光があることが了解されるのです。光があっても見えないことがありますし、目があっても光がなければ見えません。だから、光と目があるから見えるのだというかもしれませんが、実際は、見えた、という事実があってはじめて、目があったから見えたのだ。光があったから見えたのだ、と解説しているのです。大事なことは、見えたという事実がそもそもの出発点で、見えたという事実からしか、光があることも、目があることも、分からない、ということです。

だから、

「如来を信ずるならば如来の存在を証明せよということをいいますけれども、そうではありません。念仏の心において、まず明らかになることは自分というものです。念仏とは、自己を発見することである——わたくしはそういいたいのであります。」（金子四六頁）

と金子氏はいっています。

「南無阿弥陀仏」と称える具体的な「ものがら」である念仏によって明らかになるものが、真の自己であり、また、如来様のはたらきなのです。つまり、「南無阿弥陀仏」をお称えすることによって、真実の自己が見えてくるのであり、そこから、真の自己を明かす阿弥陀仏様のはたらきも感じられてくるのです。阿弥陀仏の存在証明ができてから、念仏を称えるのではありません。念仏が先です。念仏している仲間からまず念仏を称えることを勧められて、みずから念仏を称えること、そこからすべてが始まるのです。

念仏は自己発見の場

親鸞聖人は、まず、法然聖人から念仏を勧められ、念仏を称えているうちに、「名号を聞く」というお経文から、念仏とは阿弥陀仏様の「まかせよ、かならず救う」という呼び声を聞くことなのだと気づかれ、その呼び声を通して真の自己すなわち、自分を罪と悪の深い愚者と見る視点を与えられたのです。このような真の自己を見いだすということは、「念仏申す、そこに自己あり」ということでしかありえません。「何のむずかしいことをいわなくても手を合わせて念仏するとき、そこに自己があり、そこに自分が見出され、そこに自分の存在の場も見出されるのである。」（金子四六頁）と金子氏はいっています。念仏申すことにより、自分の真実のすがたを見るばかりでなく、「自分の存在の場」も見えてくるということです。「自分の存在の場」というのは、自分が、今、ここで何をしなければいけないのか、自分に与えられている仕事は何であるのか、皆が私に期待しているものは何であるか、ということが明確に見えてくるのが、「自分の存在の場」を見い出すということです。

こういうと、自分のことは自分が一番知っているから、何も念仏によって自分を知る必要はない、という人がいるかもしれません。しかし、実際は、他人が見る程にも自分で自分を知ることはできていません。自惚れが強いのが人間です。自分の欠点は見えていないものです。念仏を通して仏様から教えてもらわないと真実の自己を見誤ってしまいます。だから、〝自己を発見する場が念仏である〟といっていいのです。真の自己を見い出したという、そのことにおいて、その見い出さしめた光として、阿弥陀仏のはたらきというものが感知されるのです。それが南無阿弥陀仏といわれるものであります。

したがって、阿弥陀仏の存在証明というような苦労は念仏の上にはないのです。念仏そのものが、真実の自己を知ることができた人間の宗教感情の発露、ともいえるのです。それは〈敬虔感情〉あるいは〈畏敬感情〉といわれます。そういう敬虔感情を表現したものが「称名念仏」という姿勢で、そういう念仏する姿勢そのものの上において人間を超えた仏様のはたらきを感じるので、阿弥陀仏様は念仏の中に阿弥陀仏自身の存在証明をしている、ということになります。そこにこそ、まさしく具体的な意味での「ものがら」（体）としての念仏のはたらきが現れているといえるのです。

したがって、直接に私たちが大切にする「ものがら」は、「南無阿弥陀仏」です。その「ものがら」を「体」というわけです。その「体」としての念仏をとおして、私たちは、「本願」という大切な阿弥陀仏の願い、大慈悲心という「ことがら」（事柄）に気づいていくことになります。

念仏という体勢

「南無阿弥陀仏」が「体」である、ということは、どんな場合でも、「南無阿弥陀仏」が元にならなければ、仏様に出会うということは成り立たないということです。それを失うと仏道を求めるという「体」勢がくずれるのです。

たとえば、夫婦関係の根本は愛ですが、夫婦の具体的な「体」は和です。夫婦げんかばかりしていては夫婦といえないでしょう。それでは、夫婦の「体」勢がくずれていることになるのではないかと思います。夫婦相和していくところに夫婦の「体」がなければならないはずです。それによってかえって夫婦愛は育まれますね。

よって、念仏がないと阿弥陀仏の本願をいただいていく手立てはないのです。お念仏が本願を明らかにしていく。本願とは「仏心のいわれ」です。仏心すなわち仏様のこころをいいあらわしたもの。仏様のこころから出た〈ことば〉が本願である、とそのリアリティを念仏によって教えられるのです。

真実の自己を見失って、常に自分は正しいと自惚れて、愛と憎しみとに執われ、争い合っているところの人間を、みんなが心からうちとけた平等、一如の世界、すなわち〝浄土〟にあらしめたいというのが「往生」を願う仏心のいわれ、すなわち私たち衆生の「往生」を願うという根本の願い、つまり本願です。そういう「往生」を願う本願、すなわち「仏心のいわれ」がここにありました、ということにうなずかせてくれる手だてとなる「ものがら」が念仏なのです。そうして、念仏によって、仏心のいわれ、本願を素直に受け入れたところが「信心」です。信心をいただくと、ここに往生の宗教の道理がある、と了解されます。往生が真実だと。そうすると、「往生」を願う本願という、人間を超えて人間を動かす理法があるから、これからはそれをいただいて「往生」を目指して生きていこうという道が開かれます。

このように、阿弥陀仏の「本願」は、「往生の宗教」における道理、理法を明らかにする根本的な願いである、といっていいでしょう。その本願は信心つまり私の真実の姿を受け入れる心によって理解されますが、それに対して、念仏というのは、その姿勢です。身の動きといってよいでしょう。「身があって心がある」のですから、「念仏（ねんぶつ）」を申すことの行為は、やがて「本願（ほんがん）」を信ずるという心になる。しかしまた、「心があって身がある」ので、信心に帰し、「本願」を信ずるという心の事実は「念仏」を申すという身の姿勢に現し出される、というわけです。

このようにして、「私たち衆生の往生」を願う大いなる本願という「道理」、それが「宗」といわれる中核にあるもの。すなわち「宗」は、直接私たちに届けられた念仏という大いなる「体（たい）」をもって明かされる道理なのです。念仏を通して本願という中核へ帰る。また、本願という中核から念仏出現のいわれが知られてくる。この二つのダイナミックなはたらきを明らかにしたのが、親鸞聖人のみ教え、浄土真宗なのです。

よもぎ餅のねがい

人間は、物の世界に生きているように思いながら、実は、「ことがら」（意味）の世界に生きているのです。だから、念仏という「ものがら」を通して本願という「ことがら」（意味）が明らかにならなければ人間の気持ちは収まりがつかないのです。

私が、「本願」という意味の世界について考えるときに、一番分かりやすいたとえ話としているのが、千昌夫の「北国の春」の歌詞です。あの中に「季節が都会ではわからないだろと　届いたおふくろの小さな包み　あの故郷へ　帰ろかな帰ろかな」とあります。

「季節が都会ではわからないだろと」というのが親の思い「ことがら」、これがここでは「本願」に相当するのです。

「届いたおふくろの小さな包み」というのが「ものがら」、つまり「念仏」に相当します。

そして「あの故郷へ　帰ろかな帰ろかな」というのが、「往生」という宗教ということになりましょうか。

この、「北国の春」の歌詞のこころを私なりに解釈してみますと、故郷を離れて都会で暮らす息子の下宿におふくろから「包み」が届く。開けてみたら、ふるさとの香りいっぱいの「よもぎ餅（もち）」が入っていた。都会に住んでいる息子には、ふるさとに春が来たことが分からないだろうから、それを教えてやりたいなあ、そして故郷を想いながら都会でも頑張ってほしい、と子を案じる親の気持ち。それが自然に動いて、その気持ちをいっぱい込めた具体的な物柄、すなわち「よもぎ餅」が息子のところに届けられてきたのです。

ですが、この具体的な「よもぎ餅」を手にしても、なんだ、こんな「田舎餅」か、都会にはもっと美味しいお菓子があると、餅だけみてとポイと捨ててしまえば、それで一巻のお終いです。

「季節が都会ではわからないだろうと」という、親の子を想う気持ち、「故郷でお前のことを心配している人がいることを忘れず頑張ってほしい」という親の想いが餅を通して伝わらなければ、「あのふるさとに、帰ろうかな、帰ろうかな」という気持ちには至りません。

「よもぎ餅」という具体的な物をとおして、その「よもぎ餅」に込められた「ことがら」（意味、想い）――親の想いとしての、「ふるさとにも春が来たよ。元気かい。親はいつもお前のことを案じているよ」

という親心という「ことがら」に気づかされると、親というものはありがたいな――、と。そこから、故郷あっての今の自分だから、故郷を忘れて生きていてはいけないな、たまには「あの故郷へ　帰ろかな帰ろかな」。案じてくれている親に元気な姿を見せて安心させてやろうかな、という気持ちが自然と生まれてくる――。

ですから、「お念仏」という具体的なものを通して、その念仏に込められた「阿弥陀仏のこころ」、すなわち「浄土にあらしめたい」という「本願」が感じられ、気づかれてくる。それがやがて、「お浄土」に生まれたいなあ、という「往生」の念いを起こさせてくださるのです。その具体的な手だてとなるものが「体」として念仏なのでした。

「念仏」をただ単に言葉という「モノ」として受け止めたら、呪文になってしまいますけれども、「仏心」の「いわれ」、すなわち本願を聞かしていただくところに、単なる呪文ではない、隠れた大きなはたらきがあることが明らかになります。「南無阿弥陀仏」のお念仏に阿弥陀仏様がどういう念いを込めているのか、そのことを尋ねていくのが、「お念仏の中に仏心のいわれを聞く」という「お聴聞」です。法話を聞くことです。お聴聞して「念仏」の奥にある、「本願」が分かれば、「往生」（お浄土に往かなければならない）の道、人生の方向性がおのずから開かれてくる、ということです。お念仏は阿弥陀仏の願いと、私たちの想いをつなぐ架け橋なのです。そういう「ものがら」が具体的な形としての「体」といわれるものです。ですから、「南無阿弥陀仏」という具体的な「ものがら」をとおして、阿弥陀仏様の「おこころ」に気づいていく、ということが私たちの人生生活において大事ですよ、と親鸞聖人はおっしゃるのです。その阿弥陀仏様の「おこころ」がすなわち、「本願」というもので、これなしには私たちの人生は意味を失う。ここに私たちの人生にとって一番の大事なことがらが集約されてあるので、その意味で「宗致」といわれるのです。

「本願」について

すでに述べたように、念仏という「ものがら」の奥にある「ことがら」が本願ですから、本願とは、具体的な事柄が示す中核の意味といってもよいでしょう。

考えてみれば、私たちは日常、いろいろな行動をおこして生活しているのですが、その行動は何を中心において行動しているのか――。これは、人間が常に意味を求める存在だとしたら、とても重要なことです。価値観の中心、行動の基準をどこに置くか、それは、だれもがいつも気にしていることではないでしょうか。現代社会は、個人の欲望の満足を価値の中心において生きているようですが、それでよいのでしょうか。環境危機を招いた資本主義経済は現代世代が未来世代にツケを残す構造になっています。このような中、宗教は、「宗致」、つまり宗、中核となるものを教えるもので、もっとも大切な価値を教えてくれているはずなのですが、現代人は宗教を軽視し、自己中心的に生きています。自分さえよければ、自分たちの時代さえ何とかなれば他の人や他の世代がどうなってもそれでよしということでしょうか。そういう発想はもはや限界にきているといわねばならないでしょう。親鸞聖人は８００年の昔に、すでに、自力（自己中心性）は否定されなければならない。他力（阿弥陀仏の願いのはたらき）を人生の中核に置いて行動しなければならないと教えられたのです。自己中心的な生き方は、宇宙の法則に反した妄想である、そして、阿弥陀仏の本願こそが真実である、と教えてくれるものが、『大無量寿経』というお経です。ですから、このお経は、本願を経の「宗致」としています。お経が出来上がった大本にある「念い」は「本願」である、ということです。

身の姿勢

ところで、私たちはいつも「人生とは何ぞや」という根本的な問いを抱えて日常生活を送ってるのですが、しかし、その日常生活そのものがその答えということではないですね。日常生活はあくまでそのような問いに対する答えを導く手がかりとなるものであります。そういう日常生活をとおして「人生とは何ぞや」という意味を尋ねている。その時、誰の人生にも浮かび上がってくる「人間の営みへの共通の念い」というようなものがある。それこそが日常生活が私たちに教えてくれる、「人生とは何ぞや」という問いへの普遍的な解答というべきものではないでしょうか。

ですから、私たちは、日常生活を送る中で、『大無量寿経』に対しても、同じ問いを発して、人生にはどんな意味があるか、をたずねると、おのずから念仏という「体」を通して浮かび上がってくる阿弥陀仏の「本願（ほんがん）」というものがある。そして、この本願に気づいていくことが、人生の意味を尋ねるうえで、とても大事なことだ、ということが知られてきます。そういうことから、本願こそがこの経の「宗致（しゅうち）」すなわち中心である、といわれるのです。

では、その『大無量寿経』に説かれる阿弥陀仏の本願とは何なのでしょうか。それは、妄想に明けくれて生活している私たち人間にかけられている仏様の願いです。この世の差別動乱という真実に気づいたがゆえに、すべての人々を争いを超えたところの平等なる世界、すなわち〝浄土〟でありますが、その浄土にあらしめたいという――これを「往生」と申しますが、その往生こそが阿弥陀仏の願いであると『大無量寿経』は明かすのです。その仏様の願いを心に受け入れて、身の姿勢といいましょうか、生活の態度といたしましては、念仏を称えるということ、これよりほかに人生の意味はない。それこそ真実を明かす宗教である、ということ。これがこのお経を通して宗祖（しゅうそ）、親鸞聖人が明らかにしたみ教えなのでした。

したがって、阿弥陀仏の本願を日常生活の中心において生活していくということがまちがいのない生き方で、それは、本願を宗とすること、すなわち、「仏のまことの願いを心にうけいれることにほかならないのであります。」（金子四四頁）と金子氏はいっています。

本願は無我

しかし、ここで注意しなければならないのは、阿弥陀仏の本願と、いつでも混同されがちなのが人間の理想です。人間の理想を説いたものが仏の本願である、ということをいう人がいますが、その人間の理想には「我（が）」（自己中心性）というものが避けがたく入ります。そうであるなら、仏教に説かれる真の理想とはいえない。なぜなら、仏教の立場からすると、真の理想は「無我（むが）」でなければならないからです。無我なるものこそ仏陀すなわち「大我（たいが）」なのです。大我とは、自我（じが）を超えた大きな宇宙全体を包み込んでいくような「我」のことで、そのような宇宙大の存在が仏陀（＝如来）ですから、「如来の本願（ほんがん）こそ無我（むが）である」といわれるのです。したがって、如来様の慈悲も「我」の損得勘定を入れない「無我の大悲である」ということです。いっさいの生きとし生けるものに平等に注がれる慈悲心が如来の大慈悲なのです。これは、私たちの我をはるかに超えている、超我といってもよいのです。したがって、人間の理想といっている限りは、みなそれぞれ我（自己中心性）をそこにしのばせてしまいますから、ついには理想といっても理想主義の名のもとに争（あらそ）いが起ってしまいます。それは仏様のこころではない。

それに対して、無我のこころを現し出したものが「如来の本願」ですから、その本願というものにうなずくとき、はじめてわれわれは無我になっていくのです。「無我」ということは、読んで字の通り、「我（が）」が無い、ということで、わたしたちの「我（が）」を打ち砕（くだ）いていくものが無我のはたらきです。したがって、如来の本願によって、わたしたちの「我」が打ち砕かれていく――その転換が「往生」(無我なる浄土を目指す)ということ。こういう営みの中に、「本願」のはたらきがあるということです。

本願は具体的にはたらいてくるので、「本願力」というように「力」の字を付していわれることもあります。これは、別なことばでいいますと、「如来の本願とは、人間の願いではなくて、人間にかけられている無我への転換、つまり往生への願いである」と、こういうべきなのです。

これを親と子にたとえれば、子の願い(理想)を中心にして、親がそれを助ける、ということではなくして、親の願いがかかったところに子という存在が明らかになる、ということです。子ども自身が、「親の願いがかかった存在である」ということに気がついたところから、本当の生き方、「親孝行」ということも出てきます。親を食事に連れていって御馳走してあげたり、温泉旅行に連れていく、という、子どもの側からの願いが真に親を安心させる親孝行ではなくて、親の願いの深いわけ、子供の欠点を知って、それに気づかせ、のり越えて生かしてやりたいという親の悲願を明らかに知って、その願いを素直に受け入れて、親を安心させることが真の「親孝行」なのだ、という百八十度の視点の転換が気づかれてくるとき、真の意味の親孝行が成立するのです。そういう意味での「親孝行がしたい」という子供は、そのような親の願いに立つがゆえに、実は、どんなつらいことにも耐えていけるのです。自分が有名になりたいとか、お金が儲かる、というような自分の理想を実現するなかでの親孝行では、人生の厳しさに耐えていけるようにはならないのです。

親鸞聖人は、結婚生活を営まれましたから、親の子に対する情愛というものに気づかれました。出家を中心とするお坊さんは、親の想いを理解することがむずかしい。そして、親には、子供がはかり知ることのできない深い想いと行動がある、と知られたのでした。それが親様である阿弥陀仏様の、子である私たち衆生への想像を超えた願いのはたらきの発見へと展開することになったのです。それが、すなわち、「他力回向」（仏様の一切衆生に対するはたらきかけ）の発見だったと私は思っています。

　したがって、人間にかけられた仏様の願いは、我執が強く、自分を善人だと思いたがる私たち人間に対して、自惚れるな、そうしないと正義を立てて、争うことになるぞ、無我であれかし、と願っているのです。その願いを素直に受け入れていくところに我執を否定する人生の営みが成立するのです。それが「如来の本願力に遇う」ということであり、また、「往生を願う」ということでもあります。その本願力を私たちの日常生活の中心にいただいていくということが一番大事だよ、というのが、親鸞聖人の「本願を宗致とする」というお示しなのです。

　では、「その本願の〈いわれ〉を明らかにする」とは、どういうことでしょうか。それは、本願を通して、人生の真実を知らされること。人生において真に大切なもの、その深いわけ、それを私たちが生涯かけて明らかにしていく、ということです。それは、結論からいえば、われわれ人類に阿弥陀仏が願いをかけて、そして、「すべての争いを超えたところの平等なる世界、すなわち浄土でありますが、その浄土にあらしめたい」と、そのように「かくあれかし」と自我転換の「往生」を願っていてくださっていること、それに気づいて、実際にそうしていくこと、それが私たちの生活の中心に置かれるべき、ということなのです。したがって、私たちは、真実を知る仏様の願いを明らかに知るところに人生の意味があり、したがって、真に大切な営みは往生である、と知っていくことが本願の〈いわれ〉を明らかにすることになるのです。このように見ていくと、「往生」は、単に個人の救いを約束するものではなく、人類すべてが自力（自己中心性）を打ち砕き、すべての争いを超えたところの真実、平等なる世界＝浄土を求めて転換することであるのです。

「往生」について

さて、「人生とは何ぞや」ということを考えるとき、それは、真実を明らかにする教えすなわち『大無量寿経』を根本として立つ私たちにとっては、最終的には〈往生極楽の道〉を歩むということが重要であります。極楽に往生する道を歩くことが人生の目的である、といってよいでしょう。

そこに話がいかなければ、「お念仏」も、阿弥陀仏の「本願」も、人生も、妄想のうちに終始し、最後に意味はなくなってしまう、ということです。金子氏はいいます。

「しからば、わたくしは一つの反対のことがらをいってみましょう。往生に対することがらは往死です。死んでいくということです。極楽に対することばは極苦です。略　人間には苦しいということがある。けれども、その苦しいことのきわまりは、死ぬということではないであろうか。死なねばならないことは、人間にとっての極苦であるといってよいのではなかろうか。だから、あとで〈地獄一定〉ということがいってあります。」（金子六一頁）と。

いま医学が大きな転換を迫られていますのは、昔の病気と、今の病気と、百八十度違ってきた、ということです。昔の病気は、急性の病気だったのです。ウイルスが入ってきて悪さをする、熱が出る、というようなものです。そういうものは、薬で退治すれば、もとに戻るのです。しかし、最近の病気は、じわじわとくる慢性の疾患です。糖尿病であるとか、高血圧症であるとか。こういうものは、今の医学では、もとに戻しようがないのです。じわじわとやってくるものは、すぐ死ぬということはないのですが、死に向って生きていかなければならない。ガンも今はすぐには死に至らない。慢性のじわじわ来る病気は、本人が死の宣告を受けてから、何時か何時か、とおびえながら暮らさなければならないのですから、つねに死を思いながら生きていかなければならない、ということになります。残された時間の中で、言いしれぬ暗いものが心の底からこみあげてくる。そのことに向き合って私たちは生きていかなければならない。一年なのか。二年なのか。三年なのかわかりません。だから、キュア（治療）より、死を見つめて生きることのケア（看護）の方が大事になります。

これは、ご本人も大変でしょうが、家族も大変です。これが、金子氏が述べているような、「往死」（死に向かう）、「極苦」（苦しみが増していく）の道、ということです。このようなことが私たちの人生には避けがたくやってくる。ですから、

「それが現実の人生であることをはっきりと見つめますと、そこに往生極楽の道を求めずにはおれない。いいかえれば、死ぬということは往生極楽の道であり、光明の世界を見ていくのであるということになりますと、人生に親しむことになってくるのではなかろうかと思います。」（金子六二頁）

と金子氏はいいます。死を単なる死に終わらせないで、さらにその先に、私たちが、希望をつないで生きていく道を見出す。それが生き方の転換すなわち「往生」ということです。それを可能にしてやりたいというのが「本願」です。死んだらお終いだ、という世界には、「往死」しかありません。袋小路に追いつめられて行くしかない人生です。

「往死極苦の道」という人生は、引き算の人生です。砂時計のように寿命がなくなっていって、どうにもならない、袋小路に追いつめられていく人生。それとは反対に、「往生極楽の道」を行けば、それは足し算の人生です。日々命をいただき、仏様の願いの世界に一歩一歩近づいていく人生です。それは希望を失わないどころか、死の向こうに希望の光を見出し、それに近づいていく人生です。私たちの人生を「往死極苦の道」にするか、「往生極楽の道」にするかは、私たちの生き方にかかっています。「往生」ということが課題になるのは、ここなのです。『歎異抄』の探究もここから、始まっているといえるでしょう。

お弟子たちも親鸞聖人にそのことを尋ねて京都まで命がけの旅をしています。

お浄土について

それでは、極楽に往生するといっても、そもそも極楽というお浄土は本当にあるのか、という疑問が湧いてきますね。お浄土は西の方にあるということで探していったら、地球は丸いから、もとに戻るのではないか、あるいは、地獄も地下にあるというけど、掘っていったら地球の裏側に出るのではないか、ということですけれども、そういう地理的な、場所的なものとしてのお浄土ははっきりいって成り立ちませんね。

『大無量寿経』の中で、お浄土についてお釈迦様が語りはじめたときに、弟子の阿難は次のように問うています。

その時、阿難は釈尊に申し上げました。世尊よ、もし「かの国土」（お浄土）に須弥山がないとするならば、四天王とか忉利天などは、どうして住むことができるのですか

世尊、もしかの国土に須弥山なくは、その四天王および忉利天なににによりてか住する（『聖典』二八頁）

とたずねますと、お釈迦様が阿難に逆に質問するのです。

欲界の第三の天、つまり須弥山の上方空中にある夜摩天とか、さらにその上の色究竟天と呼ばれるような神々の世

第三の焔天乃至色究竟天、みななにによりてか住する

界は、何によって成立しているのか

そして、阿難はこたえます。

阿難は釈尊に申し上げました。それぞれの行いの果報として出来上がっており、それは、不可思議なはたらきです。

> 阿難、仏にまうさく〝行業の果報、不可思議なればなり〟と。

つまり、その神々の世界というのは、「行業の果報」だというのです。「行業の果報」ということは、それぞれの行い、行業によって作り出した世界ということです。

お釈迦様はいいます。

釈尊は阿難に語られた。行いの報いが不可思議ならば、諸々の仏たちがおられる世界もまた不可思議です。

> 仏、阿難に語りたまはく、「行業の果報、不可思議ならば、諸仏世界もまた不可思議なり」と。

諸仏世界も、また、行業の不可思議なる果報の世界なのだ、というのです。

そして、

そこにいる、もろもろの衆生は功徳や善のはたらきによって、行いが作りあげた状態の中にいるのです。だから、そのように状態として考えるべきなのです。

> そのもろもろの衆生、功徳善力をもって行業の地に住す。ゆゑによくしかるのみと。

ここにも、「行業の地に住す」とありますから、極楽といっても、地獄といっても、それは、行い、行業によって作り上げた状態の世界だ、ということです。

ですから、清らかな行いをする人には、清らかな行業にもとずく果報の世界が、見えてくるし、悪業をもって、悪業を積んでいけば、悪業の果報として、地獄の世界が現れ出てくる、ということです。そう考えると、地獄とか、極楽浄土というのは、行いの結果（行業の果報）、できあがる状態世界なのです。

まさに、欲と瞋りと愚かさ（貪欲、瞋恚、愚痴）の行いによって、地獄、餓鬼、畜生という状態世界が現れ出る、というふうに考えれば、浄土も場所としてのことではなくて、清らかなる行業のところに〝浄土〟という状態が現れる、と理解できます。ものを見る基準、価値観のちがいですね。

そうであれば、具体的に、智慧、慈悲、方便、つまり、本願力のはたらきによって動いている世界、そういうものの見方そのものが〝浄土〟である、ということになります。そういうものを、認められない、認識できない価値観、そういうところには、争いの地獄、奪い合いの餓鬼、恩知らずの畜生の三悪道の世界が逆に出現してしまう、ということではないでしょうか。

したがって、お浄土は場所として存在するかどうかで考えるべきではありません。「行業の果報」つまり、行いによって創りだされる状態なのです。智慧を得た者がはっきりと知ることが出来る、物事の真実の在り方が浄土であって、場所ではない、という答えが正しい答えでしょう。

現代人の傾向として、人間を固定的に観て、〈在る存在〉としては認めていますが、成長し〈成る存在〉としてはまったく認めていないところがありますね。これは重大な欠陥です。人間は未熟児で誕生し、大人に成って行くのですが、そこで成長を止めるべきではなく、さらに自我を超えた超我＝仏陀をめざして成長しつづける可能性を秘めた存在なのです。したがって、仏に成る「成仏」こそ人間として誕生した者の最終目標であるべきです。そうすれば、お浄土は、仏国土ですから、成仏した者たちの憩うところということで、ご理解いただけるでしょう。それは、家庭が単なる家という場所ではなくて、家族が憩う団欒の場（状態）であるのと同じことでしょう。お互いに信じ合い、支え合う家族が家族愛をもって暮らす、その状態のそのままが家庭であるはずです。場所は限定できないですね。そのように、自我の妄想を転換して真実を求める者によって明らかになってくる果報の世界がお浄土だと考えるべきです。往生極楽の道を求め、たずねる者の最終到達点がお浄土と考えるべきなのです。

以上のような視点から見ていくと、『歎異抄』の理解も念仏から本願、そして真実なる自己の自覚へと論を進めていく方が自然な気がしましたので、ここでは第二条から入って念仏に出遇い、第一条で念仏を届ける根本の本願について学び、そして第三条で本願に照らされた真の自己を知るという順で学びを進めていくことにしてみました。

第二条　往生極楽の道　念仏をどういただくか

この第二条は、往生極楽の道を尋ねる親鸞聖人のお弟子たちが関東からはるばる京都まで訪ねてきたお話しから始まります。本当に極楽に往けるかどうか、疑問が湧いてきたのです。現代の私たちも幸せを求めて生きている点では、極楽を求めていますね。しかし、それがお浄土への往生によってしか実現しない、というところまでの見極めはついていない人が圧倒的に多い、ということは、まことに残念としかいいようがありません。

本来なら、この世と人間の真実のすがたを明らかにしていく道を往生極楽の道として尋ねれば、必然的に念仏以外には往生極楽の道がないことが分かるはずなのですが、ここではお弟子たちは、念仏は地獄に堕ちる行為だ、などとののしられて、動揺をかくせないで、親鸞聖人に直接会って、地獄に堕ちるかもしれない念仏以外にも往生の道はないものかと尋ねて来たのでした。

おのおの十余箇国（じゅうよかこく）のさかひをこえて、身命（しんみょう）をかへりみずして、たづねきたらしめたまふ御（おん）こころざし、ひとへに往生極楽（おうじょうごくらく）のみちを問ひきかんがためなり。

（1）みなさん一人ひとりが故郷から十数カ国の国境を越えて、命がけで京都まで私を訪ねてきてくださった志は、ほかでもない極楽に往生する道を問い尋ねること一つであると承知しております。

しかるに念仏よりほかに往生のみちをも存知（ぞんじ）し、また

（2）しかしながら、私が念仏以外にも往生の道を知って

いるのではないか、とか、そういう教えを示す文章なども隠しているのではないか、と疑いをもってここに来たのだとすれば、それは大きな誤りです。もしそう思うならば、奈良の都や比叡山にも立派な学僧先生たちが多くいらっしゃいますから、その方たちに会いに行かれて往生の要点をよくよくおたずねになるのがよいでしょう。

(3)私、親鸞は、〝ただ念仏して阿弥陀仏に助けていただきなさい〟、という法然聖人の仰せを受け入れて信じている以外、特別なことは何もありません。

(4)念仏は本当に浄土に往生する因となるのか、逆に、地獄に堕ちていく行為となるのか、それはまったく分かりません。

(5)私は、たとい法然聖人に騙されて念仏したために地獄に堕ちたとしても、まったく後悔はしないつもりです。

(6)なぜなら、念仏以外の修行をすれば成仏できるはずだったのに、念仏を称えたために地獄に堕ちてしまうというのならば、騙されてしまったと後悔もするでしょうが、

(7)私はどんな修行も達成できない身であることを見極めましたから、どうやっても地獄は私の居場所に定まって

法文等をもしりたるらんと、こころにくくおぼしめしておはしましてはんべらんは、おほきなるあやまりなり。もししからば、南都北嶺にもゆゆしき学生たちおほく座せられて候ふなれば、かのひとにもあひたてまつりて、往生の要よくよくきかるべきなり。

親鸞におきては、ただ念仏して、弥陀にたすけられまゐらすべしと、よき人（法然）の仰せをかぶりて、信ずるほかに別の子細なきなり。

念仏は、まことに浄土に生るるたねにてやはんべらん、また地獄におつべき業にてやはんべるらん、総じてもつて存知せざるなり。

たとひ法然聖人にすかされまゐらせて、念仏して地獄におちたりとも、さらに後悔すべからず候ふ。

そのゆゑは、自余の行もはげみて仏に成るべかりける身が、念仏を申して地獄にもおちて候はばこそ、すかされたてまつりてといふ後悔も候はめ。いづれの行もおよびがたき身なれば、とても地獄は一定すみかぞかし。

いることです。

（8）阿弥陀仏の本願が真実ですから釈尊の説教は嘘であるはずがありません。仏様の説教が真実ですから善導大師の解釈も嘘にしてはなりません。善導大師の解釈が真実ですから法然聖人の仰せも虚言であろうはずもありません。法然聖人の仰せが真実ですから私、親鸞が申す趣旨もまた空しくはないはずではないでしょうか。

（9）愚かな私の信じぶりはこのようなところですが、あなたがたが念仏を信じなさるか捨ててしまわれるかは、一人ひとりでどうぞご判断ください等。

弥陀の本願まことにおはしまさば、釈尊の説教、虚言なるべからず。仏説まことにおはしまさば、善導の御釈、虚言したまふべからず。善導の御釈まことならば、法然の仰せそらごとならんや。法然の仰せまことならば、親鸞が申すむね、またもつてむなしかるべからず候ふか。

詮ずるところ、愚身の信心におきてはかくのごとし。このうへは、念仏をとりて信じたてまつらんとも、またすてんとも、面々の御はからひなりと云々。

身命をかえりみず

この第二条と同じように、お弟子たちが関東からはるばる親鸞聖人を尋ねた話が『親鸞聖人御消息』第十三通にもあります。まさに命がけの様子が語られています。それを先に見ておきましょう。

『親鸞聖人御消息』第十三通

覚信房がご往生なさったことは特に残念におもいますし、また、尊いこととも思います。…覚信房が京に上ってこられたとき、故郷を出発して一市（ひといち）というところ

そもそも覚信坊のこと、ことにあはれにおぼえ、またたふとくもおぼえ候ふ。…のぼり候ひしに、くにをたちて、ひといちと申ししとき、病みいだして候ひし

まで来たとき、病気にかかり、同行の人たちは引き返した方が良いと忠告したのだけれど、この病いで死ぬのならば帰っても死に、ここにとどまっても死ぬであろう。病気が治るのならば、帰っても治り、とどまっても治るであろう。どうせ死ぬのなら聖人のおそばで死ぬのがよかろう、と思って参上しました、と話されたことがありました。

かども、同行たちは帰れなんど申し候ひしかども、「死するほどのことならはば、帰るとも死し、とどまるとも死し候はんず。また病はやみ候はば、帰るともやみ、とどまるともやみ候はんず。おなじくは、みもとにてこそをはり候はば、をはり候はめと存じてまゐりて候ふなり。」と、御ものがたり候ひしなり。

関東のお弟子たちは、このように途中で倒れる危険をおかしながらも、「どうせ死ぬのなら聖人のおそばで死ぬのがよかろう」（おなじくは、みもとにてこそをはり候はば、をはり候はめ）と、まさに「身命をかえりみずして」とはこういうことかと、必死になって京都の親鸞聖人のもとまでやってきたのでした。決死の覚悟ともいうべき、この志はまことに熱いものがありますね。

往生極楽の道

（1）みなさん一人ひとりが故郷から十数カ国の国境を越えて、命がけで京都まで私を訪ねてきてくださった志は、ほかでもない極楽に往生する道を問い尋ねること一つであると承知しております。

おのおの十余箇国のさかひをこえて、身命をかへりみずして、たづねきたらしめたまふ御こころざし、ひとへに往生極楽のみちを問ひきかんがためなり。

関東のお弟子たちに京都まで命がけの旅を敢行させたのは、ここにあるように、ひとえに「往生極楽の道（みち）」――本当に幸せになる道がどこにあるかをはっきりさせたいということでありました。これは誰もが求めるべき道であります。往生極楽の道を知らない人は、必然的に往死極苦の道を進まざるをえないのです。だから金子先生はいわれます。

「しかし、われわれの人生は、結局のところ、極苦処（ごくくしょ）に向かって歩んでいるのである。こういうことならば、いやといえないものがあるのではないでしょうか。略　地獄は黒暗処（こくあんしょ）なりということばもありますから、死んでいく先はまっくらだ。夜もくらいにちがいないけれども、夜のくらさとちがったくらさが、人間が死なねばならないところにある。ですから、その大暗黒（だいあんこく）に向かって死んでいくのである。それが現実の人生であることをはっきりと見つめますと、そこに往生極楽の道を求めずにおれない。いいかえれば、死ぬということは往生極楽の道であり、光明の世界を見ていくのであるということになりますと、人生に親しむということになってくるのではなかろうか。」（金子六二頁）

現代人は、まさに、「死んでいく先に何も見ることができない」人生を歩んでいます。誰も死の向こうにある極楽世界を見ようとはしていませんね。死後は無に帰すと勝手に妄想して、今ある先を生きていけばそれでよいと考えているようです。これでは、たとい死の向こうに地獄を見ないとしても、虚無の死に襲われ、死が追い詰められた極苦であることは避けられないでしょう。

先日、私の親しいお友達の奥さんが、四十七歳の若さでガンで亡くなりました。ガンで亡くならねばならないという重い事実をつきつけられますと、悲しみがこころの底から理由（わけ）もなくこみ上げてくるというのです。嗚咽（おえつ）ということばがぴったりくるというのです。なぜだとか、なんだ、ということではなくて、こみ上げてくるものがあるというのです。そして、涙がむしょうに流れてくる、というのです。亡くなられた本人も、ガンですよ、といわれたとたんに、底知れぬものに自分が捕まえられたような気持ちになったというのです。これで終わりだ。死んだら灰になるだけだ、ということになりますと、私たちの未来は、真っ暗なものになるのではないでしょうか。まさに、われわれの人生は極苦処に向かって歩んでいるということであります。その極苦処の先は真っ暗であります。夜の暗さとはちがった「大暗黒」が人間が死なねばならないところにあるのです。ですから、たいていの人は、死の問題は避けて通るのです。考えようとしない、考えないことにする、というのです。しかし、それでは問題の先送りで、真の解決にはなりえないでしょう。

人生において、死ぬということは、単に死ぬということでなくて、「往生極楽の道」でなければ死ぬに死ねないのではないでしょうか。「往死」ではなくて、「往生」という「往きて生まれる」という希望の死でなければなりません。死の向こうに大きな世界が開かれていく、ということでないと、私たちの人生は、死を乗り超えて生きていくことはできないし、生きづまりの人生になってしまいます。このために、「往生極楽の道」が必然的に求められてくるはず。だから、すでに百八十度の大転換の「往生」が用意されている——。これこそ、本当にすばらしいことではないか、と。親鸞聖人が私たちに伝えなければならない、と念われたことはこのこと一つなのでした。

いのちのふるさとに還る

したがって、「往生極楽の道」を問い尋ねていくということは、死という「いのち」が持つ根本問題を問う、ということであります。金子先生の言い方でいうと、「人生の問題」ということです。

そもそも「いのち」というものについて考えてみると、「いのち」は、私たちが、所有していて、生まれたときからずっと継続しているというようなものではないのです。日々刻々いただいている「いのち」

なのです。常に私たちの身の上に「いのち」を与えて止まない、いのちの大本の世界があって、その「いのちの世界」から毎日「いのち」をいただいて、日々を生きているということです。だから、本来的に言えば、「いのち」が終わるということは、それは「いのちそのものの世界」に還ることなのです。いただいたいのちは終っても、与える方のいのちそのものはなくならない。

このことは、「海」と「波」の関係で考えるとよいと私は思っています。

「海」の水は、つねに「波」を生み出してくるのですが、「海」が鏡のようにおだやかなときには、「波」はないのです。

「波」はないのですが、「海」がないわけではないのです。ですから、「海」は、「波」というかたちをとることもあるし、とらないこともある、ということです。「海」の方が本来の姿であって、「波」は仮の姿として、形があるのです。

そういうふうに「いのち」を見つめていきますと、私たちの「いのち」が本当に終わるときは、波が海に消える、すなわち、「いのちのふるさと」に還る、ということになります。したがって、「往生極楽の道」というのは、もともと「いのちのふるさと」に還ることなのです。

本来の世界に還るということは真実なる法則に貫かれた「法」の世界（これを法性という）に還ること、といってよいでしょう。「法」の世界に還らない人は、勝手に作り上げた「妄想の世界」を経めぐるのです。波が消えても新たな波になるだけということです。ですから、「往生極楽の道」を求める、ということは、波が終わっての海、本来の所――「法」の世界、さらにこれを仏教では「無為涅槃界」ともいいます――に還ろうよ、ということです。それが成仏ということなのです。逆に、「往死極苦の道」というのは、自分で勝手に作り上げた「妄想」の中を更にさまよい、地獄という妄想にも苦しみつづける、ということです。それが流転輪廻。

だから、いのちを私の所有と見ることも「妄想」です。死を「私の」いのちがなくなることと考えることも「妄想」です。「いのち」というものは、個々のいのちなどというものではなく、共通していて、いのち同士、ふれ合わないといのちの満足がないようにできているのではないでしょうか。そこからもいのちが海のように大きく、広く、つながった世界であることが見えてきます。いのちは無限大のはたらきです。

つながるいのち

あるおばあさんの話ですけれど、達者で暮らしていた友達が突然病気になって入院しまして、気の毒で見ていられません。これまでは、私の方が世話を焼いていてもらっていたのに、どう声をかけていいか分かりません。会いに行っても切ないだけだから、会いに行かない、というのです。

でも病院に入院している人には、何もしてくれていなくてもいい、そばにいてくれるだけで心が安まるということがあるのです。人間は、手を触(ふ)れるだけでも、また、何もしてくれなくても、そこにいるだけで、目に見えないつながりを感じることがあるのですから、そこにいてあげるだけでいいのです。自分だけではなくて、他の人とその場を共有するだけでいのちは安らぎを得るのです。そういうふうに、いのちというはたらきは、いつも他のいのちとのつながりを求めてはたらこうとしているのではないでしょうか。

耳も聞こえなくなり、目も見えなくなったら何も分からなくなるのではないだろうかと思うのは、私たち健常な人間の勝手な妄想です。目の見えない人は、何を頼りに歩くかといいますと、「風」を頼りに歩くといいます。触覚をはたらかせるのです。風が肌に触れることで何かを感ずるというのです。塀があるところや、電信柱の近くに行きますと、「風」が変わるというのです。しかし、放置してある自転車は、「風」をすうすう通しますから、分からない。だから困るといいます。

このように、目の見えない人は、肌で感じ取っているのです。目とか、耳とかが衰えてきますと、別な器官がその代役を果たすようになっているのです。目の見えない人は、何も見えていないのではないかと思うのは、目が見える私たちの妄想です。

看護についても同様ではないでしょうか。医療的には何もすることは出来ない状況でも、手を触れること、足をさすること、そこにただいることさえも、看護になっていると思いませんか。それは、人間を孤独にしないということ。心底一人になりたいと思っている人は誰もいないのです。これが「いのち」の、根本的につながっていたいという願いだろうと私は思うのです。

お年寄りが、この年になっても働かねばならないのかと、文句をいいながらでも、私がやらなければ困る人がいる、と思えるということは、その仕事がまちがいなくその人の生きる支えになっている、ということです。仕事が人と人とをつなげている。そういう自分を支える何かが、自分以外のところにあるということが、実はいのちにとってとても大切です。自分の中だけで話がまとまるような個人的世界の中で本来、人は生きているのではないのです。いのちという共通の広いつながりのなかに人間は置かれているのです。だから、かならず相手がある中で生きているのです。これを仏教では「一如(いちにょ)」といいます。人間は、複数の者が集まって一つのようにふるまう「一如」の世界を生きるのが本来なのです。他のものと合わさってこそ成り立っている世界です。「縁起の世界」といってもいいです。

人生の問題

このように、ひとつひとつのいのちは常に自分以外のいのちを求めて、そのちがうものと関係しあって、触れあって生きることを指向するのです。それが、本来の「往生極楽の道」の在り方というものではないでしょうか。だから、地獄への道は、孤独で、本来のいのちが求める世界とは真逆の世界のことです。「人生」がこのまま行くと、虚無の死を迎えるだけでなく、「三悪道（さんまくどう）」に堕ちていく人生となり、その「三悪道」の極めつけは争い傷つけ合う「地獄」であり、「地獄」の世界では、怨みや憎しみ、苦しみが果てしなく続くのです。そういう地獄行きの人生に、明るい世界を与えずにはおかない、というのが、念仏をもって「往生極楽の道」を求めさせようとなさる阿弥陀仏様の悲願ということなのでした。その、地獄にまっしぐらに堕ちていく者に光を与えていくものは、人間の力、「ヒューマニズム」ではありません。それこそ具体的には「お念仏」なのです。つまり、それは、「宗教」にしか超えられない問題なのだ、ということでしょう。それが親鸞聖人のみ教えの重要なポイントです。

そこで、親鸞聖人は、弟子たちに次のようにいいます。

しかるに念仏よりほかに往生のみちをも存知し、また法文等をもしりたるらんと、こころにくくおぼしめしておはしましてはんべらんは、おほきなるあやまりなり。もししからば、南都北嶺にもゆゆしき学生たちおほく座（おわ）せられて候ふなれば、かのひとにもあひたてまつりて、往生の要（よう）よくよくきかるべきなり。

（2）しかしながら、私が念仏以外にも往生の方法を知っているのではないか、とか、そういう教えを示す文章なども隠しているのではないか、と疑いをもってここに来たのだとすれば、それは大きな誤りです。もしそう思うならば、奈良の都や比叡山にも立派な学僧先生たちが多くいらっしゃいますから、その方たちに会いに行かれて往生の要点をよくよくおたずねになるのがよいでしょう。

—

関東から京都にはるばるやって来た弟子たちの問題点はどこにあったかというと、念仏を往生の手段と考えてしまったことです。自分たちは善人だから、もっと高級な往生の手段を選べるはず、と善人意識を持ってしまった。〝自分は善人だ〟という意識には問題がある、ということが彼らには自覚されておらず、したがって念仏による往生は、自分たちとは違う、愚かにして罪の多い者たちに対する、やむを得ない手段にすぎなくて、本当の浄土往生の行というものは、念仏以外のところ、もっと高度なところにあるはず。智慧もあり、また善い行いができる者には念仏よりもっと往生を確かなものにする優れた修行法があるはずだ、と考えた、ということです。親鸞聖人の息子の善鸞が本願を「しぼめる花」に譬え、疑義を表明していた、ということもこのような動揺を物語る証左です。

こういうふうな状況がベースにあったので、〝私たちのお師匠さまである親鸞聖人は、私たちをバカにして、そういう安っぽい念仏を教えているのではないだろうか〟、と疑うようになった。そうして、念仏以外の優れた修行や、もっと高級な教えを説いた法文があるそうだから、それが知りたいという気持ちが湧いてきた、ということでしょう。

確かに、学問の上からは、念仏のほかにも往生の方法がないとはいえません。また、そういうことを説いた法文も現にあるのです。『観無量寿経』というお経のなかには、上の上から下の下まで九通りの往生の方法が在家者のためにも説かれています。そこでは、ただ念仏して浄土に生まれるという方法は、下品下生という下の下の人に対して説かれたもの、ということになっています。ですから、念仏は、最低の方法にしかすぎない、ということになります。

そこで、学問的に考えると、念仏以外にももっと道徳的に高級な、いろいろな方法があることは否定できませんから、もしも、あなたたちがもっと学問的に人生を考えてみたいというのならば、南都北嶺(なんとほくれい)に立派な先生方がたくさんいますから、そこに行って聞いた方がより確かな答えが得られるかもしれませんよ、と親鸞聖人は、一応は、皮肉たっぷりに応じられたのがこの段のお言葉でした。しかし、聖人の真意は、宗教は学問ではない、体験である、ということです。

「ただ念仏」の仰せ

だから、次のように切り返して、

(3) 私、親鸞は、〃ただ念仏して阿弥陀仏に助けていただきなさい〃、という法然聖人の仰せを受け入れて信じている以外、特別なことは何もありません。

親鸞におきては、ただ念仏して、弥陀にたすけられまゐらすべしと、よき人(法然)の仰せをかぶりて、信ずるほかに別の子細なきなり

と、きっぱりいわれた。「ただ念仏」と。それは、念仏の智慧によって、自分の真実の姿、妄想の生活をはっきり見ることができた、という念仏による覚醒の実体験が親鸞聖人にはあったからです。念仏を称えると地獄に堕ちる、のではなく、そもそも、どうやっても地獄より行き場のない自分であった、と念仏によって自分の行き先がはっきり見通せた。そのことによって、また、お浄土を求める気持ちも強く湧きおこってきたのでした。しかし、この体験は、「よき人(法然)の仰せ」が引き金でしたので、「仰せ」ということについても注目しておく必要があります。

親鸞聖人は、この「仰せ」に出遇ったのです。終生尽きない〈ことば〉はどういう言葉だったかといいますと、

「ただ念仏して阿弥陀仏に助けていただきなさい」（ただ念仏して弥陀にたすけられまゐらすべし）

という仰せの〈ことば〉です。これによって親鸞聖人ご自身の人生に、光が与えられ、精神の「糧」が与えられた、ということです。

実は、法然聖人もまた、自らそういう〈ことば〉に出遇われた方であったのでした。伝説によりますと、法然聖人は『一切経』といわれる大部なものを五遍も七遍も通読されたということで、一生涯お経に目を通さない日はなかったといわれています。ただ一日だけお経を読まれなかった日がありました。それは、木曽義仲が京都に攻め入ったとき。

その法然上人は、

「一向専念無量寿仏、行住坐臥不問時節久近、念々不捨者、是名正定業、順彼仏願故」

という善導大師の〈ことば〉に出遇われたのです。この〈ことば〉の意味は、

「一向にもっぱら、無量寿仏を念じ」（一向専念無量寿仏）

「行住坐臥において、時節の久しいとか、近いとかを問わず」（行住坐臥不問時節久近）

「立っても座っても、寝ても起きても」（行住坐臥）

「一瞬一瞬、無量寿仏を捨てないということを実践するならば」（念々不捨者）

「これを正定業（まさしく往生するに定まった行い）と名づける。」（是名正定業）

「なぜならば、彼の仏願に順ずるがゆえに」（順彼仏願故）

すなわち、一向専念にただ南無阿弥陀仏と称えて、寝ても覚めても、立っても座っても、仏様を忘れな

いでいるならば、それが浄土往生を決定する行い、つまり「正定業（しょうじょうごう）」である。これは仏の本願に順う行いであるから――ということ。

この言葉に出遇（であ）われ、法然の救われる道はここにあり、と喜んで涙を流された。それが四十三歳のときであったということです。

だから、法然聖人の生き方も、また、ただ一句（いっく）、自分の生涯の光となるような〈ことば〉に出遇いたい――ということであったのです。

そういうわけで、法然聖人は、「ひとえに善導一師に依る」（偏依善導一師（へんねぜんどういっし））といわれ、善導大師のいわれたことだけを「仰せ」として、それを根拠に浄土宗を開かれたのでした。

「自身の道」を問いたずねるということは、結局、このような師の〈ことば〉（仰せ）に出遇（であ）って、自分自身の歩いていく道が照らされるということです。そういう〈ことば〉との出遇（であ）いこそ、自分自身の往生極楽の道を開くものなのです。

〈ことば〉に出遇（であ）う

かくしてこの第二条の最後は、

> このうへは、念仏をとりて信じたてまつらんとも、またすてんとも、面々（めんめん）の御（おん）はからいなり
>
> （8）あなたがたが念仏を信じなさるか捨ててしまわれるかは、一人ひとりでどうぞご判断ください。

と結んであります。これは、〈私はこうして自分の道を見いだした。このような覚悟で一生を送ろうと決

心しているのであるが、これは決してみなさんに強制するものではない〉、といっているのです。

ということは、こういう証拠がある、こういう法文（ほうもん）がある、と確定できる何かが欲しいと、尋ねてきている弟子たちに対して、「自分で考えなさい」（面々（めんめん）の御（おん）はからいなり）といい、宗教の道は強制されるべきものではない。一人ひとりが、ただ私には、これよりほかにないのであると、身をもって受け止めるべきだというのです。

人間というものは、〈ことば〉によって傷つき、〈ことば〉によって救われる、ということがあります。一つの〈ことば〉に出遇（であ）って、自分の人生ががらりと変わることがある。それによって、人生が明るくもなり、また、暗くもなるのです。痛く傷つけられたことばというのは、発した当人は気づいていないかもしれないけれども、受けた相手には、心にぐさっと突き刺さるようなことばであった、と思われることがありますね。それ以来、関係がしっくりこないことになる。そういう、こころを傷（きず）つけ、生きる望みさえ失わせるようなことばがある反面、一つの〈ことば〉によって人間は救われる。それを、第二条は「よき人の仰せ」ということで示しているのです。

それは、客観的にいえるものではないのです。誰でもみんな、同じ〈ことば〉で救われるとはかぎりません。誰もが、同じことばで傷つくとはかぎらないように。これは、なかなか判断が難しいのです。ですから、客観的にこうだ、ということはいえません。自分一人ひとりが考えるしかないのです。

このように、「宗教の教え」に出遇（であ）うということは、ある〈ことば〉に出遇うということから開かれてくる、ということができると思います。それを学問的に考えたのでは、「ただ念仏」という必然性は出てきません。すべての人にとつて「ただ念仏」ということにはならないからです。ほかの方法があるかもしれません。「自身の道」ということは、自分自身にとって何が、本当に生きる支えとなる〈ことば〉なのか、自ら見つけ出さなければなりません。すると、すべての人が「ただ念仏」とはいえないかもしれませんが、しかし、浄土真宗の人たちは、一人ひとりが「ただ念仏」というところに、おおきな意味を見いだした人々の集団である、ということができます。「ただ念仏して弥陀にたすけられまゐらすべし。」というこの〈ことば〉は、はかり知れないおおきな光となる〈ことば〉ですね。

念仏は往生の手段ではない

そこで、親鸞聖人は、次に、

念仏は、まことに浄土に生るるたねにてやはんべらん、また地獄におつべき業にてやはんべるらん、総じてもって存知せざるなり。

(4) 念仏は本当に浄土に往生する因となるのか、また、地獄に堕ちていく行為となるのか、それはまったく分かりません。

といっています。

地獄を破っていくのは、「念仏」なのだよ、と声高らかにいえばいいのに、「ただ念仏」の念仏は、地獄を破って浄土にいく要因となるかどうか、はっきりとは分からない、と弱気ともとれる言い方でおっしゃるのです。

それを、金子先生は、

「念仏を申せば極楽に行くとか、往生するとかは、決して学問的な知識ではないということであります。」(金子六四—五頁)

と、ここの聖人の逆説の意味を明らかにしておられます。

「東国からはるばる京都きて親鸞をたずねた気もちでは、何かそういう知識的要求があったのであろうと思います。念仏すれば必ず浄土に行くという思想がほしかったのだと思います。」（金子六五頁）

関東のお弟子たちは、本願を信ずれば、必ず浄土に生まれるという、確たる法文がほしい、証拠となるものがほしい、と思って京に上って来たのでしょう。自分たちで納得のいく知識的根拠が欲しかったのであろうと思います。

しかし、これに対して、親鸞聖人はそういう知識的根拠は、私は知らないのだ、と応じた。それは、知っているか、知らないか、というよりは、知らないと答えるよりほかはなかった、ということです。「まったくもって分かりません」（総じてもて存知せざるなり）という突き放しは、学問的知識に対しての全面的否定の話なのです。

「それは、親鸞自身の救われる道を求めていたのである。多く経典を読んでも、この経はどういうことを説いたものであるとか、この経を貫く思想はどういうことであるとかいうことではなかったのである。」（金子七一―二頁）

と金子先生はいっています。裏を返せば、〈自身の道としての問題として捉えよ〉ということです。つまり、念仏による浄土への往生は客観的に誰にでもいえるような知識として、考えるのではなくて、自分自身のぎりぎりの選択として、浄土へ往生したいと思うか、思わないか、そこのところの判断として念仏を取るのか、取らないのか、ということ、それが宗教としては、一番大事な点なのだ、ということです。念仏を称える、ということは、知識として納得がいくから、というレベルの問題ではない――そういうことがいいたかったのだ、ということです。

いくら学問をしても、その学問的知識がいざ死ななければならぬというときに何らの光も与えない――。そこに、「末代無知」（知識では永遠に救われない）の「在家止住の男女」（在家の私たち一般の人間）というものの本質がある、ということです。

精神の糧を求める

とはいえ、今日のわたしたちも学問をし、いろいろな書物を読んでいますから、学問を軽蔑するわけにはいかないのです。学問が進んできて、浄土の教えについてもいろいろな見解が出てきて、浄土教は、仏教本来のものではなくて、他の宗教から来たものである、とか、ペルシャとか、イランの方から来たのではないか。だから、極楽浄土は、インドより西の方をさしているのではないか。あるいは、大乗仏教の精神からいえば、浄土教は、方便ではないか。など、そんな学問的成果を吹聴する学者もいます。

学問的な立場に立てば、念仏は浄土往生の要因であるやら、また地獄堕ちの原因やら、それは分らない、ということになりましょう。また、念仏を語る法文も、それは聖人の誤った読み方であるといわれれば、それに対して弁明することもできないところがあります。しかし、ただ一句でもよろしい。その一句が終生用いて、尽きないほどの意味をもつものならば、それはそれでよいのではないか――。

親鸞聖人は晩年、八十五歳のときの手紙で、関東の方からいろいろと仏教の法文について尋ねてきたことに対し、その法文はこういう意味ですと一応答えておりますが、「いまは目も見えなくなり、みな忘れてしまって、人などに明らかに申すべき身にてもありません」（**目もみえず候ふ。なにごともみなわすれて候ふうへに、ひとにあきらかに申すべき身にもあらず候ふ。**）（『聖典』七五七頁）といっておられます。

親鸞聖人は、経典に対して、自分の精神の糧を求めていたのです。学問的なことは皆忘れてしまった自分のような愚かな者にも光となるような〈ことば〉がどこかにないものであろうか。悩める者にほんとうに潤いをあたえるような良い〈ことば〉はないものであろうか、ということが聖人の求めるものであったのです。親鸞聖人の主著である『教行信証』も、そういう意味において編集されたものであって、多くの高僧たちのことばが集められていますが、それは高僧の思想としてではなく、その高僧の書物を読んで、聖人の胸に響いたことばを「仰せ」として集めたものでした。

命賭けの念仏

だから、「ただ念仏」する、ということは、「信じてたすかるか、疑って迷うかという場において」命を賭ける作業なのだということです。

よって、

(5) 私は、たとい法然聖人に騙されて念仏したために地獄に堕ちたとしても、まったく後悔はしないつもりです。

――たとひ法然聖人にすかされまゐらせて、念仏して地獄におちたりとも、さらに後悔すべからず候

とまでいうのです。だまされて地獄に堕ちてもさしつかえない。誤解であってもさしつかえない。あざむかれても悔いがない。そういう命を賭けたところで「念仏」が選び取られていく。宗教とはそういうものだ、ということです。優劣の価値判断の中で選ぶのではない。

(6) なぜなら、念仏以外の修行をすれば成仏できるはずだったのに、念仏を称えたために地獄に堕ちてしまうというのならば、騙されてしまったと後悔もするでしょうが、

そのゆゑは、自余の行をはげみて仏に成るべかりける身が念仏を申して地獄に堕ちて候はばこそ、すかされたてまつりてといふ後悔も候はめ。

「念仏」以外の修行をつめば成仏できるというようなことであるならば、「念仏」を信じたことによって騙されることがあるかも知れないが、

地獄が私の居場所

(7) 私はどんな修行も達成できない身であることを見極めましたから、どうやっても地獄は私の居場所に定まっていることです。

いづれの行もおよびがたき身なれば、とても地獄は一定すみかぞかし。

自分はどんな建前もすべてなしくずしに崩してきた過去をもつ存在です。「諸悪は作す莫れ、衆善を行い奉れ、自らその意を浄めよ、これが諸仏の教えである」ということは三歳の幼児でも知っていますが、これを実行することは八十歳の翁にもできない。人生を長く生きれば生きるほどその実感は深くなるばかりです。

よって、自分には「念仏」以外の修行で成仏できるという可能性はまったくない、と我が身を思い詰めていかれたのです。

　このことは、親鸞聖人の妻の恵信尼様が、末娘の覚信尼様に宛てた手紙の中で、親鸞聖人は、法然聖人のもとへ百ヵ日通われ、ついに次のように自分を見究めた、というのです。

「法然聖人が行かれる所へは、他の人がどのように悪く言おうとも、悪道に堕ちるだろうといっても、世々生々に迷いをくり返してきた私ですから付いて行きます。」と、世間の人があれこれ噂した時もおっしゃっていました。

上人のわたらせたまはんところには、人はいかにも申せ、たとひ悪道にわたらせたまふべしと申すとも、世々生々にも迷ひければこそありけめとまで思ひまゐらする身なれば、と、やうやうに人の申し候ひしときも仰せ候ひしなり。

（『恵信尼消息』第一通、『聖典』八一一―二頁）

　迷いの生をくり返し（**世々生々に迷ひ**）、悪道である地獄から抜け出せない私の身だから、念仏より他はない。だから「ただ念仏せよ」という法然聖人の仰せがゆるぎなくなった、と親鸞聖人はおっしゃったのです。

『歎異抄』のここの「**地獄は一定すみかぞかし**」ということばは、地獄は「一定」ということですから、必ず、例外なしに決まっている、決定ということです。例外はない。「一定」も「決定」も同じことです。

「**すみかぞかし**」ということは、そこが私の「居場所」。したがって、「**とても地獄は、一定すみかぞかし**」というのは、必然の道理として私たちが行き着くところ、それが地獄。そこが私の住み場所。それ以外にない、ということです。ですから、人間は表向き、どんなにきれいごとをいっても、こころの中に、「愛執と憎しみ」がある以上は、どんなに社会が平和であろうと、どんなに人間関係が良好であろうと、とどのつまり、人間は、その根底に愛が反転する「憎しみ」の「地獄」を抱えている、ということです。いついかなる時に地獄の世界が噴き出してくるか分からない、いついかなる時に、平和も安寧も地獄の世界に変じて堕ちていくか分からない、ということです。些細な憎しみも大きな悲劇となって結果する。それが地獄です。

ここに親鸞聖人が「**地獄は一定すみかぞかし**」といって、畜生や餓鬼の世界を「**一定すみかぞかし**」といってないところには、ことばの深い意味があるようです。お互いが関係性の中にあることに気付かない人間は、エゴイズムの世界に在るのであり、それは言葉を代えていえば三悪道つまり地獄、餓鬼、畜生の世界を生きている、ということになるのです。

でも、畜生とは何かと言いますと、恩を忘れてただ自分さえよければよいの世界を生きるだけのもの。イヌやネコと同じ生き方。自立したら、親子の関係を絶ってしまい、自分の本能に従って生きるだけで、本当の生きる意味が見いだせない者の生き方、といってよいでしょう。つまり、人間関係の中に意味を見出すということがない生き方をしている者を畜生という、といっていいと思います。

餓鬼とは、文字どおり、飢えているということですから、現代的に申すならば、欲望追求の人生。自分の損得勘定ばかりで、生活問題に汲々としている者のこと。人間は食べていかなければなりませんが、そのことにしか関心が向かなければ、他から奪うこと、他より少しでも恵まれていないと満足できない人に成り下がるでしょう。それが餓鬼道を歩む者といっていい。人は「パンのみにて生きるにあらず」という、意味ある人生を求めることが人間には大切なのに、生活問題だけに終始してしまったら、餓鬼道でしかないということです。

しかし、餓鬼の問題や、畜生の問題は、ヒューマニズムで解ける問題かも知れませんが、地獄の苦しみや、つらさの問題は、ヒューマニズムでは解けません。なぜなら、それは、人間個人が内部に抱えているところの「怒り、腹立ち、そねみ、ねたみ」といった嫉妬の煩悩、つまり「愛執と憎しみ」に関わる根深い問題だからです。自分と良い関係の者は愛し、反対の者は憎しむ。自分より優位にあるものは妬む。許せない。愛憎感情にもとづく対立と競争が地獄の世界なのです。

いま、世界で民族問題などいろいろな問題が起こっていますが、民族問題というのは、近代になってから起こったのだそうです。近代以前の社会では、ドイツの王様、フランスの王様、ロシアの王様たちが、お互いに婚姻関係を結んでいた。ですから、何人だとか、何民族だという民族意識はなかった。社会的な階級制度にもとづいて婚姻関係が行われていたのです。

そういう階級制度をやめて、お互いに人間同志が、平等になろうよ、といったとたんに平等ならざる現実の優位差への嫉妬心から来る「愛執と憎しみ」の民族対立の優劣問題が起こってきたのです。これは、ヒューマニズムでは超えられない問題です。ヒューマニズムは、生活の問題や、階級差別の問題を制度的に克服することは出来るけれども、その奥の個人感情に関わる「愛執と憎しみ」の優劣問題は乗り越えていくことが難しいのです。

そこのところを親鸞聖人は見通して、「**とても地獄は一定すみかぞかし**」とおっしゃったのではないでしょうか。

ヒューマニズムを超えて

ヒューマニズムというのは、言葉を換えれば、兄弟がお互いに仲良くしようとする思想です。しかし、兄弟はどんなに努力して平等を実現しようとしても、兄弟の関係の仲だけでは、その実現はむずかしい。

仲良くしようとする努力は評価できるけれども、結果としては、なかなか仲良くできないものです。そこで、浅原才市さんは、

「けんかすな、けんかをすれば、親を泣かせる。」

と兄弟げんかの人に忠告しました。

兄弟げんかは、一つ次元の高い親の視点に立たないと、止められないのです。本来、不平等な者同志がお互いに自分の立場に立とうとするかぎりは平等になれないのです。お互い譲れないから、不平等に目をつぶれないのです。もう一つ次元の高い親の立場に立って、「親の願い」から見た私たちというものが見えてこないと、不平等を恕せない。どうしても自己愛からくる嫉妬心や競争心が治められないのです。どんなに、歴史が変わろうとも、社会が変わろうとも、個人が発する、自分や身内への愛執があるかぎり、他者の優位が許せない。「愛執と憎しみ」の世界、対立と競争からくる地獄の世界を克服することは、個人に依拠した自力（自我中心性）をもってしては不可能ということです。したがって、人間が人間同志の判断で行くかぎりは、自分を譲れない。結局、力を誇示し、相い争い合う地獄の世界にならざるを得ないのです。

だから、地獄の闇を破っていくものは、人間世界を超えた、親のような立場の仏様のはたらき、他力によってもたらされた高い立場の「念仏」しかありえません。念仏を申せば、闇の恐ろしさ、深さを知ると同時に、闇に輝くところの光（仏様の智慧のはたらき）をもって自他を見ることができるのです。そして、闇に喘ぐ私たちに寄り添い、共に泣いて、救わずにはおかないという仏様の大慈悲がそこに感じられてくる。そこから、一如平等の極楽に往生する念仏往生の道が求められてくる。それがなければ恐ろしい地獄の闇は破れない。なんとかせねば、という仏様のやるせないおこころが知られてこそ、浄土往生への願望

が現れ出てくるのです。ここから、

「ただ念仏して弥陀にたすけられまゐらすべしと、よき人のおおせをかぶりて信ずるほかに別の子細なきなり。」

という、法然聖人の、ひたすら念仏を中心にして生活せよ、とのお言葉がこれしかないと確信されるのです。「地獄一定（じごくいちじょう）」ということを乗り越えていく道、すなわち地獄の闇を破っていくものこそ「念仏」であるということ、そのゆるぎない確信、これが大事になってきますね。

だから、親鸞聖人は法然聖人に騙されても一切後悔しない――と。どのような修行をつくしても、地獄しかないというところに自分という存在がある、という想いに至ってみれば、騙されるということは成立しても、それに対して後悔はない、ということになりますね。そういうギリギリのところで、親鸞聖人は、法然聖人の「念仏」を受け入れた、ということです。

だから、光を発見して念仏するのではなくして、逆に、念仏する心において前途に光が見えてくる。親鸞聖人が、万策つきた、お手上げ状態だというところで、法然聖人が、「きみ、念仏してみたらどうか」といわれ、そこで、親鸞聖人は、「ただ、よき人の仰せをこうむって、」その教えに素直にしたがっていくことにしたとき、そこに前途に光が見えてきた。しかし、それは、赫々（かくかく）たる光明、はっきり、くっきりしている光明ではなかったかも知れない。多分、ぼおっと、ぼんやりと輝く光。闇に輝く光、闇にしみ入る光。霧（きり）の中をフォグランプで照らしたみたいに、ぼおっとした光だったことでしょう。

「その大暗黒に向かっていくという人生の終局において、われらはほのかに光を見ることができる。
そして、その光によって、すべては一如の世界へまゐらせていただくのである、というその本願を信ずることができるのであります。これが師匠の法然聖人の説かれた道であり、法然聖人が善導大師（ぜんどうだいし）に

よって見出された道である。」（金子六七頁）

と金子先生はいっています。

本願の流れ

第二条の後半、ここからは、本願の真実が歴史を貫いて滔々と流れ、それが念仏となって親鸞聖人にまで届けられてきている事実が確認されます。

（８）阿弥陀仏の本願が真実ですから釈尊の説教は嘘であるはずがありません。仏様の説教が真実ですから善導大師の解釈も嘘にしてはなりません。善導大師の解釈が真実ですから法然聖人の仰せも虚言であろうはずもありません。法然聖人の仰せが真実ですから私、親鸞が申す趣旨もまた空しくないはずではないでしょうか。

弥陀の本願まことにおはしまさば、釈尊の説教、虚言なるべからず。仏説まことにおはしまさば、善導の御釈、虚言したまふべからず。善導の御釈まことならば、法然の仰せそらごとならんや。法然の仰せまことならば、親鸞が申すむね、またもつてむなしかるべからず候ふか。

「**弥陀の本願まことにおはしまさば**」というのは、仮定ではなくて、「まことにおわしますので」と理解します。弥陀の本願は、ほんとうでありますから、釈尊の説教は、「うそではない」（虚言なるべからず。）ということです。これは、嘘といってはいけない、という強い否定です。

「**仏説まことにおはしまさば**」というのは、ここの「仏説」の仏は釈尊ですから、「釈尊の説教が真実でございますから」、ということです。

「善導大師の解釈を嘘にしてはいけません。」（善導の御釈、虚言したまふべからず。）

「善導大師の解釈が真実ですから、法然聖人の仰せも、虚言であろうはずもありません。」（善導の御釈まことならば、法然のおほせそらごとならんや。）

「法然聖人の仰せが真実ですから、私、親鸞が申す趣旨もまた空しくはないはずではないでしょうか。」（法然の仰せまことならば、親鸞が申すむね、またもってむなしかるべからず候ふか）

このように、本願というものは、釈尊、善導、法然、親鸞と歴史を貫いて現に私たちのところまで流れてきているということです。したがって、浄土真宗というのは、浄土の真実、すなわち阿弥陀仏の真実、まちがいのない願いが、ずっと歴史を貫いてはたらいてきていることを伝えている「相続」の宗教なのです。私たち人間が、真実を知るというのではなくて、真実そのものが連綿として私たち人間の上にはたらいてきて私たちの目覚めを促している、という捉え方です。

その真実のはたらきを釈尊も親鸞聖人もバトンのリレーのように、リレーしているだけだ、というのです。釈尊が立派な人だから本当のことをいっている、というのではなくて、本当のことをこの世で初めて示した人が釈尊だから尊い人とされているのです。ですから、釈尊の説教である『無量寿経』、『観無量寿経』、『阿弥陀経』も真実が説かれているから尊いのです。なかでも『無量寿経』は阿弥陀仏の本願という真実が現にこの世にはたらいてきているよ、ということを述べているお経ですから、端的に「真実を説いた教え」といわれる。それを受けて、善導大師は、『観無量寿経』を解説されて、この経には、本願という真実が具体的にお念仏というかたちをとって凡夫に向かって現に現れて来ていることが示されている、と。その『観無量寿経』のお示しを、そのまま受けて、法然聖人が私たち凡夫は、このお念仏に従っていけばよい、と人々に勧められたのです。

これは、次の第一条に示されている、阿弥陀仏様の、「罪悪深重（罪と悪が深く重い）、煩悩熾盛（煩悩が激しく燃える）の私たち衆生をたすけてやりたい」という「本願」が現に動いてきているからおこった歴史上の出来事なのです。釈尊がお経に示されたことも、それを善導大師が解説なさったことも、法然聖人が念仏をさらに勧め、親鸞聖人がそれに順われたことも、それらのこと自体がすべて本願そのものの歴史を貫くはたらきが現にはたらいてきているからなのです。

だから、釈尊が偉いのでもなければ、善導大師が偉いのでも、法然聖人が偉いのでもないのです。釈尊すなわち、お釈迦様の言っていることが、本当か嘘か。善導大師のいっていることが、本当か嘘か、などと、人に引っかかって考えるのはまったく筋違いなのです。人ではないのです。中心は本願のはたらきそのものの真実性なのです。

ところが、私たちはつい人を見ることに根拠を置いてしまいます。あの人の言っていることだから正しいだろう、というように考えてしまいます。言われていることがら自体を見ようとしません。しかし、親鸞聖人は、本願という「ことがら」の世界から私たちに現に届けられている「ものがら」そのものを見ておられます。ただ「南無阿弥陀仏」という「ものがら」のはたらきがまちがいないから、それを伝えて下さった人は敬うべき人だ、と注意されているのです。

それが、ここの「弥陀の本願がまことであるから……」という言い回しなのです。

面々のはからい

阿弥陀仏の本願、つまり、〝罪悪深重、煩悩熾盛の衆生をたすけてやりたい〟、という願いは、あらゆる手だてを講じて私たちにはたらいているのです。

直接的には、「南無阿弥陀仏」を通してですが、間接的には、釈尊とか、善導大師とか、法然聖人とか、親鸞聖人とか、様々な人を介して、手だてが講じられているわけです。

それを、本当にそうだと思うか、思わないかは、私たちの心の受け止め方次第です。だから、

（9）愚かな私の信じぶりはこのようなところですが、あなたがたが念仏を信じなさるか捨ててしまわれるかは、一人ひとりでどうぞご判断ください等。

詮ずるところ、愚身の信心におきてはかくのごとし。このうへは、念仏をとりて信じたてまつらんとも、またすてんとも、面々の御はからいなりと云々

と最後におっしゃるのです。

この「**面々の御はからいなり**」ということは、価値観もみんな同じではないですし、身体一つをとっても、みんなちがいますし、能力もみんな同じではないのですから、それを一律には出来ません。だから、面々で考えなければいけないよ、ということです。

親鸞聖人の人生観は、「**ただ念仏して弥陀にたすけられまいらすべし**」という教えを、ただ、ただ信じていく道になっていましたね。それは、自分自身に問いかけて行く人生であって、念仏の教えにどんな妥当性があるか、というようなことを客観的に考えることではないのです。自分自身の人生をいかに切り開いて行くかというという視点の中で考えていくものなのでした。

ですから、最後に「**念仏をとりて信じたてまつらんとも、またすてんとも、面々の御はからひなりと云々**」というように、勝手にしなさい、私は知らない、とゲタを預けています。これは、知識の問題ではなくて、主体性の問題だということです。自分自身の問題、ということ。先ほどのことばで言えば、自分

の「愛執と憎しみ」の煩悩がどれほどのものであるか、ということを、自分自身で見極めて行かなければならない、ということです。

「愛執と憎しみ」の問題が、自分の努力でなんとかなると思う人は、「他力本願」の道に進もうとはしませんが、親鸞聖人は、「愛執と憎しみ」の問題は、「念仏」よりほかにそれを克服していく道はない、とおっしゃるのです。

「愛執と憎しみ」の問題は、私自身の問題であり、「念仏」を通さないと、それ自体がまずもって、自分自身には見えて来ないし、どうにもならないしろもの、という自分自身による見極めも起こりようがないということです。ですから、関東からたずねてきたお弟子たちにも、「自分自身でよく考えろ」と根本的な宗教に対する姿勢を厳しく問うているのです。

ここに、「(9)**詮ずるところ、愚身の信心にをきてはかくのごとし。**」といい、この条の中程の所にも、「**自余の行もはげみて仏に成るべかりける身が**」とあります。その次の行にも、「**いづれの行もおよびがたき身なれば**」とありましたね。このように、親鸞聖人は自身を「愚身」と捉えていますから、最後に「**このうへは、念仏をとりて信じたてまつらんとも、またすてんとも、面々の御はからひなりと云々**」と述べるのです。このことから、金子先生は、念仏を親鸞聖人は「自身の道」として、示されたのだ、と指摘しています。ですから、「面々の、御はからひなり」ということばで締めくくられているこの第二条を「自身の道」を問う条といわれます。ということは、念仏が私を必ず浄土に往生させる因であり、そのことを自分自身の主体的な問題として受け止めよ、と教えている条ということです。それはくり返しになりますが、客観的に証明するものではない、ということです。

わがはからいなるべからず

以上で第二条は終っているのですが、「面々の御はからい」の「はからい」について一言触れておきましょう。というのも、親鸞聖人は、『歎異抄』の他の箇所では、「はからいを捨てろ」、といっています。たとえば、第六条のところでは、「わたしのはからいによって他の人に念仏を称えさせることができるのであれば、私の弟子ということもできましょう」（**わがはからひにて、ひとに念仏を申させ候はばこそ、弟子にても候はめ**）と、暗に、「わがはからいにて」念仏するようになるのではないよ、とおっしゃっています。それから、第八条のところでは、念仏は、行でもなく、善でもないから、「わがはからいをもって称えるものではない」（**念仏は行者のために非行・非善なり。わがはからひにて行ずるにあらざれば、非行といふ。わがはからひにてつくる善にもあらざれば非善といふ。**）、といっています。一方では「はからえ」といい、他方では「はからうな」といっています。これはどうしてか、ということですけれども、これは、自分の身が愚なのか、それとも賢なのか、この区別については、自分で主体的に「はからえ」（判断せよ）というのです。

他方、念仏する行為そのものが善行かどうかについては、善行などと「はからって」はいけないのです。この点は、はっきり区別しておかなければいけません。念仏を取るのか捨てるのか、という時、たいていの人は、人を見て、取ったり捨てたりするのですが、人に振り回されていくと理由が分からなくなってしまいます。南都北嶺の人は学者さんだから、信用出来る。親鸞聖人は、たいした学歴がないからだめだと、もしそう考えるのだとしたら、南都北嶺の人のゆゆしき（立派な）学者ところに行って質問すればよいだろう、ということになりますね。これは、念仏という「ものがら」については、そのもの自体からその意義を見極めて受け取らなくてはいけない、人を見てはからうべきではない、まして、我がはからいに依るなどはとんでもない、ということです。

真実のひとりばたらき

そもそも念仏は、そのルーツである「本願」から出て来たものですから、そこのところを明確に捉えておかないと、呪文（じゅもん）と念仏の区別がつかなくなってしまいます。本願と念仏が一体となってはたらいている、そこに真実がある、と見ていくのですよ。そうすれば混同はない、と親鸞聖人はいわれるのです。

「弥陀の本願まことにおはしまさば」とは、罪悪深重（ざいあくじんじゅう）、煩悩熾盛（ぼんのうしじょう）の衆生（しゅじょう）をたすけてやりたいという本願が、具体的かたちとなって現れたのが、「南無阿弥陀仏」ですと、そこがきちっと押さえられていれば、人がなんといおうが念仏は阿弥陀仏が真実を見極められて私たちに届けられたものであるということで、動揺することは何もないでしょう。

そうすると、「弥陀の本願」がはたらいて、釈尊に『浄土三部経（じょうどさんぶきょう）』（無量寿経、観無量寿経、阿弥陀経）を説かせ、「弥陀の本願」が善導大師に、『観無量寿経』の注釈書を作らせ、「弥陀の本願」が法然聖人にその教えを説かせ、さらに、親鸞聖人を動かしてこの法を伝えている。これらのすべてがこの「弥陀の本願」の真実なるはたらきによるのである、ということになります。こういうように、「本願」自体が、歴史を貫いて、はたらいて来ているということを教えられて、「ただ念仏」が大事、と聖人は納得なさったのです。

したがって、繰り返しになりますが、親鸞聖人という人がすばらしいから、お念仏がすごいのではありません。「南無阿弥陀仏」という「ものがら」がすばらしいから、それを伝えた親鸞聖人はすばらしいということになるのです。親鸞聖人のことを、明治天皇は、「見真大師（けんしんだいし）」と諡（おくりな）されたのは、真実を見ることにおいてすばらしい師であった、ということです。これは、天皇が「見真大師」といったからすばらしい人ということではないのです。お念仏が真実であるということがわかった人。「南無阿弥陀仏」というすばらしい真実を伝えた人だから、親鸞聖人は真実を見ていた人である、ということで「見真大師」として敬われるのです。

法然聖人が立派だというのも、たくさんいるお坊さんと比較して、立派だということではなく、お念仏がすばらしいから、それを伝えた法然聖人がすばらしい、ということです。

唐の時代には、善導大師より、もっと立派だといわれたお坊さんはたくさんいたのですが、お念仏というもの、あるいは、本願という尊いものを伝えたがゆえに、善導大師が立派で、歴史に名を残すことになったのです。

このように、これらはみんな「弥陀の本願」から来ているという、そこのところをしっかりと押さえていくことが、大事なことです。

その見極めをすることは、一人ひとりの「御はからい」として重要なのです。

「**念仏をとりて信じたてまつる**」人というのは、親鸞聖人がどんな人であろうが、「念仏」そのものに違いはありません、という捉え方で捉えている人で、このように捉える人たちには他の人がどういおうが動揺はないのです。

関東から来たお弟子たちには、その見極めができていなかったということです。

第一条　弥陀の誓願は不思議なはたらき

釈尊、善導、法然、親鸞と念仏が届けられ、そして、その念仏に私が今、出遭った。そこで、次には、その念仏の由来を尋ねることで、「念仏のいわれ」としての阿弥陀仏の願い、本願が明らかにされなければなりません。本願が明らかになれば、阿弥陀仏は何故、私たちに願いをかけるのか、その理由、その本願の由来に気づかされていきます。そうすると、私たちは往生を求めていかなければならないという信心が芽生えてきます。そこのところをこれから、この第一条を通して学んでみたいと思います。

弥陀の誓願不思議にたすけられまゐらせて、往生をばとぐるなりと信じて念仏申さんとおもひたつこころのおこるとき、すなはち摂取不捨の利益にあづけしめたまふなり。

弥陀の本願には、老少・善悪のひとをえらばれず、ただ信心を要とすとしるべし。そのゆゑは、罪悪深重・

（1）阿弥陀仏の誓いと願いの不思議なはたらきに助けていただいてこそ（2）往生は成し遂げられるのだ、ということをそのとおりであると受け入れて、（3）念仏が称えられ、阿弥陀仏に帰依しようと思い立つこころがおこったとき、その時ただちに（4）阿弥陀仏の、私たちを受け容れて見捨てないというご利益の中に身をおかせていただくのです。

（5）阿弥陀仏の本願には年寄りか若いか、善人か悪人かという選別はありません。（6）だれであれ、ただ信心だけが重要なのです。(7) なぜなら、罪悪がひとしきり深く重い人、煩悩がおさえきれず盛んな人たちを助けたいというのが阿弥陀仏の本願だからです。
したがって、(8) この本願に信頼を寄せていくには、念仏以外の善を行う必要はありません。(9) 念仏ほどのすばらしい善は他にないのですから。また、(10) どんな悪を犯そうとも失望することはありません。阿弥陀仏の本願はどんな悪にも打ち勝つ力があるのですから。

煩悩熾盛の衆生をたすけんがための願にまします。しかれば本願を信ぜんには、他の善も要にあらず、念仏にまさるべき善なきゆゑに。悪をもおそるべからず、弥陀の本願をさまたぐるほどの悪なきゆゑにと云々。

誓い――運命を共にする

親鸞聖人のみ教えにおいては、この条の冒頭にあるように、念仏を通しての「阿弥陀仏の誓いと願いの不思議なはたらき」（**弥陀の誓願不思議**）に気づくということが学びの基本です。そこで、この「弥陀の誓願不思議」とは何なのか、ということですが、「誓願」の誓とは文字通り「誓い」です。約束ということです。つまり、運命をともにすること。たとえば夫婦の約束というならば、貧しいときはともに貧しく、喜ぶときはともに喜ぶ。その約束がお互いをくりつけていますから、約束とは、運命をともにする、ということになります。

阿弥陀仏様は念仏を通して私と運命をともにしてやろうと思い立たれた。それが「誓願」の誓すなわち、誓いということの意味であります。『大無量寿経』下巻のなかに「われなんぢら諸天・人民を哀愍すること、父母の子を念ふよりもはなはだし」（『聖典』七四頁）とあるように、子を一人前にしなければ自分は親とはいえない、というような親の慈悲心よりももっと強い大慈悲心が阿弥陀仏の本願なのでして、あらゆる人間を救い、生きとし生けるものをみな浄土へ迎えない限り、自分は仏とは成らないという、その救う阿弥陀仏と、救われる私というものとの運命のくくりつけをあらわすのが誓願の「誓い」という字の意味なのです。

親鸞聖人も、「若不生者の誓いゆえ…往生かならずさだまりぬ」と『浄土和讃』（二六）におっしゃっています。この「若不生者」という語は、『大無量寿経』の第十八願の中に出てきます「若不生者、不取正覚」（もし生ぜずは、正覚を取らじ）ということです。私たち衆生がお浄土に生まれることがないならば、私は仏とは成らない、という誓い、すなわち堅い約束のことばです。「若不生者、不取正覚」とこのように約束してくださったところに、私たちと運命をともにする阿弥陀仏の決意、大慈悲心があるのです。

ですから、すでに阿弥陀仏の約束（誓い）があって、その約束にもとづいて、具体的なものがらとして私たちに届けられたものが念仏ですから、念仏というものがらを通して、そこに、阿弥陀仏のお約束（誓い）のはたらきを見いだす、ということが教えの実践という点では重要になっているのです。

「念仏」を、ただ単なる修行の一手段と思わないで、その「念仏」の奥に籠められた仏様の決意のお約束がある。それが「誓い」であります。そういうわけで、「念仏」をいただくことと「誓願」を信ずることとは、別なものではない。「念仏」というものを見ていくときには、同時にその奥にある「誓願」というものを見ていく。反対に、「誓願」を見ていくときには、同時に具体的に「念仏」を称える、という行為を見ていく、ということになります。この二つのものが一体となった世界を見ていかないと〈親鸞聖人が目指した宗教〉になりません。

その道に立つ

この、親鸞聖人のみ教えをいただいていく上で重要なことは、「往生極楽」するかどうかという結果ではなく、むしろ、〈その道に立つ〉という方向性がはっきりするかどうか、です。つまり、「往生極楽の道」に立つのか、「往死極苦の道」に立つのか、ここが思案のしどころだ、ということです。

『大無量寿経』には、「無上正真の道を発す、立たしめる、住せしめる」（『聖典』十一、一九、二七頁）ということばが出てきます。「往生極楽の道」なんて書いてなくて、「無上正真の道」（最高の正しく真実なる道）と書いてあります。そこを到達点とし、そこに向って立ち、住まるようにしてやりたい、と。私たちの人生の向うところが、真実を明らかにする方向であるように、ということです。それが、「道に立つ」ということです。その道に立って「往生は成し遂げられる」（往生をばとぐるなり）ということは、私の人生はまちがいなく極楽に往生する方向に向かっているというように、方向性がはっきりする、ということです。

私たちは、今、幸せかもしれませんけれども、その今の幸せがいつか音を立てて崩れるかもしれない、という危うい方向に立つのか、今の幸せは本物ではないから本当の幸せを求めて行かねばならないという方向に立つのか、そこが重要と教えるのが親鸞聖人の「真実」すなわち真実を求めよ、というみ教えだといってよいでしょう。

そういう点から見ますと、今、日本全国の人たちが、どっちの方向に向かったらいいのか、まるで分からなくなっていますね。方向性を見失っています。立つべき道を見失っているのではないでしょうか。『教行信証』の総序の文にいわれるとおり、「行に迷い信に惑ひ、心昏く識寡く、悪重く障多き者」が多くなっているのです。多くなっていながら、そのことに無自覚な人が多い。そこが、今日の大きな課題ではないでしょうか。

願――本音を尽くす

「誓願」の「誓い」は以上のように受け止められるとして、それでは、「誓願」の「願い」というのは何なのか、といいますと、金子先生は次のようにいわれます。

「〈願い〉は音（ね）をかけるということ、本音（ほんね）をはくということであります。それは私たちにかけられた仏の本音であります。　略　われらを救わなければ仏も仏とならない。それが願いの心である　略　願いをかける、その願いの相手はなんじということです。略　親が子に対してなんじというばあいには、子は第二の自分である。あるいは親の仏からいえば、むしろ第一の自分が子である、というふうなところに親の願いがあらわれるのである。」（金子五五―六頁）

親が子供に対して願いをかけるということは、子供を自分とちがうものとして考えるのではなくて、むしろ、子供を「第一の自分」として考えていくということで、子供の成長こそが親の願いの本音となるのです。

願いの相手である「なんじ」というものは、先にも述べたように、自分と運命の絆で結ばれた関係の「なんじ」、誓いの中にある「なんじ」ですから、救われるあなたの方が主となる世界の中に、願い、本音を置くということです。これは、あなたと私と二にして一と見る在り方です。このことを仏教では、「不二（ふに）」といいます。あるいは、「一如（いちにょ）」といいます。「一如」というものは、一つしかないということではないのです。二つ以上のものを一つとして扱っていくところに、「ひとつのごとし」という「一如」の世界があります。複数の物でありながら、それを一つの運命としてみていくところに如来様の「本音」がある、ということです。その一如という「本音」は、〈この世の中はみな一つにつながってありたい〉という願いだ、ということです。実は、私とあなたは、心の底では、本当は、いつも一つにつながりたいな、と願っている、ということです。

しかし、現実は、「我」があるために、あなたと私は別だということになってしまっているのです。あなたと私が別だといっても、心はそれで落ち着いているか、といわれますと、決して落ち着いてはいないですね。年を取って若い人とは別々に暮らして、そういう生活は、気を使わなくて楽ですけれども、それで人間のこころは満足しているかといいますと、なにか、どこか張り合いがない、心が空虚だというのです。嫁さんと姑さんは犬猿の仲かもしれませんけれども、その犬猿の仲が、仲良く出来たら、これこそ最高の幸せではないでしょうか。それを実現できたら最高、というそこに本音の願いがあるのではないでしょうか。

それは、無理だ、あきらめましょう、というのが現代人ですけれども、そうあきらめたところに自分の本音はあるのかどうかと自分の心に真正面から向き合って聞きましたら、やはり、それは本音ではない、ということになるのではないでしょうか。

今の時代は、何が一番問題かといいますと、人間と人間がお互いに根本のところで信じあえていない、つながっていない、ということです。根本のところで信じあえていないから、本気でけんかができないのです。今の小学生・中学生の間でいちばん問題なのは、けんかができない、ということだそうです。けんかをしないで何とか、お互いが友達でいたいと思っています。しかし、この関係は、いつ、こわれるかもしれないとびくびくしている関係なのです。お友達関係がこわれたら、もう学校に行けなくなると思っている希薄な危うい関係なのです。そういう意味で、人間同志が非常に根本的なところで信じあえないでいる。本音が出せないで生きている。そこのところを私たちがもう一度見直して、私たちの本音はどこにあるのか、ということをよくよく考えてみようじゃないですか——。

人間を大切にするということは、人間の本音を大切にすることです。私を大事にするということは、真に私の本音は何なのか、それを真剣に考えることでなければなりません。愛するあなたのためならば、むしろ、私をさえ犠牲にしてもかまわない、というのが、私の愛の本音ではないのか、と自分に問うてみることも必要でしょう。

子供のために尽くして、それだけで人生が終わるのはいやだ、私には、私の人生がある、ということになりますと、子供のことは、二の次、三の次になります。しかし、そうやって自分の幸せを追い求めた母親が、本当に幸せになれたかどうか。それで、自分の本音は満たされたのかどうか。とことん子供に尽くして、それで燃焼し尽くせた人生の方が、ひょっとしたら本音に近いのではないか、そういうことが今、課題となっている、ということではないか。そういうことを阿弥陀仏様の「願い」(本音)に引き寄せて、今一度、私たち自身の問題としても考えてみる必要があるのではないでしょうか。

私たちの心の、表面の部分の意識は、「我」が突っ張っていますから、「我欲」中心に、自己中心的に動くのですが、その奥の無意識の世界に本音がひそんでいるとすると、あんまり「我(が)」を張っていても幸せにはなれないような構造になっているのではないか、と思われます。本音は、阿弥陀仏様の願いと同じ「一如」でありたいということ。それを求めている。これが、願いは本音、ということ。もう一度考え直してみてはいかがでしょう。

如来ということ

すでに述べたように、「願い」という以上は、そこにはすでに誓いがある、ということはいうまでもないことですが、この第一条の冒頭で特に「弥陀の誓願」と書き始めた、その心もちは、〈念仏を通して救うのである〉、ということを前提として、こう書き始めたにちがいないのです。それが分かれば、また「弥陀の誓願」は「如来の本願」という方が適切かもしれません。

如来という語は「如から来たる」ということです。具体的には念仏となって来るのです。そして、この如という語は、存在論的ではないのです。「存在論的ではない」ということは、〈神という存在と人間という存在とが結びつく（西洋の宗教の原意）というようなものではない〉ということです。如来の如は、関係論的です。如は一如ということです。二つであってしかも一つである。一つであってしかも二つである。一つであるといおうとすれば二つであり、二つであるといおうとすれば一つであるというのが「如」です。だから、阿弥陀仏の誓願といっても、阿弥陀仏というものがいて、衆生というものがいて、その二つの運命を結びつけるということだとしますと、存在論的になりますけれども、もともと阿弥陀仏と衆生とは、二つにして一つの関係性なのだ、というのが、「如」ということです。その如ということを示して現れて来たのが念仏という「如来」様ですから、如来様という関係性を見据えていけば、そこに私たち衆生の本来的な在り様が念仏という姿勢だと見えてくるし、同時に、一如である阿弥陀仏様の願いのはたらきも念仏の中に見えてくるのです。

例えば、親子というのは、「如」であります。親のいない子供はいないし、子供のいない親はいないのです。親といったときには、子供は、必然的にそこに付いているのです。子供のことを考えないで、親ということはあり得ないのです。あなたは子でしょ、といったときには、当然そこに親が含まれているのです。ですから、一つのことをいっても、そこにはすでに二つのものが含まれているということです。親と子を切り離して考えることは出来ませんから「親子」という一つの括りで括って考えるべきです。親と子をバラバラにして考えたって意味がないでしょう。そういうものを「如」また「一如」ともいうのです。したがって、如来様と衆生とは表裏の関係なのです。いわば光と陰の関係です。姿、かたちが見えるということは、そこに光があるということですから、逆に、光があるということは、そこに具体的な姿、かたちが見えている、ということです。

「松影の黒きは、月の光かな」

という句がありますね。松の影がはっきり見えるということは、今日は満月だということです。松の影が、ぼんやりと見えるということは、今日の月は半月か、三日月か、ということです。このように、ものの影と光とはひとつのあり方で成り立っているのであって、それを別々に考えても意味はないのです。

同様に、私たち衆生というものが、衆生として明らかに自覚され、見えてくるときには、仏の智慧の光があたっているが故に見えてきている、ということが事実としてあるのです。衆生としての迷いの存在が見えてくるということは、そこに「さとり」の真実の光があたっているということです。「さとり」と「迷い」というものは、「ひかり」と「かげ」のようなもので、二つで一つなのです。「さとり」の光なくして、私が「迷っている。」という事実が明らかになるわけはないのです。実際、本当に迷っている人は、迷っていることすら分からないで生きているのですから。

このように見ていくと、二つで一つの「如の世界」こそが実は、「本音」なのです。その「本音」を「願い」というのです。そして、そこには、二つのものをしっかりと結びつけていく「誓い」というものが根底をなしてはたらいているのです。

このように、如来様の「願い」は、すでに如来の「如(にょ)」ということばの中に、「誓願(せいがん)」の「誓い」(約束)ということがこめられていますから、「誓願」の「誓い」というところを「如(にょ)」とおきかえれば、「如」来の「本音(ほんね)」としての「願い」ということで、これを「本願(ほんがん)」といっているのだ、ということになります。

したがって、「神(かみ)の願い」と「仏(ほとけ)の願い」とどこがちがうか、といえば、西洋には、「如(にょ)」という考え方がないので、西洋では、あくまでも中心は神にあるのです。神が主ですから、人間は従になります。主と従の関係になります。よって、西洋においては親子関係も、主従の関係です。主人たる親は絶対的権力を持っていて、神の思(おぼ)し召(め)しに従わないものは天国には入れないように、親には絶対に従うしかない存在ということになっているのではないでしょうか。

しかし、仏教の世界では、それを「一如(いちにょ)」として扱っているのです。如来(にょらい)と私たちはすでに「一如(いちにょ)」の世界にあるのであって、主従ではありません。願い願われる関係、それを「弥陀の誓願」というのです。仏様は無限なるもので、無限なるものは、そこにすでに有限なる私たちを包んで一つに見ています。

「その仏の心がまたわたしたちの心へ移ってくるところに如来(如から来た)の本願といわれる意味があるのであります。」(金子五八頁)

と金子氏はいっています。私の心の中は念仏によって仏の心が満たされるのです。

したがって、阿弥陀仏の本願は、すでに念仏する私たちの心の中に至り届いて宿っている、ということです。そのことは、『観無量寿経』の中に書いてあります。「諸仏如来は、…一切衆生の心想(しんそう)のうちに入りたまふ」(『聖典』一〇〇頁)と。白露(しらつゆ)に月の姿が宿(やど)るように、念仏する私たちの心の中には、仏心がすでに映り込んで来ている。これが、無限なるものが有限なるものを包摂するということです。そのような不思議な阿弥陀仏のはたらきを私たちはどのように受けとめたらよいでしょうか。

本文に入って見て参りましょう。

摂取して捨てず

（1）阿弥陀仏の誓いと願いの不思議なはたらきに助けていただいてこそ（2）往生は成し遂げられるのだ、ということをそのとおりに受け入れて、

（3）念仏が称えられ、阿弥陀仏に帰依しようと思い立つこころがおこったとき、その時ただちに（4）阿弥陀仏の、私たちを受け容れて見捨てないというご利益の中に身をおかせていただくのです。

弥陀の誓願不思議にたすけられまゐらせて、往生をばとぐるなりと信じて

念仏申さんとおもひたつこころのおこるとき、すなはち摂取不捨の利益にあづけしめたまふなり。

阿弥陀仏の「誓願」のはたらきは私たちの予測を超えていますから、不思議なはたらき、といわなければなりません。全く無信心の人にだって、臨終の最後の最後の一念という短い時間の中で本願に出遇（であ）うこともあるでしょう。あいつなんかがお浄土に往くのならみんな往けるよ、というような人でもお浄土に往くかもしれません。誓願の不思議ということは、私たちの思いはからいを超えた平等の救いだ、ということです。だから、すべての人は、どんな因縁であれ、みんなお浄土に参らせていただけるんだよ、と思っていれば間違いがない。「誓願の不思議力」によって助けていただくのですから。「力（りき）」という具体的な不思議な〝はたらき〟によって、

「（2）往生は成し遂げられるのだ、ということをそのとおりに受け入れる」（**往生をばとぐるなりと信じる**）

のです。この「往生は成し遂げられるのだ、ということをそのとおりに受け入れる」ということは、〝往生極楽の道に住する〟、ということです。死んだらお終いということでなくて、どこまでも死の向こうに希望を見いだしていく道に立っていられる、ということです。

次の、

「(3) 念仏が称えられ、阿弥陀仏に帰依しようと思い立つこころ」(**念仏もうさんとおもひたつこころ**)とは「ご信心」のことです。

念仏を称えようというこころが起こるときがご信心が得られたときです。それは、ある人にとつては、劇的な経験でそうなるのかもしれませんし、また、ある人にとっては、じわじわやってきて、気がついてみたらそうなっていた、ということかもしれません。どちらにせよ、誓願がはたらいてきて、その誓願を受け入れて、自然に念仏を称えようと思い立つこころが湧き起こるときが、信心を得たときです。私の方から信じてかかるのが信心ではありませんね。

そのときには

「(4) 阿弥陀仏の、私たちを受け容れて見捨てないというご利益の中に身をおかせていただくのです。」(**摂取不捨の利益にあづけしめたまふなり。**)

とあります。無限なる仏の誓願に有限なる衆生が包まれて在る、ということ。そこに「摂取不捨」という情態があり、それが「阿弥陀仏の、すべてを受け容れて見捨てない」ということですから、いいかえれば、念仏のあるところ、そこには仏様があり、その摂取不捨のはたらきがある、ということです。だから、私たちが何かによって悲しみに沈むようなことがあっても、そこに在って、その悲しみの心をやわらげてくださる仏様の大慈悲の心が感じられる。それが具体的な「すべてを受け容れて見捨てない」(摂取不捨)

はたらきです。また、私たちが喜びのことにおいて念仏を称えるならば、そこにも阿弥陀仏の智慧の光があるのであって、いいことがあったからといって有頂天になってはならないという反省も与えてくださるのです。そして、そのことによって、喜びをほんとうに心からなる感謝の喜びにさせてくれるものがあるのです。それが南無阿弥陀仏という念仏であり、ここに仏あり、という感覚なのです。ですから、阿弥陀仏の智慧の光は、順境にあっておごらず、逆境にあってくじけず、ということを教えて、常に、私たちを励ますはたらきであると私は思っています。

　奥さんを亡くされた先ほどの彼が、言いしれぬ悲しみに打ちひしがれていく中で、本人もどうしようもないのですが、まわりの人もどうしていいのか分からない中、念仏を称えることで、そのつらい思いを、「そうだよね、そうなんだよね、と仏様が受け止めてくれることが、救いなのだ、癒しなのだ」といっていました。何も、気の利いたことをいってくれなくてもいい。そうだよね、というこころが救いなのだ、と彼はいうのです。

　共感によって自分自身が癒される、というのは、自分が小さいときに石につまずいて転んで怪我をして泣いているときに、お母さんが「おお、よしよし、いたいのいたいの飛んでいけ！」というそれだけで、子供は癒された、あれです。それは、「おお、よしよし」というところに、その痛みが、自分だけのものではなくて、痛みを共にしてくれる人がいる、悲しみの心に共感し寄り添い、その悲しみの心をやわらげようとしてくださる者がいるという、最後のケアがそこにあるのです。

　私たちは、最後には一如である阿弥陀仏様を信頼し、お任せしていきましょう、というよりほかに、この世を超えて癒される方法はないのです。そういう念仏のところに「すべてを受け容れて見捨てない」（摂取不捨）と呼ばれる阿弥陀仏の不思議なおはたらきがあり、それに助けられて、阿弥陀仏様のいらっしゃるお浄土に向かって立ちつづける。このように、阿弥陀仏様のお導きを信じて念仏を称えるときに、「(4)すべてを受け容れて見捨てないというご利益の中に身をおかせていただく」(**摂取不捨の利益にあずけしめたもう**)

という情態が発現するのです。この一句の中に、親鸞聖人の中心思想はおさまっています。

自我の殻が砕ける

阿弥陀仏の本願を受け入れない人は、すでに無限なる世界に包まれているのですけれども、自ら自我の殻にこもっているので、そのご利益が届きません。

「本願」の届かない者は「摂取不捨」されないのか、といいますと、そうことではないのです。すでに「摂取不捨」されているのですけれども、拒絶しているために「本願」が届きませんから、「ご利益」には、つながっていないということです。つまり、阿弥陀仏を信じるより、百万円もらった方がいいや、というような欲望中心の人には如来様の「ご利益」は分からない、ということです。百万円のお金を持っていても、どっちを向いて生きたらいいか分からない人の生き方は、ドン詰まりの、よっぽど大変な生き方だと思いますが、実際そうなってからでないと本人は気づかない。残念ですね。

今の時代は、モノには恵まれ、溢れていますけれども、根本のところがおかしくなっているのです。人が信じられない。自分がどう生きたらいいか分からない。ただ、毎日を、自転車を漕いでいるように、消費しているだけの人生を生きています。時間を費している毎日だけでは、結局何にもならないではないか、と悲しくなります、と、それが仏様の悲しみです。

そこのところで、人生何が大事かと、私たちは、今一度、考え直さなければいけないと思うのです。それは、結論からいえば、「弥陀の誓願の不思議」なはたらきがここにある、ということに気づかされていくことが大事なんだよ、ということです。「誓い」、「願い」、運命を共にしてくださる仏様が現にいらっしゃる、という真実に気づいていくことです。そういうことが、私たちの生き方の根本に体験されていかなければ最後は、往死極苦になる、ということです。

そうして「自我の殻」が砕けていくときに、力みなく「念仏を称えようと思い立つこころ」がおこる。そして、「摂取不捨のご利益」を受ける、一如という真実が見えてくる。これでこそ往生極楽の道です。

私は、高校生には、「親の願いの分かる子になれ。それが大人になることだ。」といっています。図体が大きくなることが、大人になることではない、といっています。

「親鳥は、ひな鳥にエサを運ぶけれども、ひな鳥は親鳥にエサを運ばない。」――これをどう思うか、ということです。当たり前だ、というようなことでは駄目だ。こんなことでは両親に申し訳けが立たない、という、その申し訳ない私がここにいる、と思えるか、思えないか、ということです。

大人に成る以上のさらに上位の、〝成仏〟という境地に達するには、仏様の誓願のやるせない思いが分かることが必須です。そこの根本が抜けていますと、人間として何に成ろうとするのか。究極の一番大切なものが欠けている人生、ということになりましょう。

以上の通り、この『歎異抄』第一条の前半の文、すなわち、「(1)阿弥陀仏の誓いと願いの不思議なはたらきに助けていただいて…(2)往生は成し遂げられるのだと…(3)念仏が称えられ…(4)阿弥陀仏の、私たちを受け容れて見捨てないというご利益の中に身をおかせていただくのです」というところに、先に掲げた「念仏」と「本願」(誓願)と「往生」のキーワード三つが全て入っていますね。

「この一句の心を忘れさえしなければ『歎異抄』のすべてが分かってくるといっていいのであります。」(金子五九頁）と金子氏もいっています。現実の私たちの日常生活は、この三つのキーワードによって「すべてを受け容れて見捨てない」（摂取不捨）のご利益のもと、往生極楽の道に立つことが最も大切なことといえます。

信心――比較と選別を超えて

では、次に、第一条の後半を見てまいりましょう。

（5）阿弥陀仏の本願には年寄りか若いか、善人か悪人かという選別はありません。――弥陀の本願には老少善悪のひとをえらばれず

日常生活において、私たちは、いつも何かと何かを比べては、どちらかを選択するという判断に迫られるのですが、信心ということにおいては、私たちは、無限なる仏の本願に包まれるのですから、仏教に触れる期間が長いか短いかということ、あるいは善悪の道徳を守っているかどうかというような選別はないのです。それは、弥陀の本願を信ずるということとは比例しないということです。二、三回しか聞いていない人が信心を得ることもあるし、長い間、お聴聞を重ねていても、本願が何なのか一向に分からない人もいるのです。また、世間的に立派といわれる人が必ずしも信心深いわけでもありません。

（6）だれであれ、ただ信心だけが重要なのです――ただ信心を要とす

ここの信心というのは、私たちが仏様を信じるということではありませんね。「誓願」が私たちの上に現にはたらいているという事実を認めて、それを受け入れるこころのことです。それは如来様に「おまかせするこころ」です。『正信偈』の中に「行者正受金剛心」という句があります。「信」は「正受」と言い換えられています。行者が阿弥陀仏の金剛の心を正しく、素直に受け入れる、ということ。これが信心なのです。「信ずる」といいますと、何か私たちの方で、信じようとする行動と理解されがちですが、「受」ということですので、拒絶しないで受け入れればいいのです。それを、たいていは拒絶しているのです。自分は仏様など信じなくても大丈夫だ、間に合っている、と。しかし、そこを拒絶しないで、阿弥陀仏の「まかせよ、必ず救う」のこころを素直に受け入れると、如来様に護られ導かれている安心感と喜びの心が湧き起こって、勇気が湧いてきて、如来様と共に歩んでいこうということになるのです。それが信心ということです。

阿弥陀仏の誓願というものは、要するに、

(7) 罪悪がひとしきり深く重い人、煩悩がおさえきれず盛んな人たちを助けたいというのが阿弥陀仏の誓願だからです。

罪悪深重・煩悩熾盛の衆生をたすけんがための願にてまします

ということ。ここがとても大事です。罪の者、煩悩の者こそ放っておけない——そういう阿弥陀仏の「誓願」が具体的なはたらきとして現れたところを「力」といいます。誓願力です。本願力ともいいます。それが、具体的な「南無阿弥陀仏」という念仏です。南無阿弥陀仏がもっとも現実的な「阿弥陀仏のはたらき」なのです。親鸞聖人というお方は、「南無阿弥陀仏」という阿弥陀仏様の具体的なはたらきが現にはたらいていることに気づかれた方だったのでした。

願生への転換

では、なぜこの「南無阿弥陀仏」がこの世の私たちに届けられたのか、と問うていきますと、それは罪の者、煩悩の者である私たちを放っておけないという大慈悲心に富んだ「誓願」ゆえに届けられた、ということが明らかになります。念仏はただ単に私たちが称える行為だと理解すると、それは呪文だとか、おまじないと同じことになるのでしょうけれども、それを、大本の「誓願」に返して受け止めると、阿弥陀仏様がお前をなんとしても助けねばおけない、と呼んでおられる声として聞こえるよ、と親鸞聖人は教えてくださいます。

ですから、浄土真宗では「誓願」が根本です。これを本願といいます。それは、「念仏」を手がかりとして、私の視点を大本の「誓願」、すなわち阿弥陀仏の願いに視点を切り換える、ことです。阿弥陀仏は、妄想にとりつかれた凡夫の私たちを何としても助け出さねばならないという、やるせない願いをもってはたらいておられるのです。その願いに帰依する、順うということが信心です。そうすると、お浄土というのは「願い」が満たされた世界だ、ということも分かってきます。

お浄土が「願い」が満たされた世界だ、と分かると、私たちは、「願い」によって救われていく方向が見えてくるし、日々の生活がその「願い」に支えられて生きる、ということにもなります。そして、自ずから浄土に生まれたいと願う「願生」という思いも出てまいります。「願生」の反対は、「業生」といわれます。過去の「業」、自分の経験に縛られて生きることです。自分の過去に引きずられて生きるのが「業生」です。それに対して、「願生」というのは、過去つまり後ろから引かれるのでなく、前の方から如来様に引っ張られ、導かれて前向きに生きる、ということです。

「業生」から「願生」に私たちの人生が転換する。これが「本願」という世界への開眼、ということです。

善も要らず悪も恐れず

したがって、「本願」を信ずるということにおいては、

本願を信ぜんには、他の善も要にあらず、……悪をもおそるべからず

(8)この願いに信頼を寄せていくには、善を行う必要はありません。……(10)どんな悪を犯そうとも失望することはありません。

という、このことも当然とうなずかれます。つまり、如来様の本願による救いは無条件の救い、善悪等は超えられている、ということです。「善悪」や煩悩による選別は「信心」にはないと、ということです。

そうでなければ、すべての衆生を助ける、ということは実現出来ませんね。

しかし、「本願」を信じるということにおいて、「善悪」を問題にする人が現にいます。これだけ悪い人は、さすがの阿弥陀仏様も許さないだろう。第一、そんな人は「信心」が得られるはずがない、と否定してしまう人。そういう人に対して、その必要はないのだよ、どんな悪いことをしていても、それが障害となって「信心」が得られない、救われない、ということはないよ、とおっしゃるのです。

また、逆に、善いことをしている人は悪いことをしている人より本願のお眼に叶って救われやすい、と

いうこともないのです。善人は、自分に頼る気持ちが強いので、かえって本願を受け入れにくい。かえって悪人の自覚がある人の方が素直になりやすいのです。罪深く、煩悩が盛んにめらめらと燃えている人ほど、かえって阿弥陀如来様の救いに頼るしか手立てがない、と率直に如来様に頼る。そういう悪人こそどんな罪深いことがあっても助けるぞ、というのが、阿弥陀仏様の本願であってみれば、素直に頼る悪人の方が善人より救われやすいということになりましょう。

　では、どうやって救うのかといいますと、ただ「南無阿弥陀仏」の六字によって救う、ということです。

それが

(9) 念仏にまさるべき善はない　―念仏にまさるべき善なきゆえに。

といわれるところです。

　阿弥陀仏様は最高の善根功徳を念仏に込めて私たちに与えられるのです。あたかも、母親がすべての栄養素の含まれた母乳を赤ちゃんに与えるように。

　また、私たちの「信心」は、「弥陀の本願」が元になって、そこからで出ていることだから、「弥陀の本願」にはどんな「悪」も、うち破っていく力が完成されてあるので、「弥陀の本願」におまかせすることでいいんだよ、ということです。おまかせするのが信心ということですから。だから、

(10) どんな悪を犯そうとも失望することはありません。　―弥陀の本願をさまたぐるほどの悪なきゆゑに

阿弥陀仏の本願はどんな悪にも打ち勝つ力があるのですか

ら。

とおまかせするばかりなのです。

したがって、善悪も、阿弥陀仏様の救いにおいては問題にならないのです。念仏にそんな力があるわけがないと、疑っている人がいますが、それは念仏を称えて、実感する経験がない者のいうことです。念仏を称えていけば、かならず阿弥陀仏様のおはたらきを実感する不思議な経験をします。だから、先人たちは、代々、自分の経験を通して、このお念仏をいただいていけ、まちがいはない、と言いきっているのです。念仏をお称えしていくと、不思議なことに、いろいろなご縁にも恵まれていきます。また、心にも勇気が湧いてきます。心が折れそうになっているとき、どうしたらいいかと悩みますが、自分ではどうしようもありません。そんな時に、お念仏しておりますと、不思議と心が立ち直っていくのです。元気になり、前向きに生きて行こうと暗示にかかったように勇気が湧いてくるのです。ここに「善も必要ない。悪もおそれることはない」といわれる所以があるのです。

「本願ぼこり」について

以上で第一条の解説は終わりですが、このことに関連して付言しておくべきことを次に述べておきます。

まず、ここの、

「(10)阿弥陀仏の本願はどんな悪にも打ち勝つ力があるのですから」(弥陀の本願を妨ぐるほどの悪なきゆえに。)

という教えは、当時、「本願ぼこり」という問題を引き起こしてしまいました。

本願はどんな悪人にも打ち勝つ力があるのだから、どんな悪事を犯していても構わないのだ、ということで、わざわざ悪を犯して、これほどの悪でも大丈夫だと、本願の救いの力の超絶を誇り、自慢する人たちが現われたのです。これが「本願ぼこり」の人たちです。これは、結果的に、本願に甘えることを許してしまう、という意味で問題行為です。本願に甘えて、悪事を奨励する、というような風潮さえ出てきた、という問題です。

たしかに、どんな悪であれ、阿弥陀仏様が助けてくださる、如来様が助けられない「悪」はない。どんな大罪を犯した人間でも救うことができるのが阿弥陀仏様だ。そうでなければ、「罪悪深重（ざいあくじんじゅう）」の人をたすけるという「弥陀の本願」が嘘になる、ということですけれど、「薬あればとて毒を好むべからず」と親鸞聖人もおっしゃっていますように、どんな「悪」い衆生をも助けることに不可能はないからといって、進んで悪を好む、というのはやりすぎでしょう。善を行おうとしながらも、なかなか善を行うことができないところに悪の自覚がある。また、悪を行いながら、その自覚がなくて自分は善人だと思うところに実は、悪が潜んでいる、というのが私たちの真相です。如来様の本願はこのような現実から私たちを救いたい、といわれるのでありますから、「本願ぼこり」は「贔屓（ひいき）の引き倒し」ということになります。

阿弥陀仏様の願いは、海におぼれている人がいるとき、この人は悪人だから救わない、善人だから救う、ということはない。善人でも、悪人でも、そばにいる人から救う。だから、どんな大罪を犯した人間も救われないことはないのです。しかし、間違えていけないのは、阿弥陀仏様が直接出てきて、一人ひとりを救うという話ではないのです。阿弥陀仏様は、すべての人を救うために、「念仏」（南無阿弥陀仏）を私たちに届けてくれているのです。南無阿弥陀仏であなた達は大丈夫だよ、といっているのです。

ですから、海におぼれている人たちのために、南無阿弥陀仏という救いの綱が、百人いれば百人の人に一本ずつ、百本の綱がお浄土から様々な人を介して届けられていくのです。でも、この「念仏」（南無阿弥陀仏）を、私はいらない、というか、素直に受けとるか、ということで救われるか、救われないかの分かれ道になるのです。だから、阿弥陀仏様の方は、たすける準備ができているのだけれども、念仏の意味を取り違える人はそれだけ遅れるのです。まして救いの綱がすでに成就してあるからといって、さらにおぼれようとする人がいるとしたら、それはバカげたことでしょう。本願ぼこりの人たちは、このように、理屈倒れになってしまっているのですね。

抑止（おくし）の文（もん）

ところで、『大無量寿経』の第十八願には、「唯除五逆誹謗正法（ゆいじょごぎゃくひほうしょうぼう）」と、「五逆罪（ごぎゃくざい）」の人と「正法を誹謗する」人を除（のぞ）く、と書いてありますので、そういう人たちは救われないのではないかとお考えの人がいるかもしれませんが、これは「抑止（おくし）の文（もん）」といわれていて、五逆罪や正法を誹謗することは、やってはならない重い罪だと諫めておられるのです。それは、救わないというのではなく、かえって、そういう人のためにこそ本願が立てられ、念仏によって救うことになっている、ということなのです。

このことを利井鮮妙（かがいせんみょう）師は、

子の罪を親こそ憎め憎めども捨てぬは親の情なりけり

と詠んでおられます。

「五逆罪（ごぎゃくざい）」とは、父を殺す。母を殺す。阿羅漢（あらかん）（聖者）を殺す。出仏身血（しゅつぶつしんけつ）（仏の体を傷つけて出血させること。）。破和合僧（はわごうそう）（教団の和合一致を破壊し、分裂させること。）の五で、「誹謗正法（ひほうしょうぼう）」は、仏の正しい教法を誹謗することです。

阿弥陀仏様は私たちを救うために、十劫正覚といいまして、「十劫」という時間をかけて救いを達成されるのです。そんなに時間かけなくても、さっさと救ってくれたらいいではないか、と思いますけれども、この時間の長さは、衆生の側の煩悩のしぶとさの象徴なのです。

仏教というのは、基本は、自分が「さとる」ということですから、自分が目覚め、自覚することを目指していきます。ですから、仏様が勝手に人を苦処から、楽処に移せばいいという問題ではないのです。たとい「迷いの世界」から「さとりの世界」に移したとしても、私たち自身の眼が開かれなければ、何にもならないのです。本人の目覚めがなければ真に救ったことにならないのです。

そこで、本人が目覚めるためには、本人自身が一皮も、二皮も、脱皮しなければなりません。それには、時間がかかるのです。「時節到来」といいまして、時節が到来しないと目覚めが起こらない、ということです。

阿弥陀仏様のご縁は常に与えられているのですけれども、たまごからひよこがかえるように、時節が到来しないと、かえることができない、ということでしょう。その時節が今来るか来ないかは、その人の煩悩とか、罪悪がどれだけ深いか、にかかっています。したがって、その人の背負っている荷物が重いか、軽いか、によって、目覚めの時節の到来する時間にも差がでる、ということでしょう。

「弥陀の誓願不思議」ということですから、こちらがいかに予測をたてても、私たちの予測とはかけ離れたところで阿弥陀仏の「願力」がはたらいているということです。阿弥陀仏の願力はどう働いてくるかは、私たちには分かりません。私たちが、ああなればいい、こうなればいいと、いろいろ考えたとしても、それは、私たちの〝はからい〟です。念仏のはたらきは、私たちのはからいを超えています。それを誓願の「不思議」といい、「不可称・不可説・不可思議」というのです。ですから、第一条は、弥陀の誓願

「不思議」で始まりますが、第十条にも、「念仏には、無義をもて義とす。不可称・不可説・不可思議のゆへにと、おほせさふらひき。」とあって、念仏も「不可思議」であると、しめくくられています。不思議の体験が親鸞聖人のみ教えにはあるということです。

第三条　善人意識こそ悪

先人たちが念仏を称えることを私たちに勧め、その念仏を通して阿弥陀仏の誓願の不思議なはたらきが、私たちの身の上に届いていることが明かされました。阿弥陀仏の誓願は、私たちが知らず知らずのうちに、往死極苦の道を歩んでいることに気づかれて、何としてもこの世を超えた真の幸福、往生極楽の道へ向かわせなければならないと念仏を私たちに届けられたのでした。それは、私たちの人間性の危機、すなわち善人意識の問題性を見抜かれたからに外なりません。

第三条は、その人間性の危機への論及です。この条は、「悪人正機」（悪人こそが救いの対象）が説かれるとして従来、注目されていますが、この条をよく読んでみると、ここでは、悪人の救いを説くというよりも、「自力作善」の善人の救いの方に重点が置かれていると思われます。つまり、阿弥陀仏様は、悪人よりも、世俗的に肯定されている善人意識の抜けない善人の方が心配だ、といっているのではないかということです。善人と思っている人こそ、実は、阿弥陀仏の眼からは、むしろ「悪人」に見えるということ。したがって、この条が単純に「悪人正機」を説いている条とすることが適当かどうか、私は疑問だと思っています。

善人なほもて往生をとぐ。いはんや悪人をや。しかるを世のひとつねにいはく、「悪人なほ往生す。いかに

（1）善人が往生できるのだから、悪人はなおさら往生できます。（2）ところが、世の人は、常に、罪が重い悪人

が往生できるのだから、善人はなおさらだ、といいます。（3）このことは、一見すると道理があるようにみえますけれど、本願他力のおこころに背いた見方です。（4）その理由は、自力で善が行えると高をくくっている人は、自惚れているので、他力をたのむ気持ちがない。それは阿弥陀仏の本願に順う人ではありません。（5）それでも、自力の心を翻して他力を受け入れれば、真実の浄土に往生できます。（6）煩悩が捨てられない私たちは、どんな修行をしても迷いを離れることなど望めませんので、それを憐れんで願いを発してくださったのですから、その本意は本願に順わない悪人を成仏させることにあります。（7）したがって、素直に他力をお頼み申す悪人がもっとも往生の正しい因を持っている人といわれるのです。悪人の自覚がない善人だって往生するのですから、自覚のある悪人は当然とおっしゃる道理はこのことなのです。

いはんや善人をや」。この条、一旦そのいはれあるに似たれども、本願他力の意趣にそむけり。

そのゆゑは、自力作善のひとは、ひとへに他力をたのむこころかけたるあひだ、弥陀の本願にあらず。しかれども、自力のこころをひるがへして、他力をたのみたてまつれば、真実報土の往生をとぐるなり。煩悩具足のわれらは、いづれの行にても生死をはなるることあるべからざるを、あはれみたまひて願をおこしたまふ本意、悪人成仏のためなれば、他力をたのみたてまつる悪人、もつとも往生の正因なり。よつて善人だにこそ往生すれ、まして悪人はと、仰せ候ひき。

善人は本当に善人か

まず、この条の冒頭は、次の有名な文章からはじまっています。

善人なをもて往生をとぐ。いはんや悪人をや。

(1)善人が往生できるのだから、悪人はなおさら往生できます。

従来、ここの「悪人はなおさら往生できます」(いはんや悪人をや)という文が阿弥陀仏の悪人に対する救いを強調する「悪人正機(あくにんしょうき)」(悪人こそ救いの対象)の文として読まれてきたように思いますが、それだと、これまで往生ができないとされていた悪人さえも往生できることになったのですから、善人は当然往生できるとなっていなければなりません。そのような意味の文ならば「罪が重い悪人が往生できるならば、善人はなおさらだ」という次の「(2)世の人の常のことば」のとおりでよいのであり、それを「(3)このことは…本願他力のおこころに背いた見方です。」と反論する必要はないはずです。

それが、ここでは、逆転して、〈善人だって往生できるんだよ、だから悪人はなおさらできる〉という言い方になって、〝善人だって往生できる〟ということが強調されていますよね。つまり、ここは普通だったら善人は往生できないところだが、特別に、仏さまのお慈悲によって往生させてもらえるのだ、と善人の方の救いに力点がおかれている、と読むべきでしょう。ということは、ここでは、悪人より善人の方がかえって往生が難しい、と見なされています。その善人だって往生できるのだから、悪人の往生は当然、という主張になっている、と言わなければなりません。

これは、悪人が救われるなら、善人は当然という善人優位の常識的な道徳の考えを「本願他力のおこころに背いた見方です」、と逆転させている、ということです。つまり、仏様の目線からすると、善人の方にこそ問題がある、ということです。善人、悪人という観念が、行為として善いことをするのが善人であり、悪い行いをするのが悪人であるという客観的な理解ならば、悪人よりも善人の方が救われ難い、ということにはならないでしょう。善人がまず優先的に救われるのであり、さらに悪人さえも救いの対象となるという順番のはずです。しかし、自らをかえりみて、自分は悪いことはしていないと言い放つ善人意識の善人と、自分はあまり善いことができていないな、と反省する悪人と、いわゆる自覚の上における善人、悪人と考えたらどうでしょう。

実際、この世において、悪口一ついっていないと思える人は一人もいないのではないでしょうか。このような反省の観点からすれば、自分は悪いことをしていない、だから善人である、という人は、自惚れの強い人であり、人間的反省の自覚を持たない人ということになりませんか。善が行えていないという自覚の人間の方が自身の実態を正しく捉えており、その反省も深い。その意味で、仏教的自覚においては、善が行えていないという反省の人の方がかえって善が行えている、といえるのです。そう考えると善人という自覚の人より、悪人という自覚の人の方が人間存在の真実を自覚している、という点で、より仏様の眼に近い所に立っているということになるのです。

念仏をお称えして、人間的反省を深くする時、だれでも、結局、自分はあんまり善いことをしていないなぁ、と感じる。それをここでは「悪人」といっている、と理解するべきです。いや、それ以上に、自分は阿弥陀仏が見抜いておられるほどには、悪の自覚が足りないなぁ、と思われてくる。そうすれば、善人というのは、全くその自覚が不徹底な人ということになりましょう。そういう善人でさえも救うのが阿弥陀仏の本願だとしたら、自覚のある悪人は当然救われるはずです。

仏様の智慧のはたらきを受けて、自覚を徹底していけば、かえって悪人の自覚が不徹底な自分の実態というものに思い至らざるを得ないはずですね。それが真の悪人の自覚です。

人間であることの罪と悪

実は、罪と悪には、人間が「経験することの罪と悪」と、「人間であることの罪と悪」と二つがあると金子大栄氏は指摘しています。

つい不都合なことをしてしまった。ああいうことはしなくてもよかったはずであるのに……、というようなものが、「経験することの罪と悪」です。こういう罪悪は、悔い改めて二度としないようにしよう、とすることもできます。

一方、「人間であることの罪と悪」というのは、人間である限り、どうしてもそこから逃れることができない、悔い改めることのできない、「ただ人間生活の悲しみにおいて懺悔する」だけ。懺悔するといっても、改めることはできなくて、生活全体を悲しみ、恥じることしかできないようなものです。こういう罪と悪は、普段は、自覚せずに、仮りに自覚できたとしても、人間だもの仕方ないと、たかをくくって、誰もがしている罪はない、と善人面を続けているのが一般です。この点を見逃さずに、それこそ問題だと心配しておられるのが阿弥陀仏なのです。だから、阿弥陀仏の眼にはそういう善人こそが心配なのです。

ところで、みなさんに、〝これは罪深いぞ〟と知っていて行う罪と、知らないで行う罪とどちらが重いでしょうか、と尋ねますと、たいていの人は、罪深いと知っていて行う罪の方が重い、と答えますね。そして、知らなかったということは、罪を犯す意図はなかったのだから罪は軽いはず、と。知っていて行う罪は、意図的だから重い、とその理由を述べます。これは、言葉をかえれば、意識すれば罪は回避できる、という道徳的な範疇において罪を考えている、ということです。これは「人間のおかす罪や悪」です。「経験することの罪と悪」の方です。

しかし、知らず知らずのうちに犯さなければならないところの「人間であることの罪と悪」は、知らないでやりました、誰もがやっていることです、私だけではありません、といえば、世間の道徳上は、無罪放免または情状酌量の余地あり、となるのですが、人間のあり方としては、罪に対して無知、無自覚、つまり、知らないが故に永遠にやり続ける、また、自覚したとしても回避することが極めて困難、というところでは罪が積み重ねられつづけるわけで、実際は極めて罪が重くなっている、といわねばならないでしょう。このような「人間であることの罪と悪」を私は、〈善人意識の罪と悪〉と言いたいと思います。

親鸞聖人も、これを「無明長夜」（無明という長き闇夜）といって、「無明」すなわち無知を〝明けることのない長い夜〟に譬えておられます。「無明」という、無知、無意識が引き起こす誤った判断は、根が深く、自覚がない分、長々と続き、これから逃れることは極めて難しいのです。

したがって、このような善人意識の罪や悪への無明、無知すなわち、気づかない、知らないということは、永遠に善人意識のままでいられるため、歯止めがかからないということで、これほど恐ろしい罪はありませんね。だから、そのことに気づけよ、気づけよというのが阿弥陀仏の教え、つまり仏教です。「ブッダ」というのは、「真実に気が付いた」「真実を知った」ということですから、「ブッダ」＝仏陀とは「無明」に気づいて、無知からの解放を根本的な課題とした方なのです。

いのちの犠牲

よくよく考えてみると、私たちが生きるということは、他の動物の犠牲の上にあるのです。しかし、昔のように、直接、自分で動物や魚をとって、捌いたり、料理するのでなくて、他の人にやってもらうような時代になりますと、私たちの生きることが「いのち」の犠牲の上に成り立っている、ということが見えなくなります。早い話が、にわとりも、すでにパックの鶏肉であり、マグロは切り身で泳いでいるのではないか、なんていう頓珍漢なことにもなりかねません。

金子みすゞさん（一九〇三〜一九三〇、童謡詩人）の詩に、

　大漁

朝焼小焼だ、大漁だ
大羽鰮の大漁だ。
浜は祭りのようだけど、
海のなかでは何万の
鰮のとむらいするだろう。

というのがあります。大漁旗をなびかせて、人間の世界では、大漁を喜んでいるときに、海の底では、捕えられた鰯の弔いのお葬式が始まっている、というのです。金子みすゞさんは阿弥陀仏様と同じ視点でいのちをみつめている、といえましょう。

また、

マグロを食べた
マグロの一生を食べた
豚肉を食べた
豚の一生を食べた
掌を合わせていただく

という標語を目にしたことがあります。私たちは、その命の一生を奪って食べているのですね。そういう他の生き物の一生の命を奪って生きるしかないところの根本的な、避けられない罪というものがあるでは

ないか。そういう根本的な問題に気がつかないでいる人間と、気づいている人間とでは、どっちの方がより人間的なのでしょうか。

道徳的には、鰯（いわし）やマグロをどんなに捕ろうが、豚を殺そうが、刑罰に処せられることはないのですから、悪人とは見なされないのです。しかし、鰯（いわし）にも「命」があるぞ、マグロにも「命」があるぞ、という仏様の立場からものを見ていきますと、お互いに、いのちを奪い合わねばならない、ということですから、そこのところに対する深い反省が人間のあり方として問われてくるのです。このような罪に気づいた人は、供養塔（くようとう）の一つも建（た）てるのです。一年に一度のご法事もするのです。

さらに、金子みすゞさんの詩のなかに、「鯨法会（くじらほうえ）」というのがあります。

鯨法会は春のくれ、海に飛魚採れるころ。
浜のお寺で鳴る鐘が、ゆれて水面をわたるとき、
村の漁師が羽織着て、浜のお寺へいそぐとき、
沖で鯨の子がひとり、その鳴る鐘をききながら、
死んだ父さま、母さまを、こいし、こいしと泣いてます。
海のおもてを、鐘の音は、海のどこまで、ひびくやら。

ここには鯨を捕っていた浜の漁師さんたちが、一年に一度、鯨の法要をする光景が描かれています。めずらしく羽織を着て威儀をただした漁師さんたちが、お寺に参って法要をする。なぜなら、漁師さんたちは、鯨を捕ることは罪深いことだと思うからでしょう。その一番の理由は、鯨は、ほ乳類ですから、捕獲したとき、おなかに子供を宿している場合がある。雌の鯨の胎内に子供がいた、それが漁師にとっては、何とも悪いことをしたなぁ、と思われるわけです。このようなことから、一年に一度、せめて法要をして、

尊いいのちに懺悔と感謝をしないではすまされないのです。だから、鐘の音が海の水面を渡っていくときに、鯨の子供が、「死んだ父さま、母さまを、こひし、こひしと泣いてます。」と知って、改めてすまないという思いを深くするのです。

鯨肉を食べるだけの私たちには、鯨のおなかに子供がいたのか、いなかったのか、なんていうことは知りようもありませんから、食べても、法要をしようということにはなりません。そこに、無明（無知）という、気づかないまま、知らないままの人間の「人間であることの罪と悪」の深刻さがあります。しかし、阿弥陀仏はそれを見抜いて本願を起された。そして救いの手立てとして念仏を私たちに届けられたのです。だから私たちは念仏を通してそのことから目をそむけていられなくされます。それが、〈善人意識の罪と悪〉の自覚なのです。

悪の自覚なき善人

「人間であることの罪と悪」は、回避できる罪と悪ではなく、まさしくそうしなければ生きていけない人間存在の根源的矛盾です。これを、「罪悪深重（ざいあくじんじゅう）」というのです。つまり、のがれがたく罪が深い、悪が重い、と。しかし、これは、普通、私たち凡夫が目を背け、認めたがらないことがらです。仏様のみが気づいて、痛感しておられることです。阿弥陀仏様は、そういう「人間であることの罪（つみ）と悪」の深刻さ、そして、それゆえに、かえってそれを悩まないところの〈善人意識の罪と悪〉の重さから私たちを救いたいというのです。それが如来様の本願力によって「善人だって往生できるんだよ」、「当然、悪人は」という阿弥陀仏の誓願、約束だったのです。この阿弥陀仏の本願に出会えてはじめて私たちは「罪悪深重（ざいあくじんじゅう）」ということにも目をそむけず気づいていけるのです。だから、このような罪と悪の自覚は、人間が自らの力で知りうる自覚では達成できず、人間を超えた仏様の視点からの人間理解としてしか与えられない気づきなので、〝他覚〟といわなければなりません。仏様という他者によって自覚せしめられるしか他に方法はないのですから。また、仏陀という高い理想に気づかされるときにこそ現実の低さが反省させられるのです。私たちは、宗教的な価値観を与えられるときに、はじめて人間の存在そのものが悪であるとの根源的な気づきが芽生えるわけで、宗教的な価値観に立たないかぎり、このような善人意識こそ罪悪という罪悪の気づきは生まれてこないのではないでしょうか。

かくして、念仏に出遭い、仏様の願いを聞くことによって、「人間であることの罪と悪」の深さに気づいた人こそ、真の「善人」というべきでしょう。したがって、仏教の理屈からいえば、自分は悪人だと思っている人が、一番自分の真実（悪人性）に気がついている人だから、気づいた人、つまりブッダに近い人ということになります。悪に気がついていない人で、俺は善人だと思っている人は、迷っている人ということになります。道徳的に善人であっても、根本において人間としての罪と悪を背負っているわけですから、どんな善人でも気がついてみれば、皆、悪人ということです。気がつかないために善人と思っているにすぎないのです。

「人間であることの罪と悪」。それは道徳的には善人として許されているけれども、その罪と悪を深く悲しんでいるものは人間よりも仏様なのでした。だから仏様は罪の自覚がない善人をこそまず救われなければならない、と願いを発された。一番救いを求めているのは当の私たち善人ではなく、人間悪に気づかれた仏様なのでした。そうなりますと、「(1)（自覚なき）善人でさえ往生できるのであるならば、（自覚のある）悪人はなおさら往生できます」といわねばならないでしょう。それが冒頭の句です。これは人間の側の論理ではなく、仏様の側の論理なのです。善悪の観念が道徳的な論理とは逆転していることに注目しておかなければなりませんね。

本願にそむく

善人意識の問題点に気づかない人たちは、ついつい道徳的な視点から考えてしまいます。それが「世の人」の考えです。

（2）ところが、世の人は、常に、罪が重い悪人が往生できるのだから、善人はなおさらだ、という。

しかるを世のひとつねにいはく、「悪人なを往生す。いかにいはんや善人をや」

ここの「罪が重い悪人が往生できるのだから、善人はなおさらだ」（**悪人なを往生す。いかにいはんや善人をや**）の文は、法然上人の『和語燈録』にも似た表現があります。

たとい十悪五逆の罪を犯しても浄土に生まれることができると信じていても、少ない罪でもつくるべきではない。悪人でも往生できるのだから、善人はなおさらだ

罪は十悪五逆みな生まると信じて、しかも少罪をも造るべからず。悪人なを往生をとぐ、いはんや善人をや

この法然聖人の『和語燈録』の言葉と親鸞聖人の『歎異抄』の言葉とは善人、悪人の言葉遣いがまったく逆に入れ替わっています。法然聖人の言葉のように悪人の救いを強調するのが「悪人正機」です。し

たがって、「世の人」というのは、『歎異抄』の第二条にいうところの南都北嶺(なんとほくれい)の人たちをはじめ、浄土真宗以外の僧侶たちの悪人正機の理解のことといえますが、それに限定する必要はないでしょう。広く、世俗の道徳レベルでしか物事を考えない人々で、単純に善ができると考え、「少ない罪でもつくるべきでない。」(少罪をも造るべからず)と善をすすめますが、悪を隠す「偽善」ということに対する反省が足りない人々までも、この「世の人」の中に含まれると考えられます。しかし、親鸞聖人は、これは問題だとされるのです。

(3) このことは、一見すると道理があるようにみえますけれど、本願他力のおこころに背いた見方です　　この条、一旦そのいはれあるに似たれども、本願他力　　の意趣にそむけり

道徳というものは、みんなが信じているから「道理がある」ように思われるけれども、実際は、「本願他力の意趣(いしゅ)」すなわち阿弥陀仏の願いのはたらく方向性とは百八十度違っているのです。それは、「人間である限り、悪をおかさなくては生きておれない。それを悲しむ。」というのが仏様の視点。だから、善人だと思っている人よりも悪人だと感じている人の方が、仏様の視点から見た人間存在の真実を理解できている。当然、自分は、仏様の救いをたのまねばならない、ということを痛感している人、つまり、善人より悪人の方が往生をとげやすい。これは当然の論理ですね。

そこで、次には、往生を遂げやすい悪人は、一応、横において、往生を遂げにくい善人の方の問題点をとりあげて親鸞聖人は論じていきます。

そのゆゑは、自力作善のひとは、ひとへに他力をたのむこころかけたるあひだ、弥陀の本願にあらず

（4）その理由は、自力で善が行えると高をくくっている人は、自惚れているので、他力をたのむ気持ちがない。それは阿弥陀仏の本願に順う人ではありません。

善人とは、要するに「自力作善の人」。「作」という字は、仏教では、「する、行う」という意味ですから、自力で、善が行える、と高をくくっている人、そう信じて疑わない人。この人は、自分は「現に、善を行うことができている人」だと思っていて、「他力をたのむ気持ちがない」（他力をたのむこころかけたる）ということにつながっています。この場合、善を行うことができているかどうかという事実よりも、できているとその人自身が思っているか、思っていないか、という自己反省の深度が問題になっているのです。現に、善が出来ていようがいまいが、出来ていると勝手に思っている限りは、仏様の力を「たのむ心が欠けて」しまいます。つまり、「自力作善の人」というのは、「人間であるかぎり悪を犯さなくては生きておれない」という、人間存在の根本に潜む罪と悪の真実に考えが及んでいない人のことです。道徳の世界にまだ軸足を置いている人です。こういう人は、「阿弥陀仏の本願に順う人ではない」（弥陀の本願にあらず）、ということになります。

ここに、「弥陀の本願にあらず」とありますが、この言葉の主語は、自力作善の人ですから、「本願にしたがう人にあらず」というふうに言葉を補わないと、「人は、本願にあらず」、ということでは、論理が一貫しません。また、なぜ「したがう」という言葉を入れるかといいますと、そのすこし前に、「本願他力の意趣にそむけり」とあります。この「そむいている人」に対して「したがう人」の区別をしていると理解するべきでしょう。「弥陀の本願にあらず。」という言葉は、「本願他力の意趣にそむけり」ということ

と同じことです。「そむく人」を指しています。
以上のことから、自分で善をなすことが出来ると思っている人は、ひたすら他力をたのむという思い（こころ）が欠如していますから、阿弥陀仏の本願に順っていこうという人ではありませんね。

自我の殻

この本願に順って行動しない妄想の人は、どうなっているかといいますと、真実を受け入れようとしない人、つまり、真実を拒絶している人です。こういう人は、自我の殻というカプセルにとどまっている人です。場所的に真実から遠いのではないのです。真実のど真ん中にいるのですけれども、その真実を受け入れようとしない。拒絶して自我の殻（から）の中に閉じこもっているのです。この人はすでに浄土にいるのだけれど、「化土（けど）」（仮の浄土）にいるといわれます。浄土なんだけれども自ら浄土らしくなくしてしまっているのです。

このように、「化土の往生」というのは、勝手に自分で自我の殻に閉じこもっているのです。真実がないのではなく、自分から真実を拒絶しているのです。如来様の方からはもうとっくに真実が与えられているので、形式的には「往生」であるのですが、実質がない。これを「含華未出（がんけみしゅつ）」ともいいます。花を含みながらまだ蕾のままで花が出て来て開いていない状態のことです。花が開いていませんけれども、花が開く準備はすでに用意されています。華が「つぼみ」という殻（から）の中に、閉じこもって出ていない――「未出」、これは、現代的に解釈すれば、カプセルの中に閉じこもっている、と考えればいいのです。だから、仮の浄土――化土にしか往生できない、といわれているのです。

「化土（けど）の往生」を、昔の人は、親もとに居るのだけれども、まだ、お客様のつもりでいる。親元に居ながら、遠慮している、という言い方をしています。要するに、親元に帰ったのだから、思い切り甘えてもいいのだよ、ということですけれども、いい顔をしなくてはいけない、と思って遠慮し、緊張しているのです。良い子ぶりっ子を演じる。親はそんなこと望んでいないのに――。

「自力作善（じりきさぜん）」の善人というのは、いい格好をしている限りは、いいところを見せなくては、と気張っている人ですから、格好つけているのです。いい格好をしている限りは、お浄土の話を聞きましても、阿弥陀仏の本願のおこころに沿わず、疑いと遠慮が先に立ちますから、「含華未出（がんけみしゅつ）」。それは、相手の気持ちに従おうとせず、どうぞといわれても、素直に受け取らない、遠慮してしまっているのです。要するに、「自力作善（じりきさぜん）」の善人は、素直でない、ということですね。

随喜のこころ

仏教の教えの中に、「随喜（ずいき）」ということがあります。〝したがってよろこぶ〟、ということです。したがってよろこぶ、というのは、相手の行為をそのままに随って受け入れ、そして、ありがとうございます、という。そうすると、お互いにうれしいことになるのです。電車の中で、席を立って、どうぞお座り下さい、と席をゆずられたときに、〝ありがとうございます、ご親切に〟、と言えば、席をゆずってもらった人がよろこぶことで、席をゆずろうと思った人もうれしいのです。このように、お互いに相手の気持ちをいただいて、相手に随ってよろこぶことを「随喜（ずいき）」といいます。

ところが、どうぞといわれて、「いや結構です。次で降りますから」、と相手の気持ちを断る人がいますね。ひどいのになりますと、〝私はまだ同情されるほど年を取っていません〟と不愉快そうにする人もあるそうです。それは、相手の気持ちに沿っていないのです。

随喜のない人は「自力作善」の人でしょう。自分で殻を作っていて、その殻の中にいて相手の気持ちの方に出ていかないのです。したがって自力作善の人というのは、自分で他人に迷惑さえかけなければ、それでよいと思っている自分中心な人、だから善意を、平気で断るのです。そこに随喜はない。それは、自分の善をたのんでいるのですから、他者の願いに関心が向かない。自分は自分で間に合っていると思っているのです。

〝この教え　ただ聞くことの難き哉　我　賢しと思うばかりに〟

「他力をたのむ気持ちがない」ということは、このように自分を大丈夫と思い、教えを学ばず、従って、善いことができていないのではないかと、自分自身を深く反省するということがない、ということです。ですから、「往生極楽の道」に立たせたいという切なる願いがあることに気づかないのです。

こういう人間が作り出す殻ごもりの世界、これを曇鸞大師は、「蚇蠖（尺取虫）の循環するがごとく、蚕繭の自縛するがごとし」といっています。尺取虫が同じところをぐるぐる回り、蚕が繭を作って、その中に自分を閉じ込めるようなものだ、ということです。この繭から出ていくところに、仏様の願いに報いる真実なる浄土への往生があるのです。

開かれつるに叩くとは

そうすると、「他力をたのむ気持ちがない」善人意識の人で、罪と悪に気づいていない人はどうやって往生出来るのでしょう。この殻はどうやったら破れるかといいますと、真実のはたらきが外側から叩いてくるわけです。それこそ阿弥陀仏の願いが、こういう人も放っておけない、救わねばならない、とはたらいてくださるのです。悪人という自覚のない、お浄土もさっぱり興味がないという人をも導いて、お浄土に連れて行かねばならないと願っている、ということです。

お浄土はみんな行けるのです。それが仏様の悲願ですから。あの人は、信心がなかったからお浄土には行けないだろう。俺は、一生懸命勉強したし、お聴聞もした、お念仏をいただいているから行けるぞ、とそういうような選別は仏様の論理にはないのです。ただ、仏様は、みんな救われてほしい、と願っておられる。だから、みなお浄土に連れて行く、というのです。けれども、お念仏をいただいていない善人は、お浄土に行っても、ここがお浄土だということが分からない。その意味で、悪人の自覚を高めなければ、お浄土の存在も意味も分からないのです。

ですから、阿弥陀仏様の救いは「叩けよさらば開かれん。」ではなくて、「開かれつるに叩くとは」ということです。仏様の世界からいいますと、〝すでに救いの道は開かれているのですよ、まだ叩くのですか〟ということです。

叩くといいましても、「啐啄同時」といいまして、ヒナ鳥が殻を割って外に出ようと、中からそこのところをつつく時には、すでにといいますか、同時に、親鳥がそこを外側からつついて叩いてくれているのですね。自分が殻を叩いたので、割れたと思うのは、実際を知らない、浅い考えなのです。

ですから、仏様の側（親鳥の側）が、すでに、たまごを抱きつつ、その殻を叩いて割れやすくしてくださっている、そこのところを「開かれつる」というのです。

これは、覚りが開かれた世界から見ないと分からない世界です。叩いて開いてみたら、とうの昔に開かれていた。自分がやったから開いた世界でなくて、自分が叩くことさえも仏様の側でとうの昔に仕組まれているのだった、ということです。その感動が「開かれつるに叩くとは」ということ。これを他力の回向（お与えもの）というのです。他力の方からはたらきかけてきて下さる、ということです。

そうして、その殻が破れたときに、真実が分かる人になり、真実に応じる世界に入っていくのです。それが啐啄同時。念仏をお称えして、自力を翻して他力をたのみ、「自分は善いと思っていたけれども、考えてみれば、周囲の人を悪者にして、自分だけが、善人のような顔をしていただけだった」と気づかされる境地、これが真実が分かるということですね。

翻すこころ

そこで、「他力をたのむ」ためには、自力の心は翻さなければなりません。

しかれども、自力のこころをひるがへして、他力をたのみたてまつれば、真実報土の往生をとぐるなり

（5）それでも、自力の心を翻して他力を受け入れれば、真実の浄土に往生できます

翻すべき自力の「心」というのは、「自力作善」――自分は善をおこなっている、と自分を買いかぶっている、あるいは、その思い込みに気づいてさえいない、その傲慢な「思い」です。それを翻す。そして、素直に「他力をたのむ」。そういう自力の心を翻すということは、「人間である限り、悪をおかさなくては生きておれない」という認識に立つこと。そこに立って、他力をたよりとする。つまり、ご信心をいただく。そうすれば、「真実報土の往生」をとげることができるのです。

金子先生はこのことを「自分の心はよいと思っても、それは見せかけだけであって、内心を反省すれば虚偽にほかならないということがわかり、…」といっています。これが、自力の心を翻すということです。表向き善い行いをしているぞと思っていても、それは、表向きの話でして、

「人間である限りは、悪をおかさなくては生きておれない。それを悲しむ」――これは一大事だ、というふうに考えるところに、ひとえに他力をたよりとするこころが芽生えるのです。したがって、ここに、「自力の心を翻す」といっているのは、非常に重要なポイントです。

自分を悪人であると感じている人は、すでに、自力作善の心を翻している人ですから、往生するのは当然であって、したがって、「（善人が、往生できるのであれば、）悪人はなおさらだ。」ということになります。

善人であっても、自力の心を翻せば、他力をたのみたてまつることになり、真実報土の往生は遂げられるのです。まして、悪人は、善人より先に他力をたよりとするこころを持っているわけですから、「悪人はなおさらだ」、ということです。

この、「自力の心を翻す」ということも、自分の自力で翻すと考えたのでは、「自力作善」になってしまいます。他力、つまり仏様の力によって「自力の心を翻してもらって、他力をたのむ」ようになることが必須です。ということは、他力をたのむという宗教経験は、実は、他力によって起こされることがらなのだ、ということです。

〈たのませて、たのまれたもう阿弥陀仏〉という言葉があります。「阿弥陀仏を南無せよ。」と、阿弥陀仏様がたのませる。阿弥陀仏様の方から私たちに向かって、ここに阿弥陀仏がいるぞ、と自分自身の存在を明らかにして、〝ここに阿弥陀仏がいるから、この阿弥陀仏をよりどころにしなさいよ。〟というふうに私たちに喚びかけてくださっている。この喚びかけている姿が、「南無阿弥陀仏」です。念仏は、この私にまかせなさい、という呼び声だと親鸞聖人は気づかれました。だから、南無阿弥陀仏は私の声というより私に向けられた如来様の声なのです。

しかし、私たちは、なかなか阿弥陀仏様にまかせたいと思わないのです。では、誰にまかせているかというと、自分自身にまかせているのです。阿弥陀仏様をたのむよりは、自分をたのみとするのです。これが「自力」です。

自分をたのみとする人は、自分ほど確かなものはないと思っています。確かに、ものごとが順調にいっているときは、自分ほど確かなものはない、と思えるのですが、思うようにならないことが起こりますと、一気に、自分が確かではなくなりますから、自信を失うわけです。自信というのは、自分に対する信頼でしょう。自信を失うということは、自分が確かではなくなってくるということです。自分への信頼が失われる。

「もともと自分ほど危ない者はいない」、というのが、親鸞聖人の人間観ですが、今の世の中の人は、みんな自信たっぷりで、自我中心ですから、何でもかんでも、自己責任、自己決定という。しかし、自分で決定することに自信が持てればいいですけれども、自分で決めておいて、これでよかっただろうかと、悩むのが人間存在というものです。自分で決断した後で、これでいいのかなあ、と迷ってしまう。そして、確かかどうかも調べないで闇雲に神様仏様と祈願してしまう――。自分ほど当てにならないものはありません。

〝幾度(いくたび)か思い定めて変わるらむ　頼むまじきは我が心かな〟

真実報土

真実報土とは、真実のはたらきとして、私たちの妄想を打ち破りつづけている仏様の世界のことです。願いが成就している、という意味から、「報われた国土」と表現されています。私たちは、この世界に行けば一切の妄想は破られ、真実に満たされた状況に安らぎを得て活動に向かえるのです。

私たちの妄想は、仏様を利用しようとするのですが、真実報土においては、私たちの方が仏様のこころに従い、順応していくのです。世界を自分の見方でゆがめるのでなく、逆に、身分の見方を真実に照らし、修正することができる世界なのです。自分勝手にするのでなく、自分が謙虚にさせられていく世界です。そして、自分の利益と他者の利益が同時に満たされる世界です。また、報土は願いが報われた世界ですから、願いを大切に活動しているのです。その願いは、「三願的証」といって、三つの願いを柱にしています。すなわち、信心ひとつで救ってやりたいという第十八願と、必ずさとりを得させると定まった位につかせ、安心して活動させてやりたいという第十一願と、菩薩となって穢土に還ることができるようにしてやりたいという第二十二願です。これらの願いによって報土に生まれた人はただちに仏と成って活動するのです。

そこで、結論は、

(6) 煩悩が捨てられない私たちは、どんな修行をしても迷いを離れることなど望めませんので、それを憐れんで願いを発してくださったのですから、その本意は本願に順わない悪人を成仏させることにあります。

煩悩具足のわれらは、いづれの行にても生死をはなるることあるべからざるを、あはれみたまひて願をおこしたまふ本意、悪人成仏のため

ということです。

往生を願う人というのは、「人間である限り悪をおかさなくては、生きておれない」という「人間であることの罪と悪」のところに立っていますから、当然、煩悩が捨てられない悪人です。そんな悪人は、往

生を願わざるをえないはずです。往生を願わないなら、必然的に「往死極苦の道」を辿ることになります。第二条にありましたように、「**とても、地獄は一定すみかぞかし**」という、地獄が私たちの終の棲家です。そこに向かっていかざるを得ないのが現実の私たちです。そのことが、如来様の目には明らかに見えるところから、そうであってはならないと、「往生極楽の道」が私たちに用意されているのである、ということ。それが阿弥陀仏の誓願、すなわち仏様の願い、お約束なのです。

信順が信心

仏様の眼に映る私たちの姿が分からない人は、往生極楽の道を願わないわけです。それは、すでに述べたように、自分の善をたのんで、「往死極苦の道」へ向かってまっしぐらに突き進んでいることなのですが、そういう自覚はまったくありません。こういう人は、たとえお浄土に連れて行ってもらっても、〈自分の善業の結果得られた浄土だ。〉と錯覚してしまうのです。「化土の往生」ですね。

そこを、この私にまかせよ、と阿弥陀仏様がおっしゃるのです。そして、まかせる人を引き受ける、といっておられるのです。この阿弥陀仏に、「南無」せよ、と呼びかけられて、たった一遍でも、私は、阿弥陀仏にお任せいたします、といえばいいのです。これを行の一念といいます。一遍の承諾の念仏。阿弥陀仏のお呼び声をきいて、それに呼応して、私は順います、と承諾の念仏を称えるのです。

ですから、「信心」といいましても、「信順」といいまして、阿弥陀仏様のお呼び声に順っていくことなのです。私が阿弥陀仏様を信じるのではないのです。阿弥陀仏様がまかせよ、と喚びかけているお声のとおりに順っていくだけなのです。順っていくことが「信心」なのです。これが、『歎異抄』第一条の「念仏もうさんとおもいたつこころ」ということです。だから、一遍、順います、と南無阿弥陀仏を称えれば、それで往生は定まる、といわれます。二遍、三遍はいらないのです。では、後は念仏を称えなくてもよろしいのかといいますと、そうではなくて阿弥陀仏のお徳を伝えていくことになりますから、「報恩感謝の念仏」として、お礼のお念仏を称えていけば、そのお念仏が人々に広まるのです。これは、阿弥陀仏のお呼び声をありがたい、うれしいと誉め讃えながら人々に伝えることですから、何返称えなければいけない、という義務ではないのです。したがって、「自力の心を翻す」ということは、南無阿弥陀仏のお念仏を通して、阿弥陀仏におまかせしますというこころが生まれることなのです。

これを、「念仏は、自我崩壊の音」と金子大栄先生はおっしゃいます。自分の力で何とかなるという考え方が、根本的にひっくりかえることです。ここに私は「(6) どんな修行をしても迷いを離れることなど望めません」(**いづれの行にても生死をはなるることあるべからざる**)とある、これこそ「人間であることの罪と悪」への気づきです。この罪と悪からの解放が阿弥陀仏の「あはれみ」＝悲願なのです。だから、悪人とは、善人面して自分が悪人であるという気づきがない善人のこと。この悪人を成仏させてやりたい――と。

よって、

(7) したがって、素直に他力をお頼み申す悪人がもっとも往生の正しい因を持っている人といわれるのです。悪人の自覚がない善人だって往生するのですから、自覚のある悪人は当然とおっしゃる道理はこのことなのです。

他力をたのみたてまつる悪人、もっとも往生の正因なり。よって善人だにこそ往生すれ、まして悪人はと、仰せ候ひき

自力の自惚れをやめて「他力をたのむ」悪人には往生が約束されなければならない。だから、善人もかならず悪人の気づきへと転換させる。ならば、「すでに素直に他力をお頼み申す」悪人は、当然往生できるのです。

ここに「**往生の正因**」とありますが、往生という目標からすれば、みな悪人となって往生していくので悪人の気づき、裏を返せば阿弥陀仏におまかせする心、つまりご信心が「往生の正因」となります。

かくして、この第三条には、親鸞聖人の深い人間観が明確に示されている、といえるでしょう。それは、阿弥陀仏の視点から見た人間の本当の相(すがた)を示すものでした。

最後に

「**仰せは候ひき**」

と区切りがつけられていて、第一条、第二条のように「と云々」で終わっていません。したがって、この第三条で一区切りがつけられているのです。よって、ここまでが根本問題を扱い、次の第四条からは応用問題といわれます。

第七条　念仏は妨げのない道

親鸞聖人のみ教えに学ぶ先輩、すなわち善知識から「ただ念仏して阿弥陀仏様に助けてもらいなさい」とのことばをいただき（第二条）、念仏を称えつつ、その意味を明らかにするべく、ご法話を聴いて、阿弥陀仏の誓願の不思議なはたらきに気づかせてもらい（第一条）、私たちが、善人だと思っている、そこに、罪の深さ、煩悩のしぶとさがあって、「人間であることの罪と悪」が避けられないからこそ、阿弥陀仏は他力を発して私たちを救おうとされる（第三条）、というところまで学んでまいりました。これからは、念仏をいただいていく私たちの人生生活のさまざまな局面にあらわれる、念仏の意義と誤解について学んでいくことになります。まず最初は、念仏はすばらしいはたらきだ、ということについてです。

（1）念仏は何ものにも妨げられることのない一筋の道です。（2）その理由をあげるならば、信心を得た行者に対しては、（3）天の神々も大地の神々も敬いかしずき、（4）悪魔も他宗教の者も邪魔することはありません。（5）たとい罪悪を犯すことがあっても、その行為が報いの結果をもたらすことはありませんし、（6）どんな諸善も念仏には及びませんから等々。

念仏は無碍の一道なり。そのいはれいかんとならば、信心の行者には、天神・地祇も敬伏し、魔界・外道も障碍することなし。罪悪も業報を感ずることあたはず、諸善もおよぶことなきゆゑなりと云々

念仏か念仏者か

まず、この条は、冒頭の文章の読み方からして問題になります。

「(1) 念仏は無碍の一道なり」と読むのか、「念仏者は無碍の一道なり」と読むか、二つの読み方があるのです。

解釈が分かれるところではありますが、「念仏は無碍の一道なり」と読んで、念仏が道である、というのが、言葉としては自然な読み方でしょう。「無碍」とは、何ものにも妨げられない、ということですから、念仏そのものが何ものにも妨げられない強い力をもっている、というのは、理解しやすいですね。

これにたいして、「念仏者は無碍の一道なり」と読んで、無碍の一道「を歩む人」ということになりますと、これは大変ちがった意味をもつことになります。念仏者は何ものにも妨げられることのない生き方をする人、ということになりますので、私たちが実際の生活するうえで自信をもつことができ、大きな励みになりますね。

それから、また、「念仏者は」というふうに読むと、次の

(2) その理由をあげるならば、信心の行者に対しては ― そのいはれいかんとならば、信心の行者には

というところの「信心の行者」と「念仏者」がピッタリ重なります。信心の行者とは、信心をいただいて念仏を称え、行じていく者で、こういう人にはいかなる妨げもない、という堂々たる生き方の表明ともなります。そういう意味では、「念仏者」の語を念仏者という人の意にとって、信心の行者と念仏者を同一と理解する方が、話としては、一貫しますね。

しかし、原文に忠実にしたがえば、「念仏は無碍の一道なり」という方が主語と述語の関係の辻褄が合います。念仏それ自体に、それを頂く者に無碍の一道を歩ませるはたらきがある、ということですね。これは念仏のすばらしさを讃えているということになります。しかし、念仏がどんなにすばらしくても、それだけで終わっては、観念にしかすぎない。生活実感が湧きませんね。念仏は実践し、行じてこそ意味がはっきりする、と捉えれば、念仏者と解する方がいいことになります。ここでは、「念仏は」と、文章に忠実に読んでおいて、そこに具体的な人間を想起することも忘れないでいる、という両方の意を含めて理解することにしたいと思います。

念仏――仏ごころをおもう

「念仏」とは文字通り仏を念うこと。「念」のことを「憶念」ともいいます。念も憶も両方とも仏を「おもう」ということです。したがって、「念仏」とは、常に仏様のことを念って、忘れない、ということです。「仏様」とは何かといいますと、仏様という存在がいる、というのではなくて「仏心」です。仏ごころです。仏ごころのある者が仏様です。ちょうど、親というのは、親という形をもった固定した存在ではなく、親心をもって接する人のことでしょう。その人は、夫に対しては、妻であったり、夫の家族にたいしては嫁であったりする人で、親心をもって子に接するとき、親なのですね。

だから、親心を知って、親にたいして恩を忘れないようにすることが親を念うことであるように、仏ごころを知って仏様の恩を忘れないようにすることが仏様のことを念う、つまり念仏ということです。それは、すなわち、仏ごころである大慈悲心にみずからも立つ、ということです。この仏ごころの念いに立つ時、自我の狭小な心すなわち我執が痛感されてくるのです。

その仏ごころを忘れない念仏の人は、天地の神々も悪魔も邪魔しない、というのです。反対に、ようこそようこそ、実にあなたは素晴らしい、といって敬いひれ伏すということです。それは、私の心を尊敬するというのではなくて、私の心を支えている仏ごころに敬服しているのです。また、犯罪や悪事を犯したとしても報いを受けることはなく、念仏以外の善を積む必要もないのです。なぜなら、仏を念うことによってもたらされる仏ごころがすばらしいはたらきをして念仏の人を護ってくれるからです。

仏ごころとは、先ほど申しましたとおり、「大慈悲心（だいじひしん）」です。「大慈悲心」は「大悲」ともいいます。慈悲の中には、小と中と大とがありまして、「小悲」と「中悲」と「大悲」といわれます。仏様のこころは大悲でありまして、私達の慈悲心は、小悲とか、中悲です。

小悲というのは、物を与えることです。困っている人を物で救うのは小さい慈悲だと経典には説かれています。物を与えるのはいちばん手っ取り早い慈悲の行いで、普通、私たちはそれを喜びますが、それは根本的な解決をもたらさないのです。物をあげて救うよりも、自分たちで必要なものを生み出していくことを自らが覚えていくことの方が根本的な解決になりますよね。

かつて、ネパールの子供たちは、いつもはだしで歩いていました。それで、ネパールの子供たちに靴を履かせようと思って、靴を送ってやると、その靴を履くのではなしに市場に持って行って売ってしまったといいます。それは、はだしでいると傷口からいろいろなバイ菌が入って大変な病気になるのだよ、という理屈を教わっていなかったからダメだったのです。

そこで、学校を作って衛生観念を教えることにした。これが中悲です。靴という物をあげるよりももっと根本的な衛生観念を教えたり、靴を自分たちで作っていけるようにするという自立の方法を教える方がより高い慈悲なので中悲といわれるわけです。でも、これでも十分ではない。これは大悲ではない。

それでは、大悲とは何かといいますと、「無縁の大悲」といわれるように、縁なき者にも縁あらしめるということです。学校を作って、学校に入学して来た者だけに教えるというのでは、縁のない者に教えが届きませんね。大悲の世界というのは、すべての者を漏らさず、縁なき者をも縁あらしめるという、こちらから働きかけて出て行く世界です。「仏心は大慈悲心これなり」ということは、来ないのならこちらから出向いていけばいいではないか、というもうひとつ広い心の積極的な関わり方なのです。ですから、念仏者は、大慈悲心に支えられて何の苦もなく積極的に他者と関わっていくところをもって、天神地祇たちもその積極性に圧倒されて、敬いひれ伏すのであります。

無碍（むげ）の一道

このような、「無碍（むげ）の一道」の内容をもう少し細かく見ていきますと、ここには、

「(3) 天の神々も大地の神々も敬いかしずき」（**天神・地祇も敬伏し**）。

「(4) 悪魔も他宗教の者も邪魔することがない」（**魔界・外道も障碍することなし**）といい、そして、

「(5) たとい善悪を犯すことがあっても、その行為が報いの結果をもたらすことはありません」（**罪悪も業報を感ずることあたはず、**）

「(6) どんな諸善も念仏には及びません」（**諸善もおよぶことなき**）

とありますように、四通りのことがいわれています。

そこには、

「敬伏する」（敬いひれ伏す）、

「障碍しない」（さまたげない）、

「感ずることあたわず」（感じない）、

「及びません」（圧倒的に強い）

というこの四つの無碍の内容が示されています。

「天の神々、大地の神々」は天変地異を起こすことで、古来、恐れられていたのですが、現代でも自然災害は頻繁に起こります。しかし、現代人は、それを科学的に考えて、災害を神の仕業とは考えないので、神を恐れる感情はないのでしょう。しかし、個人的なところで災難に襲われたときには、お祓いやお清めの神頼みをしている人々は結構いるようですね。新車のお祓い祈願なども交通事故への不安があるからでしょう。でも、神様も敬いひれ伏す阿弥陀仏様なのですから、阿弥陀仏様をよりどころにすれば、神様も救ったことになります。そうであれば、このような不安も念仏において解消される、ということ。これをもって「無碍の一道」というのです。

また、現代人に多い、精神的な不調は、ある意味、昔からいわれている、悪魔に取りつかれて、気が狂ってしまう状態といえなくもないですね。精神医学は、まだ、暗中模索で、悪魔の正体を見破ったとはいえないでしょう。念仏があれば、護られて、その精神的不調をもたらす悪魔も取りついては来ない、ということです。

「外道」とは仏教以外の宗教ですが、現代では科学万能信仰がありますから、これに邪魔されて宗教を信じられない人が多くいますね。これらの俗信に振り回されず、邪魔されない、ということが念仏者には自然と恵まれる、ということ。以上が天神・地祇、魔界・外道の難なしです。

次に、「業報」とは、過去に自分が行った悪事の報いのことです。現在の私たちというのは、取り返しようもない過去に縛られているのです。忌まわしい過去が蘇って眠れなくなる夜があります。フラッシュバックです。こういう亡霊からの解放が、業報を感じないという安心です。これら悩ましい出来事に襲われると、民間信仰では、祈願、祈祷、ご供養をするなど善根功徳を積めといいますが、果たしてその効果はあるのでしょうか。そういう俗信や迷信に振り回されることからの解放こそ「無碍（妨げられない）の一道」です。

「念仏にまさる善はない」と第一条に示されていたように、〝善は念仏以外にない〟と定めておけば、世俗の善悪に右往左往することもない。これもまた妨げなしですね。

目に見えないもののおかげ

ところで、信心を得た者は、単に、妨げがない、という消極的な面だけでなく、もっと積極的に保護される面があることも注意しなければなりません。

（3）信心を得た行者に対しては、天の神々も大地の神々も敬いかしずく――信心の行者には、天神・地祇も敬伏する

ここの、「天の神々も大地の神々も敬いかしず」き、念仏する私たちを日常的に護ってくれる、ということ。親鸞聖人は信心を獲得した者には、現生に十種のご利益がある、といわれ、その第一に、「冥衆護持の益」をあげています。これは、目に見えない諸々の存在（冥衆）たちが、信心の人を護ってくれるというご利益です。目に見えないものの力が加わって助けられる、ということです。ですから、冥加金とは、目に見えないものに私たちが護られていることのお礼のお金でしょう。

そうしますと、私たちは、年に一度くらいは冥加金を差し上げないといけないですね。一年を無事に過ごせたのは、阿弥陀仏様はもちろん、天の神々、大地の神々など目に見えないもののおかげですからね。除夜の鐘を撞きに行ったときに冥加金を出すとか、報恩講のときに、冥加の御礼をお納めしないと諸仏に申し訳ないと思いませんか。そういうことをしないでおいて、やれ病気になったのは災難だ、などというのは、普段の生きる姿勢がまちがっているというべきでしょう。

「地祇」というのはその場所を護ってくれている大地の神々ですから、家を建てるときには、そこに住んでいる大地の神々はじめ、あらゆる生き物たちにその場所を譲っていただくのですから、ちょっと退いてくださいませんか、とお願いをしなければ申し訳ないということで、起工式をするのです。大工さんたちは建築中に落ちたりして怪我をすることも多かったでしょうから、無事に棟が上がったら、四方の土地の神々にお護り下さったお陰ということで、上棟式をやってお餅を配るなどのお礼をするのですね。

現代人は目に見えないものは無いとする、そういう考えですから、大地の神々など眼中になくて、こういう儀礼を形式的なものと考えるのでしょうが、近代より以前の人たちは目に見えないものにいろいろな力があると考え、それを神様として大事に敬ってきました。目に見えるものだけでこの世の中は成り立っていないことに気づいていたのですね。目に見えないものが目に見えるものを支え繋いでいる、と。

目に見えるものしか信用しないという人は、それでは「こころ」というものはあるのですか、と訊いてみたいですね。「こころ」を見せてみろ、といわれても見せられやしません。それでは「こころ」はないのですか、といわれて、ないとはいえないでしょう。

今、脳の研究が進んでいますから、今後、いろいろな脳の仕組みが分かっていくのでしょうが、そもそも記憶というのは、脳だけにあるのではないのです。人間の身体も記憶しています。慣れるというのは、身体のどこかで過去の行為を覚えているのです。無意識のうちに手が動いたりするのは、脳が意識して指令を出してから手が動くわけではないのですから、手そのものが記憶にもとづいて動いているということです。では手のどこにその記憶が残っているのか、と探しても、それは分からないのですけれども、手そのものが覚えているとしかいいようがない。身につくということは、そういうことです。

記憶というのは、有ることには間違いがないのですが、これといって、物質として取り出すことは出来ないのです。したがって、脳がいろいろ解明されても、身体の記憶はどこにあるのか、はっきりしないでしょう。

また、人間がいろいろなことを意味づける「意味」の世界も分からないと思います。何で花が美しいのか、説明しろといわれても説明のしようがないのです。美しいと思うから美しいと思うのです。なぜ赤ちゃんが可愛いのか、といわれても可愛いと思うから可愛いのです。可愛いと思わなくてもいいのではないかといわれれば、そのとおりなのですけれども、しかし、可愛いと思ってしまう。これは、どうしてか、なかなか解明はむずかしいのではないでしょうか。

そういうことで、目に見えないものに護られている、ということは、大変なご利益なのです。

親鸞聖人も、

　天神・地祇はことごとく
　善鬼神となづけたり
　これらの善神みなともに
　念仏のひとをまもるなり（『浄土和讃』現世利益讃一〇六）

と詠っています。

（4）悪魔も他宗教の者も邪魔することはありません　――悪魔・外道も障碍することなし

「外道の障り」については、金子先生は「冷笑」だといっています。仏教なんか信じたって何もいいことないでしょう、といって冷ややかに笑われることだというのです。こういう冷笑によっても動揺することが念仏者にはないのです。

念仏をいただいていると、いろんな人から智慧を授かります。それによって物事がかえってよく分かるのです。これは悪魔のささやきだな、信じると危いぞということにも気づかせていただけます。耳に心地良い話というものは往々にして気をつけなければならない、悪魔のささやきだとそのことに気づかせてくれるのが念仏の智慧です。

業感ということ

（5）たとい罪悪を犯すことがあっても、その行為が報いの結果をもたらすことはありません　――罪悪も業報を感ずることあたはず

業の問題についても、業ということ自体を意識することで一層念仏にはげむなら、業感がかえって念仏のすすめものになるのです。「業」というのは、行為の余勢です。罪悪を犯してそれが習慣化することです。一度悪いことをしますと、二回目はもっと悪いことがしやすくなります。そうすると悪いことにどんどん慣れていきます。そして、悪いという感覚を失っていきます。嘘をつくことも、最初はドキドキしますけ

れども、二回目、三回目になりますとだんだん平気になっていきます。

この慣れが生ずることが「業感」です。そうすると罪や患は、やればやるほどやりやすくなってきます。これはいちばん恐ろしいことです。自分が悪いことをしている、という自覚がなくなるのですから。

業感というのはいろいろ経験したことが、慣れとなって、それがひとつの偏ったものの見方を作り上げていきます。これを「業感縁起」といいます。無意識の悪行です。業感によって自分が作り上げた、偏ったものの見方のことです。魚のことに詳しい人は、魚のことに詳しい世界を生きているのです。肉のことに詳しい人は、肉のことに詳しい世界を生きているのです。学校の先生も学校の先生というものの見方ですべてのものを見ています。気づかないうちに、子どもを、よい子・悪い子・ふつうの子に分けてしまいますね。

みんな、人間は、それぞれ違った感受性の世界を生きていますから、まったく同じ世界を感じているのではないのです。ですから、ある部分では非常に敏感になるけれども、ある部分では全然無頓着という偏った世界になるのです。この一種のゆがんだ世界観が業感縁起の世界です。『摂大乗論疏』には、「一水四見」の喩えが説かれています。水を、魚は棲み処と思い、人間は飲み水と想い、天人は宝石と感じる。同じものを見てもそれぞれ業によって感じ方がちがう。そういうそれぞれ異った業感縁起の世界に私たちは生きているわけです。それが、お念仏をいただいていくと、そういうことから起因する罪悪も「結果をもたらすことはありません」（**業報を感ずることあたわず**）。ということは、業感を意識して、それはまずいと素直に気づかせてもらえるからです。慣れの世界（業感）はよくない、と気づかされる。

だから、「相田みつを」さんの「にんげんだもの」のように、「つまずいたっていいじゃないか、にんげんだもの」、これを敷衍して、「成績が悪くたっていいじゃないの、にんげんだもの」とか、「学校に行かなくてもいいじゃないの、にんげんだもの」と、何でも「にんげんだもの」をつけて、そうだ、人間はどうしたって固定観念をもってしまう、業感の世界を離れられないで生きている、と、そのことを意識すると、そこからは、お互いに認め合って恕し合っていこう、とそれぞれの人間の業感を相対化する視点を持つことになります。念仏の人は自分の見方を絶対化しない。これが業報を感じない道となるのです。こうして、ここにも「無碍の一道」（妨げのない道）が開かれます。

最高の善とは

私達の日常生活はいつも善悪にこだわりながら、何が善か、と自問自答しつつ暮らしていますが、念仏のはたらきを意識しますと、念仏こそ最高の善と気づかれます。そうすると、個々の善を相対化することがなくなり、善についてこだわらなくなります。善といわれているが、善とはいえないかもしれないな——と。

（6）どんな諸善も念仏にはおよびませんから　—諸善もおよぶことなきゆえに

何で念仏にまさる善はないのかといえば、それは阿弥陀仏のお名前、すなわち名号（南無阿弥陀仏）には、阿弥陀仏の功徳のすべてがそのなかに含まれているからです。それは、ちょうど、母乳に赤ちゃんが生きていくための基本となる免疫やさまざまの栄養素が含まれていて、それを母親が赤ちゃんに与えることにたとえられましょう。そういう阿弥陀仏の名号をいただいて、仏様を常に忘れないという一点によって、私達は阿弥陀仏様に護られ、導かれていくのです。ある人の言葉で、

「凪に良し、時化にまた良し弥陀の船」

「いかにせむ　いかにせばやと、御名呼べは、不思議と開く、無碍の大道」

と詠まれたものがあります。

妙好人の源佐同行は、

「困ったときには、お念仏に相談しなされや、こらえさせてもらいなはれ。

こらえさせてもらいだすだいなあ。

親さんからもらっとるものおっそわけだけ。

（だから）源佐のもなあ、いつかな、ないだいのう（源佐のものは、なんにもないだいのお）。

とにかくお慈悲の力はぬくいでなあ。

ひとくち称えてたらんでなし、千口称えてたったでなし、一粒いただいても大悲のお米だけえなあ。

ただはただでもただならず、聞かねばただはもらわれぬ、聞けば聞くほどただのただ。

ハイの返事もあなたから、おらのからだが返事でござんすけえなあ。

この源佐のはそのままだぞ、よりほかにはないだいなあ。」

といっています。そういうこころの声がお念仏の世界では聞こえてくるということです。念仏の不思議なはたらきは、道徳的な善行ではまかなえないものです。

「生死」は「涅槃」なり

ところで、曇鸞大師は『浄土論註』に「無碍道」を次のように述べています。

道とは妨げられない道のことです。経には、「十方の妨げられない人は、一つの道から生死の迷いの世界を脱出され

道は無碍道なり。経に言はく「十方の無碍人、一道より生死を出でたまへり」と。

た」、とあります。この一つの道とは一つの妨げられない道のことです。妨げられないとは、生死はそのまま安らぎと知ることです。ここに説かれる入不二の教えは妨げられない状態を説いたものです。

一道は一無礙道なり。無碍は、謂く、生死すなわちこれ涅槃なりと知るなり。かくのごときらの入不二の法門は無礙の相なり
（『聖典』一九四頁）

「生死はそのまま安らぎ」（生死即ちこれ涅槃）こそ「無碍なる道」と示されています。これを受けて親鸞聖人は『正信偈』に、「生死はそのまま安らぎと証知する」（証知生死即涅槃）と示されています。それでは、この「生死はそのまま安らぎ」（生死は即ちこれ涅槃）とは、どう理解したらよいでしょう。「生死」というのは、人間の惑いや迷いをあらわす言葉です。生きることに戸惑いをおぼえ、死について不安に思う。これが私たちの現実です。そこから差別や動乱、警戒心が生まれてきます。善人がいれば悪人もいる、勝者があれば、敗者がある。損した者があり、得した者がある。そういう差別動乱の世界を生死の世界ということばであらわしています。

　これに対して、「涅槃」の世界というのは、差別動乱のない一如の世界のことです。一如の世界というのは、調和であり、老少善悪を分け隔てしないということです。全体として一つにまとまった状態。動乱を超えてどこか落ち着きがあり、惑わされないことです。静まった状態ともいえますが、むしろ動的でありつつ、主体的である状態、個々の動きに受身的に振り回されず、全体の動きを制御する側に立つことといえるでしょう。

　全体が見えれば、小さな違いというのは、超えることができますね。全体が見えないから小さな違いにもこだわることになります。そういう意味では、生死の全体が見えれば、生死ということにこだわらない

で生きられるのではないか、と私は思います。すでにお示ししたように、海という全体が見えれば、波というものの小さな変化にこだわらないですむのですが、海という全体が見えないと、千変万化する波の変化がいちいち気になります。

私は最近思います。生死ということの「生」と「死」を分けて個別にながめると、いろいろ問題がでてきます。生と死をひっくるめて、それを成り立たせているいのちそのものの全体を見れば、生と死はいのちの表情、活動の相（すがた）なのだ、と受け止めることができますね。その全体観がこだわらない涅槃の安らぎの世界なのだ、と思います。

「後世（ごせ）・後生（ごしょう）」について

「無碍の一道」の「無碍」ということについて考えるにあたっても、後世とか後生ということについて興味深い解釈を紹介してみたいですね。

「後世（ごせ）を祈る」とか、「後生（ごしょう）の一大事」というときに、私たちは、ふつう、この世が終わった次の生のことを後生といっているように思うのですが、実は、そうではなくて「後世」とか「後生」の「後」というのは、〝背後〟、と考えてはどうか、というのです。

今、私たちは、生死する現世にいるわけですが、現世というのを表にしますと、その現世を支える裏の、背後にあって表を支えている世界が後世だということです。これは、いのちを考える時に、とてもよい示唆を与えてくれると私は思っています。

現世を成り立たせている背後にあるものを後世と考えるとすると、後世とは「いのちそのもの」の世界です。あるいは、「いのちのエネルギーそのもの」の世界といってもいいと思います。

そういう「いのちのエネルギーそのもの」が、いのちの具体的形態の世界を動かし成り立たせているのではないでしょうか。先ほどもいったように、海には常に波を起こさせる力がはたらいていて波が起きていると考えるのです。その波を起こさせる力がはたらいているのが海という全体であり、背後にあるエネルギーの場。その海という全体の場が波という現象を常に起しているというわけです。

そうしますと、生死するものは、いのちのエネルギーが加わって生まれてきて、また、そのいのちの力が加わって死んでいくのです。生まれを可能にし、死ぬことを可能にするのは、いのちのエネルギーのはたらきです。このエネルギーがはたらかないとすべての現象は生と滅が可能にはならないのです。

物理の世界では、一定の力を加えるとそれによって活動が生まれ、持続し、やがて、活動が止まって終わるというように、モノの動きを加えられたエネルギーの消滅の過程のように捉えますけれども、いのちの世界では、生まれさせる根源的な力だけでなく持続させる力、そして、死に至らしめる力さえもがその一瞬一瞬に連続的にはたらくのです。そうしないと、それ自身の持続も変化も可能にならないと考えられます。つまり、表の生命現象に対して背後の力が一瞬一瞬常に加わって、現象の生まれも持続も消滅も現象しているということです。したがって、生と死を別々に、あるいは対立的に捉えるのではなく、それを成り立たせている背後の後生の世界を通して、生と死を全体的に考えることが、いのちの真相を知る、ということになるでしょう。

そうすると生を可能にし、死を可能にする背後の世界は、常に変わらない、充満するエネルギーそのものの世界ということになります。このエネルギーが常にはたらくことによって生まれと死があり、その生まれと死の中間の時々に、老も病もあるのです。その生老病死を成り立たせている背後の根本的力を「いのち」と定義したらどうでしょう。そういうふうに考えれば、「いのち」というものは、あらゆる生物をこの世に誕生させ、そして、この世から死に至らしめる根源的なはたらきのこと、と定義できます。そして、それを「後生」と捉えるということです。

現象するいのちは、お互いに他のいのちを奪うことによっていのちを保ち、また、いのちを失うことで他のいのちを生かしていきます。そうして、お互いの現実の生命が全体として調和して成り立つようにコントロールされています。その全体として、バランスが失われていないあり方が一如の世界です。これをまた仏教では、「法身（ほっしん）」ともいいます。「身（み）」というのは、非常にバランスのとれた統一体としての在り方のことです。

この世には一定のルールがあるというのが「法」ですが、そのルールが全体としてまとまりよく統一されているということが「法身」という考え方です。また、これを「法性（ほっしょう）」ともいいます。宇宙は法則をもって動かされ、その宇宙が全体として統一性を失っていない。このような調和の中であらゆる生き物が、生まれと死というものを未来永劫（みらいえいごう）に繰り返すようにできているのです。この法身、法性に背くと調和が乱れ、いのちの世界がバランスを失って危うくなります。

私たちは生まれるということはうれしいことですが、なぜか死ぬということは誰もが好みません。そして、死というものを恐れ、こだわるところに、限りない悩みがあり、そこから動乱と差別も生まれてきます。けれど、生まれと死というものを成り立たせている、その背後にあるものを「後生」と捉え、後生によって現実の我々が動いている。だから、現実よりも背後の後生の世界に立てば、何も生と死に一喜一憂することはないということになりましょう。私たちはこだわりなくいのちの法則に従ってこの世に生まれてきて、いのちの法則によって死んでいく。現象が終息すれば、背後のいのち、つまり後生の世界に帰るということになる。そうなれば、いちいちの現象にとらわれないで生きる、ということが私たちにも可能になる、と考えられます。これを後生、と考えてはどうでしょう。

無住処涅槃

そうすれば、私たちは人生という舞台の表に出てきて、死んだら舞台の裏へと引っ込むだけだということになりましょう。銀幕の裏に引っ込んでも、そのうちまた表に出でくることになるでしょう。そうすると、表の世界は非常に限りある世界ですけれども、背後の後生の世界はそれを全部成り立たせていく非常に大きな、広大な虚空のような世界である、ということが見えてきます。

かくして、後生の世界は「一如の世界」で、「一如の世界」はとらわれのない「涅槃の世界」で、ものみなを動かしている広大無辺の世界です。それ自身は動いていないのです。「虚空涅槃の世界」が生死する世界をその内部に摂めて、成り立たせているのです。そういうふうに考えると、皆さん方も一瞬一瞬の変化を楽しむことができるのではないかと思います。涅槃の世界に立ちますと、どう変わっていくのかと、変化の先をも楽しむことさえできましょう。逆に、その涅槃の世界を知らないと変化することが怖い。一つ一つの変化にいちいち反応してしまうからです。そして変化の先がどうなるか分からないから不安になるのです。

しかし、どうなろうが、こうなろうが、それは変化を取りしきる背後の涅槃の世界の一つの表情だと思って距離をおいてそれを見ることが出来れば、それを楽しむことさえできるのではないでしょうか。これを無住処涅槃といいます。制止（住）することなく、動きながらも平静さ（涅槃）を保ち、動きに合わせて、みずからは動乱しない在り方です。これは「生死即涅槃」です。お念仏を称え、ご信心をいただくと、後生に立つことができて、生死の動乱に振り回されない生き方ができることを〝無碍の一道を歩む〟

という。神も悪魔も過去も善悪さえも一切が気にする対象ではなくなり、むしろ、我々を支える存在に転換します。こういう視点の転換が念仏者には起こるのです。

こういうと、百パーセント、すっかり転換するように思われるかもしれませんが、実際は程度の差というものはありますから、個人差がでます。だから、百パーセント無碍(むげ)になろうなどと思わないで、ならなくとも、無碍なる世界に向かって歩みをするということこそが重要なことではないでしょうか。

私が思うのは、人生生活にはいろいろなことがあるけれども、とどのつまりどこにおさめるか。どこに着地を定めて、ものごとをおさめるか、ということが何ごとにおいても大切だと思います。このように、後生を着地として、すべてをおさめていく世界がないと始末がつかないと思うのです。

何があっても、結局、私が至らないから悪いのです、と思い定め、そういう私たちを阿弥陀仏様が「私にまかせよ」といわれるのですから、おまかせすればよい、というところにおさめられれば「生死即涅槃」と私は思っています。それでおさまらないから、あいつが悪いとか、私はみじめだとかいいだして、きりがなくなるのです。そうなると、おさまりがつきませんから、次から次にいろいろな問題を派生させてしまうのです。波紋が次から次に及んでいくように。ですから、いろいろなことがあっても、それの収めどころを持つということは大事なことだと思うのです。それが無碍ということ。

「念仏は無碍の一道なり」という「無碍(むげ)」ということも、何も問題がなくなるということではないし、悩みもなくなるということではないのです。いろいろな問題が起こり、いろいろな悩みがあるにしても、最後の収めどころをきちんと持つことで収めることができるということです。たいていの人は、その収めどころが分からないものですから、収まりがつかないのです。収めたつもりでも収まっていないのです。あそこでいいといったではないか、といっても収まりはつきません。だから後でぐちゃぐちゃになるのです。それが私達の世界のいちばんの問題ではないかと思います。収めどころをきちっと持つということが、み教えをいただいているものの大きなご利益ではないかと私は思います。

極端ないい方をすれば、とどのつまり私は死んでもかまわないよ。私は阿弥陀仏様の世界に往かしてもらうのだし、阿弥陀仏様におまかせしているからこれでいい、というところに腹をくくれば、万事がそれで収まりがついて、それで終わりです。つべこべいうことはない。

金子大栄先生も、仏法というのは余裕だ、とおっしゃいます。仏法をいただくことで、こころに余裕ができてくるというのです。余裕というのは、ほんのちょっとしたことです。ボルトのねじ山もそうです。あれは設計どおりにつくって、雄山と牝山がまったく同じなのではだめなのです。まったく同じでは動きません。そうかといって隙間がありすぎてもゆるみます。ほんの何ミクロンか知りませんけれども、わずかな空気が通るような隙間がないと、うまくねじが回らないし、締まらないのです。これは、職人の技なのだそうです。設計図には描けないところです。設計図では同じ数字しか描けないのですが、そこに薄皮一枚の違いをつける。

我々の人生のゆとりもそういうところにあるのではないでしょうか。ゆとりとゆとりと隙間を大きくあけてしまったらゆとりではなくて、ぐらぐらの怠けになってしまいます。かといってきちきちでは人間関係が廻りませんから窮屈です。ほんのわずかな余裕が大事なところでしょう。そういう後生の余裕を持つところに「無碍の一道」という、生死をも包む大きな世界を恵まれ、生死の世界を楽しむことさえできる余裕が生まれる。そうなったら人生が本物になると思うのですがいかがでしょう。私たちは、念仏をいただくことでゆとりをもって、何ものにも妨げられない堂々たる人生を歩む道が恵まれる。すばらしいことではないですか。

第八条　念仏は我が修行でも我が善でもない

第八条、第十条、この二つの条では、念仏の正しい受け取り方とは何か、が示されています。私たちの自分勝手な「はからい」でなく、阿弥陀仏様の願いに順じて念仏すればすばらしい生き方ができることが教えられています。

（1）念仏はそれを称える者にとっては修行でもなく、善にもなりません。
（2）私がはからって行じるのではないので修行とはいえません。
（3）私がはからって作る善ではないので、善ともいえません。
（4）ひとえに他力に催されてのことでありますから、自力を離れたところで行われるものなので「我が修行ではない」「我が善ではない」といわれるのであります等々。

念仏は行者のために、非行・非善なり。わがはからひにて行ずるにあらざれば、非行といふ。わがはからひにてつくる善にもあらざれば、非善といふ。ひとへに他力にして、自力をはなれたるゆゑに、行者のためには、非行・非善なりと云々

「わがはからい」を離れよ

ここには冒頭から、いきなり

念仏は行者のために、非行(ひぎょう)、非善(ひぜん)なり。

(1) 念仏はそれを称える者にとっては修行でもなく、善にもなりません。

と、「念仏は修行でもなく、善にもならない」といっています。そういわれると、念仏を称えても、何の意味もないかのようですが、これは、「念仏」そのものをとらえて、「非行、非善」といっているのではありません。私たちの常識の世界でいえば、非行とは、行じないこと、あるいは行じるな、ということを意味しますが、ここではそうではないのです。わざわざ「行者のために」といっているところが大事です。「行者」というのは、現に念仏を称え、行じている人を指しています。したがって、「行に非ず」といっても、念仏を行じるな、といっているのではないのです。行じている人にたいして、現実に行じながら、これは修行ではない、と、行じつつも、修行という位置づけをするな、と。念仏を称えることは善い行いという意味づけを否定するよう要求しているのです。ややこしいですけれども……。

「行(ぎょう)を行いながら、行であることを否定する」これが「他力」という視点です。つまり、この第八条で一番大事なことは、

わがはからひにて行ずるにあらざれば、非行といふ。

(2) 私がはからって行じるのではないので修行とはいえません。

私たちの「わがはからい」、すなわち自分の努力を自分の手柄にする、自力（自我中心性）ということを問題視しているのです。「わがはからい」の問題は次の善についてのところでも問題視されています。

親鸞聖人が比叡山で二十年間、修行をなさいましたが、そこで一番の問題にしていたことがこの「わがはからい」ということではなかったかと推測されます。つまり、実際、修行を行うことができたか、できなかったか、という問題より、その修行に「わがはからい」がくっつくか、くっつかないか、です。

念仏も、つい「わがはからい」をまじえて行いがちであります。そうして、念仏を行じることを当然、わが善い行いと「わがはからいにて」高い評価を与えがちであります。

念仏を修行と位置づけ、その行いをみずからの修行として肯定していったら、「わがはからいの世界」、すなわち自我肯定の自力の世界にはまって、俺は善いことをしているのだ、と自惚れることになります。念仏を称えることは、自分の手柄ではなく、阿弥陀仏様からのお恵みなのです。それが「他力回向の念仏」ということです。それが事実です。事実に反して、自分の手柄にしてはならない、というのが「非行（ひぎょう）」ということです。

自力は自慢話

すでに述べましたように、自力というのは、自分の努力をわが手柄と、はからうことです。私たちがはからうときというのは、だいたい自分に都合のよい方向にはからうので手柄話になります。ですから、念仏を自分の手柄にしてしまい、自分のすぐれた行いにしてしまうのです。そうすると、念仏の自慢話は必然的に他者への悪口となる――。これが、

（2）私がはからって行じる　　——わがはからいにて行ずる

ことの一番の問題点です。

同様に、「非善」についても「念仏は善にあらず」、といっているのではありません。「完璧な徳をそなえた阿弥陀仏の名前には、悪を徳に転じさせる智慧があり、ダイヤモンドのように堅い信心は信じ難いものだけれども疑いを除き証を得させる道理がある」（**円融至徳の嘉号は悪を転じて徳を成す正智、難信金剛の信楽は疑いを除き証を獲しむる真理なり**）と『教行信証』の総序の文に親鸞聖人がいっているように、「完璧な徳をそなえた阿弥陀仏の名前」（円融至徳の嘉号）すなわち「南無阿弥陀仏」は、悪を転じて徳とするはたらきですから、善い行いでないわけがないのです。

しかし、これを私が作る善だといった途端に、自慢の種になる。恐れ多くも念仏を自我肯定の道具にしてしまうのです。そして、自分は善いことができている善人だ、と。これが問題なのです。

そこで、

（3）私がはからって作る善ではないので、善ともいえません　　——わがはからいにてつくる善にもあらざれば、非善といふ。

と「作る」というところを否定して、みずからを善人としていくことを回避するのです。

「わがはからい」がつきますと、「作る」ものはすべて、自分の善根功徳の種ということになってしまいます。それはみんな自力、つまり自分の努力となって、「自力作善」つまり、善人を作り上げていく結果になる。そして、自他を分けて無意識に他者を見下していくことになるのです。

仏教は無我を覚りとするのですから、修行においても無我、すなわち我を立てない、「わがはからい」を徹底して回避することを要求するのです。しかし、これはとても難しいことです。

道元禅師は、そこのところを気づいておられましたから、

「仏道をならふといふは、自己をならふなり自己をならふといふは、自己をわするるなり」と、自己を忘れる、というかたちで、「わがはからい＝自力」を離れるようすすめています。また、

「自己をはこびて、萬法を修証するを迷いとす。萬法すすみて、自己を修証するは悟りなり」（『正法眼蔵』現成公案の巻）

と注意されました。自分というものを推し進めていって、自分中心で万法の証をたてていくのは迷いである。万法の方がこちらに近づいてくるのをさとりという、とおっしゃり、自己の努力を肯定して修行を進めることを否定しています。そういう道元禅師のような『万法の方からすすんで近づいてくる」かたちの聖道の教えは、かぎりなく他力回向ということに近いわけですが、そこのところのけじめをしっかり保っていかないと、他力浄土門といえども知らず知らずのうちに「自己をはこびて」自我肯定の自力の方に傾いていってしまいます。

先ほども申しましたように、親鸞聖人は、比叡山において修行を成し遂げられなかったのではないのです。また、善を行うことができなかったのでもないのです。修行も立派に行われたし、立派に善を行われたと思います。しかし、立派に修行を行えば行うほど、わがはからいがついてくることに気づかれた。し

かし、どんなに、はからいに気づいて除こうとしても、聖道門の修行ではそれをどうしてもぬぐいきれなかったのです。

そこで、浄土真宗では、修行ということをいわない。善ということをいわない。非行、非善だ、と。それは、行とか、善というものに「わがはからい」がついてこないようにするためなのです。あくまで阿弥陀仏様からの頂きものとして、称えさせていただくのだと理解します。他力重視です。それが我の否定なのです。

我というものが付きますと、無意識のうちに、自と他と、二つを分けていく対立、〈ガタビシ〉（我他彼此）で、我は他とちがい、彼は此と対立〉する世界になっていきます。

仏教では、これを分別（わけへだて）といい、縁起の反対で、真実でない、妄想であると指摘します。

私たちは、〝みんな好きだ〟というのは、好きということにはなりませんね。あの特定の人が好きだ、という時のみ、〝好きだ〟ということが成立します。しかし、あの人が好きだといった途端に、それ以外の人は好きではないということになってしまう。分別の問題点は、自他の分断をもたらすところにあります。

したがって、分けないことを「無分別」といって、これこそが〝仏陀の覚りの境地〟といいます。これが真実なる在り方なのです。我も他もひとつに見ていく。「一如」に見ていく。自他不二の無分別ということが真実であり、大事な覚りなのです。分別が避けられないと、宗教世界にも争いの因がでてくることになりましょう。

『歎異抄』の一番最後（後序）のところにも、

まったく、如来様の御恩ということを忘れて、私も他の人も、善いとか悪いとかということばかり言い合っていますが、親鸞聖人は、「私は善と悪の二つについて何も知りません。なぜなら、如来様のおこころにおいて、善いとお思いになるほどに私が知りとおしていたならば、善を知っているといえます。また、如来様が悪いとお思いになるほどに私が知りとおしていたならば、悪を知っているといえましょうが、わが身は煩悩をすべてそなえた凡夫であり、この世は燃えさかる家のように無常ですから、すべてのことがみな、うそ・いつわりで何一つ真実はないのです。しかし、ただ念仏だけが真実です。」とおっしゃっています。本当に、私も他の人も嘘ばかり言い合っているところがなにより痛ましいことといえましょう。

まことに如来の御恩といふことをば沙汰なくして、われもひとも、よしあしといふことをのみ申しあへり。聖人の仰せには、「善悪のふたつ、総じてもつて存知せざるなり。そのゆゑは、如来の御こころに善しとおぼしめすほどにしりとほしたらばこそ、善きをしりたるにてもあらめ、如来の悪しとおぼしめすほどにしりとほしたらばこそ、悪しさをしりたるにてもあらめど、煩悩具足の凡夫、火宅無常の世界は、よろづのこと、みなもつてそらごとたわごと、まことあることなきに、ただ念仏のみぞまことにておはします」とこそ仰せは候ひしか。

まことに、われもひともそらごとをのみ申しあひ候ふなかに、ひとつのいたましきことの候ふなり。

とおっしゃっています。

御恩ということを重視しないで、善し悪しということばかりいいあって、結果、嘘を本当と言い包（くる）めてしまう。道徳が超えられていないことが、いろいろな痛ましい悲劇や争いを起こす原因になっている、という指摘です。

私たちが念仏の修行を積むことによって、自分は善い人間だと思う、そのことの中には、お聴聞する（教えを学ぶ）ことも含まれます。お聴聞することは善いことだ、と思った途端にお聴聞に来ないやつは駄目なやつだ、となってしまいます。そして、あの人は、仏縁が厚かったから善いだろう。あの人は仏縁が薄かったから駄目だろうなどという選別や差別化も生まれてくるのです。

非行・非善に徹底すること。そうすれば、お念仏を称えたから善い、とはいえません。お念仏を称えなかったから悪いともいえません、となります。

しからば、念仏とはいったい何かといいますと、それは、

ひとへに他力にして、自力をはなれたるゆゑに、行者のためには、非行・非善なりと云々。

（4）ひとえに他力に催されてのことでありますから、自力を離れたところで行われるものなので「我が修行ではない」「我が善ではない」といわれるのであります等々。

といわれるように、「ひとえに他力にして、自力を離れたる」ところで称えるお念仏、ということになりましょう。ここが重要です。いただきもののお念仏を今日も称えさせていただいている、なんとありがたいことか、という「自力を離れた」感謝のお念仏になるといいわけです。煩悩が捨てられない私たちにはなかなか難しいところですけれど――。しかし、だから難しいと自覚していることが大事ですね。

第十条　念仏に意味を求めない

師訓編の最後に置かれている第十条ですが、第八条において「わがはからい」が問題にされていましたので、それに引きつづいて、念仏には「はからわない、ということがよいはからい」（義なきをもつて義とする）、というこの条の「はからわない」という論題を取り挙げるのが関連事項として適切と考えました。ここでは「義」という言葉が「はからい」の意味として二回も使われていて、それぞれ意味が異なり、理解することがなかなかやっかいですが、これとほぼ同じ言葉が親鸞聖人の別の著作の中にも、しばしば出てきていますから、それを参照して解明してみましょう。

第十条は、まことに短い次のような全文から成り立っています。

念仏には無義（むぎ）をもつて義とす。
不可称不可説不可思議のゆゑにと仰せ候ひき。

（1）念仏に関しては、はからわない、ということがよいはからいなのです。
（2）それは、比べることもできず、説き明すこともできず、議論して分かることもできないからです、と親鸞聖人はおっしゃいました。

はからわない

ここに出てくる「(1) 念仏に関しては、はからわない、ということがよいはからいなのです」(念仏には**無義をもつて義とす**)という、この言葉ですが、これは、『親鸞聖人御消息』第六通の次のような一文の中にも法然聖人の言葉として述べられています。長いですが、現代文にして引用してみます。

まず、自力とは、行者がいろんな縁にしたがって、阿弥陀仏以外の仏の名を称え、念仏以外の善根を修めて、自分の身をあてにし、自分のはからい心をもって身と口と意の乱れたところを繕って、立派に調えてから浄土に往生しようと思うこと、これを自力というのです。

これに対して、他力とは、阿弥陀如来様が特に私たちのような凡夫をお目当てにして、手をさしのべて、助けようと誓われておられるので、その第十八願、すなわち念仏ひとつで往生できるようにするという御誓いにおまかせすること、これを他力というのです。他力は如来様の御誓いですから、「他力におまかせして、はからわない、ということがよいはからいなのです。」と法然聖人がおっしゃっています。義とは〝はからう〟、という言葉です。行者がはからうのは自力ですから、義といわれるのです。他力は本願の御は

まづ自力と申すことは、行者のおのおのの縁にしたがひて余の仏号を称念し、余の善根を修行してわが身をたのみ、わがはからひのこころをもって身・口・意のみだれごころをつくろひ、めでたうしなして浄土へ往生せんとおもふを自力と申すなり。

また、他力と申すことは、弥陀如来の御ちかひのなかに、選択摂取したまへる第十八の念仏往生の本願を信楽するを他力と申すなり。如来の御ちかひなれば、「他力には義なきを義とす」と、聖人(法然)の仰せごとにてありき。義といふことは、はからふことばなり。行者のはからひは自力なれば義といふなり。他力は本願を信楽して往生必定なるゆゑに、さらに義なしとなり。

たらきにおまかせして、もう往生は確定しているのですから、これ以上、はからいはいらない、ということです。したがって、わが身は悪人だから如来様は迎え取ってはくださらないだろうと思ってはなりません。凡夫はもともと煩悩がまったく捨てられないのですから、悪人と思ってください。また、わが心は善いから往生できると思ってもいけません。自力のはからいでは真実の報土に生まれることはできないのですから。

しかれば、わが身のわるければ、いかでか如来迎へたまはんとおもふべからず、凡夫はもとより煩悩具足したるゆゑに、わるきものとおもふべし。またわがこころよければ往生すべしとおもふべからず、自力の御はからひにては真実の報土へ生るべからざるなり。

　この文章からすると、「義」という語は法然聖人が自力と他力の区別をするキーワードとして使われた、と思われます。ここに、

「義とは〝はからう〟という言葉です。行者がはからうのは自力ですから、義といわれるのです。」（**義といふことは、はからふことばなり。行者のはからひは自力なれば義といふなり。**）と解説されているように、義の意味は、はからうことで、自力を指す言葉であることが明確に示されています。したがって、「無義」とは、はからわないこと、自力の否定であることが明らかです。

　そして、私たちのはからいとは、具体的には、

わが身は悪人だから如来様は迎え取ってはくださらないだろう

わが身のわるければ、いかでか如来迎へたまはん

とか、

わが心は善いから往生できる

——わがこころよければ往生すべし

と思うことですね。

このような「はからい」、すなわち自力は、善悪を気にしながら、結局、

自分の身をあてにし、自分のはからい心をもって身と口と意の乱れたところを繕って、立派に調えてから浄土に往生しようと思うこと

——わが身をたのみ、わがはからひのこころをもって身・口・意のみだれごころをつくろひ、めでたうしなして浄土へ往生せんとおもふ

で、阿弥陀仏様におまかせすることにはなっていないのですね。そういう自力を翻して、他力を頼むということは、「義」というはからい心を否定することでなければなりませんから「無義」といわれるのです。

また、同じ『親鸞聖人御消息』第一九通には、

また、阿弥陀仏の本願におまかせしたからには、はからわない、ということがよいはからいなのです、という法然聖人のお言葉があります。このように、義があるかぎりは、

——また弥陀の本願を信じ候ひぬるうへには、義なきを義とすとこそ大師聖人の仰せにて候へ。かやうに義の候ふらんかぎりは、他力にはあらず、自力なりときこえ

他力でなく自力であるということだと聞かされています。

とあって、義すなわち「はからい」がある限りは、自力を離れていないということで、他力になっていない、ということです。こうして、くりかえし、自力のはからいを否定しておられますので、この無義ということが自力聖道門と他力浄土門の線引きだったことが分かります。そういう意味で、この第十条の文は自力から他力への本質的な転換を促す重要な文であるといわなければなりません。

分別するなかれ

したがって、次に掲げる親鸞聖人著『尊号真像銘文』末には、信心をもって「浄土宗の正意」とし、あわせて「義なきを義とす」の文が次のように引用され、自力に陥らないように注意されています。

信心が浄土宗の中心の教えだと知るべきです。この信心を得たならば、他力におまかせして、はからわない、ということがよいはからいなのです、と師匠の法然聖人がおっしゃいました。「義」とは、行者が勝手にはからう心です。だから、勝手にはからう心を持つのは自力ということになります。よくよく自力のまずいところを心得ておいてください、とのことです。

一て候ふ。

信心を浄土宗の正意としるべきなり。このこころをえつれば、「他力には義なきをもつて義とす」と、本師聖人の仰せごとなり。「義」といふは行者のおのおののはからふこころなり。このゆゑにおのおののはからふこころをもたるほどをば自力といふなり。よくよくこの自力のやうをこころうべしとなり

（『聖典』六七三―四頁）

ここに「自力のまずいところを心得ておいてください」（自力のやうをこころうべし）とあります。そこで、何故、自力ではいけないのか。自力の困ったところを少し、検討してみましょう。

「自力のはからうこころ」というのは、自分勝手な考えで〝分別〟することです。一般に、人間が考えることは、みんな分別でして、分けて考えることを人間精神のはたらきとしています。これが対立を生む原因なのです。これを仏教では〝識〟といいます。インドの言葉で「vijñāna」（ヴィジュニャーナ）といいます。「vi」（ヴィ）というのは、分けるということです。「jñāna」（ジュニャーナ）というのは、知るということです。ですから、「分けて知る」ということです。自他を分けて考える。善悪も二つに分けますね。これは、分別知です。

分けて知る〝識〟（ヴィジュニャーナ）の典型は、言葉を使って考えることです。言葉というものは、ものを分けるはたらきをしています。たとえば、「おとこ」と言えば、それは「おんな」ではないということです。「今日」と言えば、「昨日」でもないし、「明日」でもないということです。そういうふうに、あるひとつの言葉を用いますと、ある事柄がはっきりしますけれども、逆に、そうでないないものを排除する、というはたらきが言葉には必然的にあるのです。

このように、言葉にしていきますと、必然的にものごとが分断され、分解されていくことになります。ばらしていって、個々の部分になるわけですが、部分にした方が細かくなるのでものごとが分かりやすいということがあるのです。かくして、全体が機械のように部分の集合であるときには、そういう部分にバラすということは問題にはならないのです。かえって都合がいい。その部分を組み立てれば、全体になるのですから。

しかし、部分の集合体として全体をとらえることができないものについては、分解するとうまくいかないのです。たとえば、「いのち」のような、非常に有機的な結合をしているものは、単純に、部分を組み立てれば、全体ができるというようなものではないのです。そこがいのちと機械との根本的なちがいでしょう。私たち人間は、有機体ですから、分解するとうまくいかないのです。

さらに、分別という識は、ただ単に分けているだけではないのです。分けた上で、他よりも自を取り、悪よりも善を取る。つまり、自分に都合が善いように理解し、自分は善人であるという認識を持とうとする時に分別心が用いられるので、必然的に認識にゆがみを生じてしまうのです。これは正しい認識ではない。妄想なのです。

念仏に、このようなはからい、つまり分別を加えると、「私が」称える念仏、という執着が生まれ、私が「念仏を称えることは善」である、というふうに「私」プラス「善」の自尊感情を高めることになります。そうすると、念仏は自分を誇る手段になってしまいます。これだけ称えたからいいぞ、往生は大丈夫だ、などと考えて、自分を安心させてしまいます。また、自分より念仏の称え方が足りない人はダメな奴だと悪くいったり、思ったりします。これはかえって対立を招きます。

無義――はからいを離れる

念仏をこういう妄想の道具にならないようにしなくてはなりません。それには「無義」――はからいを離れる、ということが大事なのです。それが、無分別に立つ、ということです。

無分別は、智です。般若（はんにゃ）です。インドの言葉で、「prajñā」（プラジュニャー）といいます。「jñā」（ジュニャー）というのは、知るという意味です。「pra」（プラ）というのは、直観的にということです。したがって、プラジュニャーは直観的に知るということです。

これからの時代、生命科学がどこまで進むか分かりませんが、生命科学も、分析知ですから、生命活動の部分部分の情報は解明できると思うのですけれども、それがどうしてそういうふうに綜合的に働いているのか、という根本のこと、生命力の正体のようなところについてはたぶん分からないだろうと思います。生命がどういうふうな遺伝情報をお互いに交換しあって、うまく維持されているかという部分的なメカニズムは分かるかもしれないけれども、そのメカニズムを全体として動かしているものが何なのかは分析科学では分からないのではないでしょうか。

人間の寿命は、百二十歳が限度だといいます。どんなに長く生きても、人間の生理的機能からして、百二十歳を超えるようなことはできないだろうといわれています。それが人間の寿命だとしますと、何で人間は百二十歳まで生きられるのに、セミは一週間乃至一ヵ月しか生きられないのか、この理由は分からないでしょう。セミ自体の遺伝情報を集めても理由は明らかにならない。セミというものを構成しているいろいろな部分や、情報のやりとりは分かるかもしれません。しかし、全体として、人間の寿命を百二十歳とし、セミの寿命を一ヵ月程度とする理由、それは不思議としか表現できないでしょう。それぞれの生命が持っている寿命というものは、どこで決まるのか、長いとか短いというのも、最初から決まっているのかどうか。それは、そうだからそうなのだ、と認めるしかない。理由はわからない。

そもそもいのちというものは、分解したら、その時点でいのちが痛められることになります。全体がトータルで活性化しているのであって、部分に切り刻めば、いのちは断たれていきます。誰かが体の中にいのちをさがそうと、生体にメスを入れたとたんにいのちは傷つけられていくということです。だからいのちというものは、取り出すことも出来ないし、いのちそのものを探し出すことも出来ないのです。そういう目に見えない力がはたらいて、部分が有機的に働いている全体がいのちなのです。

したがって、いのちをいのちの活力のまま全体としてありのままに受け止めていく「prajñā」（プラジュニャー）が重要です。直観智です。全体を直観によって掴むのであって、部分に分けて捉えるのではない。また、部分を組み立てて全体を再構成して理解するのでもないのです。全体を全体のまま受け止めていかなければなりません。

最近、医療の世界でも、だんだん、全体的なとらえ方をしましょう、ということになってきています。部分の臓器はどうだということでなくて、人間という生命体の全体を捉えていこうということです。その全体性ということを科学的には、ホリスティックというのだそうですけれども、有機的に連関している全体を全体として観ていこうということのようです。特に、苦痛については全体的な見方が必要だといわれています。

苦痛には、まず、身体的苦痛があります。それから社会的苦痛があります。病気になるとからだが痛むという身体の問題ばかりでなく、人間関係が壊れていくという社会的痛みが伴います。それから病気になると働けませんから、経済的苦痛もあります。そうなると、精神的に穏やかでいられませんから、心理的な苦痛も伴います。鬱になったり、躁になったりします。また、精神的というか、宗教的な苦痛として、これからいかに生きるべきか、死にどう対処するか、というところでも悩みます。

そういうふうに人間存在の苦痛も五つぐらいに分けてしまうと、分別になるのですけれども、そういうものを相互連関的に全体としてホリスティックに捉えていかなければいけないというようなことが最近はいわれ始めていますね。

このことは、ものごとをもっと広い視野で観ていこうという動きだといってよいでしょう。そういうこともまた、無分別をめざしている、といえましょう。直観智「prajñā」（プラジュニャー）の獲得ということは現代社会において必要ですね。これを仏教の伝統では、〝般若の智慧〟といっています。

般若の智慧

般若の智慧を得ていくと、直観的にものごとを観察することができるようになります。動態判断力ですね。咄嗟の判断力といってもいい。

一休禅師は、五葉の松をみて、五葉の松はまっすぐだなぁ、といったそうです。五葉の松はくねくねと曲がっているのですけれども、一休禅師は、まっすぐだなぁ、といった。何で「まっすぐだ」というのかと訊くと、五葉の松はまっすぐ伸びようとして伸びたのです。ここで曲がろうと意図して伸びたのではないのです。まっすぐ伸びようとして、伸びていったら、結果このように曲がった。だから、五葉の松の動機は、まっすぐ伸びようとしてたのです。私たちが、五葉の松は曲がっているというのは、杉のようなまっすぐな別の尺度を持ってくるから、曲がって見えるということなのです。別の尺度を持ってこなければ、五葉の松それ自身は曲がっているとはいえないだろう、ということです。別の尺度を持ってきて、その物差しと比べるから、五葉の松は曲がっているということになるのです。五葉の松自身は、まっすぐな杉の木などと自分を比べて生きているわけではないのです。五葉の松もまっすぐに伸びたのだし、杉の木もまっすぐに伸びたのだということです。だから、まっすぐだなぁ、と。

このように、あるものをあるがままに素直に受け止めていくのが、「prajñā」（プラジュニャー）、般若の智慧といってもいいです。そうすると、それは曲がっているだとか、まっすぐだという、はからいもなく素直にそれ自身を観察する。そうすると、すべてがまっすぐだ、ということです。松の生命にも杉の生命にもその率直さがまっすぐにあるということです。全体のダイナニズムをダイナニズムのまま何のはからいもなく受け止めるのです。

そう考えると、私たちはつねにはからいの世界にいる、ということが分かります。動いているものをいつも止めて考え、分けて考えているのです。分けて比べる。私たちがものごとを判断するときは、必ず何かと何かを比べて見ようとします。これが分別です。分別(ふんべつ)の智は、静止的判断。ものを静止的に捉えます。止まったものとして固定的に捉えるということです。言語で捉える判断です。これは、動いているものを止まった状態に固定化する作業です。

「あの人は優しい」というふうに言語を用いて表現しますと、その人の優しいという状態が、ずっと固定的に続くように思わせられます。流動しているものを制止させて捉えることになります。ちょうどビデオテープが再生されているときに、人は動いていますけれども、あれをポーズで止めますと、その瞬間を切り取ったような画面になりますね。その静止画面というのは、動いている実態を表わす画面とは違ったものになっています。本来動いているものを、静止画像で捉えているのですから、似ているけれども、違ったものになってしまいます。ダイナミズムがなくなってしまいます。そういう意味で、言語というものは、ものを固定化して切り取ります。固定化した方が分かりやすいからそうするのですが、実態は固定的ではないのです。

現実というのはつねに動いてやまないものです。流動しているのです。したがって、固定化すれば似て非なるものになってしまいます。そういう意味で分別すれば、似て非なるものを認識することになって、私たちには、分かりやすいけれども、実態とは違った認識を得させる。この誤った認識にとらわれてしまうのが「はからう」ということなのです。また、さらに別の尺度を持ってきて比べることも「はからい」であり、分別です。本来比べようのないものを比べている。そういうことは、みんな宇宙の法則のダイナミックな動きからすると、似て非なるものになっている、ということです。それが、私たちの知性の問題点だと仏教は警鐘を鳴らしているのです。

中国の老子のお話の中にも、「混沌」という有名なお話がありますね。あれも同じことです。「混沌」という化け物みたいな生物がいまして、目もなく、鼻もないものですから、誰かがこの得体の知れない「混沌」に、目鼻をつけてやるのです。ところが、目鼻をつけたとたんに、「混沌」は、死んでしまったという話です。

生命の世界というものは、本来、我々の分別的な知性からすると、得体の知れないものです。つねに変化してやまないのですから。それに目鼻をつけるということは、分別を加えるということです。そうすると、その得体の知れないもののダイナミズムが失われてしまって本来の活動が失われる。死んでしまうということです。

これはまさに、「prajñā」（プラジュニャー）般若の智慧によって捉えるべき世界をvijñāna（ヴィジュニャーナ）分別の智によって受け止めてしまったということです。そのため、実態と違ったものになったということです。したがって、私たちの生命のダイナニズムは、分別する「識」では捉えられない。識をはなれて、般若の智によって直観的に捉えるしか捉えることができない、ということです。

逆に、ダイナミックに動いているものも、動いているままに追っかけて把握すると、それはかえって動いていないでしょう、ということも考えてみる必要があります。隣を走る電車をその電車と同じ早さで追っかければ、その電車は動いていない。

仏教の覚りを涅槃という言葉で表しますが、それはどういうことかというと、動いているものを動いているものそのもののスピードでちゃんと把握した世界です。動いているままで動いていない。それは直観の般若で観察した世界です。そういうふうに見えたところが寂静（じゃくじょう）ともいわれる涅槃の状態なのです。

ですから、世の中の移りゆきに対しても、移りゆくもののスピードにあわせて見ていけば、何も問題はないはずだというのが、仏教の覚り、すなわち涅槃の世界です。

ところが人間の認識は、どうしても天地自然の動くスピードに合わせられない。自分の精神の動きで捉えようとするからズレてしまい、そこに摩擦が発生する。それがいろいろな苦しみ悩みが起こる原因だというのです。

結局、私たちの心の動きは、天地自然の動きほどにスピードアップされていないから遅くなってしまうのでしょう。それが〝こだわり〟ということです。それが〝はからう〟ということです。こだわったり、はからったりすることで、天地自然の動きにあわなくなっていくのです。そして天地自然の動きからズレていっているのです。

したがって、私たち自身が世の中の動きにあわせて、変わっていかなければならないのです。自然界の木々や草花がそろそろ春になるぞと思ったら、春支度をし、冬になるぞと思ったら冬支度をするというように、自然の動きにあわせて柔軟に自分を変えていくようにすれば、問題が解決できるというのが仏教の教えです。しかるに、それがなかなか実行が難しい。だから、阿弥陀仏様の御はたらきをいただいて、自分を転換していこうというのが他力の教えです。だから「はからい」をやめ、「無義をもつて義とす」とせよといわれるのです。こちらの方の「義とす」の義は「如来様のはからい」のこと。如来様のはからいは、天地自然の動きに沿ったものですから、自分のはからいをやめて（無義）、如来様のはからい（義）に任せる、ということです。

次元がちがう

そこで、はからいをやめて無義とする、つまり、自分の認識のペースを天地自然のペースにあわすようにしていきましょうということで、「識」は、「般若」の智に変えていかなければなりません。

つまり、「vijñāna」（ヴィジュニャーナ）「識」を、「prajñā」（プラジュニャー）「智」に変換する。自分自身のペースを自己否定して、天地自然の動きにあわせていくような発想をつねに取り入れていくことです。それが「無義（むぎ）」ということであり、それを如来様は「義とする」ということです。

ここの「義とする」ということについては、仏様と仏様とのはからいとして行われていくということで、それが、先に挙げた『親鸞聖人御消息』第一九通の後半の文章に次のように示されています。

> また　他力と申すは、仏智不思議にて候ふなるときに、煩悩具足の凡夫の無上覚のさとりを得候ふなることを、仏と仏のみ御はからひなり、さらに行者のはからひにあらず候ふ。しかれば義なきを義とすと候ふなり。義と申すことは自力の人のはからひをもうすなり。他力には然れば義なきを義とすと候ふなり。
>
> （『聖典』七七六―七頁）

また、他力とは、仏様の智慧の不思議なはたらきですから、煩悩がまったく捨てられない凡夫が最高の覚りを得るということは、仏様と仏様との不思議な御はからいによるのです。行者がはからって得られるのではないのです。ですから、行者は、はからわない、ということがよいはからいなのですといわれています。義は、自力の人のはからいのことですから、他力におまかせして、はからわないということ、それがよいはからい、ということです。

ここでも二度にわたって「義なきを義とす」と繰り返して述べています。そして、「仏様と仏様との不思議な御はからいによるのです。行者がはからって得られるのではないのです。」（仏と仏のみ御はからひなり、さらに行者のはからひにあらず候ふ）といっています。

他力という仏智不思議力のはからいによって煩悩具足の私たちに無上の覚りを得させてやろう、助けてやろうというはたらきが私の身の上にはたらいているのですが、それは仏と仏の御はからいで、仏様たちが相談しながらやってくださることですから、それは、私たち凡夫の世界とは次元が違った世界での出来事なのです。したがって、迷いの行者である私たちにとっては、不思議なことでしかなく、そのままいただくしかないことなのです。

仏様と私たちは次元が違うということは、よく心得ておかねばなりませんね。低い次元から高い次元は見えませんけれど高い次元から低い次元はつねに見えています。つまり、二次元の世界の青虫には蝶々は見えないが、三次元にいる蝶々にはどこにいる青虫も同時にいっぺんに見える。

同様に、私たちが時間をかけて人生八十・九十歳になってようやく分る世界が無量寿の仏様には一瞬のうちに分っている。私たちからは不思議と思われるような出来事は、次元が違う仏様の世界から来ているということ。仏様の世界からは丸見えですが、仏様と仏様が相談しておられる世界のことは私たちには計りようがないのです。この仏と仏の御はからいを「自然法爾」というのです。「自ずからしからしむ」ということで、私たちの認識のいかんを問わず、〝そうなっているからそうなのです〟ということです。

自然法爾

この「自然法爾」について親鸞聖人は『正像末和讃』の最後部に「自然法爾章」として、次のように、晩年に書き残してくださっています。関東の弟子に送られた手紙『親鸞聖人御消息』第一四通（『聖典』七六八―九頁）にも「自然法爾の事」として同様の内容が述べられています。

自然ということは、自は〝おのずから〟ということで、行者がはからうのではないが、そのとおりにさせる、ということを表わす言葉です。然という語は、〝しからしむ〟という言葉で、行者のはからいではなく如来様の誓いのはたらきだから、ということ。法爾とは、如来様の御誓いですから、その意のままになさるのを法のままに、というのです。この〝法のままに〟ということは御誓いですから、まったく行者のはからいは入らないので、他力といいます。したがって、他力におまかせして、はからわないということがよいはからいであると知るべきです。自然ということは、もとからそのようにしてくださっている、ということを表わす言葉です。

阿弥陀仏の誓いですから、当然、行者のはからうところではなく、阿弥陀仏ご自身が南無阿弥陀仏とたのませて、浄土に迎え取ろうとはからわれているのでして、行者が善かろうとも悪かろうとも思わないのが自然ということです、と聞いております。略

「自然」といふは「自」はおのづからといふ、行者のはからひにあらず。しからしむといふことばなり。「然」といふは、しからしむといふことば、行者のはからひにあらず、如来のちかひにてあるがゆゑに。「法爾」といふは、如来の御ちかひなるがゆゑに、しからしむるを法爾といふ。この法爾は、御ちかひなりけるゆゑに、すべて行者のはからひなきをもちて、このゆゑに他力には義なきを義とすとしるべきなり。「自然」といふは、もとよりしからしむるといふことばなり。

弥陀仏の御ちかひの、もとより行者のはからひにあらずして、南無阿弥陀仏とたのませたまひて、迎へんとはからはせたまひたるによりて、行者のよからんともあしからんともおもはぬを、自然とは申すぞとききて候。略

この道理をこころえつるのちには　この自然のことはつねにさたすべきにはあらざるなり。つねに自然をさたせば、義なきを義とすといふことは、なほ義のあるべし。これは仏智の不思議にてあるなり。

（『聖典』六一一―一二頁）

この道理を心得た後は、この自然ということについては、どんなときにも、取り上げないでおくのがよいのです。つねに自然を取り上げて議論すると、はからわないということがよいはからいであるということにもやはりはからいがあることになります。自然とは仏様の智慧の不思議なはたらきをいっているのです。

「自然」という言葉は文字通りにいえば、「おのずからしからしむ」という言葉ですけれど、おのずからしからしむというのは、先ほど申しましたように、行者自身がはからわないで、天地自然のペースに自分自身を任せることです。自力であれこれ考えないことです。だから、ここでも他力のことといわれていますね。仏様の智慧のはたらきに自身をまかせることです。

しかるに、私たちの世界は道徳中心、善悪のはからいが中心になって動いていますから、この世を生きていく上では、常に善悪の観念がつきまといますね。何かの行動を取るとき、その行為は善いことだと判断した上でやっています。そして、自分のすることはつねに善いことだから自分は善人だと勝手に思い込んで行動しています。だから、『一念多念証文』に、

「自力といふはわが身をたのみ、わがこころをたのむ。わがちからをはげみわがさまざまの善根をたのむひとなり。」（『聖典』六八八頁）

と親鸞聖人もおっしゃっていますように、自力の人というのは、自力をはたらかせて自分は大丈夫と思い、努力して自分の善行をあてにするのだけれども、しかし、それが本当に善いことになっているか、よくよ

く考えてみると、かならずしもそうとは断言できない。自分にとって善くても他者にとっては迷惑なことだってあります。また、今、善くても先々でやっぱりまずかった、ということもある。

私たちは自分自身を善い方へ善い方へと、また、自分にとって都合のいい方に…と努力する。自分を悪い方向へ持っていく人はいないと思います。そうやって自分を善い方向へ持っていって、自分は善い人だと勝手に思い込む。思い込みの中で善いことをして、それを自分の努力の結果としていますね。

ところが、そうやって自分を善人の方へ持って行った人は、善でないものが自分の所にやって来たときには、その処理ができない。善くないことが引き受けられない。まあ、あの人たちは気の毒だ…ということも、自分はそうならなくてよかった、という想いの裏返しだったりしますから、気の毒なことがわが身に降りかかった時には、それを受け止められないんですね。なんでこうなんだ、自分は何も悪いことはしてないのに…、とこうなる。

しかし、善いことの裏には必ず悪いことがある。善いことばかりというわけにいかない。だから、どんなことがやってきても強い心と広い心をもって受け止める…そういう対応ができるかどうかがその人の値打ちなのですが、今、自分は幸せだ、という人は、その幸せが崩れたときのことは考えていませんね。でも無常の世の中ですから、いつかは崩れる。これが、自力の善人が最後に直面しなければならない大きな袋小路ですね。

先程の親鸞聖人のお言葉にあったように「自力といふは……わがさまざまの善根をたのむ」という、この善根をたのむ、というところに実は、自力の根本問題がひそんでいるのです。それ故、おのずからなる世界、自然法爾ということも考えてみなければならないのです。

善悪は知らない

よって、親鸞聖人は「善悪の二つについては、私はまったく存知していない」（善悪のふたつ、総じてもって存知せざるなり）。分からない、とおっしゃっていましたね。次元の高い如来様が善しと思われる程、そこまで私たちが善いことを知り徹していて、悪い事も如来様と同じ程に知り尽くしているならば、善悪を私たちは知っているといえるけれど、そこまで知り徹してはいないので、人間の善悪の判断は危ういものだということです。

仏教を学んだことがない人はみな道徳論で、善悪で考えるしか方法がないのでしょうけれど、よくよく考えてみると、この世の中には人間の智恵が及ばない出来事、というものが往々にしてあるわけですね。だから、想定外の出来事ということになる。この世において、やっぱり不思議ということは避けて通れないですね。計画通りにはいかない人生、不思議な事がいろいろある…。そのように、人生とは思い通りに行かないものだということです。

そこで、善悪の問題にかかわるのでなく、自分たちの善悪を超えた物差しで見たらどう見えるのだろうか、という風に、別の視点から考えると、いろんなことが仏様から与えられたご縁として見えてきます。

そうすると、善導大師が「深い信」としておっしゃるように、

すべての行者たちが一心にただ仏様のお言葉を信じて身も命も顧みずに、疑いなく修行して、仏様が捨てよといわれるものは捨て、行ぜよといわれるものは行じ、離れよといわれるものからは離れる。これが仏様の教えに従い、仏様

一切の行者等、一心にただ仏語を信じて身命を顧みず、決定して行によりて、仏の捨てしめたまふをばすなはち捨て、仏の行ぜしめたまふをばすなはち行ず。仏の去らしめたまふところをば去つ。これを仏教に随順し、

仏意に随順す、と名づく。仏願に随順すと名づく。

（『聖典』二一八頁）

の意に従い、仏様の願いに従うことです。

これが法のままに（法爾として）行動すること。これが自然のことわりに順うことではないかと私は考えています。

仏様のご指示に従って行動することを「義とする」ならば、そこに自然におこなわれていく世界があるということです。〝捨てるべきを捨て、行ずべきを行ず…〟と。

このように、他力を自然法爾で説明すると、自然法爾ということも、私たち自身の身の上で行われていることですから、他力は自分が何もしないのではありませんね。自分がしていることが仏様のご意向に順ったものになるようにすることなのです。あなた任せでは、けっしてない。したがって、

〝かかわらず　こだわらずして　大空を　こころ軽気に　白雲の行く〟

〝岩もあり　木の根もあれど　さらさらと　ただささらさらと　水の流るる〟

自然法爾とは、この文のように、「行雲流水」の心境というべきでしょうか。

不思議なおはからい

人生はもう仏智の不思議なおはからい……私たちには分らない大きなおはからいの中での出来事と、おおらかに受け止めていく心境。宇宙の法則のただ中を動いている。私たちの都合をさしはさむことはない、ただただその動き合わせるようにしていく、それが自然法爾であると。

仏教の基本姿勢というのは「私が」生きて「行く」、という考え方ではないんですね。私たちは、だれ

も未来に向かって生きて行くように思っているけれど、本当は、未来からやって来るいろいろなものを乗り越えることが実は、生きることなのですね。何が来るか、未来だから分らないが、やって来たところが現在で、今現れて在る。今ここに在るわけです。在るけれども、それも過ぎ去っていく。そしたらそれはもう過去のこと。次にやってくるものに向かわなければなりません。

何が、どんなものが未来の向こうからやってくるかは、それぞれ人によって違う。同じものがやってくるようでも時も場所も事情も違う。そのように、私たちが生きていくということは、未来から現在の私の所にやってくるものを好き嫌い言わずに受け止めていかなければならない。逃げ回ってもどうにもならない。来るなといって押しとどめることはできない。そうであれば、柔軟に受け止める。そういう受け止めと乗り越えていく力をもって生きていくしか生きる手立てはないですね。そうであれば自分を柔軟にして「法爾として」（法のままに）それに従う、受け入れるということしかない。だから、「如来様がなさることだから」（如来の御ちかひにてあるがゆゑに）と受け止めよ、と聖人もおっしゃっているわけです。

如来さまのお心は何かというと

法爾（法のまま）の如来様の〝はからい〟は、どういう具合かといいますと、先程の『正像末和讃』「自然法爾章」の一五六頁に掲げた文に、

阿弥陀仏ご自身が南無阿弥陀仏とたのませて、浄土に迎え取ろうとはからわれている
——
南無阿弥陀仏とたのませたまひてむかへんとはからはせたまひたる

とありました。私たちに如来様をたのむようにと仕組んで、たのませて、そして私たちを引き受けて、迎え取る——。なんと、阿弥陀如来様はすでに、私たちの悩みを引き受けるというようにはからってくださっているのです。南無阿弥陀仏はそうした〝はからい〟としてわたしたちに届けられているのです。

だからお母さんが子供に私をお母さんと呼びなさいと教えて、「お母さん」と呼べば、そこにお母さんが来てたすけるよと、こういう堅い決意の上ですでに子供に「お母さん」と呼ばせているわけですね。お母さんに子供を助けてやろうという気持ちがなかったらお母さんと呼ばせる必要はない。

同様に、如来様の願力がもうすでにはたらいているから、たのむ心も育てられる。たのむ気にさせて、たのむようにと阿弥陀仏様の方で仕組んである。それが念仏の不思議な御はたらきで、私たちはもう自分でこれは善いことなのか悪いことなのかなどと悩む必要はない。素直に従っていけばそれでよい。それが

自然ということについては、どんなときにも、取り上げないでおくのがよいのです
——自然のことはつねにさたすべきにはあらざるなり

といわれるところです。

平穏無事は当たり前ではない

現代人の一番悪い癖は自分で分からないと納得できない、とすることです。現代病の一番悩ましいところですね。不思議な事は不思議な事として受けとめていったらいいんじゃあないか——。不思議なことのなかにもたくさんのお恵みがあるのではないか、というところを大事にしていくべきでしょう。それには

すべてを自己完結させようとしないで仏様におまかせして、順うという視点を持つべきです。そうすれば救いがもたらされる。

仏教の基本的な考え方からすれば、この世は無常ですから、今日と同じ明日はない、来ない。今と同じ瞬間はないというのが無常の道理。毎日のように自分たちに予測不可能なことが起こったとしても不思議ではない。平穏無事の方がむしろ不思議な出来事と思わなければいけない。ところが私たちは平穏無事に過ごせるのが当たり前だと思っている。いろいろな事が起こることの方を不思議なことだと思うから、それが特別に予想外の悩ましいことになって、どこかに行ってお浄めやお祓いをしてもらわなければならないことになる。仏様の世界から見れば別段不思議な事では全くないのに……。

それは別段不思議なことでなくて、むしろ、そういうことが起こらないで済んでいることの方が不思議なこと、すごいことではないですか、と。諸行無常の中に在りながら平穏無事でいられるのは、誰かがそれを護り、支えていてくれるからではないか、と考えるべきなのです。

平穏無事に過ごしていることを当たり前だと思って、平穏無事でなくなると、困った困ったといっているのは、料簡が違う。諸行無常でないようにと支えてくれているものに対してもっともっと感謝していくことが大事ではないでしょうか。

諸行無常の、そういう危うい所に身を頂いて今を生きていることが分からないで、時々起る思いがけない出来事に対して大騒ぎしてしまう。右往左往してしまう。何故、私だけにこんなことか起こるのだといって慌てる。しかし、どんなに七転八倒してもその答えはどこにも見つからないのですね。それが道理ですから、原因はない。

以上のような具合ですから、念仏のはたらきは、はからうということでは捉（とら）えられない不思議なことな

のです。だから、

(2) それは、比べることもできず、説くこともできず、考えて分かることもできないからだ、と親鸞聖人はおっしゃいました。

不可称不可説不可思議のゆゑにと仰せ候ひき

これは念仏が自然の道理そのものであることをいったものです。

念仏は「無義をもつて義とす」ということは、念仏がそもそも「不可称、不可説、不可思議」なはたらきだからです。

不可称、不可説、不可思議だ、ということは、『華厳経』に数の桁を十倍、百倍、万倍と数えあげていくと、ついには数えられない不可称に行くそして、不可称の不可称倍が不可説で、不可説の不可説倍が不可思議、つまりきりがない、説き尽せない、とあると金子先生は指摘しています（金子一七六頁）。それは、人間のはからいからすると、比べるべきでなく、説き明かせないもので、議論もできない、仏様の動きと一体化したものだ、といえましょう。この不可称、不可説、不可思議なる、仏様のはたらきを親鸞聖人は、人間のはからいを離れたところの自然な動きとして捉えるべき、ということで、「自然法爾」とおっしゃったのです。

「念仏は……称えねばならぬというようなものでない。が、称えずにおれないものである。つとめ、はげまなければならぬというようなものでないけれども、おのずから称えられるものである。」（金子一七三頁）

と金子先生もおっしゃっています。

「称えずにおれないもの」というのは、私たちのおもいはからいから出ているのではなくて、自ずからそうなっていくのである、ということです。

そういうところに、「念仏は不可称、不可説、不可思議である」といわれる理由があるのです。我々のはからいからすると、称えなければならないと思うのですが、念仏は、称えなければならないというようなものではない。それは自ずから称えられていくものである。そこにまた説き尽せない、不思議な力がはたらいているわけです。そういうものを不可称、不可説、不可思議というわけです。

自然の道理

金子先生はさらに、道理には、歓待の道理と、作用の道理と、証成の道理と、自然の道理という四つの道理があるといっています。そして、その四つの道理の中で、一番大事なものが、自然の道理だ、ということです。しかし、今の科学は、自然の道理というものをなかなか認めたがりません、と。

歓待の道理というのは、二つのものがワンペアで作用する世界です。二つで一つの世界です。親子とか、男女とか、先生と生徒とか、異なる世界が一つになって成立する世界です。山があれば谷がある。長いものがあれば、短いものがあるというようなものもこの中に含まれましょう。

これらは、どっちがどっちということは言えません。二つのものが同時に成立する世界です。ですから、これらを分離して単独で考えるということは成立しません。そういうものはこの世の中には存在しないのです。片方があれば、必ずもう一つがあるのです。

そういう意味で考えますと、このごろオンリーワンと言いますけれども、オンリーワンというのはおかしいかもしれません。そのオンリーワンがあれば、それを支える必ずもう一つがあるはずですから、オンリーワンの私だけで成り立っているというのは間違いですね。オンリーワンは、そうでない他のものに支えられているオンリーワンだということが分かっていないと、オンリーワンもおかしくなるでしょう。

『華厳経』では、一多相即（いちたそうそく）といっています。一と多が支え合っているのです。部分と全体といってもいいと思います。その一と多がお互いに補完（ほかん）しあって成り立っている世界です。一多相即（いちたそうそく）は、例えとしては、三本足の香炉です。三本の香炉の足の一本の足は他の二本の足によって支えられているのです。ですから、その一本が欠けても、他の二本の足は足の役をしません。一本の足と、他の二本の足とはお互いに支え合って三本足は成り立っているのです。そういう関係を一多相即（いちたそうそく）といいます。そういうふうに、二つのものだけでなく、ものごとが必ず他のものと相補（あいおぎな）っている関係を、歓待（かんたい）の道理といいます。

作用の道理とは、それぞれの存在には必ずはたらきがあるから、ものが存在すれば、どんなものでも何らかのはたらきをもっている。はたらきのないものはないということです。枯れ木も山のにぎわいというように、何の価値もないように思われる枯れ木にも、ちゃんとはたらきがあるわけです。だから、この世の中で価値のないものはない、はたらきのないものはない、ということ。それが作用の道理です。

それから、証成（しょうじょう）の道理は、因果の道理です。ものごとは原因と結果の関係でちゃんとつながりあっているというのです。原因があれば、必ず結果がある。結果があれば、必ず原因があるというそういう道理も現にはたらいていますね。

これらに対して、法爾自然（ほうにじねん）の道理というのは、煙は高く上がり、水は下に流れるという道理です。何で煙は高く上り、水は下に流れるのか、といわれても、それはそういうふうになっているから、としかいえないのです。煙が下に流れ、水が天に昇ってもいいようなものですけれども、そうなっていないから、そうなっていないのです、としかいいようがない。

そういうふうに、ありのままに受け入れていくべきことを、自然（じねん）の道理というのです。

現代人は、煙が高く上がるのは、空気より軽いからだとか、水が下に流れるのは、地球の引力のせいであるとか、科学的根拠を示してものをいいたがるのですが、それは説明の仕方でありまして、そうなっていることの事実を説明したにすぎないのです。いろいろ説明をし、いろいろいってみても、結局最後は、そうなっているからそうなっているとしかいいようがないのです。それが「不可称、不可説、不可思議のゆえに」ということです。

最後のところはどんなに説明しようとしても説明のしようがございません。そういうものが宇宙全体を動かしているのです、という、これを自然（じねん）の道理というのです。

私たちは、この自然の道理を認めず、阻（はば）んで、固定化して捉え、現象を止めているのではないかということです。

『歎異抄』の第六章に、

自然の道理にかなわば、仏様の恩ということもわかるし、師匠の恩ということもわかるはずだ。

――自然の道理（ことわり）にあひかなはば、仏恩をもしり、また師の恩をもしるべきなりと

とありますが、これも自然の道理を表わしたもので、そうなっているから、そうなっているということなのですが、私たちは仏恩も師の恩も認めていないですね。残念です。

しかし、説明のしようのない、このような道理が宇宙の道理として現に動いていることは認めようでは

ありませんか。「不可称、不可説、不可思議」なる道理として——。

したがって、親鸞聖人は、阿弥陀仏様からいただく真実心（至心）を、『教行信証』において、

如来、清浄の真心をもって、円融無碍不可思議不可称不可説の至徳を成就したまへり。如来の至心をもって諸有の一切煩悩悪業邪智の群生海に回施したまへり

如来様は清浄な真心をもって完璧な、何ものにも妨げられない不思議で不可称不可説な徳を完成され、それを如来様の真実を明かすはたらきと共に、一切の煩悩、悪業、邪智をもった衆生たちの大群集に施される

と示され、また、信心を、

おほよそ大信海を案ずれば、略　ただこれ不可称不可説不可思議の信楽なり

海のような大信心の世界を概略考えてみると、略　ただこれは考えても分からず、比べることもできず、説くこともできない信心です。

と述べて結ばれています。如来様のおこころを「不可思議不可称不可説」といわれ、それが私たちに施されるのであると、感激をもって語られているのです。

ですから、私たちは、この不可思議不可称不可説のはたらきに逆らうのでなく順うようにして人生を歩んでいけよ、ということです。そうすると、不可思議なる仏様の徳をいただけるのです。

そのことを、また、

「五濁悪世の有情の
　選択本願信ずれば
　不可称不可説不可思議の
　功徳は行者の身に満てり」（『正像末和讃』三一）

と『和讃』にも同様に示してくださっています。

私たちは、なによりこの「不可称不可説不可思議の功徳」をいただくことを慶びとすべきなのです。

第九条　他力の悲願は浄土に往きたくない者のため

第七条、第八条、第十条、と念仏のすばらしさ、絶対、無条件のはたらきについて学んでまいりました。これからは、そういうお念仏をいただきつつも、なお、生活の上において問題が尽きないところをうかがってみることにしましょう。第九条は往生極楽の道に立って生活しつつも、行者が直面する悩みについてです。それは、念仏を称え、お聴聞に精進しても、自分の本音をたずねてみると、少しも信心の喜びがなく、浄土にも行きたいと思わない自分が見えてきた、ということです。宗教に避けて通れないところのタテマエと本音のくい違いを正直に告白したのがこの第九条です。ここにはじめて「唯円房」という実名が登場することも注目すべきです。

念仏申し候へども、踊躍歓喜のこころおろそかに候ふこと、またいそぎ浄土へまゐりたきこころの候はぬは、いかにと候ふべきことにて候ふやらんと、申しいれて候ひしかば、親鸞もこの不審ありつるに、唯円房おなじこころにてありけり。

よくよく案じみれば、天にをどり地にをどるほどによ

(1)念仏申しておりますが、躍りあがって歓ぶほどのこころがあまりありません。(2)また、急いで浄土に往生したいというこころもありませんが、これはどうしたことでしょう。こう親鸞聖人に申し入れてお訊ねしたところ、(3)親鸞もこの疑問をもったことがあるが、唯円房もおなじ疑問を抱いたようだな、と応えられた。

(4)よくよく考えてみると、天に踊り、地に踊るほど喜

ぶべきことであるのに、それを喜ばないということによって、(5)いよいよ往生は定まっていると思ってよいのです。なぜなら、(6)喜ぶべきこころを抑えて喜ばせないのは、煩悩がそうさせているのです。しかし、(7)私たちが気づく以前から、阿弥陀仏は私たちのことをすでに知り尽くして「煩悩具足の凡夫」とおっしゃっておられるので、(8)仏の他力の悲願はこのような煩悩具足である凡夫の私たちのために建てられたものであると知られると、ますますたのもしく思われてきます。

また、

(9)急いで浄土へ往生したいというこころがなく、少しでも病気になると、死ぬのではないかと心細く思うのも煩悩のしわざです。

(10)私たちは、久遠というはるかな昔から今まで流転してきた苦悩の世界を故郷のように捨てがたく思い、(11)まだ生まれたことのないお浄土はどんなに安らかな世界だと聞いても行ってみたいと恋しく思うことはありません。まったく煩悩は激しく盛んなことです。

(12)それでも、どんなに名残り惜しかろうとも、娑婆の

ろこぶべきことをよろこばぬにて、いよいよ往生は一定(いちじょう)とおもひたまふなり。よろこぶべきこころをおさへてよろこばざるは、煩悩の所為(しょい)なり。しかるに仏かねてしろしめして、煩悩具足の凡夫と仰せられたることなれば、他力の悲願はかくのごとし、われらがためなりけりとしられて、いよいよたのもしくおぼゆるなり。

また浄土へいそぎまゐりたきこころのなくて、いささか所労のこともあれば、死なんずるやらんとこころぼそくおぼゆることも、煩悩の所為なり。久遠劫(くおんごう)よりいままで流転せる苦悩の旧里(きゅうり)はすてがたく、いまだ生れざる安養浄土(あんにょうじょうど)はこひしからず候ふこと、まことによくよく煩悩の興盛(こうじょう)に候ふにこそ。

なごりをしくおもへども、娑婆の縁尽きて、ちからな

縁が尽きてしまえば、どんなに煩悩がこの世にいつまでも居たいと願ったとしても、どうにもならないのです。力尽きてしまうのです。そのときには、かの浄土に参るしかありません。

(13) 急ぎ参りたいというこころがない者をことに憐れんでおられるのが阿弥陀仏様です。(14) それを知れば大悲と大願の阿弥陀仏がますますたのもしいと思われますし、私の往生は決定していると考えてよいのです。

(15) 踊躍歓喜(ゆやくかんぎ)のこころがあり、はやく浄土に参りたいなどと思う人があるとすれば、その人は煩悩がなくなったのだろうかとかえって変に思われることでしょう等々。

くしてをはるときに、かの土(ど)へはまゐるべきなり。

いそぎまゐりたきこころなきものを、ことにあはれみたまふなり。

これにつけてこそ、いよいよ大悲大願はたのもしく、往生は決定(けつじょう)と存じ候へ。

踊躍歓喜のこころもあり、いそぎ浄土へもまゐりたく候はんには、煩悩のなきやらんと、あやしく候ひなましと云々

信心の本音

この第九条はテーマが大きく二つに分かれます。「(1) 念仏申しておりますが、躍りあがって歓ぶほどのこころがあまりありません」(**念仏申し候へども、踊躍歓喜のこころおろそか**)、ということが一つです。それから、もう一つは、「(2) 急いで浄土へ往生したいというこころがない」(**いそぎ浄土へまゐりたきこころの候はぬ**)、ということです。

お念仏を称えれば、信心が得られるのですから、当然、踊り上がるほどの喜びがあるでしょうし、また、浄土往生が約束されるわけですから、早く浄土へ往生したいという心が湧き起って、往生が急がれるはずなのに、なぜ待ち遠しい気持ちが起こらないのだろうか――。この二つの課題が唯円房の悩みとしてここで取り上げられています。

悩みへの共感

第十八願の本願成就文（ほんがんじょうじゅもん）には、「聞其名号（もんごみょうごう）　信心歓喜（しんじんかんぎ）」（その名号を聞いて　信心歓喜し）とありますから、信心には、歓喜が伴う、ということです。そこで、この、「信心歓喜」をとらえて、信心には歓喜が伴うというのに、「念仏申しても、踊躍歓喜のこころがないのはどうしたものだろうか」と唯円房の胸に疑問が湧いた。

そこで、この、『本願成就文』は間違っているのではないか、ということですが、これに対する親鸞聖人の答えは、まず、この疑問への共感でした。

（3）親鸞もこの疑問をもったことがあるが、唯円房も同じ疑問を抱いたようだな

親鸞もこの不審ありつるに、唯円房おなじこころにてありけり。

自分もその疑問を持ったことがあったよ、と共感されたのです。

親鸞聖人のみ教えがすばらしいのは、こういう疑問を師弟がお互いに包み隠さず訊ね、共感するところです。たいていの人は正直に告白しないのです。念仏を称えていると喜びの心があるぞ、と誰かがいいますと、みんながそうだ、そうだ、といって格好つけて、みんな大勢に流されていくものです。しかし、そういうときに、喜べない、行きたいと思わない、と正直に言う。それは、かなり、勇気のいることです。

でも、親鸞聖人も

悲しいことに、愚かな私、親鸞は、愛欲の海に沈没し、名誉や利益の山に踏み入って迷い、浄土往生が約束された仲間に加わることを期待していない。真実の証を得ることも望んでいない。お恥ずかしい、痛ましい私です。

悲しきかな愚禿鸞、愛欲の広海に沈没し、名利の太山に迷惑して、定聚の数に入ることを喜ばず、真証の証に近づくことを快しまざることを、恥づべし傷むべし

（『聖典』一三八頁）

と正直に告白していますので、自分の真の姿をありのままに見据えて、真実を公表することにためらいがなかった。これは特に注目すべきことと私は思います。

お坊さんになって、出家している身でありながら、「愛欲の広海に沈没し」、とか「名利の太山に迷惑して」なんていうことは、ふつうは思っていても表に出しては言わないものです。しかし、事実、お坊さんがどんなに修行したとしても、愛欲の想いを消し去るのは実際問題として難しいことでしょう。だから、そういうことを表に出して、それをどうするかということを真っ向から議論できるということは、他の宗派ではあまり見られないことでしょう。そこが浄土真宗は正直です。これは、親鸞聖人の宗教が真実を明らかにする宗教であることが、その根拠となっていると思われます。

普通だったら、「おまえの学びがたりないから浄土に行きたい心が起こらないのだ」ということになります。だから、〝自分でよく考えろ〟などと、頭ごなしに言われて、お茶を濁されて終わり、というところが落ちかもしれません。それがふつうの師弟のやり取りでしょう。しかし、親鸞聖人は、そうおっしゃらなくて、実は、親鸞聖人は、『教行信証』の中でも、信巻の序に、

ここに愚かな私、親鸞は、もろもろの仏様たちのみ教えに順い、論書や注釈書に書かれた師匠たちのみ教えも参照してみました。そして、一心ということについて、広く、浄土三部経が示して下さっているところと照合し、それとちがっているのではないかとしばらくの間、疑問を抱いていたのですが、ようやく明らかな証拠を見出すことができました。

ここに愚禿釈の親鸞、諸仏如来の真説に信順して、論家・釈家の宗義を披閲す。広く三経の光沢を蒙りて、ことに一心の華文を開く。しばらく疑問を至してつひに明証を出す。

（『聖典』二〇九頁）

と述べています。ここの、「しばらくの間、疑問を抱いていたのですが、ようやく明らかな証拠を見出すことができました。」（**しばらく疑問を至してつひに明証を出す。**）ということは、しばらく疑問に思っていた時があった、ということです。親鸞聖人も、いろいろなことに疑問を感じ、悩まれていたのです。ここでの具体的な疑問が何だったのかをこの文章から読みとってみると、

「**三経の光沢を蒙りて、ことに一心の華文を開く**」

とありますから、「三心はすなわち一心」とどうしてなるのかということだったのでしょう。『無量寿経』の第十八願には「至心、信楽、欲生」という三心が書かれているのに、なぜ天親菩薩は『浄土論』で「世尊よ、我、一心に尽十方無碍光如来に帰命して安楽国に往生せん」と「一心」と述べているのかということに疑問を持っていたが、ついにその関係が明らかになって、至心と欲生が「信楽一つ」ということにおさまることが分った、確信がもてた、ということです。

このように、親鸞聖人はしばらく疑問をかかえたまま思索を練る、ということをしておられたのでして、師匠の法然聖人から言われたことは、何でもかんでもハイ、ハイ分かりましたと従っていたのでもないし、かといって、ただちに自分自身ですべてが分かった、自信をもったということでもない。必ずそこに疑問と向き合っていた時期があったということです。

「親鸞もこの不審ありつるに」と書かれていますので、「ありつるに」ということは、完了をあらわしていますから、自分もそういう不信を持っていた時期があったけれど、今はもう解決している、ということでしょう。だから、共感して「おまえも私と同じようにそういう疑問を持ったのだなぁ」とおっしゃっているのです。

煩悩のしわざ

そうしておいて、なぜ、そういうふうに、うれしいとか、喜びの心が起こらないだろうか。その理由についてよく考えてみたところ、

(4) よくよく考えてみると、天に踊り、地に踊るほどに喜ぶべきことであるのに、それを喜ばないということ

よくよく案じみれば、天にをどり地にをどるほどによろこぶべきことを喜ばぬ

理屈の上からすれば、これは当然喜ぶべきことです。「べき」とありますから、理屈としてそうだということです。頭で考えれば、天踊り、地に踊るほどに、喜びの心が湧いてくるはずです。ですが、それなのに、それがないというのが、私たちの実情。喜ぶべきことを喜べないのは、なぜだろうと、唯円房は、

深刻に悩み、考えたのです。念仏して阿弥陀仏様からご信心を恵まれる、ということはすばらしいことではないか、と理屈ではそうなるはず、ということですが、それが実際には喜べない。なぜか。

それは煩悩というものが理屈と現実の間をさえぎっているからです。だから、

（6）喜ぶべきこころをおさえて、喜ばせないのは、煩悩がそうさせているのです。

よろこぶべきこころをおさへてよろこばざるは、煩悩の所為なり

つまり、煩悩というものが、宇宙の法則に逆らってしまっているために、喜ぶべきこころがおさえられ、喜ばれないのです。法としての教え、すなわちこの宇宙を動かしている法則からすれば、私たちの認識している世界は虚仮（こけ）の世界であり、お浄土の世界が真実の世界である、ということなのですが、現実の私たちは煩悩があるためにその法則をそうだと受け入れない、したがって喜ばない。穢土（えど）を厭い離れず、浄土（じょうど）を欣求しないのです。仮に、それを喜んだとしても、実際、長くは続きません。喜ぶ想いがいつしか消えてしまう。これも煩悩の仕業（しわざ）といわれるものです。その煩悩さえも、仏法という法の教えに想いをいたさなければ、それを遮るものとして見えてきませんね。

煩悩というのは、私たちに執（とら）われの心を起こさせるのです。無常の世の中でありながら、無常でないように私たちを誤解させてしまうのです。

悩む故の出遇い

しかし、この煩悩にも、いいところがないわけではないのです。それは、我々が煩悩によって煩（わずら）い悩む

ということを起しますと、この煩ったり、悩んだりすることが法に気づかせる因にもなります。私たちは、悩むということがなかったら、仏法に出遇うというきっかけもないでしょうから、そういう意味では煩悩も大切な存在です。

人間は悩むことを通して宇宙の法則である真実に立ち返ることができるのです。人間、悩まなくなってしまったら、こんなありがたいことはないと思うかもしれないけれども、かえって妄想のままに突っ走ってしまって、ブレーキがきかず、どっかおかしいではないかという不審に気づくということもなくなってしまいます。

唯円房が、念仏を称えても天に踊り、地に踊るほどの喜びがないということに悩んだということは、ある意味、その解決を求めたということです。

では、どういう解決の道があるかというと、それを親鸞聖人は、煩悩が捨てられない者のためにこそ、この念仏がある。喜ぶべきこころをおさえて、喜ばない煩悩の人たちのためにこそ南無阿弥陀仏が届けられてあるのだと、かえってそこでもう一度、自分の立ち位置を再認識せよ、とおっしゃったのです。それが、

（7）私たちが気づく以前から、阿弥陀仏は私たちのことをすでに知り尽くして「煩悩具足の凡夫」とおっしゃっておられる

しかるに、仏かねて知らしめて、煩悩具足の凡夫と仰せられたること

という親鸞聖人の言葉です。煩悩が捨てられない愚かな凡夫のために阿弥陀仏の本願がある。喜ばない人

たちを助けてやろうというのが、阿弥陀仏の願いなのです。その願いによって私たちに届けられたのが、南無阿弥陀仏の名号だったわけですから、煩悩具足の凡夫という立ち位置に徹して、ますます南無阿弥陀仏をありがたく思えばよいのだ、ということです。

他力の悲願はたのもしい

そうやって、

他力の悲願（阿弥陀仏の願い）は、かくのごときのわれらがためなりけりとしられて、いよいよたのもしくおぼゆるなり。

（8）仏様の他力の悲願はこのような煩悩具足の凡夫の私たちのために建てられたものであると知られると、ますますたのもしく思われてきます。

阿弥陀仏の願いは、煩悩が捨てられない、喜ぶべきことを喜べない私のためであった、と知られると、「ますます頼りになるなあ」（いよいよたのもしく）、と思えるでしょう、ということです。

煩悩が捨てられない、と自分のはからいで気がついた、というのでは手の打ちようがありません。自分の力ではどうしようもなくて、絶望するだけです。ですが、阿弥陀仏が私たちの絶望的状況にすでに気づかれていて、すでに、とうの昔に、南無阿弥陀仏ひとつで助けてやる、と約束してくださっていた、と知らされると、私たちの絶望はそのまま、その解決策がすでにほどこされていた――と、認識される。これが阿弥陀仏の本願の「たのもしさ」であるわけです。だから、先回りをして、解決して下さっていたとは知らなかった、それは「ありがたいなあ」と、いただくのであります。そうすると、ますます「頼もしいなあ。頼りになるなあ」、と思われてくる。ここが一番大事なところでして、信心歓喜というのは、阿弥陀仏様を「いよいよたのもしくおぼゆる」ということなのであって、踊り上って喜ぶ必要はない、ということです。

これは、後半のほうの「(9) いそぎ浄土にまいりたき心がない」というところでも、「いよいよ**大悲大願はたのもしく、往生は決定と存じさふらへ**」とあります。そこでも、大悲大願は「たのもしく」となっています。阿弥陀仏様の願いというものは、実に、たのもしいなあ、たよりになるなあ、と思われる、ということです。

ですから、信心を得て喜ぶという、その喜びは、仮りに、天に踊る、地に踊るような小踊り情態であり、どれほど、嬉しいと叫んだとしても、それは、そのときだけのものにしかすぎませんから、それよりは、「いよいよたのもしくおぼゆる」という、もっとじわじわときて、けっして抜け去ることがない思いの方が喜びの実感としては確かなのではないでしょうか。そういうような喜び方を喜びとしていけばよい、と親鸞聖人はおっしゃったのです。

したがって、ここにあるように、「いよいよたのもしくおぼゆるなり」というところに信心の在り様を求めていけば、まちがいがないということです。それを反対に、「私は阿弥陀様を信じています。」などと人間の側でいうのでは、御利益がなくなったらまたほかの仏様に鞍替えをするような信心になってしまいます。そういう信心は付け焼き刃でして、本当の信心ではないのです。我々の側の努力より前に、先を越して手が打たれているものこそ真に信頼に足る本物ということですね。

こう考えると、「(7) **仏かねてしろしめして、煩悩具足の凡夫と仰せられたる**」というところの「仏かねてしろしめして」ということが、ポイントです。我々が気がついて、はじめて話が始まるのではなくて、我々が気がつく前にすでに手が打たれておった、ということ、ここが「たのもしい」感の大事なところです。かくして、喜ぶべきことを喜ばないままに、「(5) いよいよ往生は定まっているとと思ってよいのです。」（いよいよ往生は一定とおもひたまふなり。）ということです。

ここの「一定」というのは、確定しているということですから、喜ばないままでも、私たちの往生は定まっている。これ以上、心配はいらない、ということです。

このように、仏様の話というのは、神と私の契約とはちがうのです。契約というのは、結んだところから始まるのですけれども、仏様の話は、契約する前から、助けてやろうという願いがかけられていた存在であった、と気づいていく宗教であります。ですから、何事においても気がつかないということがいちばん問題なのです。救いということも、気がつくということが大事なのです。気がついてみれば、すでに救われていた、と分かることです。妄想の中にいる人は、本当のことに気がついていないので、救いがないし、感動もないのです。感動もなく、救いもないから、元気も出ない、ということです。

二つの世界

また、本当のことに気がつくと、嘘が明らかになります。本当のものに気がつくということと、嘘に気がつくということは同じことです。裏表の関係です。

そもそも、唯円房はお浄土を知り得たがゆえにこのような悩みをもったのです。親鸞聖人のみ教えに興味がない人は、唯円房のように、念仏を称えても喜びが湧かない、参るべきお浄土なのに参りたい気持ちも湧かない、という悩みはありません。

そこで金子大栄先生は、「念仏者には二つの世界が与えられている」といわれます。その「二つの世界」

というのは、一つは動乱している「この世」の世界が明らかになっているのであり、もう一つの世界はこの世を超えてこの世を包み、この世に光を与える理想となる「お浄土」という世界です。念仏者でない人には、この二つの世界は与えられないのであります。念仏の世界を知らない人は浄土も分からないし、したがって、この世の真実のすがたも分からないのです。

お念仏の世界を知らない人たちは、すべてが、自分が勝手に想い描いた「妄想」や根拠のない空想が創りあげた世界にいるのですが、それに気づいていないのです。例えば、自分は平均寿命までは大丈夫だろうとか、当分は死なないだろうとか、当分はこの健康な状態が続くだろう、とか、みんな勝手にそう思っているのですが、これはみな妄想です。何も根拠がない。誰かが亡くなっても気の毒だなあと思うだけで、この次は自分だとは思わないでしょう。これもみな妄想です。

しかし、それを妄想である、と知らないわけですから、妄想、顛倒しながら、それを真実だと思い込んでしまっているわけです。

そういう妄想の世界に生きている私がお浄土の世界を真実とするときに、はじめて私たちの世界が虚の世界、虚仮の世界ということが明らかになるのです。私たちはお浄土という真実を持たなければ、この世が虚仮の世界であるということが分からないのです。この世界が空しい世界であるということは、お浄土の世界が真実であると分かったときにはじめてはっきりするのです。これが念仏者が二つの世界を持つといわれるゆえんです。このように、妄想の世界に生きている私がお念仏をいただく時、はじめて、この世を包む、この世に光を与えるお浄土、理想とすべき西方極楽浄土の世界が明らかになり、同時に、この世は動乱している世界、ガタヒシ（我他彼此）の世界、我と他人と、彼と此とがみんな仲違いしている世界。みんな繋がっているいのちの世界なのに、それを分けて、あっちがどうとか、こっちがどうとか、お互いに立場が違えば、考えも違うということでバラバラになった不自然な状態の世界だ、と知らされるのです。

お浄土はこの世を包む

十万億もの仏様の世界を超えたところに極楽はあると『阿弥陀経』に書いてあるのですけれども、そんな遠い国だと、私たちのいるこの世界とは関係がないだろうと思うかもしれませんが、実は、極楽浄土は、この世をも包んでいるのです。

最近は、中から外が見えるけれども、外から中が見えない窓ガラスの車がありますが、そのように、私たちの世界からお浄土は見えないけれども、お浄土からははっきり見えるということです。十万億の仏土を過ぎた遠い世界だということは、次元が一つも二つも繰り上った世界で、こちらから見ることが非常に難しい世界だということを象徴的に示しているのです。

『観無量寿経』には、「阿弥陀仏は此を去ること遠からず」（阿弥陀仏、去此不遠）とあり、阿弥陀仏はすでに私たちのところに来ている、と説かれています。阿弥陀仏の光明はこの世も含めて十方世界を包んでいます。だから、この世に光を当てるはたらきがお浄土なのだということです。このようにして、気づく世界というのは、表裏二つの世界が明らかになるのです。真実と偽りとの二つが同時に明確になる。気がつかないと、真実も偽りもどちらも分からない。それが妄想の中の妄想。

今の時代は、何が本当で、何が本当でないか、分からないから、妄想の真只中にいるのですが、その自覚がない。ですからこういう時代がいちばん危ない。

お釈迦様のたとえ話の中にこういうものがあります――。森の中にいろいろな動物が暮らしていたのですが、動物の中でいちばん臆病なのがウサギらしいです。そのウサギが一羽、何かガサッという物音に驚いて、これは大変だと走り出したらしいのです。
そしたら仲間のウサギも全部走り出したのです。そしたらこれは何かあるのではないかといってほかの動物たちも皆走り出した。そして、ほかの動物が走り出すと、森の中の動物が全部走り出した。そして、どこに行くかといいますと、それは海岸に逃げるしかないから海岸に向かって一目散に走っていったのです。

何が原因かわからないのだけれども、みんなが走るので、何かあるのではないかということで、一目散に走っていった。そして、ウサギが海に飛び込んで、ほかの動物たちもみんな飛び込んで、みんな命を失った、という話ですけれども、かくも世の中は愚かなものだよ、と書いてあります。

我々の世界も、何が本当で何が本当でないか分からないと、誰かが大変だと言ったとたんに、みんなが大変だと思って、とんでもないところに一目散に走ってしまう、ということになりかねませんね。

いったい何が原因だったのかも誰も分からない。だけど、みんなが大変だというから大変なのではないか、という。大衆社会は、そういう状況に流され易い社会だからこそ、何が真実であるかないか、ということに気がつくということが、とても大事なことではないでしょうか。

闇にしみ入る光

金子大栄先生は、

「本願のありがたさは、闇をなくした光ではなくして、闇にしみいるところの光である。略　煩悩の深さがそれを照らすところの光の強さをあらわすのであって、そこに念仏の教えの意味があります。」（金子一六〇―一頁）

とこうおっしゃっています。

一般に光というのは、闇を破ると言われるのですが、本当は、闇を破るというよりも、闇を浮き彫りにするものです。ですから、「闇にしみいる」と、こうおっしゃっているのは、光と、影とが、二つで一つということです。光ますます明るくして影ますます黒い。

「無量無辺の光」であるからこそ、我々の煩悩が無量無尽であることを明らかにしてくれるのです。底なしの煩悩がどうして分かるかといいますと、無限の光がさし込んで、我々の煩悩の根がどこまでも深いということを照らし出すからなのです。

自分の煩悩の深さが底なしと知らされるという形で、阿弥陀仏の智慧の光が無量無辺である、ということも、同時に知らされるのです。したがって、「闇にしみいる光」とは、闇をなくす光というのではないのです。我々の煩悩の存在をどこまでも明らかにしてやまない光です。それに、私たちの煩悩はなくなるわけではない。煩悩が臨終の時まで在り続ける、ということをつねに教えてくれる、そういう光なのです。

親鸞聖人の教えを、学べば学ぶほど、もともとあった煩悩が、あったぞということに気づかされていきます。煩悩をなくすことはできないのですけれども、あるということに気づかせてもらう。これによって、「慚愧」（お恥ずかしい私でありました）という念いを深くするということです。親鸞聖人の教えに出遇った人と、そうでない人との違いはどこにあるかといいますと、「慚愧」のこころを深くするか、しないかの違いであります。したがって、「浄土宗の人は愚者になりて往生する」（『聖典』七七一頁）と法然聖人がおっしゃっていた、と親鸞聖人もお手紙の中でいっておられます。慚愧して、愚かな私でございますという思いを深めていくところにかえって往生の世界が確かなものになってくる、ということです。

慚愧というのは、内心に恥じ、外部へも恥じることです。自分の心の中で恥ずかしいなあ、と思い、外に向かっても、お恥ずかしい私でございます、というのです。「自分で自分をしかる」ということが大事なことで、自分を甘やかしてはダメですね。

外に向かって、お恥ずかしゅうございます、というのは、どこまでも他者に対して謙虚になるということです。自惚れないことです。そうはいっても、すぐその後に無慚無愧になります。我が出てきます。慚愧のこころもなくなってしまいます。実際は、そういうことの繰り返しです。しかし、そういう私たちであればこそ、「仏様はかねてよりしろしめして」助けるとおっしゃって、尊い南無阿弥陀仏をお届けくださっているのですね。だから「たのもしい」、まことにありがたいなあ、と更に思われてきます。

浄土は恋しからず

それでは第二のテーマ

「(9)急いで浄土に往生したいというこころがない」(浄土へいそぎまゐりたきこころのなくて)

という問題に入りましょう。

残念ですが、この世の中で、一番悲劇的なことを通してしか、人間は本当のことに気づかないものです。それが「老少不定」という悲劇です。年齢の順に死ぬのではないということ。つまり、若者や子供に先立たれるということ。逆縁です。この逆縁によってはじめて、人間のいのちほどはかないものはないということに気づかされるのです。その現実に出遇ったときに、私たちは、これまで思っていた世界は妄想だった、と否応なく気づかされる。

だけれども、それでも、急いで浄土に往生したいということにはならない、という唯円房の悩みは、このような実際にこの世のきびしい死別を経験した人でさえも、それが率直な想いである、と思われます。

理屈としては急ぎ往生したいと思うべきだと知っているのですが、実際には、いそぎ浄土に参りたいという心が湧きませんね。この世の別れはしたくない。

この問題を私たちはどういうふうに考えたらいいのでしょうか。真剣に考えれば、考えるほどこの悩みが避けられないのですが、真面目に考えようとしなければ、こういう悩みも出てきません。唯円房は本気で悩んだから、親鸞聖人にそれを打ち明けざるをえなかったのだと思います。

おそるおそるであったでしょうけれども、真剣な悩みだったからこそ、勇気をもって師匠である親鸞聖人にそのことを打ち明けた。そして、親鸞聖人もまた、それをまじめに受け止めて、真剣に考えて答えられた。それが、

（9）…少しでも病気になると、死ぬのではないかと心細く思うのも煩悩のしわざです。

いささかの所労のこともあれば、死なんずるやらんとこころぼそくおぼゆることも、煩悩の所為なり

「病気になると、死ぬのではないかと心細く思う」というところは、まさに私たちの生活実感でありまして、『歎異抄』のすばらしいところは、われわれの実感とするところを端的にいってくれているところです。

ややもすると、仏教の教えは、建前ばかりでいってしまうような所がありますけれども、親鸞聖人のみ教えは、私たちのような弱い人間の実感に即していますね。死の恐怖、これに対して、聖人は、この場合も、「煩悩のしわざ」であるとおさえるのですよ、とお示しです。ただ単に、心細いですよね、ということだけでは、不安がつのるばかりです。それは、煩悩がそうさせるのだ、煩悩のせいなのだ、という押さえが大事です、と。

私たちは、煩悩ということを口に言いながら、どこか煩悩を肯定するところがありますね。特に現代人は、煩悩のどこが悪い、欲望をもってどこが悪いというような、開き直りがある。それが、人間らしさなのだ、とさえいうのですが、不安や心細さは「煩悩の所為なり」と原因をきちんと押さえておくことが大事です。

煩悩というものは、私たちに何をしているかといいますと、自我肯定です。自分の思い通りにしたいと、しきりに思わせる。今の言葉でいえば、エゴです。自我執着です。何でも自分中心にきめつけて考えようとする習性です。

この世の中は無常ですから、流動的に変化していくものであるけれども、その変化が認められないというか、その変化に対応しないで、物事を固定化し、執着して考えたがる。そういう動きが煩悩のしわざです。だから、世の中が流動的に変化すると、事態と自分の思いとの間にミスマッチが起こるのです。そのミスマッチが煩い、悩み、煩悩になるのです。

その煩悩は、「いささか所労（病気）のこと」だけを心配するのではなくて、よくよく考えてみると、

久遠劫よりいままで流転せる苦悩の旧里はすてがたく

(10) 久遠というはるかな昔から今まで流転してきた苦悩の世界を故郷のように捨てがたく思う

と、これまでの人生へのこだわり、苦悩と知りつつ、苦悩が捨てられず、迷いの世界といっても離れられない。そして、

いまだ生まれざる安養の浄土はこひしからず候ふこと、まことによくよく煩悩の興盛に候ふにこそ

(11) まだ生まれたことのないお浄土はどんなに安らかな世界だと聞いても行ってみたいと恋しく思うことはありません。まったく煩悩は激しく盛んなことです

と未来の可能性をも否定するところまで、執着を拡大していくのです。

煩悩を煩悩と知らなくて、煩悩に振り回されて生きていきますと、私たちは、煩悩のために苦悩の世界を肯定することになる。苦しみ悩みながら、しかも、苦しみ悩みが捨てられないのです。そして、さらに苦しみ悩む。悪循環でますます執着してしまいます。

そして、どんなに苦しんでも、この苦しみの世界にとどまりたがる。これが「流転せる苦悩の旧里はすてがたく、いまだ生まれざる安養浄土はこひしからず」という執着心。まことにしぶといものです。「旧里（きゅうり）」というのは、ふるさと、我々が慣れ親しんできた世界です。その慣れ親しんできた世界は、どういう世界かといいますと、苦悩まっただ中の世界です。その悩ましさに何度も何度も悩まされてきたのですが、そういう悩みにも慣れ親しんで、もう麻痺してしまっているのです。それが、「苦悩の旧里はすてがたく」、という状態です。

久遠劫という気づき

しかし、先ほども申し上げましたように、悩みに気づくということは、我々にとって大事なことでして、その気づきがなければ、我々は飛躍をするとか、超越するということもないでしょう。あるいは、成長することもないといっていいと思います。

現在の状態を変えなければいけないというきっかけは、悩むからそう思うのでして、悩まなければ、変えようという気は起こらないのです。身体の痛みもそうです。痛みを感じなかったら、この状態を避けようという気は起こりませんね。身体をつねっても痛くないという人がいるそうですが、そういう人は、非常に危険な状態におかれている人です。痛みがないと、平気で手をお湯の中につけたままでいるということにもなりかねませんから、大やけどをして大変なことになります。痛みのセンサーが人間の体中に張り巡らされているということは、これは、身体の危険に気づかせる優れた機能です。ですから、ロボットにそういう痛みのセンサーをつけるとしたら、大変多くの部品をつけなければならないことになりましょう。よって、人間に痛みのセンサーが張り巡らされているということは自己防衛機能としてすばらしいことです。

だから、心にも悩みのセンサーがある。悩ましいと思うということも、人間がものの見方を大きく変換していく一番大事なきっかけになるものです。

そういう悩みの行きつく先は、気づきということになります。

「久遠劫（くおんごう）よりいままで」という、長い期間の、私たちの執着のしぶとさの深刻さへの気づきであります。現在の執着がどうであるかということを語るときに、現在の状態だけを語ったのでは、実態を十分示すことができません。現在の実態の深刻さを示すには、過去にさかのぼるということが必要なのです。現在というのは、過去の集積だからです。過去が積み重なって現在というものができているのです。それで、現在の私たちの状況は「久遠劫（くおんごう）よりいままで流転せる」ということで示される。はるかに遠い昔から、今日までずっと流転してきて、久遠劫という時間の集積の結果として現在の自分がある。そういう「今」であるというところに今の状態の深刻さがあるわけです。

ですから、簡単に脱却できる状態ではないということです。理屈でいっただけでは変わりようがないほど、深刻な状態に追い込まれているのが実態なのです。その根深さゆえに、どんなにお浄土の世界がすばらしいといわれても、恋しくないということになってしまうのです。

だからこそ、「(11)…まったく煩悩は激しく盛んなことだ」（まことによくよく煩悩の興盛に候ふにこそ）というところまで、悲嘆せざるをえません。そこまで煩悩というものに執われ、執着は強く、何はさておいてもこの世に一分一秒でも留まりたいと、願う煩悩でありました、と気づかされます。

娑婆の縁尽きて

しかしながら、そこまでこの世に執着する、そういう私たちの煩悩でありますけれども、

(12) それでも、どんなに名残り惜しかろうとも、娑婆の縁が尽きてしまえば、どんなに煩悩がこの世にいつまでも居たいと願ったとしても、どうにもならないのです。力尽きてしまうのです。そのときにはかの浄土に参るしかありません。

なごりをしくおもへども、娑婆の縁つきて、ちからなくしてをはるときに、かの土へはまゐるべきなり。

どんなにこの世に執着して浄土へは行きたくないといっていても、縁がつきたときには、この世を去っていかざるをえないのです。

「名残惜しくおもへども」ということは、私たちは、いざ別れなければならないとなったときにこそ、

かえって名残惜しくなるものだ。行きたくない――と。

「ちからなくしてをはるとき」というのは、われわれの実態をよくあらわしていますね。われわれはどこまでも、この世に残ろうとして、しがみつくのですが、最後は、そのしがみつく力がだんだん弱くなっていって、ついにしがみつく力が尽きていきます。そして、その力がなくなったときに、彼の土へ参ればよい、と。そして、さらに、

(13) 急ぎ参りたいというこころがない者をことに憐れんでおられるのが阿弥陀仏様です。

いそぎまゐりたきこころなきものを、ことにあはれみたまふなり

ここの、「ことにあはれみたまふ」というところがありがたい。煩悩の炎が強ければ、強いほど、阿弥陀仏様がかならず助けねば、と私たちをことに目をかけて、あわれんでいてくださるということですね。煩悩の炎が強く、根が深い者をこそ「ことに憐れむ」というところに願力の大慈悲心があるのです。

その願力の大慈悲心をしっかりと受け止めて、

(14) それを知れば大悲と大願の阿弥陀仏がますますたのもしいと思われますし、私の往生は決定していると考えてよいのです。

これにつけてこそ、いよいよ大悲大願はたのもしく往生は決定と存じ候へ。

と、阿弥陀仏様の願いの力はたのもしく、私の往生は決まっていると確信してよい、と親鸞聖人はおっし

ゃるのです。そして、逆に、

(15) 踊躍歓喜のこころがあり、はやく浄土に参りたいなどと思う人があるとすれば、その人は煩悩がなくなったのだろうかと変に思われることでしょう等々

踊躍歓喜のこころもあり、いそぎ浄土へもまゐりたく候はんには、煩悩のなきやらんと、あやしく候ひなましと云々

「いそぎ浄土にまいりたい」といい、また「踊躍歓喜のこころもある」ということだと、それは煩悩がないのではないかと、かえって変に思いますよ。煩悩がない人なんているものでしょうか。それは不自然で、怪しい、ということになりましょう、と結ばれています。

たのもしくおぼゆる

以上、長々と述べてきましたが、もう一度この第九条において大事なことを確認すると、「踊躍歓喜」のこころがないところにも、「いそぎ浄土へまいり」たきこころがないところにも、いずれにおいても、「たのもしくおぼゆるなり」と親鸞聖人がくりかえして語っておられることです。

これは、「歓喜」というのは、やった。ばんざいというものではなくて、「いよいよたのもしくおぼゆるなり」という心境だということです。

阿弥陀仏の大悲、大願はたのもしい、阿弥陀仏の願力がたのもしい、というのは、〈たよりがいがある〉、真にたよれる力がある、ということです。

では、たよれる力がたのもしく思われるのは、どこから来るのかといいますと、「仏かねてしろしめして、

煩悩具足の凡夫」とおおせられているからです。「かねて」という、もう、すでにということです。私たちは、今、煩悩のしぶとさに気づいたのですが、我々が気づくよりも前に、すでに、というのが「かねて」ということです。

私たちが考えるよりももっと大きなこころでわれわれを包んで、おさえてくださっているのが、大悲大願です。その、他力の悲願は、我々が気づくよりも、とっくの昔にもうお見通しであったということです。ですから、ご和讃に「弥陀成仏のこのかたは、いまに十劫をへたまへり」とあるのは、十劫も前からかねてお見通しであった、ということです。そして、また、「(13)急ぎ参りたいというこころがない者をことに憐れんでおられるのが阿弥陀仏です。」（いそぎまいりたき心のなき者をことに哀れみたもうなり。）と、このように、急ぎ参りたいという気持ちがぜんぜん湧いてこない者にこそ、如来様の願いの焦点が当てられているということです。

そして、そういう人は力なくして終わるときに、彼の浄土へ、行けばいいのだよと、最後のぎりぎりの所まで気持ちを察して、譲って下さっておられるのです。

本当ならば、「急ぎ参る」というわけですから、早いほうがいいのには決まっているのですけれども、我々は最後の最後まで急ごうとしないわけです。娑婆の縁つきて、力なくして終わるときまで、行きたくないというのです。急ぎ行かなければならないところを、最後の縁がつきるまで、待ってくれというのです。「急ぎ浄土へ」というのと、「力なくして終わるとき」というのは、まったく時間が相反しています。「急ぎ」浄土へまいるべき人が、娑婆の縁つきて、力なくして「終わるとき」まで、行きたくないわけです。でも、その執着力がなくなって、終わるときが来たときに浄土に行けばいいじゃないか、とおっしゃってくださっているのです。

『歎異抄』の第二条には「いづれの行もおよびがたき身なれば、地獄は一定すみかぞかし。」とありましたね。いずれの行もおよびがたき身であるから、念仏するよりほかにないのでありました。したがって、「往生を願いながら、急いで浄土へ行きたいという心がないという事実において、いよいよ念仏が申されてくるのであります。略　念仏すれば、どうなるのか、信心すればどうなるのか、と尋ねる人がいますが、それはいつも逆なのであって、どうにもならないから信ずるのであり、いずれの行もおよびがたき身であるから、念仏申すのであります」（金子一六七頁）と金子先生も述べています。だから、念仏すれば、どうなりますか。という問いに対しては、どうにもなりませんと答えるしかない。どうにもならなければ、どうするのですか、ということですが、力なくして終わるときに、彼の浄土へ参るよりほかに、方法はないでしょう、と答えるしかない、ということです。

娑婆の縁がつきて、力なくしてぎりぎりのところで、浄土に行くことはもうすでに約束されておりますよ、ということを「信の一念」というのです。「一念」は、極めて短い時間（時剋の極促）をあらわすのです。臨終のぎりぎりのところで信を得ることを可能にする「一念」なのです。

信の一念が約束されていることによって、一生涯、仏縁に恵まれなかった人でも、あの人は浄土には行けないだろう、とはいえないわけです。最後のぎりぎりのかけこみの一瞬が、時剋の極促ですから、その一瞬の短い時間でも、信心獲得の可能性があるよ、というのが、一念（時剋の極促）というお慈悲です。

そこまで阿弥陀仏様は待って下さり、ギリギリの努力をして救って下さるのだということです。そのことを〝いよいよたのもしくおぼゆるなり〟と親鸞聖人はいただかれているのです。そう思えば思うほど、阿弥陀仏様は、信頼できる方だなあ。たのもしいと思おうではないか、と。

「たのもしくおぼゆる」ということが歓喜の中味だとおっしゃっているのが第九条です。

その、「たのもしくおぼゆる」ということをとおして信を深めていくと、阿弥陀仏が見抜いている私の煩悩のさらに深いところがさらに見えてくる、ということです。そういうことで、煩悩を深めることを通して私たちの信はさらに強くなっていくという循環がここに描かれているといえましょう。

第五条　念仏は先祖供養の道具ではない

第五条は、念仏と命の問題です。命を与えられて生きている私たちはその命の継がりをどう捉えるべきか――。ここでは、広い視野からの命の把握が説かれています。そして、念仏を命の供養の手段と考えるべきではないことが示されます。

親鸞は父母の孝養のためとて、一辺にても念仏申したること、いまだ候はず。そのゆゑは、一切の有情はみなもって世々生々の父母・兄弟なり。いづれもいづれも、この順次生に仏に成りてたすけ候ふべきなり。わがちからにてはげむ善にても候はばこそ、念仏を回向して父母をもたすけ候はめ。ただ自力をすてて、いそぎ浄土のさとりをひらきなば、

（1）親鸞は、父母の供養のために念仏を称えた、ということはこれまで一度もありません。その理由は、（2）すべての生き物は、生まれ変わり死に変わる間に、私の父や母、兄弟だったからです。（3）したがって、すべての生き物は私がこの次に仏と成ってたすけなければならない存在です。
（4）それに、念仏が私の力ではげむ善になるのであれば、その念仏という善行を差し向けて父母を助けることもできましょうが、念仏はいただきもので、私の善行ではありません。
（5）ただ、自分が父母を救うのだという自力の想いあが

りを捨てて、仏様から差し向けられた他力の念仏をいただいて、急いで浄土の覚りを開くならば、(6)たとえ父母が六道に輪廻し、いろんな生まれを経巡って、(7)どんな過去からの苦しみの海に沈んでいたとしても、(8)覚りの神通力を用いて縁の濃いものから順に救っていくことができるのです等々。

六道四生のあひだ、いづれの業苦にしづめりとも、神通方便をもって、まづ有縁を度すべきなりと云々

いのちのつながり

(1)親鸞は、父母の供養のために念仏を称えた、ということはこれまで一度もありません。

親鸞は父母の孝養のためとて、一辺にても念仏申したること、いまだ候はず。

ここに、「父母の供養のため」（父母の孝養のため）とありますが、その「父母」とは何か、そして、「供養」するとはいかなることか、ということがここでの問題なのです。

まず、「父母」とは何か、について、ここでは、「この世における父や母だけが父母なのか」という生命の根本問題を投げかけています。それは、そもそもいのちというものはどう押さえたらいいのかという本質を問う問題でもあるのです。おぎゃあと生まれて、棺桶の中に入っていくだけの一生が、我々のいのちの世界なのか。いのちというものはもっと以前からつながっていて、そしてまた、後々までもつながっていくものではないのか、という問題です。

人間のゲノム（遺伝子情報）が遂に解明されたということですが、ゲノムが生命の本質なのかどうかと

いうことでもあります。この遺伝子情報のプログラムに従って、私たちの身体は、構成されていくのですから、その設計図にもとづいて我々のこの世における営みが展開されていることは間違いないことでしょう。しかし、そのゲノム自身が過去のどこからどうつながって、未来へとどうなっていくのかということは、なかなかつかみどころのないテーマです。

これから、この情報が解明されることによって、いろんなことが分かることでしょう。お医者さんに聞きますと、この人が将来大腸ガンになるかどうかは、遺伝子情報を見ると分かるのだそうです。個々人の体質というようなものは、遺伝子情報の中に組み込まれているのだそうです。例えば、糖尿病になりやすい家系とかは、体質としてつながっていくということです。

そうすると、遺伝子情報が公開されますと、生命保険に入れてもらえない人がでてくるそうです。あるいは、会社に採用されない人もでてくるかもしれません。そういうことになりますと、人間が選別され、社会的にまずいことになるだろうということも予想されるわけです。これからは、どこかでそういう遺伝子情報が漏れてしまうという心配も大いにあるのではないでしょうか。

しかし、大腸ガンになりやすい体質とか、糖尿病になりやすい体質とかは人のゲノムの解明で分かるのでしょうけれども、それが、何歳の頃に発症するのかというところまではいつ解明できるのか、今は分かりません。

私が非常に興味を持っているのは、ミジンコという動物です。ミジンコというのは、すごく環境がいいときには、メスを大量生産するのだそうです。同性だけで種の保存をする。しかし、環境が悪くなるとメスとオスを産み分けるのだそうです。そうすると、多様なものが沢山出来る。環境が悪いときは、多様なものを用意しておかないと、その環境の変化に、種としてどれだけ耐えられるか分からないからです。

人間の世界も、婿取り婚と、嫁入り婚があります。お嫁さんを迎えますと、母親の食文化と、お嫁さんの食文化と対立するわけです。対立するのですけれども、そこは文化的な軋轢を通して、多様なものが生まれてくるのです。早い話が、おばあちゃん文化を引き継ぐ子供と、お母さん文化を引き継ぐ子供が出来てきますと、多様性が出てくるのです。その中のどの子供かが環境に適応していく、ということで家系の存続が図られるのです。ところが婿取り婚のように代々娘が跡を継いでいきますと、食文化が同じです。そうすると、同質の生活文化が継承されていき、安定性はあるけれども、社会が激変したときには、その単一の文化で対応できるかどうか分かりません。

多様なものを作るときは、異文化間の交流が必要で、それは衝突をともなうのですが、しかし、その中から、いろんなものが生まれるので、その多様性が変化に対応する能力を生むのです。だから、新しいものを生み出したいと思うときは、異文化との交流があった方がいいのです。

命も、遺伝子プログラムに組まれているものだけでやっていくと、環境に対応できないで滅んでしまうでしょう。だから、基本的なプログラムが遺伝子の中にあるとしても、環境に対応していくという自由な部分がどこかにあって、それが突然変異して、それによって生き残りをはかっていく、ということがどこか保証されているのではないでしょうか。そうでなければ、命は今日まで存続してこなかったし、これからも存続し得ないと思います。生まれながらに持っている特性と、環境の中で身につけていく特性と、両方が命には必要であると思います。

ですから、同じ大腸ガンの遺伝子をもっていても、何らかの要因で四十歳で発症する人もいれば、六十、七十歳まで発症しない人もいるでしょうから、単純には、割り切れないと思います。そのくらい命の世界というものは、よくいえば柔軟性があり、悪くいえばアバウトなように、全部決まっていないのではないかと思います。そういうふうにして私たちは今現に、この世に生まれてきて、生きているのではないでしょうか。科学がもたらした知見だけで生命をみるのは一面にすぎると思います。

いのちの広がり

そこで、この第五条は、

一切の有情はみなもて世々生々の父母・兄弟なり

(2) すべての生き物は生まれ変わり死に変わる間で、私の父や母、兄弟だった

といっています。これは、生命の輪廻転生ということを前提にしていわれている、と思われます。いろいろな生き物は、それぞれ、生き物同士のつながりのなかで生まれ、生きて、死んでいきます。

生命それ自体が生と死を繰り返すことを指示しています。この輪廻転生を、世々生々の命といっているのです。世代を変えて、生命体を変えて、生まれ変わり、死に変わりしていく、それが命です。命があるということは、かならず、その命を生んでくれた父や、母がある、ということです。また、同じ母から生まれた兄弟がある。そのようにつながりあって転生するのが生命ある存在だ、ということが「世々生々の父母・兄弟」ということです。

自分より一代さかのぼれば、二人の両親、その両親の両親、そのまた両親というふうにさかのぼっていくと、十代さかのぼるだけで、二の十乗倍、1,024人もの祖先が浮かび上がってきます。それをさらに倍々にしてさかのぼっていきますと、たちまち日本の人口の一億二千万人くらいになるでしょう。そう

すると、その今の一億二千万人の日本人は過去をたどれば、みんなどこかでつながっている話になる。それは、人間だけでなくて、他の動物たちにも、いろいろな縁の源をたどっていけば、皆どこかでつながっているはずです。そうすると、われわれ人間も、かっては何らかの動物だったのかも知れないのです。そう考えてみますと、みんな「世々生々の父母・兄弟」。いのちあるものは、みな、どこかでつながりをもっている、ということになりましょう。進化の系図というものが作られていますが、それをたどると、命の根元はみな一つですね。

金子先生は、命は縦のつながりと同時に横の広がりをもつものである。それは、大切ないのちというものを失ってみると分かってくる、といっています。例えば、「子供をなくしますと、その子供を育てるためにいろいろ考えていたことを、誰かにしてあげたいということになる。」「これは、親しきものにかけたものが、ひるがえって広いところに転じていくのです。」つまり、感情の推移ということがある、というのです。それはまた、「父や母を亡くしてみますと、それが手がかりとなって、世の中の人は、みな長い世代をかけて考えてみれば、父母・兄弟の同胞であったのじゃないかという感情が出てくる。」（金子一〇九頁）〝情が移る〟といいますか、感情が他者に移るということがある、というわけです。

これは、人間同士の感情のレベルでそういうことがいえるということですが、これを命一般のレベルでいえば、他の動植物の命のつながり、共通性にまで広げることができますね。「他の命をいただいて生きている」ということは、同じ命だからこそ、その命をいただいて自分の命が維持されていくのです。

科学的にいえば、タンパク質だとか、アミノ酸というものになるのでしょうけれども、そういう物質としての命の受け止めでは命のつながりも広がりもない無感情な物体論になりましょう。私たちは、石ころを食べては生きていけないわけですから、石ころと命とには、どこかつながらないものがあるのです。そこが、命あるものと、命なきものの仕分けといいますか、感情の推移があるところです。

そうすると、命は死をとおしてお互いに命を交換しあっているともいえるのです。死が単なる終わりでなく、他の命へと何らかのかたちでつながっているのです。そうやって、別の命として再生し、また、その命として死んでいくのです。したがって、私たちは他の命の一生分をいただいて生きているのです。それがないと、いのちがつながって生き残っていけないのです。この視点を自分の周辺だけでなく、極限にまで広げていくことが「一切の有情はみなもって世々生々の父母兄弟」という視点です。それは、命にはかぎりなく共通性があるということです。

命あるものと命なきものと、どこで区別したらいいかといいますと、命があるということは、死ぬものであるということです。みずから死ぬという自己否定が、命のはたらきをつながらせているのです。命なきものには、死ぬということがないかわりにつながりもない。他によって壊されるということはあってもみずから死に至り、他に再生するということはないのです。この、みずから自分を否定していくはたらき、死にゆくというはたらき（オートポイエーシス）にこそ大きな意味が込められていると思われます。だから、人間は、もっと〝死にゆく命のつながりと広がり〟というものを見つめなければいけないのではないでしょうか。

機械といのち

ところで、私たちは、文明の中で、命はないけれども、限りなく人間に似せたものとして、機械というものを生み出してきました。これは、人間と同じように仕事をしてくれるものとして、人間が作り出したものですが、これからは、機械が人間以上の性能になっていくでしょう。しかし、機械と人間の大きな違いは何かといいますと、人間はオートポイエーシスで、みずから死ぬのですけれども、機械には死ぬということがない。死だけでなくて、老いも、病いも命にはあるのですが、機械にはこれがありません。

二十一世紀には、非常に有能なロボットが出てきます。人間以上にやさしく、おじぎはするし、挨拶はするし、言うことはよく聞くし、忠犬ハチ公以上の仕事をする。一家に一台の車ではないですけれども、一家に一台のロボットが、家庭にお目見えして、福祉ロボットとか、洗濯ロボット、お使いロボット、掃除ロボットなど活躍することでしょう。

今まで猫を飼っていた人も、生身の猫は死んでしまうから悲しい。ロボットの猫だったら死なないから、今後は、ロボットの猫にしようということになるのかもしれません。そういうことになりかねない時代が、到来しつつあるわけです。

医学の方で、非常に性能のいい人工の皮膚などというのが出来つつあるわけですから、あの機械的ロボットをこの人工の皮膚で包みますと、手触り、肌触りが生身の人間と寸分違わないような、機械動物や、機械人間がもうすぐ出現すると思います。そのときに、皆さんはどっちをとるか。むしろ機械ロボットの方をとる、ということになりかねない。

しかし、ロボットの方を取りますと、人間である自分も機械のように扱われるようにならざるをえない。死とか、病気とか、老いることのないようにと要求され、人間が人間であることをやめよ、と自分の命を否定されることになっていくでしょう。それでいいのか、という大きな問題がこれから迫ってくるのです。

老いと病いと死を大切に

今こそ、私たちは、命というものの在り方をもう一度見つめ直す必要があると思います。それは、老いと病と死ということを大切にしようということです。歳を取ることにも、病気になることにも、死ぬことにさえも、重要な意味がある。歳を取ったり、病気になったり、死ぬのだ、ということを逆にむしろ積極的に、前向きに考えて行くことが人間を大事にするということで、むしろ、それが求められる時代が二十一世紀という時代だと思います。

ひところ「たまごっち」というゲームがはやりましたけれども、あれの恐ろしいところは、うまく育てられなければ、リセットできるということです。リセットできれば便利だ、ということで機械が重んじられることになったのでしょうけれども、あんまりそっちの方に行きますと、リセットできない私の「命」というものが否定され、やがては人間一般が否定されていくことにもなりかねません。

考えてみれば、近代文明下の私たちは、ずっと死というものを嫌って遠ざけてきました。また、老いるということも嫌ってきました。常に永遠に若々しく、歳を取らず、そして、長く生きるという価値観にしばられてきました。それが結果として、かぎりなく機械を優位に置くことになってしまったのです。歳を取らない機械は、ずっと現状を維持し続けます。現状を肯定し続けるのですから、ずっと変わらないものの方がいい、という価値観になってしまいます。

これに対して、変わるということの方が楽しいのだ、という価値観が命を肯定する価値観です。無常を真理として受け入れた価値観。ずっと若いままがいいのだ、ずっと健康のままがいいのだ、と考える価値観は執着だと否定する価値観。やっぱり歳を取ることで明らかになることもあるし、病気になることで健康のありがたさも知られる。ただ生きているばっかじゃつまらないでしょう。人間が仏様に成っていくという変化をこそ楽しむ価値観こそ、命を大切にした価値観の究極だと思いませんか。

私の友達で、三十歳で亡くなった人がいます。その友達は、三十歳から変化していないのです。その友達が、私と同じまで生きていたとすれば、どんな姿になっていたのだろうか。頭も禿げていたのかも知れないし、白髪になったかも知れない。人生というのは、いろいろ変化があるから、その変化の中で、いろいろなことを学ぶということがある。その変化を、もっと前向きに受けとめていこうという多様性に立った宗教が仏教なのです。老いも、病いも、死もない世界よりも、いろいろ変化がある、それを乗り越えていくことがすごいことではないか——、と。

五十歳になったら、五十歳になったということの意味を噛みしめる。七十歳まで生きられたら、七十歳まで生きられた意味を噛みしめる。そういうふうに、前向きにとらえていくということが、本来、大事なんだよ、と仏教は教えてくれるのです。

表面的な、老いとか、病いとか、死というものを見ているだけでは、自分にとって都合がいいとか悪いとかのレベルの話で終わるのですけれども、それをそうならしめている宇宙根本の力というものにまで視点を及ぼして、その視点から見ていくと、これは、〈永遠に動いてやまない〉ということが宇宙の根本の在り方であり、個々のものはそのひとつの表情だと分かります。

生まれてくるというのも、ひとつの表情です。生まれてきて成長し、老いて死んでいく。また、病気になったり、健康になったりする、そういう変化を起させる根本の力の側に立って現象を見ていくことが「覚(さと)り」です。

このように、この『歎異抄』第五条は、命の世界全体を

世々生々(せせしょうじょう)の父母・兄弟なり

(2)…生まれ変わり死に変わる間に、私の父や母、兄弟だった

と押さえて、父母を、自分をこの世に生んでくれた父母だけに限定するとか、自分の家系の中の人たちだけに限定するという考え方は、命を大切にしたことにならない、といっているのです。

（3）したがって、すべての生き物が、私がこの次に仏と成って助けなければならない存在です。

いづれもいづれも、この順次生に仏に成りてたすけ候ふべきなり。

つまりすべての命が〝救われるべき父母〟です、と教えているのです。

念仏は弥陀の御もよおし

さらに次に問題になるのが、命の供養のために念仏を称える、ということの是非、つまり、念仏に対する考え方の問題です。

（4）それに、念仏が私の力ではげむ善になるのであれば、その念仏という善行を差し向けて父母を助けることもできましょうが、念仏はいただきもので私の善行ではありません。

わがちからにてはげむ善にても候はばこそ、念仏を回向して父母をもたすけ候はめ。

父母に対する善い行い、「善行（ぜんぎょう）」を、「孝養（きょうよう）」とか、「供養」とおさえたときに、父母の「供養」のために念仏するという念仏の行為は念仏を「善い行い」にしてしまっているのです。親鸞聖人は、念仏という行為は、私たちが父母に対してする善行であるところの「孝養」や、「供養」にはなり得ない、とおっしゃるのです。

それはなぜか、といいますと、『歎異抄』第六条を見ますと、「**弥陀の御もよほしにあづかって念仏申す**」と述べられています。念仏というのは、阿弥陀仏様に促されて称えているのです。私が称えている念仏ではないのです。だから、「念仏」は、「他力回向の念仏」といわれます。称えるという行為は、阿弥陀仏の力が私たちに「回向」されたから、私たちが称えているのです。私のはからいで称えていると考えるべきではなくて、阿弥陀仏様の方からはからわれ、仕向けられて称えているのです。したがって、私の努力とはいえないから、私の善行にはならないのです。したがって、私の父母に対する私の孝養（供養）にはなり得ないのです。

ただ自力を捨てて、いそぎ浄土のさとりをひらきなば、

（5）ただ、自分が父母を救うのだという自力の想いあがりを捨てて、仏様から差し向けられた他力の念仏をいただいて、急いで浄土の覚りを開くならば、

もっといえば、私たちは、父や母のために〝追善〟の供養するというが、それは成立するのかどうか。追善というのは、追っかけて後追いで善を追加するということですが、そのこと自体、可能かどうか。それを証明するものは何もないでしょう。追善によって、死んだ父母が確かに救われた、とだれがいえるでしょう。厳しい言い方になりますが、気休めにしかなっていないのではないでしょうか。

親鸞聖人のみ教えからいえば、追善供養さえも必要ないことなのです。先立った人はすでに成仏して私たちを導いてくれているのです。亡き人は、人生の先輩ですから、讃仏歌「みほとけに抱かれて」にありますように、「み救いを身にかけて示し」てくださっているのです。ここに救いの道があるのだよということを、身をもって教えてくれている人なのです。

ですから、「遺産なき、母が、唯一のものとして、遺(のこ)しゆく死を子らよ受け取れ」と鈴木章子(すずきあきこ)さんはいい遺されています。お葬式は、亡き人の私たちを導く説法の場である、ということです。私たちは、お葬式を通して迷いから目覚める教えを学ぶのです。

このように受けとめていく立場からすれば、残された私たちが、先立っていった人たちに、何の供養が出来ましょうか。むしろ、「自力の想いあがりを捨てて」、父母が今もお浄土から私たちを導いてくださっていることに感謝するべきでしょう、ということです。

いのちが生死を動かす

(6) たとえ父母が六道に輪廻し、いろんな生まれを経験して苦しみの海に沈んでいたとしても、(7) 覚りの神通力を用いて縁の深い父母から順に救っていくことができるのです等々。

六道四生のあひだ、いづれの業苦にしづめりとも、神通方便をもって、まづ有縁を度すべきなりと云々

私は、このごろ「いのち」というものは、いのちそれ自身の力で生と死を繰り返している、私たちはそれに従っているだけなのだ、と考えるようになりました。私が「いのち」を所有しているのではないので

す。弘法大師も「生まれ生まれ生まれ生まれて生の始めに暗く、死に死に死に死んで死の終わりに冥し」(『秘蔵宝鑰』)とおっしゃっていますように、何回生まれかわっても、私たちは、前の生を知らないし、何回死を迎えても、次ぎに自分がどういう世界に生まれるか分からない、そういう生を繰り返しています。そのように「いのち」は私たちの存在を超えた存り様をしているのです。だから、今生きている境涯のいのちの真相さえも分からないで生きているのが私たち人間の輪廻する姿だといえます。

生死を繰り返さないのが覚りの世界だと考えたのは小乗仏教ですけれども、大乗仏教は、生死を繰り返すそのままを真実として受けとめ、生まれたり死んだりということを繰り返すことを問題にしないのです。迷っているか覚っているかの違いは、生と死を繰り返させているいのちの全体、いのちのはたらきの本体を知っているか否か、の違いだというのです。そこが小乗仏教と大乗仏教の大きな違いです。つまり、今の自分がどういう状況の中にあり、どういう動きをしているのか、分かっているのが、大乗仏教の覚りということです。これが分からないのが人間の迷いの姿だというのです。

人間は人間、花は花、犬は犬、猫は猫、それぞれがいのちの全体の中に位置づけられて、自分はその中で人間という役割を演じるべくここに在らしめられているのだ、という全体観の中での私の役割が明らかになれば、それを、大乗仏教では、覚っているというのです。

ですから、無明(むみょう)という煩悩が打ち破られないと、自分のいのちの真相は分からないのです。自分が今、何をすべきか、私のいのちの使命や私の居場所が分からないことを無明、というのです。

「六道」(地獄、餓鬼、畜生、修羅、人間、天上)の世界とは

ここに、

（6）父母が六道に輪廻し、いろんな生まれを経験して　―六道四生のあひだ、

とありましたので、六道の世界、四生の生まれについて説明しておきましょう。

六道輪廻の世界とは、地獄の世界、餓鬼の世界、畜生の世界、修羅の世界、人間の世界、天上の世界の六世界ことですが、いずれも、それぞれが自我を主張していく中で形成される妄想の世界でして、迷いの命はこの世界を経巡るといわれています。

地獄の世界というのは、その本質は何かと言いますと、問答無用と言葉を切り捨てて力ずくで解決をはかる世界。暴力の世界です。つまり、言葉が通じない世界。この地獄の世界は憎しみや嫉妬がベースになっています。憎しみというのは、自分のプライドを傷つけられたときに出でくるものでしょう。自分のプライドが傷つけられることを一番いやがる者の住む世界です。自分のプライドを傷つけられる前に相手のプライドを傷つけなければ自分が守れませんから、自分を守ろうとして、相手を傷つけていく世界です。相手が許せないという怨念が攻撃的な行為となって、相手を貶めていくのです。また、相手の幸福が許せないから、嫉妬する。だから裏で足を引っ張る。こういう卑劣なことがくり広げられるのが地獄の世界です。

餓鬼の世界というのは、むさぼりの強い人が欲望に満足しなくて、必要以上に物を欲しがる世界です。他人の物さえも自分の物にしていたいという支配欲の世界。これが強くなってきますと、他の人を利用して自分の思いを達成していこうということになりますから、餓鬼の世界は、他の人を利用しにかかる世界です。利用価値がすべて。有益か無益か、損か得か、これがこの世界の物差し。したがって、欲望のコン

トロールがきかなくなると、不満ばかりがつのって、おのずから、この餓鬼道に堕ちていくということになります。本人は気づいていませんが……。

畜生の世界というのは、因果が分からない人が堕ちていく世界といわれています。畜生の世界は、種まきをしないのです。因がないのに結果をもとめる。だから、結果だけを気にし、一種、横領を事とする世界です。横取りする世界です。したがって、恩ということが分からない世界です。

恩という字は、因の心と書きますから、原因を探っていかないと分からないのですが、動物は、因を尋ねないので恩ということが分からないのです。どんなに子猫が親猫に育ててもらいましても、自分が大きくなれた原因、親の恩ということが分からない。人間も一人で大きくなって親や他人様に育ててもらったということが分からないと、畜生の世界に堕ちているということになります。

人間は、ネアンデルタール人の時代からすでに、死者に花を手向けていたそうです。人間が人間であることの根本は、死者に花を手向ける。そして自分が世話になった人の死を悼む、ということです。ここに人間らしさの根源があると思うのです。秦の始皇帝の兵馬俑のように、古代の人たちは死者を弔うために巨大な墓を建てました。これは、畜生の世界にはないことです。畜生は与えられたものを消費するだけです。遡って考えることがない。

人間の世界は、苦楽が相半ばしますから、苦しみも楽しみもある世界です。だから、宗教を求めることができるといわれています。苦しみばっかりでないことから、苦の意味を知ることができるのです。そして、苦悩のない世界を探求するのです。

六道の最後の、天上の世界は、楽の方が多くて、苦しみの少ない世界です。楽をしていると、のほほんと過ごせてしまいます。しかし、やがて終わりが到来する。「天人五衰」（天人に死期が近づくと、その体

に五つの衰えの前兆が現れる）ということが起こる。その五つの衰えとは、

1　頭の上の華鬘が忽ちに萎む（頭上華萎）
2　天衣が塵垢に著される（衣服垢穢）
3　脇の下より汗を出す（液下汗流）
4　身体が臭気を発する（身体臭穢）
5　本座を楽しまない（不楽本座）

この「天人五衰」の徴候が現れますと、天上の世界の天女も衣が汚れて、悪臭を放つようになって、天上から堕ちる。その時に気がついて、もがいても、もう遅いのです。

物にあふれ、裕福な生活をしている人は、一種の天人の世界を生きる人です。何の苦労もなく育っているような世界です。そういう世界では仏道を求めるという気持ちもなかなか育ってこないのです。一見幸せなようですが、それが最後に暗転するという悲劇をまぬかれない。

そういうわけで、天上と三悪道のまん中にある人間の世界が、苦楽相半ばする世界で、いちばん仏道を求めるのに、絶好の機会が与えられた世界、ということになっています。

ところで、畜生の世界と人間の世界の間に、阿修羅の世界があるともいわれます。阿修羅は、争いを好みます。お互いがいがみ合って争うのです。人間同士が競争社会の中で、ライバル意識を持って競っています。これが阿修羅の世界ということになりましょう。この阿修羅の世界を加えて六道。これを除いて五道という言い方もあります。

六道を輪廻する迷いの世界というのは、自我が作り上げた妄想の世界です。ちょうど、蚕が口から糸を出してまきつけ、自分を繭の中に閉じ込めていくようなものです。六道という実体的な場所があって、そ

こに押し込められるということではないのです。自分が自分を縛って陥っていく境涯のことです。それが六道だと考えていただければ、一人一人がそれぞれに、地獄なら地獄、餓鬼なら餓鬼の巣作りをしているということになりましょう。餓鬼道を歩んでは餓鬼の巣作りを、畜生の世界を楽しめば畜生の巣作りをしているということになります。

覚りの世界と、迷いの世界と、別々の世界があるのではなくて、同じ世界に居ながら、自分の心の妄想によって勝手に作り上げた世界が迷いの世界です。そう考えると、六道の世界は日常の私たちのどこにでもあるので、特別な世界ではないのです。

四つの生まれ方

次に、四生（ししょう）というのは、

胎生（たいしょう）（母胎に宿って生まれる生まれ方）
卵生（らんしょう）（鳥など、卵殻（から）生まれる生まれ方）
湿生（しっしょう）（ぼうふらのように湿気から生まれる生まれ方）
化生（けしょう）（自己の業力（ごうりき）によって変化（へんげ）して生まれるもので、前の三つのように形体をともなって生まれる生まれ方でないもの）

卵で生まれるもの、胎内で生まれるもの、湿地などじめじめしたところで黴（かび）のように増殖していくもの、そして、化生というのは、姿形は見えないけれども、何らかのはたらきをしているもの。笑顔の時は菩薩で、怒った時は鬼となる。そういうものを化生のものといいます。「いのち」の在り方として、そういう四つの生まれ方をすることを「四生」といいます。

私たちがお浄土に生まれるのは、「化生」といわれています。「如来浄華の聖衆は正覚の華より化生して」という『高僧和讃』天親讃一四がありますように、お浄土に往生した者は今生のような特定の形はないのです。

形がなければ何も存在しないのかといいますと、そうではないのです。形のないものでも、私たちにいろいろなはたらきを示して影響を与えています。仏様は、私たちの世界より次元が高いので、私たちの目には見えませんが、不思議なはたらきとしてはたらいて来ています。

昔は暗いですから、暗い闇の中で、いろいろな力がはたらいているということを知っていたのです。仏様ばかりでなく、鬼も悪魔も怨霊もはたらいていた。ところが、近代の私たちは、闇の世界を追い払ってしまい、明るい世界に住んでいますから、存在はみんな形をもっていると錯覚しています。そのため、形のないものの存在ということがなかなか受け入れられないのです。

特に、科学は、モノというものにウエイトをおいて、存在を解明していくものですから、姿形をもたないものについては、考えにくいのです。だから、「化生」という、形なくして生まれては消えるものを認めていないわけです。しかし、それだけでは、この世の出来事のすべてが説明できない。説明できないものは、科学では、偶然というかたちで処理しますが、それでは不十分です。昔の人は、偶然と思われる事柄の中にも、目に見えない「化生」の力の存在を認めていたのです。そういうことで、すべてのいのちあるものは、四つの生まれ方をするということです。

「業苦（ごうく）」について

（７）どんな過去からの苦しみの海に沈んでいたとしても　――いづれの業苦にしづめりとも

「業苦」というのは、すべての人間が動く時には、過去の行為の集積である「業」という、目に見えない潜在力によって動かされて動いているという仏教の思想です。つまり、過去のいろいろな経験が蓄えられて、その力が現在のいろいろなものを動かす原動力になっている、ということです。その過去からの経験はしばしば結果として苦をもたらすので業苦といわれ、それが楽をもたらせば「業楽」ということになるのですが、業楽は問題にされません。それは、私たちは往々にして、過去のいい思いというのは忘れることができません。そして、その過去のいい思いの楽と今の状態とを比較すれば、往々にして今が悪いということになります。それで業苦ということが問題になるのです。

昔は昔、今は今というように生きられれば、比較せずに、苦はないのですけれども、どうしても過去にこだわってしまう。そこに業の苦が出てくるのです。健康だった頃を思い出して、病気の今を思ってしまうと、こんな身体になってしまって、という歎きが出てきます。これが業苦です。

仏教の苦というのは、身体的な苦痛というよりも、むしろ精神的な苦痛、つまり悩みの方を問題にしています。私たちは、過去の状況とちがった現況を思えば思うほど、ギャップに苦しむのです。それは、思いの中の悩みです。ですから、禅宗のお坊さんは、過去への思いを振り切って、今の状態だけになりきれ、というのです。現実そのものを受け入れて、それになりきれというのです。歳を取ったら歳を取った自分になりきれ、病気になったら病人になりきれ、というのです。そうなれないところに過去への執着がある。だから、執着がもたらすものが「業苦」でもあるのです。

六道を輪廻し、四つの生まれ、つまり卵生（卵で生まれる）、胎生（母親の胎内で育つ）、湿生（胞子などの分裂で増える）、化生（見えない形ではたらく）の生まれ変わりをして、私たちは、生まれては死に、死んでは生まれるを繰り返し、いずれの生れの中でも、過去の経験にそれぞれ執着しながら、今を悩んでいる。人間ばかりでなく、犬は犬で、猫は猫で悩んでいるのかもしれない。そういう「業苦」の者を私が覚りを開いた暁には救うことができる、と説くのです。それが、

（7）覚りの神通力を用いて縁の濃いものから順に救っていくことができるのです

——**神通方便をもって、まず有縁を度すべきなり**

ということです。

「神通」とは、目に見えない六つの神通力のことです。①遠くを見通し、見分ける力の天眼通、②声を聞き分ける力の天耳通、③身軽に動ける行動力の神足通、④過去を知る宿命通、⑤他者の心を読み解く力の他心通、⑥煩悩を滅ぼす漏尽智です。こういう能力も修行していくと、少しづつ身についてきます。先が見通せる人、人の話がよく聞ける傾聴の人、行動力のある人、記憶力のよい人、気配りの人、動じない不動心の人、こういう力を持った人を実際にみることがありますね。

覚れる者はこれらの力を発揮して「縁の濃い生き物から順に救っていくことができる」（**有縁を度すべし**）というわけです。縁のあるものから順に、とある。これは、特別に順番をつけるわけではないですけれども、救いというものは、まず縁のあるものから行なわれる、ということです。

「縁なき衆生は度し難し」といわれるように、「縁」というのは、巡り合わせですが、その縁によらなければ救いは行えないのです。「縁」ということを無視して救うのでしたら、一網打尽にごそっと救う、ということになりましょう。それでしたら、全部お浄土に行ってこの世の中に迷っている人は一人もいない

はずです。しかし、仏教の救いは一人ずつなのです。縁のあるものから一人ずつ救われていくということです。縁のないものは縁に恵まれるまで時間がかかるということです。縁のないものまで救われるという話は、因果無視です。阿弥陀仏様と、出遇うことによって、お浄土に行く因と縁が成立するのです。神通方便をもって、「まず有縁を度すべき」と、縁を大切にすることでなければ救いは成立しない。

　そんなまどろっこしいことをしないで一網打尽にしたらいいのではないかと思うかもしれませんが、それをしてしまうと何が問題かといいますと、一人一人が自覚し、目覚めていく、ということがないことになります。目覚めがなければ、仏教は意味がないことになります。覚りの世界というのは、自分が目覚めていくところに意味がある。あくまでも、個人の主体性が守られているのが仏教の救いであるはずです。一網打尽は没主体で、それは仏教ではない。一人一人を大事にして、一人一人が気づいていく世界、一人一人が目覚めていく世界をもたらすことで、一人一人が救われていく喜びを感じる世界が仏教の世界です。

　近代社会は、順番ということを考えないで、一足飛びに平等の世界ということをいっていますが、この世で順番ということがなくなるということはありえません。長男と次男とが順番なく平等になることはありえないでしょう。何であなたが長男で、何で私が末っ子なのか、ということは、それは本人にも分からないし、産んだ親にも分からないのです。ですから、産んだ方も、生まれた方も、双方がお互いに、順番は自分たちの責任の埒外にあるものとして、それを引き受けていかなければならないのです。これも縁ということです。

　阿弥陀仏様はすべてのものを救うといっているのだけれども、その救いを受け取る側には避け難く順番にならざるをえない。縁のあるものから先にお浄土に救われていくということ。これが「有縁を度すべし」ということです。

父母の縁というのは、時系列の縦の縁、ということですから、時間には当然、前後の順番があるということですね。時系列を超えた覚りの世界に軸足を置いて、そこから時系列に従って有縁の世界において救済に精進する――。それが念仏というもののはたらきで、そこには家族という狭い父母や供養という考えはなく、もっと長く、広いいのちのつながりを意識させるものなのでした。もっと、いのちの社会的な広がりというものを視野に入れて念仏は捉えていくべきでしょう、ということです。

第六条　念仏は阿弥陀様のお手回し

もっぱら念仏を称えている人々が、我が弟子だ、他人の弟子だ、などとグループを作って、取り合いの争いをしています。これは、もってのほかの事態です。阿弥陀仏様のお手回しによって念仏を称えるようになった人を自分の弟子というのは、きわめておこがましいこと。念仏を自分の所有物のように思って、弟子獲得の手段に利用してはいけないという警告が、この条です。

（1）もっぱら念仏を称えている人々が、我が弟子だの他人の弟子だなどと争いをしているようだが、もってのほかの事態です。

（2）親鸞は弟子は一人ももっていません。その理由は、私のはからいによって他の人に念仏を称えさせることができるのであれば、私の弟子ということもできましょう。（3）しかし、阿弥陀仏様のお手回しによって念仏を称えるようになった人を自分の弟子というのは、きわめておこがましいことです。

（4）人間は付く縁があれば関係ができ、離れる縁がでて

専修念仏のともがらの、わが弟子、ひとの弟子といふ相論の候ふらんこと、もってのほかの子細なり。

親鸞は弟子一人ももたず候ふ。そのゆゑは、わがはからひにて、ひとに念仏を申させ候はばこそ、弟子にても候はめ。弥陀の御もよほしにあづかって念仏申し候ふひとを、わが弟子と申すこと、きはめたる荒涼のことなり。

つくべき縁あればともなひ、はなるべき縁あればはな

くると別れるのです。（5）師から別れて他の人に付いて念仏するなら往生はできないぞ、などというのは、いわれのないことです。（6）如来様からいただいたご信心を私が与えたもののようにいって、それを取り返そうとでもいうのでしょうか。（7）そんなことは断じてあってはならないことです。

（8）自然の道理にかなっていけば、自ずから仏様のご恩が思われ、師匠のご恩も知られてくるはずです等々。

ゐることのあるをも、師をそむきて、ひとにつれて念仏すれば、往生すべからざるものなりなんどいふこと、不可説（ふかせつ）なり。如来よりたまはりたる信心を、わがもののがほに、とりかへさんと申すにや。かへすがへすもあるべからざることなり。

自然（じねん）のことわりにあひかなはば、仏恩をもしり、また師の恩をもしるべきなりと云々（うんぬん）。

「我が弟子」は「わがはからい」

この第六条でまず注目すべきことは、（2）「親鸞は弟子は一人ももっていません」（弟子一人ももたず候ふ）、ということです。師弟の上下関係を親鸞聖人は否定するのです。これはある意味で、教団の否定、ということもできます。

ところが実際は、小集団の念仏グループができて、「（1）我が弟子だの他人（ひと）の弟子だなどと争いをしている」という状況があり、「（1）もっぱら念仏を称えている人々が」そのようなことをするのは「（3）きわめておこがましいこと」と親鸞聖人は歎かれた、ということです。

一般に、師匠が弟子を育てると、当然のように「我が弟子」という「わがはからい」の感情が生まれてきます。弟子に念仏を称えるよう教えてやったのは私だと「はからう」。そうすると、おまえは、私の弟子だから私に仕えるのが当然とか、他の先生と付き合ってはいけないとか、弟子を自分の手の中に囲（かこ）い込んでおこうとするようになります。このようにして、我が弟子、他人（ひと）の弟子と分けて差別するようになる。これは、念仏においては、まったくあってはならない、間違った考え方なのです。

なぜなら、念仏を称えようという「(6)信心は如来様からいただいたもの」（如来よりたまはりたる信心）だからです。「わがはからい」（自分の配慮や指導）によって誰かが念仏を称えられるようになり、信心を獲得できるようになる、のではないのです。そういう考えは、親鸞聖人からすれば、自分への思い上がり。念仏の私物化です。念仏を称えようと思い立つ心、つまり信心が起きたとしても、それは、阿弥陀仏様が称えるように仕向けてくださったからで、阿弥陀仏様からの「促し、ご催促」（御もよほし）つまり、「お手回し」なのだ、というのが親鸞聖人の理解なのです。したがって、師匠が念仏を称えるように仕向けたのではない。阿弥陀仏様が手を回して下さって念仏するようになったのだ、というところが重要です。だから、「親鸞は弟子一人ももっていません」とおっしゃるのです。

たとえ私たちのはたらきかけが功を奏したとしても、それは、私たちがはからう前にすでに阿弥陀仏様からの先手のはたらきが加わっていたからこそ功を奏したのです。これが〝他力回向（たりきえこう）（仏様のはたらきによって届けられた）の念仏〟であり、その結果としての信心もいただきものだといわれる所以です。したがって、「わがはからい」は、自力（自分の手柄とする）による行為だから徹底的に退けられなければなりません。そうでないと、他力回向の念仏や信心に関して、根本的なまちがいを犯すことになるのです。

それが

(3) 阿弥陀仏様のお手回しによって念仏を称えるようになった人を自分の弟子というのは、きわめておこがましい――弥陀の御もよほしにあづかって念仏申し候ふひとを、わが弟子と申すこと、きはめたる荒涼のことなりことです。

と、「きはめたる荒涼」という言葉できつく警告されている理由です。

すでに第五条において、念仏は、「わがちからにてはげむ善ではない」といわれていましたね。自分の手柄（自力）ではなく、如来様から回向された、お与えものの念仏と受け取るのが正しい理解なのです。だから、「(6) 私が与えたものであるかのよう」（わがものがほ）にしない、ということが重要です。

この根本のところを忘れて、ここに書いてありますように、「わがものがほ」にすると、念仏がわが手柄になり、自分を誇る材料になってしまいます。そうすると、我は師匠という「うぬぼれ」も生まれてきます。支配・被支配の権力関係も生まれる。これが問題です。それは、師匠中心の閉鎖的な集団を作り、他の師匠集団と対立することにもなりましょう。そのような対立が親鸞聖人存命中から少なくとも『歎異抄』製作の頃まで続いていたものと推測されます。

自力の世界は、「我がもの」にしていく世界で、閉鎖系です。所有欲や支配欲がそこには忍び込んでいます。これに対し、他力は、開放系です。我がもの、わが力という考えを徹底して嫌い、解き放って、如来様の視点で平等だと見ていくのが他力の世界だからです。

しかし、とかく、人間は閉じた世界にこもりたがります。その方が自分を安住させることができると妄想するからです。専修念仏（せんじゅねんぶつ）のともがら（集団）というところに安住してしまいますと、閉鎖的になり、先程申しましたように、知らず知らずのうちに、我が集団という権威によりかかり、自力（自己中心性）の世界に堕してしまいます。

宗教も権威を振りかざし、教団的な権力をもって人々を動かすようになると、閉鎖系になります。親鸞聖人を中心に固まりあい、私の先生は親鸞聖人だ、親鸞聖人は絶対だ、というようなことから抜け出せなくなると、親鸞聖人を権威の象徴にした閉鎖集団になります。それを親鸞聖人は警戒された。その言葉が「親鸞は弟子一人ももたず」です。師匠も弟子も皆、平等なのです。

親鸞聖人は、

「是非しらず邪正もわかぬ
このみなり
小慈小悲もなけれども、
名利に人師をこのむなり」(『正像末和讃　自然法爾章』)

と、是と非の区別、邪と正の区別もつけられない我が身であり、小慈も小悲もないのに、人は、何かにつけ、名誉と利益、師匠の権威を欲しがるなあ、と歎いておられます。

人の上に立って、師匠づらをしたがること。それによって弟子も師匠にくっついて、「私は誰々先生に師事しました」と自慢ふうにいって、お互いに権威にすがりたがる――。こういうことは現代でもしばしば見受けられることですが、権威を欲しがるのは、根本において人間の弱さの反映でしょう。親鸞聖人は、それは如来様の回向という事実を横に打っちゃって無視しているからだ、とおっしゃるのです。心したいものです。

したがって、親鸞聖人は、「阿弥陀仏様のお手回し」(**弥陀の御もよほし**)によって念仏申すのだ、と繰り返しおっしゃっていますように、実際、念仏は、私たちが称えようと思って称えられるものではありません。念仏を称えようと努力すればするほど、なかなか称えられていないという現実に気づかされるのが実際のところです。

ただし、〝たのみの念仏〟だったら称えられますね。今日一日無事でありますように。今日一日、何事も思い通りになりますように、といったお頼み、願いごとの念仏は称えやすい。また、風呂に入ったとき、ああ、今日一日無事終わったか、有りがたや、というような、〝ありがたや念仏〟も、これならば易く称えられます。花岡大学先生は、これを風呂念仏といっておられます。これは本当の念仏ではありませんね。

念仏のいわれを聞かせていただくと、「御もよほし」ということが分かってきます。自分の口からフット出てくださる念仏です。だから、如来様から促された、いただきものの念仏です。それは、何々先生に教えてもらった念仏ではない。したがって、誰の念仏でもなく、誰が称えるようにしてやった念仏でもないので、我が弟子、他人（ひと）の弟子ということは、浄土真宗においては、まったくありえないことなのです。

師弟もご縁による

では、浄土真宗では、師弟の関係というものはまったく認めないのか、師匠と呼び得る人はありえないのか、といいますと、そうではありません。師匠の側から「我が弟子」というような権威の振りかざしはありえませんが、弟子の方から師匠を尊敬し、慕うということは問題ないでしょう。現に、親鸞聖人を慕う弟子は多かったのですから。それについては、師弟関係という上下関係よりも、お互いにいただきものの「ご縁」を喜ぶお互い自由平等な関係、お同行（どうぎょう）の関係なのです。

ですから、

> つくべき縁（えん）あればともなひ、はなるべき縁（えん）あればはなるることある
>
> （4）付く縁があれば関係ができ、離れる縁がでてくると別れるのです。

という受け止めです。いただいたご縁ですから、お返しすることもある。拒絶はできない。師匠と弟子がついたり、離れたりするのはやむをえないのです。阿弥陀仏様からのお与えものとして、去って行こうが、やって来ようが私たちのはからいは挟めません。いずれも自由に開放され、解き放たれた〝ご縁〟ということで、拘束はできない、という対応です。

にもかかわらず、おまえは、俺のところにいれば面倒見てやるが、ほかのところに行けば面倒見ないぞ、といい、あろうことか、

(5) おまえは、ほかの先生のところに行ったら、お浄土に行けないぞ

師をそむきて、ひとにつれて念仏すれば、往生すべからざるものなり

と、往生できるか、できないかまで師匠に従うか従わないかで決まるかのようにいってしまう。そうなりますと、弟子の立場は弱いので深刻です。とても窮屈になります。これはまったく根拠のない暴言です。

したがって、

(6) 如来様からいただいたご信心を私が与えたもののようにいって、それを取り返そうとでもいうのでしょうか。

如来よりたまはりたる信心を、わがものがほに、とりかへさんと申すにや。かへすがへすもあるべからざることなり。

そんなことは断じてあってはならないことです。

現実の私たちの生活は、そこに何らかの関係がありますと、その関係を強固にしたい、自分の思い通りにしたい、それによって相手の人を支配したいと権力をもちたがりますが、仏教は、「縁」という観点に立って、関係を固定化しないで、自由さを失わない見方に立つところにすばらしさがあるのです。だから、

（4）付く縁があれば関係ができ、離れる縁がでてくると別れる
——つくべき縁あればともなひ、はなるべき縁あればはなるる

という、開放的で自由な関係を尊んでいくのです。

ゆえに、信心はどこから来るかといいますと、誰もが平等に「如来よりたまわりたる信心」なのです。如来様からいただくものなのです。如来様が授けてくれるので、ご信心と「ご」をつけるのです。その「ご信心」を師匠が授けたもののようにいうのは、まったくのお門違いです。

（7）そんなことは断じてあってはならないこと
——かへすがへすもあるべからざること

です。

ご縁としての開放的で自由な同行（どうぎょう）関係、お互い尊敬し合って、弟子も師匠もお互いに慕い合うという関係が親鸞聖人の師弟関係です。それが〝他力回向（たりきえこう）の信心〟、つまり、「如来よりたまわりたるご信心」をお互いに尊ぶ関係です。お念仏もご信心も、師匠の立場も弟子の立場も、共に如来様よりのご縁を通した、いただきものですから、わがものにしない、という視点が大切ですね。

ご恩を感じる

よって、第六条の最後は、

(8) 自然の道理にかなっていけば、自ずから仏様のご恩が思われ、師匠のご恩も知られてくるはずです

——自然のことわりにあひかなはば、仏恩をもしり、また師の恩をもしるべきなり

と「恩」の関係を指摘して結ばれています。ここでは、「自然のことわりにあひかなはば」、ということが大切です。仏教はどこまでも自然の道理を明らかにしたもので、自然の道理にしたがって生きることを教えています。師弟関係も、自然の道理に照らして考えれば、「仏様のご恩」、「師のご恩」という敬いの心が自然の理としてゆるぎなく芽ばえてくるものだ、ということです。

「師のご恩」があるということは、師匠に指導してもらうことは現にあり、弟子との上下の関係は立場上、現実にあるということです。しかし、それは恩恵として、受け取る側が感じるもので、与える側が言うべきものではない。お互いに「縁」として師弟関係を恵まれるのですから、師匠の側から弟子を拘束するものではなく、ご縁をいただいた「ご恩として」弟子の側が師匠を尊敬し、師匠は弟子を縛らないことが道理として感じられる「ご恩」でしょう。こういう自由な在り方が「自然の理にかなった」あり方で、いちばん自然な、自由な関係なのだ、ということです。人間の力やはからいを超えたところで展開される道理、それがおのずからなる法のはたらき、法爾です。つまり、阿弥陀仏様の不思議なはたらきに従うところが「自然の理にかなう」ということです。「わがはからい」を交えず、力まず、自然の動きにまかせた在り方です。それは、人間関係を人間同士が作為的に縛らない関係を保つ、ということです。従って、我が弟子

というはからいのない関係が自然な師弟関係。自力のはからいよりも仏様のはたらきの方を感じる、ご恩というお恵みの関係がもっとも自然な関係というわけです。

「業」と「縁」

　ところで、私たちの日常にいろいろな結果として出てくるものの原因として業ということが仏教では説かれますね。業は、業因といわれるように、もろもろの悩みの原因となるものです。縁は業のきっかけとなるもので、業より広い関係性です。そういう縁によって私たちの人生は動かされ、社会も動かされています。

　私たちの迷いの行いというのは、「惑」から「業」、「業」から「苦」というように展開して、苦しみ悩みをもたらす、といわれます。業の根本には「惑」があるのです。「惑」というのは「煩悩」のことです。私たちは心の中にある煩悩が縁に触れて、私たちを動かして業となり、その業が原因となって苦しみの世界を作り上げていくのです。これが「惑」、「業」、「苦」という一連の迷いの連鎖です。

　この迷いの連鎖に、ひとつのきっかけを与えていくものとして、「縁」というものがあるのです。この縁は、我々の期待とか、予測を超えたものです。この世の中が動いている限りは、いろいろなきっかけ、すなわち縁がはたらいています。そういう人間の能力を超えた縁が惑に動きを与えて、私たちの人生を動かしたり、私たちの社会を動かしているのです。

　行いの原因である惑は、自分のものですけれども、そのきっかけとなる縁は自分以外の人でもあるかも知れないし、予想もつかない出来事である場合もあります。他の人の業が間接的に縁となって私たちの業を引き起こす場合もありますので、そういういろいろなものをひっくるめて「縁」といいます。この縁が悪かったら、世の中が滅んでいたり、人類も滅んでいるはずですが、案外と世の中がうまく存続しているという意味では、この縁も結構うまく作用している、ということがいえます。

だから、それなりに社会というものは縁によってうまく調整をしながら、存続しているのではないか、とも思えます。私たちの都合をいえば、いろいろな問題がありますけれども、全体として宇宙の動きを考えれば、この宇宙さえも縁によってうまくいっているのではないか、と思えます。

それで、この世では、縁というものがうまく作用しているということで、仏教では、「縁」に気づけよというのです。

これが縁起の法則ということですから、ここでいえば、「自然の理」とは縁起のことといってもいいのです。

生まれたものは必ず死んでいく。早死にされたら悲しいけれども、それがご縁で仏教に触れるということもあるのです。親が早く死ぬということは、子供にとってはつらいことですけれども、子供が自律してしっかりするという意味では、良いことかも知れないのです。親がいつまでも長生きして、いつまでたっても子供が自立しないというのは困る、という一面もありますね。

縁についても、私たちの都合でいえば、善いとか、悪いとかという評価になるかも知れないけれども、全体として考えてみたらうまくいっている。だから、

（4）人間は付く縁があれば関係ができ、離れるべき縁がでてくると別れる

つくべき縁あればともなひ、はなるべき縁あればはなるる

ということも、私たちの〝はからい〟からすれば、私たちがコントロールした方がうまくいくという発想になるのですが、仏教は、宇宙が動いているのも、その宇宙をうまく動かしているのが縁だし、それが、「自然(じねん)の理(ことわり)」であるし、自ずからしからしむる自然の世界の方が自力のはからいよりうまくいっている、と理解し、縁起の道理を覚(さと)ることを目指すのです。

ですから、むしろ、はからい心で動く我々の方が、この縁起の世界の調和を乱(みだ)しているという見方です。縁ということをもっと積極的に肯定していけば、人間関係ももっとスムーズに行くのに、「我が弟子、ひとの弟子」というように考えるから人間関係がぎくしゃくするのではないでしょうか。私たちの世俗の人間関係も〝はからい〟を離れ「自然の理」を大切にしていくべく、見直しが必要ですね。

第四条　念仏こそ大慈悲

第四条は、念仏の社会性といいますか、横の関係である人と人との関係を問題にし、慈悲ということに焦点をあてています。親鸞聖人が慈悲の実践についてどう考えていたか、これはとても重要なテーマですが、はっきりした文献は、この第四条だけです。その意味でも重要な教説といえます。

慈悲に聖道・浄土のかはりめあり。聖道の慈悲といふは、ものをあはれみ、かなしみ、はぐくむなり。しかれども、おもふがごとくたすけとぐること、きはめてありがたし。

浄土の慈悲といふは、念仏して、いそぎ仏に成りて、大慈大悲心をもつて、おもふがごとく衆生を利益するをいふべきなり。今生に、いかにいとほし不便とおもふとも、存知のごとくたすけがたければ、この慈悲始終なし。

(1) 慈悲には、聖道門の慈悲から浄土門の慈悲への転換が必要です。(2) 聖道門の慈悲は、いのちあるものを憐れみ、可愛がり、育むことです。(3) しかしながら、これはなかなか思うように行かず、助け遂げることが極めて難しい。

(4) これに対して、浄土門の慈悲というのは、念仏して急いで成仏することを志して、仏の大慈悲心によって思うように衆生に利益を与えようとすることです。(5) 今生に、どんなに可愛そう、不憫だと思っても思い通りに助けることとは極めて難しいので、この聖道門の慈悲は始終が一貫しません。

(6) よって、最後まで一貫して成し遂げられる慈悲行は念仏して仏様の力を頂くことしかないのです等々。

しかれば、念仏申すのみぞ、すゑとほりたる大慈悲心にて候ふべきと云々。

慈悲の転換

(1) 慈悲には、聖道門の慈悲から浄土門の慈悲への転換が必要です。

慈悲に聖道・浄土のかはりめあり。

さて、この第四条は、冒頭、「慈悲」について、「慈悲には聖道・浄土のかはりめあり」といって、一見、聖道門の慈悲と浄土門の慈悲を区別するかのような表現になっていますが、ここは聖道門の慈悲から浄土門の慈悲への転換の必要性を述べていると解すべきです。これを、聖道門の慈悲と浄土門の慈悲と、どっちをとるかというような選択の問題にしてしまうと、どっちをとっていいのか分からなくなってしまいます。なぜなら、

(2) 聖道門の慈悲は、いのちあるものを憐れみ、可愛がり、育むことです。

聖道の慈悲といふは、ものをあはれみ、かなしみ、はぐくむなり。

世間の道徳にも対応する「ものをあわれみ、かなしみ、はぐくむ」という聖道門の慈悲を難しいからといって実践しなくていいとしたのでは、それは反道徳になると、疑問が生じてしまいます。

しかし、たしかに、「ものをあわれみ、かなしみ、はぐくむ」という行為は、

（3）しかしながら、これはなかなか思うように行かず、助け遂げることが極めて難しい。

しかれども、おもふがごとくたすけとぐること、きはめてありがたし。

ということも実践してみれば、その通りです。でも、難しいからといって、それを放りだしておいて、「いそぎ仏になる」というのは薄情というものでしょう。それが浄土門の慈悲というなら、それはエゴイズムと何ら変わらない、と見なされてしまいましょう。そんなことでは、だれも浄土門の慈悲を肯定しないでしょう。ですから、慈悲の問題は、聖道門と浄土門に分けて、どちらを取るかという話ではない、ということが私は大事な視点だと思っています。

聖道門の慈悲は、無意味なものとは考えられません。また、そういうことはしないでもよいものである、と主張することもできません。たとえ成し遂げられないことであるとしても、そのような慈悲心の実践を捨ててよいわけはありません。憐れみ、悲しみ、育むという、その慈悲の実現を願う心は浄土を願う心と相反するとは到底思えません。

したがって、「いそぎ浄土のさとりをひらきなば」とあるところの、この「いそぎ」ということが大事だ、と金子先生もおっしゃいます。いそぎ浄土へまいるということの意味は、慈悲の実践は、まずもって浄土往生を出発点にしなければうまくいかない、ということなのだ、と。聖道門の慈悲すなわち「ものをあわれみ、かなしみ、はぐくむ」ということも、浄土を願うということを出発点にして、「ものをあわれみ、かなしみ、はぐくむ」ということでなければ、成就しない、ということです。

「浄土を願う心は、あわれみをかけるものも、あわれみをうくるものも、ともどもに救われていくところの道であるから、わたしたちはその（聖道）の慈悲の思うごとくできがたいことにつけても、その人間の力の頼りなさを感じて、まずもって、すべての人の救われるところの浄土を願うべきであろう。略　この世において慈悲ということを考えても徹底しないということ、しかもそれを思い捨てることができないということが、浄土を願うところの心になるのであるから、その浄土を思うという心が、念仏せしめ、そして念仏することが自分の救われる道であるけれども、その自分の救われる道において、おのずから人をも救うところの道が開けるのである、といおうとするものであります」（金子九八―九頁）

と金子先生はいっています。ここが大事だと思います。

ですから、聖道門の慈悲と浄土門の慈悲のどっちを取るか、という話ではなくて、むしろ、聖道門の慈悲のむずかしいところから、浄土門の慈悲を願わずにはおれない。その浄土門の慈悲を願うところに、はじめて、聖道門の慈悲の成し遂げがたいところについても、折り合いをつけてなんとか実行されていく――。こういいたいのではないでしょうか。

「ものをあわれみ、かなしみ、はぐくむ」という、私たちの他の人に対する同情心、助けてあげたいという思い、時間をかけても育ててやろうという育成心、そういう気持ちはとっても大切なことですし、人間の根本の心でもあります。ですけれども、実現できるかといわれれば、実行した者には痛感されることですが、率直に難しいといわざるを得ません。なぜ難しいかといいますと、第一に、する側の思いと、される側の思いがなかなか一致しないからです。する側が良かれと思ってしたことも、される側から見れば、本当に良いことになっていないということが往々にしてある。そこがややこしいところです。

第二には、人間は潜在意識の中に、我執（がしゅう）というものを持っています。仏教心理学によりますと、潜在意識の中にマナ識（しき）という自我意識がある。このマナ識（しき）という自我意識が無意識のうちに我執を生み出すと考えられています。自分にとって都合のいい情報だけを取捨選択する一種の濾過装置のようなものです。それが潜在意識にあるものですから、無意識のうちに自惚れ心が出てしまいます。ですから、どんな情報も、自分に都合のよい情報へとゆがめられてしまうのです。ですから、相手を助けるつもりであれこれ世話をやいても、相手にとってはお節介に思われてしまうことが往々にしてあります。相手の人も、自分に固執した自我意識を持っていますから、自分の要求と食い違うと喜ばない。いずれにしましても、「ものを、あわれみ、かなしみ、はぐくむ」という思いはいいことなのですけれども、このマナ識のために、親切の押し付けやお節介だと受け取られることになって、双方にとってよい結果にならない、というのが実情です。

　したがって、「おもうがごとくたすけとげることができない。」ということは、あわれむ側の思い通りにならないということでもあり、また、同時に、それを受け取る側の思い通りにもならないということでもあります。お互いにすれちがって、双方にとっていい結果にならないということです。

　その結果、

今生に、いかにいとほし不便とおもふとも、在知のごとくたすけがたければ、この慈悲始終なし。

(5) 今生に、どんなに可愛そう、不憫だと思っても思い通りに助けることは極めて難しいので、聖道門の慈悲は始終が一貫しません。

そうです、双方が最後まで、これでよかった、という大団円とはなりにくい。

けれども、だからといって「ものを、あわれみ、はぐくむ」必要がないかというと、そういうことではありませんね。

そこで、いそぎ浄土のさとりを開くという転換が必要なのです。仏の智慧（ちえ）をいただくということです。そこのところを浄土の慈悲として、

（4）浄土門の慈悲というのは、念仏して急いで成仏することを志して、仏の大慈悲心によって思うように衆生に利益を与えようとすることです。

浄土の慈悲といふは、いそぎ仏に成りて、大慈大悲心をもって、おもふがごとく衆生を利益するをいふべきなり。

というのです。

「いそぎ仏に成りて」という方向性をもつということです。仏の智慧を得るということは、人間の智慧の限界を知るということです。「ものをあはれみ、かなしみ、はぐくむ」という気持があればあるほど、その人間的行為の至らなさを謙虚に受け止め、「いそぎ仏に成る」という方向性をもたなければいけない。「仏の智慧を得る」という方向性を持たないで、助けよう、助けよう、としますと、知らず知らずのうちに相手の迷惑もかえりみずに自我によって善意を押し付けることになってしまい、結果としてうまくいかないのです。

また、その逆に、知恵はあるけれども、慈悲の心が欠けているのも困りものです。これは悪知恵（わるじえ）です。頭がいいのだけれども、自分のためだけにそれを使う人は、自分だけは成功するかもしれないけれども、あとの人はみんな困窮することになります。〝一将功成って万骨枯る〟、です。これは悲劇です。

仏の智慧は、ものごとを正しく認識するので、その智慧にもとづいて足らないところを明らかにし、それを補っていこうとするのが慈悲です。あるいは危険なものはそれを前もって予見し、回避するようにはたらきかけるということも智慧にもとづく慈悲です。

したがって、智慧にもとづいて起こる利他心こそが仏教でいうところの真の慈悲の心というわけです。ものごとの本当のところがよく分かったら、そこから問題点が見えてくるので、その問題点を解消していこうとする動きが自然に起こる。それを浄土の慈悲というのです。「～してやった」というのでなく、「～させてもらった」、「でもこれでよいか疑問」と自分を謙虚にしていくことができる。それが人間ができるせめてもの慈悲行でしょう。

慈悲心から方便心へ

そのような慈悲心を具体的に実行していくことを仏教では「方便（ほうべん）」といいます。智慧から慈悲、慈悲から方便というように私たちの活動は展開していくのだよ、ということを曇鸞大師が

この世の真実のすがたを知ると、迷いの世界に居る衆生の嘘偽りが分かってくる。衆生の嘘偽りが分かると、ただちに真実を教えてやりたいという慈悲の心が生まれるのである

実相を知るをもってのゆゑに、すなはち三界の衆生の虚妄の相を知るなり。衆生の虚妄を知れば、すなはち真実の慈悲を生ずるなり

と教えてくださっています。

仏教は慈悲から始まるように思われますが、仏教は、仏陀の覚りから始まっているように、智慧の宗教であることがまず基本です。お経に書かれていることが真実であると分かったというのが智慧の世界です。お経に書かれていることがちんぷんかんぷんだというのは、まだ識（自我中心の分別心）のレベルにいるのです。真実の世界から遠い世界にいると、お経の文句はちんぷんかんぷんになります。

私たちは、識の世界を強固にしていけばいくほど、自我の殻が強くなって、だんだん智慧から遠ざかっていくのです。子どもが母親を殺すという話は、お経の中には出てきません。そういうことが起こるのは、まったく、宇宙の真実（これを「法」という）の世界から遠ざかった、自我主張の時代になったからだ、ということです。

横道にそれますが、阿闍世王のお話しにあるように、父親を殺して、王様になった歴史はあるのですけれども、母親を殺して王様になった歴史はインドにありません、と耆婆が阿闍世王を諫めます。そういう一種の歯止めが、阿闍世王の頃にはあったのですが、最近は、子供が母親を殺したり、母親が子供を殺すというような事件まで起きてきています。これは、昔は、親子というものが、つながった関係、一如の関係として受けとめられていたのに、だんだん分断されて、親子関係がおかしくなっているからです。これは「識」の世界、つまり分断の世界に閉じ籠ることが多くなっているからです。仏教の言い方でいえば、「分別」の世界です。「智慧」の世界は、その反対ですから、「無分別」です。分別を超えた一如ということが真実の世界なのです。

分別の世界に止まると、自他が争うことになります。戦争になります。分別を超えて無分別の世界になっていかなければ平和にはならないでしょう。

（4）念仏して急いで成仏することを志して

仏陀に成るというのは、分別の世界を超えるということです。子供は、分別がないからそのままでいいということでなくて、未分別の子供が分別をもって成人する必要があります。しかし、分別に達した成人は、またさらに一ランク上の無分別になっていかなければなりません。それが「急ぎ仏と成っていく」ということです。

この第四条は、慈悲がテーマですけれども、慈悲のテーマは智慧に裏付けされた慈悲でなければならないということです。それが、「いそぎ仏になりて、大慈大悲心をもつ」ということです。仏に成るということは、智慧を明確にしたものです。その智慧を根本として、そこから出てくる慈悲心のことを「（4）仏の大慈悲心によって思うように衆生に利益を与えようとする」（**大慈大悲心をもって、思うがごとく衆生を利益する**）といいあらわしているものと思われます。

我々の「ものをあわれみ、かなしみ、はぐくむ」という聖道の慈悲も、そういう浄土の慈悲の裏付けである無分別の智慧を基盤にした慈悲の実践つまり「方便」という方向性をもつことが大事なのです。そこから、我執にもとづかない真の方便力が生まれてきます。

浄土門の慈悲の実践というのは、浄土に往生してからの慈悲の実践というのではなくて、浄土という方向性をもって慈悲を実行するということが、まずもって急がなければならない大事なことだ、とこの条は教えていると思われます。

そして、仮りに、聖道門の慈悲がうまく成就しなかったとしても、慈悲行を行った者もそれを受け取った者も、その両者が最後は、仏様の慈悲に包まれて、お互いに足りない所を補い、恕し合っていくことに

なりましょう、だから、

（6）最後まで一貫して成し遂げられる慈悲行は念仏して仏様の力を頂くことしかないのです――念仏申すのみぞ、すゑとほりたる大慈悲心にて候ふべき

といわれるゆえんです。結局、念仏して、無我の慈悲行となり得ていないことへの慚愧の思いを持つことしかないのです。

閑話二題

さて、以上で師訓篇が完結というところですが、『歎異抄』後半の歎異篇に入る前に、私が申し上げておきたいことが二つあります。

一つ目は、なぜ、浄土真宗は祈願祈祷をしないのか。

二つ目は、なぜ、浄土真宗はお守り等を配ったりしないのか。

現代における「歎異」（異義を歎く）という視点からもこの二つについて考えておくことは、親鸞聖人のみ教えに基づいて形成された、浄土真宗という宗教が持つ、現代社会における意義をはっきりさせる上でも必要である、と考えます。

これらの問題を考える場合、特に、私が一番大事だと思っていることは、お名号（南無阿弥陀仏）の功

徳ということを私たちがはっきりと自覚していないと、理解を誤ってしまう、ということです。

『教行信証』の総序の文で親鸞聖人が「完全で最高の徳をもつ名号（南無阿弥陀仏）は私たちの悪を徳に変える智慧のはたらきそのもの」（**円融至徳の嘉号は悪を転じて徳を成す正智**）といっているように、また、蓮如上人が名号は「功徳利益（りやく）の広大なること、さらに極まりなきものなり」と、指摘するように、南無阿弥陀仏にはとてつもないはたらきがあることについてはっきり自覚しておかないといけないのではないかと思っています。

そこで第一番目の、なぜ、浄土真宗は祈願祈祷をしないかという、この問題も、それは、祈願祈祷してものごとが実現するということが、はっきり約束できるのであれば、祈願祈祷をしてもいいのですけれども、祈願祈祷して、ものごとが実現するとは必ずしもいえないでしょう。その確率はきわめて低い。それでも、人間の心の中に祈願祈祷する気持がないかといいますと、それはみんな持っています。誰も災難を避けたいと思っているわけですから、今年、一年災難がありませんように、と初詣で祈願したくなる気持は誰もが持っています。

また、新車を買ったとき、事故を起こさないように、ということは誰でも望むことですから、交通安全の祈願をしたいと思うこと、それ自体も否定するわけにはいかないのですが、しかし、神仏に祈願し、お祓いをしてもらえば、諸難は防げるということにこの世はなっているのでしょうか。祈願祈祷しても、それで事は足りていないのではないのでしょうか。祈願祈祷する気持は分かるけれども、祈願祈祷すれば何とかなるのではと、淡い期待を持っていると、実際にそうならなかったときにどうするのかという対処が何も出来ていない、ということになるのではないでしょうか。

浄土真宗では事故を起こさないようにという願望だけで終わるのではなくて、それが起こったときにもどうするかということを、この広大な功徳とご利益とをそなえたお名号をよりどころにして考えることができるということを重視しているから、祈願祈祷さえも必要ないというのです。日ごろから、お名号をいただいていけば、阿弥陀仏様が私たちを護り、救おうとしてくださっていることが実感されます。そうすると、困ったときにも阿弥陀仏様が寄り添ってくれる、支えてくださる。これが本当のご利益だと思えるのです。災難は避けられるものならば避けるにこしたことはないですが、それがむずかしいとしたら、災難に遭ってもそれを乗り越えられる道があることの方がより大切ではありませんか。これがあれば、まさかのときにも、乗り越える力が湧いてくる。お名号の功徳、ご利益が明確であれば、祈願祈祷をして、果たしてこれで大丈夫かと心配しなくても、どうなってもよい、乗り越えられる、と、そこのところに対する不安は普段から取り除かれている、と胸をはっていえるのです。これが祈願祈祷を必要としない理由です。

二番目の、お守りをなぜ浄土真宗は出さないのかということですけれども、これも、お守りを持っていれば百パーセント守られる、願いがかなうという確証があればいいのですけれども、それは、かなわないことではないでしょうか。交通安全のお守りをぶらさげた車が交通事故に遭っていますよね。お守りを持つことで問題は解決しているとはいえないのではないでしょうか。

ですから、浄土真宗の考え方は、この問題でも、単純にお守りによって私たちの期待を叶えようというのではなく、どうしようもなく、われわれの期待に反することが起こっても、なんとかそれを乗り越える道が開かれることの方がほんとうの意味のお守りだ、と考えるのです。だから、どんな出来事に遭遇しても、お名号、南無阿弥陀仏の功徳、ご利益をとおして阿弥陀仏様のお力をいただいて、それに励まされ、導かれることが一番のお守りだと考えるのです。ですから、これほどのお守りは他のお守りにはない、というのが浄土真宗のお名号というお守りです。したがって、一般的にわれわれがお守り、お守りといっているものは不十分で、うまくいかなかったときのお守りにまではなっていないという理解なのです。

いずれにいたしましても、お名号（南無阿弥陀仏）というものには、大きな、仏様の功徳、すなわちすぐれたはたらきがあって、それが私たちの身の上にはたらいて導いて下さる、ということを明確に意識しておかないと、いろいろ話が誤解を生んで浄土真宗でもお守りを出して欲しい、などとおかしなことになると思います。

歎異篇

別序

さて、『歎異抄』の後半、「歎異篇」（異義を歎く部分）には、まず次のような序文が挿入されています。一般に別序と呼ばれています。第十条につづけて書かれているので、第十条からが、歎異篇の序文だと見る見方をする人（妙音院了祥）もありますが、ここは、分けて、別序が立てられたと見ることにします。

そもそも、かの親鸞聖人がご存命であった頃は、弟子たちも聖人と志を共有できて、はるか京都まで出向いて行って聖人にお会いし、ご信心を受け取り間違えないようにして、

そもそもかの御在生（ございしょう）のむかし、おなじくこころざしをして、あゆみを遼遠（りょうえん）の洛陽にはげまし、信をひとつにして心を当来の報土にかけしともがらは、同時に御意

真実の浄土（報土）に往生するよう心がけておりました。ですから、みんな一緒に直接、聖人からお考えをお聞きすることができたのですが、そういう直弟子に従って念仏申しておられる孫弟子の老人や若者となると、数も分からないほど多くいらっしゃる中には、近年、聖人の仰せと異なる異義などを主張する人が多く出てきていると噂に聞いています。根拠のない問題点をとりあげて詳しく解説しましょう。

趣をうけたまはりしかども、そのひとびとにともなひて念仏申さるる老若、そのかずをしらずおはしますなかに、上人の仰せにあらざる異義どもを近来はおほく仰せられあうて候ふよし、伝へうけたまはる。いはれなき条々の子細のこと。

直弟子の使命

『歎異抄』の第二条にもありましたとおり、親鸞聖人がご存命であった時代には、関東のお弟子たちは、聖人と同じ道を歩こうと、疑問があれば、遙か遠く京都までわざわざ聖人を尋ねて行っては、ご信心が違わないようにしましたね。それをここでは「はるか京都まで出向いて行って」（あゆみを遼遠の洛陽にはげまし）といっています。この人たちはだれもが、ご信心が同じでありさえすれば、この世が終わった後、間違いなく聖人と同じお浄土にまいらせていただける、と考えていました。

しかし、親鸞聖人のお弟子たちにともなって念仏を称えている孫弟子たちになると、近年、その数も非常に増えてきたのだが、聖人がおっしゃったことと違うことをいう人が多くなっているようで、とても歎かわしい。そこで、聖人から直接教えを伺うことが出来た者の使命として、「根拠のない問題点」（いはれなき条々）については、一言、意見を述べておかねばなるまい——。

これがこれからの「歎異篇」を述べる趣旨を示した別序の概要です。

孫弟子たちになるとどうしても異義が出てきてしまうのは、自分たちに威厳や威信が足りないために、どうしてもことばを過激にせざるをえないところがあるからではないでしょうか。聖人やその直弟子たちには、ことばにたよらなくてもいい共通の宗教経験があって、それに裏付けられているから、以心伝心、表現もおおらかなものですんでいたものと思われます。したがって、以下の異義をみていくと、いずれも細かくかつ極端な思考傾向になっている、ということができます。

学問派と道徳派

さて、この中序につづいて、異を歎く「歎異篇」が第十一条から第十八条まであるのですが、梅原真隆先生は、これを大きく分けると、概念派（がいねんは）と律法派（りっぽうは）に分かれるといっています。私は、もっと大胆に学問派と道徳派というのが分かりやすいかなと思っています。

学問派の人たちは、阿弥陀仏の本願を信ずることで助かるということと、南無阿弥陀仏と称えること（称名念仏）で助かるということとを別のこととして分けて、念仏で助かるのではなくして阿弥陀仏の本願で助かるのである、ということを強調します。これは理論中心、学問中心の主張です。念仏して助かるといったって、いちおう知識の要求を満足しなければ、何にもならない。何も知らないで、ただ念仏を称えるのでは、オウム返しなだけで、それではダメだ。そんなことでは、念仏があらわす尊い意味も何にも分からないではないか。本願の深い意味の裏付けがあった上での念仏でなければ意味がない、と学識を要求して、ただひたすら称名念仏する人たちを批判するのです。

そして、念仏といっても、一切衆生を救いたいということのほかに阿弥陀仏の願い、慈悲心というものはありませんので、その仏様の大いなるお慈悲を明らかにして、その「本願のいわれ（由来、来歴、わけ）」が分かってこそ、念仏も称えられるし、それによって救われてもいくものです。だから「本願のいわれ」を知ることこそが大事である、と念仏よりも本願の方に軸足を移して、本願の学び、学識の方を強調するのが学問派です。

そうすると、「本願のいわれ」が分からなければならない。それには、理屈を学び、学問をしなければいけない、ということになります。学問派、概念派といわれるゆえんです。この人たちは、ご法話を聞いても、今日のお話しは理解できたかどうか、理解できた人は○、理解できなかった人は×ということになりましょう。これは、分かりやすいし、そうすると、みんな勉強するでしょう。しかし、これは、学問ができなければいけない、という学問重視に傾きすぎ、自然に、学識のない者は救われないことになるという異義に陥ってしまいます。

お聴聞は理解ではない

しかし、お聴聞をし、聞法するということは、実は、話の中身を理解することではないのです。話の中身が分かったからよくて、分からなかったからよくないのではないのです。今日のご講師さまのお話は分かりやすかったとか、分かりにくかったとか、というお聴聞の仕方は知識に傾きすぎて異義になっているということです。浄土真宗のお聴聞は、阿弥陀仏様のお呼び声を聞かせていただく、「聞名（もんみょう）」（名を聞く）ということです。それによって、阿弥陀仏様のやるせないお慈悲に気づかせてもらい、お念仏を称えさせていただくご縁ができたことを喜ぶことなのです。だから、お聴聞は〝信心の溝さらえ〟といわれます。煩悩で詰まった溝を通りよくして、あらためて、仏様のおはたらきに思いを深くするのです。それ以上のことを求めたら、学問中心の「学解往生」（学問しないと往生できない）の異義になってしまうでしょう。それは正しくない――と。

そういう意味で、さらに学問ばかりして、お聴聞さえしないということになれば、さらに理屈っぽくなるばかりで、なかなかお念仏の世界にも触れないし、お念仏をありがたいなという思いにもなかなかなれなくなるでしょう。現代人のなかにも、仏教書を読んで理解はしていてもお寺参りはしない。お念仏を称えないで、親鸞思想に興味がある、などという人がいますね。こういう人は、自分を省みるという視点をいただくことはなく、お念仏を称えても、悪人である私を救うというお念仏がありがたいなあと実感することはできないでしょう。お聴聞をすれば、悪人の自覚も生まれ、ますます、お呼び声を聞かせてもらわなければ……、というご縁ができ、ご縁を実感して喜ぶことができるのですが、そこには至りそうもない。まことに残念なことです。

行いも慎めとは

これに対して、道徳派の人たちは、ご本願のおいわれなんていっても、学者さんはそれでいいかも知れないけれども、私たちはそういうことをいわれてもむずかしい、というのです。そういうことをいっても、実際はお念仏をいただいて救われるのであるから、暇があればお念仏を申すのがよろしいと、称名念仏を専ら修めることをすすめる人たちです。とにかく、難しいことをいわれても分からないから、私たちは、ただただお念仏を申させていただいて、念仏ひとつで助かるのだということをいただくばかりでございます、というのです。このことは正しいのですが、これも行きすぎますと、念仏を励む延長線上に、念仏にはげむだけでなく、行いをも慎んでいかなければならない。いかに「老少善悪の人を選ばず救う」というご本願であるといっても、浄土を願う人である以上は、道徳的にもしっかりしている方がいいにきまっている、というのです。もっぱら念仏にいそしみ、賢く、善を行う、それが専修賢善(せんじゅけんぜん)をモットーとする人たちの主張です。これは道徳的、律法的になりますね。世俗の道徳論に近づく異義です。悪いことや、よこしまな心を起こしたときも、すぐに悔い改めて改心しましょう、という。実に真面目で倫理的ですね。世俗の倫理に従う一般の人からは尊敬されやすい模範的な信者ということになります。

しかし、これも異義です。この道徳派の人たちの主張は、模範的で、具体的な効果ということに重きを置いて話しを進めようとするために、現実的かつ具体的な点では説得力があるのですが、その一方で、できない人は救われないことになってしまう、という難点が出てしまうのです。効果があるということを強調してしまうと、そう成らないときには効果がないということになります。人生に百パーセント大丈夫ってことなどないので、結局、達成できないこともでてきて、言ってることとやっていることがくいちがう現実にぶち当り、結局、信憑性がない主張ということになってしまうのです。

頭でっかちと身でっかち

かくして、学問派の人たちは、信心ひとつで救われるという理屈話になりますし、道徳派の人たちは、念仏一つを行じてこそ救われる、という話になって、『歎異抄』が書かれた時代も、今日と同様、「信心で救われるのか、念仏で救われるのか」という二者択一の議論がくりひろげられていたのです。

学問派というのは、教義を重視して、理屈が勝ちすぎている人々ですし、道徳派というのは、宗教体験を重んじて、どちらかというと生活や生き方がどう変わるか、変わらないか、という生活上のご利益重視の人たちです。宗教に効能を持ち込む派です。概念派は机上で考え、律法派は行動で考える、概念派は頭でっかち、律法派は身でっかち、といってもいいかもしれません。

その頭でっかちが打ち出す異義が四条あり、また、身でっかちの異義を表すものも四条、半半の合計八条が異義としてここに示されています。

学問派の流れに属するものは、第十一条、第十二条、第十五条、第十七条の四条で、道徳派に属するものは、第十三条、第十四条、第十六条、第十八条の四条といわれています。そこで、以上の八条は、大きく二つに分けられるので、学問派の各条をまずとりあげ、次に道徳派の各条というふうにまとめて異義の特徴を浮き彫りにするよう条の順序をあえて入れ替えて、各条の異義の問題点をうかがってみることにいたしましょう。

第十一条　誓願と名号は分けてはならない

学問派の異義の代表といわれる第十一条は、「誓名別執の異義」といわれて、すでに述べたように、誓願不思議によって救われるのか、名号不思議によって救われるのか、どっちだ、ということを議論する異義です。つまり、誓願と名号とを分けて考えるという間違いです。言葉が違うと、ついつい別ものとして理解したくなる。言葉にとらわれる落とし穴。これは学問派の間違いの典型です。

（1）文字が読めない書けない人たちが念仏しているのを見て、あなたは誓願の不思議なはたらきを信じて念仏するのか、また、名号の不思議なはたらきを信じて念仏するのか、と問い詰めて、二つの不思議の違いについてはっきりさせないでおいて相手の心を惑わせる者がいる。これはよくよく注意して明確にしておかなければならないことです。（2）誓願の不思議なはたらきによって、保ちやすく称えやすい名号が用意されたのだから、この名号を称える者をかならずお浄土に迎え取るぞ、とのお約束の誓願なのです。したがって、（3）この阿弥陀仏様のやるせないおこころ

一文不通のともがらの念仏申すにあうて、「なんぢは誓願不思議を信じて念仏申すか、また名号不思議を信ずるか」といひおどろかして、ふたつの不思議を子細をも分明にいひひらかずして、ひとのこころをまどはすこと。この条、かへすがへすもこころをとどめて、おもひわくべきことなり。

誓願の不思議によりて、やすくたもち、となへやすき名号を案じいだしたまひて、この名字をとなへんものをむかへとらんと御約束あることなれば、まづ弥陀の大悲大願の不思議にたすけられまゐらせて、生死を出

から出た大いなる誓願の不思議なはたらきに助けていただいて、まちがいなく生死を超え出るのであると信じて念仏申すことも、実は、如来様の御はからいによるのだと思えば、少しも自分のはからいは加わらないので、ただ阿弥陀仏の本願におまかせするばかりにて真実の報土に往生するのです。よって、(4)誓願の不思議なはたらきを主に信じて行けば、名号の不思議なはたらきも自然に備わるのであって、誓願と名号のはたらきは一つであり、別々のものではないのです。

(5)次に、自分のはからい心をもって、善悪が往生の助けとなったり妨げとなったりすると勝手に思うのは、誓願の不思議なはたらきを信頼しないで、(6)自分の心で往生のための修行をはげみ、念仏も自分の手柄の行為として称えているのです。こういう人は名号の不思議なはたらきを信じていない人です。(7)名号の不思議なはたらきを信じない人でも、お浄土の辺地、懈慢(けまん)界や疑城(ぎじょう)、胎宮(たいぐう)に往生して、そこで果遂の願いによってついには真実の報土に往生できるのは、結局、名号に不思議な力があるからです。(8)これも元はといえば、誓願の不思議なはたらきから

づべしと信じて、念仏の申さるるも如来の御はからひなりとおもへば、すこしもみづからのはからひまじはらざるがゆゑに、本願に相応して、実報土(じっぽうど)に往生するなり。これは誓願の不思議をむねと信じたてまつれば、名号の不思議も具足(ぐそく)して、誓願・名号の不思議ひとつにして、さらに異なることなきなり。

つぎに、みづからのはからひをさしはさみて、善悪のふたつにつきて、往生のたすけ・さはり、二様(ふたよう)におもふは、誓願の不思議をばたのまずして、わがこころに往生の業(ごう)をはげみて申すところの念仏をも自行(じぎょう)になすなり。このひとは名号の不思議をもまた信ぜざるなり。信ぜざれども、辺地懈慢(へんじけまん)・疑城胎宮(ぎじょうたいぐ)にも往生して、果遂(かすい)の願(がん)のゆゑに、つひに報土に生ずるは、名号不思議のちからなり。これすなはち、誓願不思議のゆゑなれば、ただひとつなるべし。

出ているのだから、誓願の不思議も名号の不思議もひとつことなのです。

誓願か名号か

「なんぢは誓願不思議を信じて念仏申すか、また名号不思議を信ずるか」といひおどろかして

（1）あなたは誓願の不思議なはたらきを信じて念仏するのか、また、名号の不思議なはたらきを信じて念仏するのか、と問い詰めて

誓願か名号かといわれますと、ただひたすらお念仏を称えてきた実践派の人たちからは、そんな理屈には答えられない、ということになる。誓願が不思議なはたらきをするのか、名号が不思議なはたらきをするのか、そんなこと考えてお念仏したことはない。それを誓願不思議か名号不思議かはっきりできないようではダメだ、と相手をやりこめようとする。ちょっと理屈が分かるようになると、理論を突き詰めようとして相手の弱点に迫ってしまう。学問する人間が犯す分析優先の異義です。

私たちが概念で考えるということは、現実にないものを言葉にのせてあるかのように考えることができるということですが、これは、頭でものを考えることの利点でありつつ、問題点でもあるのです。

もちろん、現実にないものを考えることで、現実がよく見えてくるという一面もありますが、逆に現実にないものをあるかのように思いまちがえてしまうということも概念の難点なのです。

仏教では、概念の陥る難点として「亀毛」や「兎角」ということをいいます。亀の毛やうさぎの角というのは、言葉としては成立するのですけれども、現実にはあり得ないですね。

誓願と名号も分けることができないにもかかわらず、言葉が、誓願と名号と別の表記としてあるものですから、つい分けて考えてしまうのです。

誓願というのは、阿弥陀仏の願いで、これが仏様の根本の中味、本質です。名号というのはその願いが具体的なものがらとなって、この世に送り届けられて来たものです。ワインを例にして考えてみますと、現実にあるワインというのはボトルに入っているワインしかあり得ないですね。ですから、私はワインだけが飲みたいのだから、ボトルはいらない、といってみても、現実には、中味だけのワインを取り出して手渡すことは無理な話ですよね。

このように、この世に存在するものは、必ず器にもられているのであって、器のない、純粋な、百パーセント中味だけのものというものは、現実には存在しえないのです。そこのところを概念でワインと考えると中味だけを取り出せるかのようにまちがえてしまう。よくよく注意しなければいけませんね。

誓願と名号の関係もワインとボトルの関係です。名号を離れた誓願はあり得ない。名号を通して誓願を知るのです。名号を離れて、中味の誓願だけの話をすると、それは宙に浮いた概念だけの話になるということです。かといって名号のところで捉えるだけですと現実的なのだけれども、その中味、本質を見失いがちで、形式的にただ南無阿弥陀仏を称えていればいい、という話になってしまいがちです。

そういうことで、誓願と名号は一つ。分けて考えることはできません。よって、

（4）誓願の不思議なはたらきを主に信じて行けば、名号の不思議なはたらきも自然に備わるのであって、誓願と名号のはたらきは一つであり、別々のものではないのです。

誓願の不思議をむねと信じたてまつれば、名号の不思議も具足して、誓願・名号の不思議ひとつにして、さらに異なることなきなり。

と結論づけられているのです。

ですから、この第十一条において重要な視点は、

(2) 誓願の不思議なはたらきによって、保ちやすく称えやすい名号が用意されたのだから、この名号を称える者をかならずお浄土に迎え取るぞ、とのお約束の誓願なのです。

誓願の不思議によりて、やすくたもち、となえやすき名号を案じいだしたまひて、この名字をとなへんものをむかへとらんと御約束あること

ということです。

これは親鸞聖人の教えの基本です。親鸞聖人がお弟子たちに送られたお手紙『親鸞聖人御消息(ごしょうそく)』第二六通の中にもこれと同じような表現があります。

弥陀の本願と申すは、名号をとなへんものをば極楽へ迎へんと誓はせたまひたるを、ふかく信じてとなふるがめでたきことにて候ふなり。信心ありとも、名号をとなへざらんは詮(せん)なく候ふ。また一向名号をとなふとも、信心あさくば往生しがたく候ふ。されば、念仏往生とふかく信じて、しかも名号をとなへんずるは、疑(うたがい)なく報土の往生にてあるべく候ふなり。

阿弥陀仏の本願は、名号を称えた者は極楽に迎え取る、と約束しておられるので、それを信じて疑わないで名号を称えるのがよいのです。信心があっても名号を称えなければ何にもならない。また、一心に名号を称えても、信心が浅いと往生は難しい。したがって、念仏して往生すると深く信じて、しかも名号を称えるのがよく、そうすれば、疑いなく報土の往生が実現するのです。

誓願すなわち「御約束」というのは、この『御消息』からすると、「誓はせたまひたる」ことの中味で、「名号を称えた者はだれでも極楽に迎え取る」という約束。そこで、阿弥陀仏の本願は、あらゆる人を名号を称えることひとつで極楽に迎え取るために名号を十方世界に広め、届けているのであると分かります。『重誓偈』の文にある「名聲超十方」（名声が十方に超え出るように）も、名号が十方にゆきわたることを願う願であることを示しています。つまり、第十七願の諸仏咨嗟の願（諸仏が阿弥陀仏を誉め讃えるようにするという願い）にもとづいて、名号が諸仏に讃えられ、その結果、広く世界に名号が流布し、そして、私たちのところまで届けられた。それが南無阿弥陀仏という名号だ、ということですが、その南無阿弥陀仏のお念仏は、私たちを極楽に迎え取って、悪道から救ってやりたいという阿弥陀仏の本願が大本になって、そこから出ているのです。阿弥陀仏の第十八願が成就したが故に、お名号となって私たちに届けられた。そのお名号を届けるというお約束が第十七願で、届けられたお名号を称えた者は極楽浄土へ迎え取る、というお約束が念仏往生の願すなわち第十八願。よって、願いと名号は一体です。

阿弥陀仏様の御はからい

ですから、

（3）この阿弥陀仏様のやるせないおこころから出た大いなる誓願の不思議なはたらきに助けていただいて、まちがいなく生死を超え出るのであると信じて念仏申すことも、

弥陀の大悲大願の不思議にたすけられまゐらせて、生死を出づべしと信じて、念仏の申さるるも如来の御はからひなり

ということになります。ここの「如来様の御はからいによるのだ」（如来の御はからひなり）というところが重要です。

阿弥陀仏様の御はからい――「やるせないおこころから出た大いなる誓願に基づく不思議なはたらき」によって助けていただいて、私たちは生死を超え出るということ。具体的にはどういうことかといいますと、念仏を称えるものを極楽に迎えるというかたちで、私たちを生死の迷いから脱出させてくださるわけです。お浄土に往生することを約束する念仏によって、生死から逃げるのではなく、まっすぐ向き合えるようになる。そうすると、迷いの原因も見えてくるようになる。課題解決の方策も浮かんでくる。それが信心です。

念仏そのものは具体的なものですが、その念仏のいわれを聞かないと、その背後に潜む阿弥陀仏様の約束（誓願）の不思議なはたらきの意味は知られてこないでしょう。それが知られなければ、こうして今の私たちが念仏を称えなければならない意味も分からないのです。今、こうして私たちが名号に出遇（であ）ったわけは、「名号ひとつで浄土に生まれさせてやりたい」という阿弥陀仏の大いなる慈悲心から出た名号だったのだ、ということを知らされる。その知りえたところがご信心なのですが、それも「如来様の御はからい」だったと知らされるのです。

したがって、南無阿弥陀仏のいわれを聞くということは、直接的には第十八願の内容に触れるということです。第十八願のなかに念仏往生ということが誓ってある。だから、親鸞聖人のみ教えのすべては、この、第十八願をはじめとする四十八の誓願が実際に成就しているというところで成立している話ですから、結果としては、先の引用のとおり、「(3) この阿弥陀仏様のやるせないお心から出た大いなる誓願の不思議なはたらきに助けていただいて、まちがいなく生死を出るのであると信じる」（**弥陀の大悲大願の不思議に助けられまゐらせて生死を出づべしと信じ**）ということになるのです。すべて、念仏の原点は、「阿弥陀仏の大悲大願の不思議なはたらき」ということになります。まさに「如来の御はからひなり」ということですね。救いの御はからいは、まさしく、四十八願の中の第十八願（念仏往生の願）に集約される。それを素直に受け入れて念仏を称えるところが〝ご信心〟なのです。

ご信心は正受

ところで、この〝ご信心〟は、『正信念仏偈』の文でいえば、「行者正受金剛心」ということです。信じるとは「正受」なのです。こちらから信じてかかることではなくて、現にはたらいて来ているものを素直に受け入れた（＝正受した）ところが〝ご信心〟ということです。

先ほどの親鸞聖人のお手紙にありましたように、「この名号を称える者をかならずお浄土に迎え取るぞ」（**名号を称へんものをば極楽へ迎へん**）という、第十八願（念仏往生の願）の誓いが南無阿弥陀仏の念仏となって具体的にはたらいてきているので、私たちは、その如来様の御はからいにおまかせして、名号を称えれば浄土に往生することができるという約束をすなおに受け入れればよいのです。

そうすれば、ご信心のところに、「(3) 念仏申さるる」という事態が湧き起こる。これは、実は、私が念仏を申しているのではないのです。念仏が自然に湧き出てくる、ということです。その自発性を「申さるる」というのです。これは実体験です。『歎異抄』の第一条でいえば「念仏申さんとおもひたつこころのおこる」という事態です。これがご信心。これが、自力をはなれた他力の真実信心です。ですから、称名念仏とご信心とは切り離して考えることができないのです。

私たちは、ご信心がないときは、阿弥陀如来様の不思議な御はたらきも念仏の具体的な価値も、ともに疑っているときです。阿弥陀如来様は本願（ほんがん）を成就（じょうじゅ）して、私たちに念仏を申させようとはたらき続けておられる。それにもかかわらず、私たちが疑いをもっているときは、自分の努力をあてにするために念仏の価値を素直に受け入れない。拒否しているのです。

その「我（が）」の突っ張りが取れて、如来様のはたらきを受け入れることがご信心ですから、疑わないで素直に受け入れることになったということが「念仏申さるる」とか、「念仏申さんとおもひたつこころのおこる」ということ。まさに正受（正しく受け入れる）ですね。

信心という言葉や、信じるという言葉で親鸞聖人の教えを語ってしまうと、念仏を称えるというところからは、かけ離れたところで、自分が阿弥陀仏を信じるとか、自分が阿弥陀仏の救いを信じるという話になってしまいます。それでは、念仏を申すということの意味さえ分からずに、信心が成立するようなことになってしまいます。そんな〝念仏なしのご信心〟はありえないのです。

すでに述べたように、「(3)阿弥陀仏様のやるせないお心から出た大いなる本願の不思議なはたらきに助けていただいて、まちがいなく生死を出るのである」（**弥陀の大悲大願の不思議に助けられまゐらせて、生死をいづべし**）ということをそのとおりであると正しく受け入れたならば、当然のことのように、念仏申さるるという事態が起こってくるはずです。それはまことに不思議な体験です。だから、これは、如来様の御はからいだ、ということになるはずです。

これは、

（3）…少しも自分のはからいは加わらない――すこしもみづからのはからひまじはらざる

ということ。「みずからのはからひ」であれこれと努力することがない。如来様の促しに順って自分が動いているのです。したがって、自力の心がまじわらない。それこそ「如来様の御はからい」で自分が動くのです。それが他力です。他力のはたらくところでは、自力の心が邪魔しないから、如来様のはたらきひとつで、私が「真実報土に往生する」ということが実現するのです。

このようにして、名号すなわち南無阿弥陀仏というものがどういうものであるかということを知っていけば、そこから当然のごとくに本願というものも分かってきます。そうすると、本願を信じるということと、名号を称えるということは、一体のこととして切り離せないものということが明らかになりますので、誓願の不思議を信じる人は、本願に相応し、名号の不思議なはたらきをもそなえる人ということになりますね。中味は本願であり、具体的に私たちの前に現れ出ているのは、名号を称えるという実践です。

そうすると、「念仏のいわれ」というのは本願であることが分かります。念仏がもともと成立している、その所以の大本の意味が「念仏のいわれ」ということですから、第十八願から第十七願が誓われて、それが具体的に名号となって成立して、念仏がここに届いて来ておるという、その経緯がいわれということになります。したがって、「いわれ」によって本願を信じ、それを受け入れれば、念仏は当然称えられてくるはずです。しかし、「いわれ」を知らなければ、何のための念仏か、念仏に中味がない。空念仏になります。だから、お聴聞によって、「いわれを知る」ということが浄土真宗では大事なことになっているのです。

口でただ南無阿弥陀仏と称えるだけで、その意味が分からないと、無意識のうちに自分のご利益のための念仏になってしまいます。自分自身の存在を問う念仏になっていませんね。念仏をいただいて、私に向けられた阿弥陀仏のやるせない願いの原因である、私たちの罪と悪いっぱいの愚かな相を明らかにしていただく。そうすると、私たちが「罪悪深重、煩悩熾盛の凡夫」であるという、その凡夫の性根を心底から悲しみ、そこからなんとか早く抜け出させてやりたい、というのが阿弥陀仏の大いなる悲願であった、と知られてきます。それがお聴聞すること。お聴聞の目的はこれしかないのです。

念仏を手柄にするなかれ

ところが、このお聴聞を、「自分のはからい」をはさんで聞く人たちがいる。これに対する異議申し立てが、後半部です。

（5）自分のはからい心をもって、善悪が往生の助けとなったり妨げとなったりすると勝手に思う	みづからのはからひをさしはさみて、善悪のふたつにつきて、往生のたすけ・さはり、二様におもふ

ここの、「自分のはからい心」こそ自力の心のことです。自力の心にとらわれている人は、自分のはからいを差しはさむのです。自分のはからいの基本は社会通念の元にある道徳です。つねに、善悪という道徳の物差しでものごとを考えるのです。

善と悪は、まったくちがうわけですから、二つに分けて、善は往生に対して助けになり、悪は妨げになるとする観念です。そして、善を勧め、悪を廃めさせ、退けようとする。これが自力のはからいの基本的な態度です。そして、自力の困ったところは、いつも自分は善の側に立つところです。悪人はいつも他者の側なのです。こういう道徳心は、「誓願の不思議をたのまない」（誓願不思議をばたのまず）という態度

になります。そして、

（6）自分の心で往生のための修行をはげみ、念仏も自分の手柄の行為として称えている ―― わがこころに往生の業をはげみて申すところの念仏をも自行になすなり。

と往生の行を自力の手柄の行為と考えてしまうのです。そこに問題があります。

　この「（6）わがこころに～はげみて申すところの念仏」とは、私が、心に自力の努力心をおこして、一生懸命になって称える念仏。そして、それを「（6）自分の手柄の行為にする」（「自行になすなり」）ということです。その手柄を自分の善なる行為として、それでもって自分の価値を高め、往生の確証にしようとするのです。

　この、自分の手柄にすることのどこが間違っているのかといいますと、それは、自分の手柄（善）という捉え方が法に背いているということです。仏教では、我々の世界をつらぬいているひとつの法則を「法」というのですが、その法が南無阿弥陀仏としてはたらいている。それは厳然たる事実、真実なのです。それは、善でも悪でもない現実の事実としてのシステムです。このシステムには、善い行いとか、悪い行いという視点は本来ない、ただ縁に応じた行動があるだけなのです。それを私たち人間は、勝手に善とか悪とかという観念を持ち込んで、あれは善い行いとか、あれは悪い行いと選別するのです。その善悪を法の世界に持ち込むこと自体が私たち人間のはからいであり、虚構であるわけです。

（6）…こういう自力の心の人は、「名号の不思議をもまた ―― このひとは名号の不思議をもまた信ぜざるなり。

信ぜざる」人です。

念仏というものをもって、不思議なはたらきをするものと信じていない人は、自分が一生懸命に念仏を称えるという行為をもって、それを善行と考えている。そうして、自分を善人にする。それは、念仏をも、自分を善人するための道具にしてしまっているのです。念仏そのもののはたらきが私たちを往生させるのだとは全然思っていないのです。これはどう見ても自分勝手な理解なのです。法のままのあり方として、南無阿弥陀仏という名号が不思議なはたらきをしているという受け止めになっていないのですから。

方便の深い意味

しかし、

(7) 名号の不思議なはたらきを信じていない人でも、お浄土の辺地、懈慢界や疑城、胎宮に往生して、そこで果遂の誓いによってついには真実の報土に往生できるのは、結局、名号に不思議な力があるからです。

信ぜざれども、辺地懈慢・疑城胎宮にも往生して、果遂の願のゆゑに、つひに報土に生ずるは、名号不思議のちからなり。

仮に、念仏を道具と見て、自分の手柄のために念仏したのであっても、念仏そのもののはたらきは現にはたらいていますので、そのはたらきは、私たちをお浄土に往生させる力があるのです。だから、自分の手柄の善によっては真実報土に往生することはできませんけれども、とりあえずお浄土の辺地懈慢や疑

城胎宮にまでは往生させてもらうことができるのです。これこそは如来様のありがたいご方便です。疑城胎宮というのは、母胎ということですから、カプセル状態なわけです。母親の胎内にいるようなものなので、実際はお浄土の中にいるのですけれども、自我の殻にこもって、お浄土の徳が実際にはたらいている場に出てこようとしないから、胎というカプセルの中に籠っている状態なのです。自我の殻が破れるまでは、お浄土の徳を享受することが実感としてできない状態です。

でも、そこに、名号の中に含まれる、目的を果たし遂げさせようとする果遂の願いがはたらいてきますと、自力の念仏もやがて他力の念仏に転換することができ、真実の報土に往生させてもらうことができる、といわれています。果遂の願いというのは、第二十願のことで、第十八願に転入させることを誓った阿弥陀仏の願いです。第二十願のとおりに、自力の念仏であっても、称えれば、その果遂の願いによって、やがて自力が捨てられて他力の第十八願へと転じていくように導かれ、転換が果たされるのです。

自力の念仏の人も、やがては自力のこころでは間に合わないことを知らされる。そして、他力に育てられていくのです。それが「果遂の願い」とか、「果遂の誓い」といわれている仏様の御はたらきです。したがって、この第二十願の自力の念仏は、あくまでも方便でしかありません。その方便がやがて真実へと転入させるはたらきをもっていますので、名号の不思議には、第二十願の自力の念仏から、他力の念仏へとその人を導いていくはたらきもあるということです。これを「(7)名号に不思議な力があるからです」(**名号不思議のちからなり**)といっているのです。念仏の中には、この名号のはたらきが目に見えないかたちではたらいているということです。方便もまた阿弥陀仏様の不思議なはたらきなのですね。

しかし、方便というものは、真実が分かってはじめて方便と知られるもので、初めから方便と分かるものではないのです。

たとえば、親が息子をA子さんに会わせておきたい。ご縁をつけておけば、将来、何かの縁で我が子を助けてもらえるかもしれないという願望を持って、息子にA子さんに会いに行きなさい、と直接にいっても忙しいとかなんとか理由をつけて会いに行かないだろうからと、一計を案じてこの品物をA子さんに届けてくれと頼む。息子は届ける仕事を頼まれただけと思うが、親の真意は、この息子をA子さんと縁をつけ、顔見知りにさせておきたいということ。子供はそうとは知らず、品物を届けて、それが仕事と思って帰る。後に、息子とA子さんとが不思議なご縁で再会したとき、品物を届けたあの仕事が、今日のご縁の方便であったと知らされるのです。この時までは、あの仕事が親の方便であったとは、夢にも思わなかったはずです。このように、真意が分かってこそ、それが方便だと理解できる。最初から方便と分かるようなことは、方便でも何でもないですね。このように、方便は、その時は隠されている真意とセットになってはたらく、不思議なものなのです。

ですから、第十九願と第二十願には真実と方便と両方が含まれているということです。最初は方便を方便と知らずに真実と思い込んでいるが、実は、奥に隠れている真実が明かされることで、思い込みの真実を思い込みであったと分らせて本当の真実へと誘引するのです。

このような巧みな方便には、方便とは知らず真実と思って飛びついたとしても、それをそのままにしないで、やがて本当の真実へと導いていく力があるのです。それが方便にひそむ真実のはたらきです。ですから、方便の本願は表の真実と奥にひそむ本当の真実と両方を含んではたらくところに「方便の不思議」さがある、ということも、また、もう一段深く味わうべきでしょう。方便は、最初は方便と分らなくても、とても重要なはたらきなのですね。

それゆえに、

これすなはち、誓願不思議のゆゑなれば、ただひとつなるべし。

（8）これも元はといえば、誓願の不思議なはたらきから出ているのだから、誓願の不思議も名号の不思議もひとつことなのです。

と述べられます。誓願の真実が名号の方便と姿を変え、方便から真実へと誘引していく、その二重三重の巧みな手立てこそ誓願の不思議なはたらきです。

ということで、私たちは、名号を通して、名号から遡って、本願を知り、そこからまた逆に、名号の方便としての奥深いはたらきを知る、ということになるのです。

誓願なくして名号がこの私たちに届けられる「いわれ」もありません。だから、誓願にもとづいて名号が我々に届けられている、というところがいちばん肝心な受け止めです。

いずれにしても、誓願か名号かという区別は、ひとつの理屈でしかありません。ことばというものは、ものごとを切り分けるわけですけれども、現実というのはそういうふうに切り分けられない相互に依存した実態を持ってはたらいているわけです。

ですから、繰り返しになりますが、言葉と現実のはたらきとのあいだをつねに見ていかないと、言葉だけの世界で考えては空理空論になってしまいます。しかし、現実というものも、理論とか理屈というものを中味として持たないと、現実に流されて形式的になるおそれがあります。つねにその両方を見ていかなければいけないということだ、と思います。

以上のように、第十一条は理屈に走った結果の異端、異義ということになります。

第十二条　学問は往生の条件ではない

この第十二条は、「学解往生の異義」といわれます。これも学問派。お経やその註釈を、勉強しない人は、往生がはっきりしない、往生が決まらない、といい、お経を読んだり、お経文をしっかり学問しないとダメだ、という考えです。これも、ある意味では、自分の学んだことをひけらかして、そういうことをしない人をややもすると下に見る考え方です。難しいことを勉強すると、その難しいことを俺は理解できたぞ、といいたくなる優越意識。専門用語を学ぶと、ついその専門用語を使いたくなる——それは人情ですが、でも、それが往生と関係があるようにいってしまうと、それは異義になりましょう。

学問をするということは、よくよく考えてみると、学問をすればするほど、自分は学問が出来ていないと実感するもので、これだけしたから大丈夫、というような受け止め方にはならないのが本当の学問の在り方ではないでしょうか。学問してこそ愚かさに気づかされていく。学問で往生はできない、ますますご信心をいただいていかねばならない、ということが明らかになるはずです。そこが理解できていないのがこの学解往生の異義です。したがって、第十二条も教義重視、実践忘れ、頭でっかちの異義といえましょう。

（1）経典や注釈書を読んだり、研究したりしない人たちは、浄土に生まれるかどうかはっきりしない」と主張する者が

経釈をよみ学せざるともがら、往生不定のよしのこと。この条、すこぶる不足言の義といひつべし。

います。これは、取るに足りない、つまらない議論です。

（２）他力真実（「真実」のはたらきである本願力）の由来を明らかにしている多くの聖典は、阿弥陀仏の本願を信じて念仏を称えれば仏に成る、と教えるだけです。それなのに、このこと以外に、どんな学問が浄土に往生するために必要でしょうか。（３）まことに、この道理を知らずに迷っている人は、どこまでも学問して、本願が起こされたいわれを知るべきです。しかし、たとい経典や注釈書を学んでも、教えの本意を会得しないようでは、この上なく気の毒なことです。

（４）文字も読めず、経典や注釈書の筋道も分からないような人でも称えやすいようにと如来様が考え出された名号ですから、この名号を称えることを「易行」（やさしい修行）というのです。これにたいして、学問を中心とするのは、聖者のための教えで、仏の覚りを開くには、きわめて至難な修行なので、これは「難行」と名づけられています。（５）「学問したら救われるように勘違いし、しかも、学問したことで名誉欲と財欲を満たそうと思いこむ人は、この次の生で浄土に生まれることができるか疑わしい」と仰せられ

他力真実のむねをあかせるもろもろの正教は、本願を信じ念仏を申さば仏に成る。そのほか、なにの学問かは往生の要なるべきや。まことに、このことわりに迷へらんひとは、いかにもいかにも学問して、本願のむねをしるべきなり。経釈をよみ学すといへども、聖教の本意をこころえざる条、もつとも不便のことなり。

一文不通にして、経釈の往く路もしらざらんひとの、となへやすからんための名号におはしますゆゑに、易行といふ。学問をむねとするは聖道門なり、難行となづく。あやまつて学問して名聞・利養のおもひに住するひと、順次の往生、いかがあらんずらんといふ証文も候ふべきや。

た親鸞聖人の証拠の文もあります。

（6）このごろ、専修念仏の人と聖道門の人とが、教義に関する論争をくわだて、たがいに「私の宗旨こそ勝れている。その他の宗旨は劣っている」と主張しているうちに、念仏に敵対する者も現われ、念仏を悪くいう者も出てきました。これでは、かえって自分たちでわが教えを誹り破ることになるのではないでしょうか。

（7）たとい、他宗の人々が、こぞって〝念仏は、つまらない者たちの教えであり、その教えは、浅薄で低級だ〟とけなしても、少しも争わないで、〝私たちのような、能力の低い凡夫で、しかも文字も読めない者でも、ただ信じれば救われるという如来様の仰せをお聞きして信じているばかりです。あなた方のような能力の勝れた人にとっては低級な教えでありましても、私たちのような者のためにはこれ以上ない最高の教えです。たとい、他の教えが勝れていましても、私たちの能力の及ばないものであるならば、それを修行していくことは不可能です。

（8）とにかく、仏教には多くの教えがあって、どの教えも、だれもが生死の迷いをのがれて覚りを開くことを教えてお

当時、専修念仏のひとと聖道門のひと、法論をくはだてて、「わが宗こそすぐれたれ、ひとの宗はおとりなり」といふほどに、法敵も出できたり、謗法もおこる。これしかしながら、みづからわが法を破謗するにあらずや。

たとひ諸門こぞりて、「念仏はかひなきひとのためなり、その宗あさし、いやし」といふとも、さらにあらそはずして、「われらがごとく下根の凡夫、一文不通のものの、信ずればたすかるよし、うけたまはりて信じ候へば、さらに上根のひとのためにはいやしくとも、われらがためには最上の法にてまします。たとひ自余の教法すぐれたりとも、みづからがためには器量およばざれば、つとめがたし。

われもひとも、生死をはなれんことこそ、諸仏の御本意にておはしませば、御さまたげあるべからず」とて、

り、それが諸仏の御本意でしょうから、私たちの念仏の教えも妨げないでくださいませ〟と穏やかに述べて、憎らしい態度をとらないようにすれば、誰が妨害するでしょうか。さらにまた、(9)「論争すると、そこにもろもろの煩悩が生じるから、(10)智慧者は論争から遠ざかるがよい」(『往生要集』引用の『大宝積経』の文)という証拠の文もあることです。

亡き聖人の仰せに、(11)「釈尊は『この念仏の教えを信じる人々もあれば、また謗る人々もあるだろう』と説いておられることでありますから、『私はすでに念仏の教えを信じている。それをまた謗る人があるからこそ、釈尊のお言葉は真実であった』と知らされます。そして、(12)それゆえにこそ、往生はいよいよ間違いないと思うのでございます。(13)もしも、浄土の教えを非難する人がいなかったならば、どうだろうか。『信じる人ばっかりだったならば、どうして非難する人がいないのか』と不自然に思われるはずです。

(14)だけど、このようにいうからといって、必ず謗ってもらえというのではありません。(15)釈尊がすでに前も

にくい気せずは、たれのひとかありて、あだをなすべきや。

かつは諍論のところにはもろもろの煩悩おこる、智者遠離すべきよしの証文候ふにこそ。

故聖人の仰せには、「この法をば信ずる衆生もあり、そしる衆生もあるべしと、仏説きおかせたまひたることなれば、われはすでに信じたてまつる。またひとありてそしるにて、仏説まことなりけりとしられ候ふ。しかれば、往生はいよいよ一定とおもひたまふなり。あやまってそしるひとの候はざらんにこそ、いかに信ずるひとはあれども、そしるひとのなきやらんともおぼえ候ひぬべけれ。

かく申せばとて、かならずひとにそしられんとにはあらず。仏の、かねて信謗ともにあるべきむねをしろし

って、信じる人と謗る人と、ともにあることをご承知の上で、『謗る人があるからといって、教えを疑うことのないように』と、お説きくださっていることをいうのです」と仰せられたことでした。

(16)しかるに、このごろの人々は、学問することによって、他人からの非難をやめさせようとし、もっぱら教義の論議や問答を主にしようとつとめているように見受けられます。(17)学問すれば、いよいよ如来様のご本意を知り、広大な大悲の本願のいわれも分かって、(18)私のような賤しい身では、浄土に生まれることはできないのではなかろうかなどと危ぶんでいる人々に対しても、(19)如来様の本願には善人と悪人、浄らかな人と穢れた人の差別はありませんから、ご本願はかならずあなたを助けてくださいますよ、というふうに説いて聞かせてあげたならば、それこそ学問した甲斐があるというものです。

(20)ところが、たまたま、何のはからいもなく本願のおこころにかなって念仏を称えている人に対して、(21)「もっとちゃんと勉強しないとダメだ」と不安におとしいれるならば、この人は、仏法のはたらきを妨げる悪魔であり、

めして、ひとの疑をあらせじと、説きおかせたまふことを申すなり」とこそ候ひしか。

今の世には、学文してひとのそしりをやめ、ひとへに論議問答むねとせんとかまへられ候ふにや。学問せば、いよいよ如来の御本意をしり、悲願の広大のむねをも存知して、いやしからん身にて往生はいかがなんどあやぶまんひとにも、本願には善悪・浄穢なき趣をも説ききかせられ候はばこそ、学生のかひにても候はめ。

たまたまなにごころもなく、本願に相応して念仏するひとをも、学文してこそなんどいひおどさるること、法の魔障なり、仏の怨敵なり。みづから他力の信心かくるのみならず、あやまつて他を迷はさんとす。つつ

仏様の怨敵（おんてき）です。この人は、自ら他力のご信心に欠けているばかりでなく、誤って他人を迷わそうとするものです。(22)こういう人は亡き親鸞聖人のお心に背く（そむく）ことになるので、慎み畏れ（おそれ）ねばなりません。また同時に、(23)こういう人は阿弥陀如来の本願に沿っていない点でも、(24)あわれな人びとと申さねばなりません。

しんでおそるべし、先師（せんし）の御こころにそむくことを。かねてあはれむべし、弥陀の本願にあらざることを。

念仏を申さば仏に成る

はっきりいって、親鸞聖人のみ教えは、学問しなければ救われないという宗教ではありません。学問はしてもしなくてもいいのです。けれども、してもしなくてもいい、というと、大抵の人は、しなくてもいいのですね、と怠け心を起こします。しなくていいというわけではないのです。では、しなければいけないのか、というと、そういってしまっては、しない人が救われないことになってしまいます。どちらでもないというと、はっきりしないねぇ、といわれてしまう。

そこで、この異義の人々は、

(1)経典や注釈書を読んだり、研究したりしない人たちは、浄土に生まれるかどうかはっきりしない

経釈（きょうしゃく）をよみ学せざるともがら、往生不定（おうじょうふじょう）のよし

といって、お経や解説書（経釈（きょうしゃく））を読み、教義をよく理解しない人はダメ、と主張したのですが、これは、

実は自分が学問的な努力をしたことを善しとする自慢なのですね。人は、善行を積めば、積むほど、積んだことを手柄にし、自分より劣る人をそれとなく悪くいうことになりがちです。そして、学問をしないことは善くないことだということにしてしまう。そして、その意識は、ついに、それをやらない人の「往生は不定」（不確定）、ということにまでエスカレートしてしまった。これがここの異義の実態です。

そもそも、お経や解説書は、

他力真実のむねをあかせるもろもろの正教は、本願を信じ念仏を申さば仏に成る。そのほか、なにの学問かは往生の要なるべきや。

（2）他力真実（「真実」のはたらきである本願力）の由来を明らかにしている多くの聖典は、阿弥陀仏の本願を信じて、念仏を称えれば、仏に成ると教えるだけです。それなのに、このこと以外に、どんな学問が往生のために必要でしょうか。

と、あくまで参考書にすぎないのです。この視点が重要です。学問の要は「本願を信じて念仏を称えれば仏に成る」という一点に、かかっているのであって、それ以外のことをいうのは、みんな余計なお話しである、ということ。だから、学問をするにしても、そこの「本願を信じ念仏を申す」というところをはずさないように学問をする必要がある、ということです。

学問することが如来のご本意を明らかにし、阿弥陀仏の悲願がいかに広大無辺であり、私たちのような愚か者をも救うものであるか、ということ、それをますます深く知ることができるという学問でなければ学問する意味はない。そうであるならば、学問をしなければ、往生できないとか、往生がはっきりしないとか、という言い方には当然ならないはずです。

よって、如来様のご本意が分からない、悲願の広大さが分からない、という人は分かるまでとにかく学問をしていただいて、如来様のご本意を知るようになってください、ということです。これでこそ学問の意味がある。

ところで、ここの「(2) **本願を信じ、念仏を申さば仏に成る**」は、第二条の「**ただ念仏して弥陀にたすけられまいらすべし**」という法然聖人のお言葉と軌を一にするものであります。そして、第二条の「**おのおの十余箇国のさかひをこえて、身命をかへりみずして、たづねきたらしめたまふ御こころざし、ひとへに往生極楽のみちを問いきかんがためなり。**」と述べられていた人たちも、どこか、学問的な裏付けがほしいと思っている部分があって、学問重視の心情が親鸞聖人のもとをたずねさせたのです。それゆえ、第二条においても、聖人は、

> 念仏以外に往生の方法を知っており、また、それを裏付ける経文などをお持ちではないか、と疑っておられるとすれば、それはとんでもない誤解です

> **念仏よりほかに往生のみちをも存知し、また法文等をもしりたるらんと、こころにくくおぼしめしておはしましてはんべらんは、おほきなるあやまりなり**

と念仏以外の往生の方法を否定しておられました。「法文等を知りたるらん」というのは、まさに学問をこころざしている人たちの心情でしょう。こういう法文があるとか、ないとか、この法文は、こういう意味だとか、ちがう意味だとか、そういうところに興味がいきまして、「ただ念仏して弥陀にたすけられまいらすべし」という教えでは不十分、と考えてしまうような人たちが、十余カ国の境を越えて京都までや

ってきたというのが第二条の人々です。ここの第十二条の異義の人々とも通じる人々ですね。

この問題は、後世の時代にも、あったことがうかがわれるエピソードが残っています。ある時、妙好人(みょうこうにん)といわれる人が、蓮如上人の御文章をありがたそうにぺらぺらめくっていたところ、その人は、実は、文字が読めないものですから、そばにいた人が、あなたは文字が読めないのだから本をめくっても意味がないでしょう、と揶揄(やゆ)したら、いや、私には分かる。「本願を信じ、念仏を申さば仏に成る」と書いてある、と答えた、というのです。

一つひとつの文字や内容を知らなくても、そこに流れている教えは、すべて「本願を信じ、念仏を申さば仏に成る」ということです。これは、「ただ念仏して弥陀にたすけられまいらすべし」ということと同じ趣旨になるわけですから、

（2）このこと以外に、どんな学問が浄土に往生するために必要でしょうか。 ―― そのほか、なにの学問かは往生の要(よう)なるべきや

学問すれば、いろいろな議論も出てきますけれども、それを最終的にまとめていえば、結局、「本願を信じ、念仏を申さば仏に成る」ということに行き着くわけです。このエピソードはそのことを雄弁に示しています。これは、いつの時代にも繰り返される学問重視の異義への警鐘として記憶すべきものでしょう。

本(ほん)と末(まつ)

しかし、「本願を信じ、念仏を申さば仏に成る」の「本願を信じ」がないと、念仏は空念仏(からねんぶつ)になってし

まいます。空念仏では仏に成れません。念仏は、「本願を信じ」て称える念仏でなければならないのです。ですから、ご信心が必須なのです。

では、「本願を信じ」というのは、どういうふうにして達成されるのかといいますと、親鸞聖人は、念仏の「いわれ」を聞かせてもらえ、とおっしゃいます。その「いわれ」を聞くところに、本願を信じる世界が開かれてくるのです。

「仏願の生起本末を聞いて、疑心あることなし、これをすなわち聞という。」（『教行信証』信巻『聖典』二五一頁）

という親鸞聖人の有名なお言葉がありますが、「仏願の生起本末」の末は具体的な念仏を指しています。本の方は、罪悪深重の凡夫を救いたい、という「仏の願い」、「誓願」、第十八願を指しています。この誓願を本として、それが具体的に現れ出たものが、末の念仏ということです。ですから、逆に、現実の念仏をとおして、大本の仏様の願いのこころをいただいていく。これによって「本願を信じる」世界が開かれる、ということになります。

したがって、「ただ念仏して」と、念仏を称えるために、教えがあるのであって、それ以外のために教えはないのです。そのことを学んでいくのがお聴聞（ご法話を聞く）ということです。そうすれば、本願が具体的に我々にはたらいてくる姿こそが念仏すなわち南無阿弥陀仏であった、ということが明らかになります。そこに、他力の真実の具体的なはたらきがあるのです。「他力真実」を受け止めた証は、念仏を称えつつ本願を信じ、さらに念仏を称える、ということに尽きるのです。

（3）まことに、この道理を知らずに迷っている人は、ど――まことに、このことわりに迷へらんひとは、いかにもこまでも学問して、本願が起こされたいわれを知るべきです。

いかにも学問して、本願のむねをしるべきなり。

どんなに教えを聞いても、その教えのあらわすところの本意、つまり念仏と本願の関係を心得なければダメでありまして、そこに表わされている一番大事な、念仏を称えて「仏に成る」ということの重要性に気づかなければ意味がありません。

とかく学問をしますと、枝葉些末な理屈の方についついこだわり、念仏を怠りがちであります。そうではなくて、本意をつかむ、ということです。そうすると、根本の「本願を信じ、念仏を申さば仏に成る」というところに当然行き着くはずです。何もむずかしい話はいっさい必要ないはずですが、とかく私たちは、むずかしい話を聞きたがったり、むずかしい議論をしたがる傾向があります。親鸞聖人のみ教えは、単純明快に言い切って、「本願を信じ、念仏を申さば仏に成る」がすべてなのです。

易行の念仏

（4）文字も読めず、経典や注釈書の筋道も分からないような人でも称えやすいようにと如来様が考え出された名号ですから、この名号を称えることを「易行」（やさしい修行）というのです。これに対して、学問を中心とするのは、聖者のための教えで、仏の覚りを開くには、きわめて至難な修行なので、これは「難行」と名づけられています。

一文不通にして、経釈の往く路もしらざらんひとの、となへやすからんための名号におはしますゆゑに、易行といふ。学問をむねとするは聖道門なり、難行となづく。

この段は、まず、他力浄土門と自力聖道門との違いを明らかにしています。それが易行の念仏ということです。念仏はいつでも、どこでも、どんな状況のなかでも、実践できるので「易行」（やさしい修行）なのです。ですから、易行の念仏というのは、文字も読めず、お経や註釈の内容がさっぱり分からない人たちのための修行です。このことからも、そもそも学問は不要ということです。

一般に修行と言えば、身と口と意の三つの行為を指すのですけれども、身業（身体で行うところの修行）がいちばん中心です。しかし、それは誰でもが可能な修行ではない。殊に、在家の人たちには生業がありますから、出家修行者と同じにように修行するのはむずかしいです。世間を離れたところの、出世間者でないと身業の修行は出来ません。

それに対して、口で称える念仏は、生業につきながら出来ることなので、在家の人にも出来る修行です。たとえ口でできないとしても、心では行うことができますから、意業にはなりえましょう。したがって、浄土真宗の人たちは、いろいろな仕事をしながら念仏を称えることを専らにしたのです。在家の人にもできる修行、それこそまさしく、易行であります。

それと同時に、この易行はそんなにむずかしい理屈を並べなくてもいいのです。むずかしい学問は、聖道門の人たちにまかせておきましょうと、学問不要の意味でも易行とされた。それなのに、経典や注釈書を読み、学問をしないものは念仏してもダメだという、学問を条件にするような言い方をしているのは、難行すなわち自力聖道門の方に価値をおいているからだということです。この『歎異抄』が書かれた時代に、浄土真宗の人たちは、自力聖道門と他力浄土門の区別をきっちりして、自力聖道門の方に戻らないようにしたということは今日からみれば正解でした。

でも、他力易行の門を強調すると、結局、法然聖人の時代に栂尾の高山寺の明恵上人が、『摧邪輪』を著して批判したように、念仏の教えは仏教にあらず、といわれてしまうのです。修行もやらなくて、何で覚りが開けるものか、それは仏教の大前提である「発心」をも否定するもので、それは仏教ではない、というのです。それには一定の説得力があったものですから、浄土宗はだんだん聖道門の方に傾いていった。それに対して、浄土真宗は、絶対そんなことはない、他力易行ということは仏教として立派に成立するのだ、念仏を称えれば信心が得られる、信心はすなわち発心だ、というのが、親鸞聖人の『教行信証』における主張です。

そういう意味で、他力易行を貫いて、『歎異抄』でも、聖道門の方に近づいていくのを押しとどめて、学問往生を批判しているのです。

名聞・利養に住する人

もう一つの問題として、学問を推奨する人たちは、あやまって名誉や利益に傾く危険性があります。すなわち、知らず知らずのうちに、

(5) 学問したら救われるように勘違いし、しかも、学問したことで名誉欲と財欲を満たそうと思いこむ人

あやまって学問して名聞・利養のおもひに住するひと

になってしまうということです。学問をしたことで、世間の人々から一目おかれるようになり、いつしか、学問と名誉や利益がくっついた人になっている、という批判です。

名聞というのは、名誉、名声のことですが、広く、今の言葉に直していえば、プライドとか、悪い方でいうときの自慢、自惚れ、あるいは面子、世間体ということです。名聞の人は、他人から悪く思われたくない、善い人と思われたいといつも世間を気にしていませんか。

利養というのは、損得勘定、私利私欲です。人間の我欲というものは、無意識のうちに、自分が有利になるように物事を結びつけていく。自分に執着する気持ちが自然に損をしたくない気持ちと結びついて、私欲をかきたて、自分が得する方に傾くのです。自我優位差別です。

こうして、名聞とか利養に結びついた我欲、我愛というものが、いちばん宗教を危ういものにしています。知らず知らず、俗に堕ちてしまいます。この俗心は、結局、自分をダメにしていくわけです。仏教では、これを煩悩と捉え、鉄の錆のようなものだといいます。鉄の錆というのは、外から腐食するのでなくて、自分の中から出てきて、自分をボロボロに滅ぼします。自滅をもたらすものが錆です。それが煩悩です。

聖なる道は、世間から称賛される。それがかえって自己を誇り、名聞・利養に自分を近づける。自己への執着心にかかわらせることになるのです。俗に堕ちる。俗の世界のいちばんの問題は、結局みんな自滅していく世界だということです。自分で自分の首を絞めていく世界。一見、他から攻められて崩壊していくように見えますけれども、実際は、全部、内部から崩壊しているのです。

例えば、会社が倒産するというのも、時代の状況について行けなかったから倒産するのでしょうけれども、では、なぜ時代の状況について行けなかったかというと、自分たちの今の組織にあぐらをかいてしまったからでしょう。つまり自己改革ができなかったのです。自己改革できないのはなぜかといいますと、我愛とか、我欲にしばられたからです。その我欲とか、我愛は何をしたかといいますと、名聞と利養に走ったということです。自分たちの面子が立たないとか、プライドが許さないとか、これまでの伝統は捨てられないとか、過去にこだわったり、あるいは目先の利益にこだわって、将来を見すえた投資を怠った。問題をみんな先延ばしにする話にしてしまった。これが自己改革をにぶらせる執着心です。これが名聞と利養にこだわって自滅していくプロセスです。そういう俗心を離れていかないとダメだというのが、本来の仏教の主張です。

学問とか、修行というものも、気をつけないと、自力の修行というやり方だと、自我が捨てられないので、我欲、我愛が無意識のうちに忍び込んでしまいます。そうすると、せっかくの仏教の学問も、修行も、名聞とか利養に染まったものになってしまう。聖なるものを目指しながら、実態は自身に執着し、俗の世界にはまってしまう。そこに自力聖道門の危うさがあるのです。

特に、修行には、進んでいる人、いない人という段階があるので、上位にある人と、下位にある人の序列ができてしまいます。そうすると、上下関係の中で、避けがたく名聞（プライド）とか利養（優位差別）というものが出てきてしまうのです。ここをいかに乗り越えるかです。聖道門の自力では、これの解決が難しい。自己を高めつつ自己への執着心をも離れなければならない、というディレンマに悩むことになります。

他力易行の門にいることのありがたさは、名聞と利養にできるだけ引っかからないように、如来様の目線からの悪人や凡夫の意識が保たれることです。悪人や凡夫の意識を失わないことで、上下や優劣の観念は基本的に払拭され、人間は皆平等に愚かで罪深いと気づかされます。

そこに、親鸞聖人の「愚禿（ぐとく）」「愚者」という一切平等の思想もあるわけです。私たちが利養と名聞にはまらないようにしていくうえでは、「愚」という意識が肝要であります。よって、名聞と利養は仏様のお覚りの世界にはないものですから、そんなものにとらわれたら浄土に往生はできません。成仏もかないません。だから、「あやまって」学問して、と注意してありますね。学問を誤って名聞・利養の想いにとらわれる人は往生は難しい――。そのとおりですね。

教義論争は自慢話

次は、学問が高じて他宗の人と教義論争をしてしまう問題です。これも異義を誘発します。

（6）このごろ、専修念仏の人と聖道門の人とが、教義に関する論争をくわだて、たがいに「私の宗旨こそ勝れている。その他の宗旨は劣っている」と主張しているうちに、念仏に敵視する者も現われ、念仏を悪くいう者も出てきました。

当時、専修念仏のひとと聖道門のひと、法論をくはだてて、「わが宗こそすぐれたれ、ひとの宗はおとりなり」といふほどに、法敵も出できたり、謗法もおこる。

「法論」つまり教義に関する論争をすれば、当然、「わが宗こそすぐれたり」ということになりますね。これは、結局、自宗の自慢話になってしまいます。そして、誰々は優れているという話は、優れているといったとたんに、他者は劣っているという話になっているのです。そうすると、快く思わない者も出てくるのです。お互いに競い合うことになる。競い合いもエスカレートすると、自分たちは負けたくない、という争いになるのです。その結果、相手の教えの悪口をいうということも起こる。これを仏教では、「勝他の争い」といいます。

（6）…これでは、かえって自分たちでわが教えを誇り破ることになるのではないでしょうか。

これしかしながら、みづからわが法を破謗するにあらずや。

まったく競争というものは、結局、報復され、自分たちの教えに傷をつけることになるのです。

浄土真宗の姿勢

そこで、浄土真宗の姿勢として重要なことが次のように述べられています。これは現代においても重要な姿勢と思われます。すなわち、

（7）たとい、他宗の人々が、こぞって〝念仏は、つまらない者たちの教えであり、その教えは、浅薄で低級だ〟とけなしても、少しも争わないで、〝私たちのような、能力の低い凡夫で、しかも文字も読めない者でも、ただ信じれば救われるという如来様の仰せをお聞きして信じているばかりです。あなた方のような能力の勝れた人にとっては低級な教えでありましても、私たちのような者のためにはこれ以上ない最高の教えです。たとい、他の教えが勝れていましても、私たちの能力の及ばないものであるならば、そ

たとひ諸門こぞりて、「念仏はかひなきひとのためなり、その宗あさし、いやし」といふとも、さらにあらそはずして、「われらがごとく下根の凡夫、一文不通のもの、信ずればたすかるよし、うけたまはりて信じ候へば、さらに上根のひとのためにはいやしくとも、われらがためには最上の法にてまします。たとひ自余の教法すぐれたりとも、みづからがためには器量およばざれば、つとめがたし。

れを修行していくことは不可能です。

たとい、他宗の人々から、念仏はつまらない者たちのための方便の教えだと軽蔑されても、〝あなた方にとっては、つまらないものかも知れません。しかし、私たちのような能力のない凡夫、文字も読めない愚か者には、これしかないのです。〟といえば、誰もそれ以上咎めたりはしないでしょう――。その通りですね。こういうふうに、徹底して自分たちのような愚かな者のためには、これしかございせん、と自らを見極めておくことが肝要です。そうすれば、何も相手とどっちが勝れているか、ということで争うことにはならないでしょう。

そして、〝皆さま方の宗派の教義はまことに素晴らしいのですけれども、私たちにはその能力がないために、それが遂行できないのでございまして、申し訳ございません。〟といえば、争いになりようがありませんね。

とにかく、大切なことは、

(8) とにかく、仏教には多くの教えがあって、どの教えも、だれもが生死（しょうじ）の迷いをのがれて覚りを開くことを教えており、それが諸仏のご本意でしょう

――

われもひとも、生死をはなれんことこそ、諸仏の御本意にておはしませば

ということですから、どちらが優れているか、ではなく、どの宗派もお互いに生死を離れていく、迷いを超えていくということにつながることが大事であります。私たちには、念仏よりほかに、生死を超えてい

く道はないのですから、念仏を称えることをお許しください、邪魔しないでください。こういってお願いをすれば、争う必要は何もないでしょう。そうやって、憎らしそうにいわなければ、誰からも文句はいわれないでしょう――と。

今の世の中は、たいして偉くもない人が偉そうにするものだから、俗っぽくなってしまうのです。だから、真実、愚か者であることを自覚して、愚かさに徹すれば、誰も邪魔の仕様がありません。私たちは愚か者に徹したらどうですか、ということです。賢ぶるよりも、愚かさに徹することは、言う以上に実行はむずかしい。プライドが許さない。けれど、愚か者に徹することができている人を見ると、これこそ真に立派な人だ、まねができないと感服しますね。大したものです。これは、お念仏をいただいていくことから生まれてくる真実に目覚めた者の愚者の自覚ですね。念仏以外からは生まれてきようがありません。

最近は、私が下手に出ると、相手がつけあがる。それは許せない。このつけあがるのをどうすればいいですか、と訊かれます。確かにそういう人がいないわけではないけれども、相手がつけあがるために、こっちもつけあがったらどうなるかというと、喧嘩(けんか)になるだけです。喧嘩したらどうなるかというと、イソップの童話の一本橋のうえで、山羊(やぎ)がお互いに譲らないで、俺が先だ、いや俺の方が先だと争っていたら、両方とも川に落ちるではないですか、それと同じです。共倒れです。それでは、仏様の世界に心を置いているとはいえないでしょう。仏様の世界に立って、もっともっと広いところからものを見て、つけ上がるならば、つけ上がらしてみようではありませんか。阿弥陀仏様はちゃんと見てくださっています、くらいの余裕が持てたらいい――。

私も、この頃思うのですけれども、世の中というのは、一人一人の人間の努力で生きているように思うけれども、人間の努力以上に、それ以外の力、たとえばさまざまな縁がはたらいている世界です。そのことに気づいてみれば、個人がどんなにつけ上がって見たところで、限界があるのではないかと思われます。縁のはたらきの方が大きい。ですから、相手を増長させてつけ上がらせるのは、悔しいと思うのは、こっちの都合ですけれども、それを悔しがらずに、つけ上がらせたら、あの人はどの辺までつけ上がるのだろうと余裕をもって見ていれば、つけ上がるといっても限界が見えてくるのではないかと思います。つけ上がらせるだけつけ上がるのは、我慢ならぬ、という人がいますが、それはまだ、自分のプライドや利益にこだわり、自分が悔しいと思っているからではないか、ということです。それは要するにまだ自分への執着があるのではないでしょうか。仏様の他力におまかせができていない――。

　相手の人が好き勝手にやっているとしても、それがいずれはできないようになるときが必ず来るように人生は縁でできているのです。何事にもちゃんと限界があるように、好き勝手も、いつかはかならずできなくなるようにできているということが、長い目で分かっていくことが縁起という仏様の眼で物を見、他力の仏法を信じていくということではないかと最近は思っています。

始末は阿弥陀仏様におまかせ

　特に、いのちという観点から見ていくと、人生も上げ潮の時と、引き潮の時とあります。いのちが強くなっていく時と、いのちがだんだん衰えていく時とあります。いのちが絶頂に向かっていくときは、いろいろな矛盾もかき消されてしまいますが、それがいったん衰えていくようになると、その隠れていた矛盾が一気に吹き出してくるものです。

　ですから、私たちがそんなに目くじら立てて怒らなくてもよい。仏法という厳かな宇宙の道理に反することは、必ずしっぺ返しを食うようになっているのです。自業自得の道理です。これが必然の道理です。

悪者も、いつまでも悪が出来るわけはなくて、必ずどこかで捕まるように出来ているように、悪いことをして繁栄したといっても、そう長続きはしないように出来ているのが、この世の中ですから、そういうふうになっている法の世界を信じて、そこに軸足を置いていくということが大事ではないかと思います。

誰かが悪いことをしたといって目くじら立てて怒らなくても、その悪は、無理（道理なし）ですから、どこかで墓穴を掘るように出来ています。それが法の世界の節理というものです。ですから、一時的に悪が栄えることがあるかも知れないけれども、それをもって何も悔しがる必要はない。阿弥陀仏様のお慈悲という大きな宝物をいただいている我が身ですから、と、この頃思います。

よって、論争に頭を突込むと、煩悩にからめ取られます。

（9）論争すると、そこにもろもろの煩悩が生じる　――かつは諍論のところにはもろもろの煩悩おこる

とある通りです。

どっちがすぐれているかといって、議論に走ると、そこには自我中心の煩悩がにじみ出てしまいます。自分が負けるのはイヤだ、悔しい、と。だから、「金持ち喧嘩せず」ということが大事です。喧嘩をするのは、心の貧しい人のすることだ、ということです。阿弥陀仏様のお慈悲をいただいているという大金持ちだから喧嘩する必要はない。阿弥陀仏様のお慈悲という宝物をもらっていない〝貧乏人〟は、自分の財産で何でもまかなわなければいけないのですから、自力にならざるをえない。だから、自我対立の財産争いが避けられないのでしょう。

私たちは、成敗をすることは阿弥陀仏様におまかせして、私たち自身で成敗をすることはしないことで

す。自分たちで始末をつけようとすると、争いになりますからね。諍論になります。そうすると煩悩が起こりますね。

仏智の不思議を信じる人は、仏智の不思議に任せてしまえばよい。そうすれば、ちゃんと仏智の不思議が、始末をつけてくださいます――。よって、

智者遠離すべきよしの証文候ふにこそ。

（10）智慧者は論争から遠ざかるがよい、という証拠の文もあることです。

といわれる所以です。教義論争などというものは本当に智慧ある人は避けるのです。『往生要集』の中に引用されている『大宝積経』の証文もそのように忠告しているよ、と証拠をあげていわれるのです。

愚者になりきる

先程も申し上げたように、世の中は、愚か者になれたら本物なのです。元々、愚か者なのですから。しかし、なかなか愚か者になれませんから、みんな争いをしてしまうのです。親鸞聖人のみ教えをいただくということは、智慧の眼すなわち阿弥陀仏様の眼をいただくことです。そうすると、阿弥陀仏様の眼に映った自分の姿が明らかになります。それが愚か者の姿です。そのことを「愚禿親鸞」と親鸞聖人はご自身の身をもってお教えてくださっています。

横川の源信僧都は「頭を下げて通る」人でした、といわれます。天皇さまに仏教の講義をし、お誉めのことばとともに高級な羽二重の反物をいただかれて、お母さんにそのことを自慢げに話したところ、お母

さんは、おまえはそんな名誉のために仏教を勉強しているのかと叱られて、それ以来、「頑魯の源信」と、自分は頑固で無知な源信だといって、立派な人だけれども「頭を下げて通られた」というのです。そして、「極楽に往生していく道こそ、濁った末世における真理を見る眼と正しく生きる足となるものである」（**それ往生極楽の道は、濁世末代の目足なり**）と示されました。源信著『往生要集』の冒頭の言葉です。愚かな人間の住む濁りの世の中において、目と足になる物差しは極楽に往生していくという方向性を持つことだ、とのお示しです。

次に、法然聖人は、「愚痴の法然房」といわれまして、「頭が自ずから下がった」人、といわれます。頭を下げる努力をしたのは源信さんですけれども、法然さんは、努力なしに自然と頭が下がった人だったというのです。「実るほど頭を垂れる稲穂かな」ということですね。それほどに立派であった。

これに対して、親鸞聖人は、「愚禿親鸞」といわれまして、「一生頭が上がらなかった」人ということです。

ですから、私たちも、一生頭が上がらずに生きていけたら、阿弥陀仏様の眼に忠実に生きることになりましょう。しかし、なかなか親鸞聖人のようにはなれませんから、時々頭が上がり、腹が立ったり、しゃくにさわったりするのですけれども、智者は、そういう諍論を遠離なさるのでございます。ちゃんと阿弥陀仏様がよいようにしてくださるよ、とおまかせしましょう——と。

阿弥陀仏様は私たちの思うようにはしてくださらないのです。私たちは願い事をいろいろもっていますけれども、それをいちいちかなえてくれる仏様が阿弥陀仏様ではありません。第一、そんなことは叶えようがない。けれども、最終的に、収支あいつぐなって、これでよかったと、結果的に人生を善いように収めてくださるのです。一生を貫いてみると、ちゃんとつじつまが合うようにしてくださるのです。そこが凄いところです。

私たちの人生は、誰一人として、自分の思いどおりにできている人はいないけれども、阿弥陀仏様は、自分の人生はこれでよかったな、というふう仕上げてくださる。自分の思いどおりにしないと気がすまないとか、自分の思いどおりにならなければ、いい人生ではなかった、というように、自分の思いどおりにすることとイコールが善いこと、その反対は悪いことと考えてしまいがちですが、そういう人生は、死というちばん嫌な事実に遭遇して、最後は、夢破れた悲劇、ということになるでしょう。

こういう考えは、そもそも、ものの尺度が間違っているのです。思いどおりになる人生。思いどおりにする人生。そんなことはありえない。それは、ありえない夢想の人生を求めている、ということです。

この頃、学校の先生たちも、生徒に、夢を持て、夢を実現するために人生がある、というのですが、これはいかがなものでしょうか。夢を持つことは悪いことだとはいいませんけれども、私の人生は、夢をかなえるためにだけあるのだといったら、夢がかなわなかった人はどうするのか、ということになります。

私たちの人生は最後には、体力も気力もみんな衰えていくのですから、無限に、夢のために頑張れるわけはありませんね。やっぱり、人間は、最後は、自分の思いどおりにならない。夢は潰(つい)える。それが人生というもの。でも、そこにおいて阿弥陀仏様のお慈悲に出会えた、この世の人生がこの世を超えた世界に往く道筋となった、それがすばらしい、幸せだ、というところに照準を合わせ、そこをしっかりと見すえていないといけないでしょう。思い通りにならない人生だからこそ阿弥陀仏様に出会え、尊い御教えに出会えて、本当によかったと思える人生にしていかなければなりませんね。

親鸞聖人は、「愚者になりて往生する」という、師の法然聖人のお言葉を大切になさり、愚か者に徹することによってそういう尊い阿弥陀仏様のお救いにあずかる道がある、とお示し下さっているのです。

七宝の獄

自分は善を行える、と思っている人は、仏智をたよらず、仏智の不思議を疑うのです。仏智の不思議を疑うということは、すべてこの世の中のことは、自分の力で何とかしなければならない、と思い込んでしまうということになります。しかし、先程も申しました通り、この世の中は自分の思い通りにはいかない。そこで、苦が避けられない。それは、自分の力を超えた、不思議な力がはたらいて、この世は成立しているからです。不思議ということが分からなくて生きている人たちは、思い通りにいかないことも自分の責任にせざるをえないので、自分で自分を責め、自分の首を絞めることになるのです。

自分で自分の首を絞めるというのは、「七宝の獄」に陥るということです。七宝というのは、宝の山です。宝の山の中に入って、宝を手に入れるとそれに執着し、奪われないように警戒し、結局、警戒心ばかりがつのって身動きが取れなくなりますね。繁栄に執着し、その結果、繁栄という名の獄につながれる。自業自得の道理です。その自業自得の道理はどこから来ているかというと、仏智の不思議を疑うからです。親鸞聖人は、そのことをご『正像末和讃』六七に

　自力諸善の人は皆
　仏智の不思議を疑えば、
　自業自得の道理にて
　七宝の獄にぞ入りにけり

と詠っておられます。人間のちからを超えた力が、この世の中にははたらいているという、仏智不思議ということが分からないと七宝の獄に入ってしまうぞということです。物はあふれていても、何が幸せか分からないというのが七宝の獄です。物欲ばかりが増えてくれば、いくら物があっても足りないのです。不

満ばかりが出てくるということです。

ですから、〝幸せは自分のこころが決める〟（相田みつをの言葉）ということです。こころが「も」と思うか、「しか」と思うかで幸せと不幸せが決まるのです。「十万円も」もらったと思うか、「十万円しか」くれないと思うかで、幸せと不幸せが決まる。金額ではない。七宝の獄というのは、七宝があっても、それを「しか」としか思えない人たちで、必然的にその獄につながれていく人なのです。

そういう意味で、煩悩が入ってくれば、すべてが名聞と利養につながっていきます。当然、「しか」の心になります。私たちは、学問をするということは善いことだけれども、その学問を欲望の手段にしてしまうと、それは仏教の教えから離れたところに行ってしまうのです。自力（自我中心性）の世界にはまってしまう。そうすると、それは、仏法の世界から遠くなり、「仏智の不思議」ということが分からない世界に自分を連れていってしまうのです。

また、お聴聞すればするほど、それが鼻について、お寺参りをしない人はけしからんというような話になってしまうと、それもまたつまずきの始まりです。お聴聞した人も、しない人も、愚か者であることに変わりはありません、ということをキチッとおさえて善人意識に掴まらないよう用心することが大事です。「（7）私たちのような、能力の低い凡夫で、しかも文字も読めない者」（**われらがごとく下根の凡夫、一文不通のもの**）という視点を忘れないようにしたいものです。

信じる人もあり謗る人もある

念仏の教えは低級な愚か者のための教えだと謗る人たちに対しては、

(11) 釈尊は『この念仏の教えを信じる人々もあれば、また誹る人々もあるだろう』と説いておられることでありますから

この法をば信ずる衆生もあり、そしる衆生もあるべしと、仏説ときおかせたまひたることなれば、

(12) それゆえにこそ、往生はいよいよ間違いないと思うのでございます。

しかれば、往生はいよいよ一定とおもひたまふなり。

すべての人が信じなくてもいいのだ、と親鸞聖人はいわれるのです。私は信じるのだが、他の人がそれを誹るということがあるから、かえって、釈尊がおっしゃるように、信じる人もあれば、誹る人もある――ほんとに釈尊がおっしゃったとおりだなあ、と思えばよろしいのですよ――と。そうすれば、釈尊が往生についてお示しを下さっている『無量寿経』の教えは、信じる人も誹る人もあるから、かえって間違いない教えだ、というふうに受け取れるわけです。全員賛成というのは不自然ですからね。だから、

(13) もしも、浄土の教えを非難する人がいなかったならば、どうだろうか。信ずる人ばっかりだったならば、どうして非難する人がいないのかと不自然に思うはずです。

あやまってそしるひとの候はざらんにこそ、いかに信ずるひとはあれども、そしるひとのなきやらんともおぼえ候ひぬべけれ。

と、かえって自信を深めていいよ、といわれるのです。

親鸞聖人は『教行信証』の一番最後のところにも

うれしいことに、私は心を阿弥陀仏の広い本願の大地に根づかせ、雑念も仏様の法の海に流して忘れます。如来様が一番私の身の上を案じて下さっていることを知って、それを教えて下さった。師匠のご恩に感謝しています。慶びは大きく、尊敬の念はますます重くなっています。そこで、真宗の教えをまとめ、浄土の教えの要をひろって「教行信証」を作りました。ただ仏恩が深いことを思うばかりで、人々の嘲笑など気にもならない。もし、この書を見聞きした人は、きっと、信順を因とし、疑いや謗りを縁として、ご信心をいただいて、本願のはたらきにこたえ、安養の浄土に往生して覚りを達成することであろう。

慶ばしいかな、心を弘誓の仏地に樹て、念を難思の法海に流す。深く如来の矜哀を知りて、まことに師教の恩厚を仰ぐ。慶喜いよいよ至り、至孝いよいよ重し。これによりて、真宗の詮を鈔し、浄土の要を摭ふ。ただ仏恩の深きことを念うて、人倫の嘲りを恥じず。もしこの書を見聞せんもの、信順を因とし、疑謗を縁として、信楽を願力に彰し、妙果を安養に顕さんと。

（『聖典』四七三頁）

と述べておられます。

　もしこの『教行信証』を見聞した者は、ここに書いてあることを素直に信じて、それを因と（「信順を因とし」）してそれに従う――。また、この『教行信証』は間違っているというふうに批判する人もいるだろうが、それをもご縁とする（「疑謗を縁として」）。そうして、いずれにしても、願力をいただいてご信心を確かめていくわけです。願力の「力」というのは、具体的に私たちにはたらいてくる阿弥陀仏様の不思議なはたらきをいうわけです。その「力」が具体的にはたらいてくるところの大本、つまり、その力のよって来たるところをたずねていけば、そこに阿弥陀仏の「願い」すなわち、はたらきの真意が見いだせるわけです。これが「ご信心をいただいて本願のはたらきにこたえ」（信楽を願力に彰し）、ということです。そうして、覚りに至るのです。

願と力の成就

「信楽を願力に彰し」の願力については、『教行信証』に引用されている曇鸞大師の『論註』（『浄土論』）の文に、こういう言葉があります。

「願もって力を成ず、力もって願に就く。願、徒然ならず、力、虚設ならず。力願あひ符うて畢竟じて差はず。ゆえに成就といふ」（『聖典』一九八頁）

「願をもって力を成ず」ですから、本願が成就した故に、具体的に仏様のはたらきが私たちに届いている。そして、「力もって願に就く」ですから、その仏様の具体的なはたらきをとおして、私たちは、その奥にある願いを読み取っていく。力を持って願につけば、自から発願が起こるのです。阿弥陀仏様の不思議なご縁をいろいろいただいて、これはみんな我々をお浄土にまいらせようという願いのもとに仕掛けられたご縁なんだなぁ、ということが分かり、私たちもお浄土にまいらせていただこうという気持ちにさせられていくという。発願です。ここから私たちの成仏道が起こるのです。これがなければ、私たちに発願はありえないのです。お浄土に往きたいという心は起こるわけがないのです。私たちはこの土にいつまでもいたい、という煩悩いっぱいなのですから。この娑婆世界を離れたいという気持ちは「力もって願に就く」からです。

この世界でよっぽど惨めな思いをした人、我が子に裏切られ、もうこの世にいるのが嫌だというような、

『観無量寿経』に登場する韋提希夫人のような人は、欣求浄土（浄土を求める）、厭離穢土（穢土を離れたがる）気持があるかも知れないけれども、この世を結構楽しんでいる人たちには、当面お浄土に往きたいなんていう気持ちは起こりそうもない。その起こらない人たちに発願を促すものは何かといいましたら、それは、「力」なのです。阿弥陀仏様の不思議なご縁をいただいて、いろいろな人に出遇っていく。いろいろな出来事に出遇って誘われていくということが、みんな仏様の不思議な「力」（おはたらき）だったのです。

　したがって、「力」はご縁です。お手回しといいます。そのご縁をとおして、そのご縁の奥にはたらいている、阿弥陀仏様の願いに我々が気づかされていくことが「願に就く」です。そこから、罪悪深重の私をお浄土にまいらせようとは、何とありがたいことか、という想いが湧いてくるのです。

　そして、「願、徒然ならず」、願はむだではないぞ。「力、虚設ならず」、力（はたらき）も空しいものではないということです。

「力願あひ符うて畢竟じて差はず」、力と願とがうまく絡み合って、必ず私たちを浄土に生まれる方向へと導いていく。「ゆえに成就といふ」――願力成就というのはそういう事実のことだ、というのです。

　また、『浄土論』（論註・下）には、

〈なにものか荘厳不虚作住持功徳成就。偈に、《仏の本願力を観ずるに、遇うて空しく過ぐるものなし。よくすみやかに功徳の大宝海を満足せしむ》といへるがゆえに〉とのたまへり。

虚偽でなく変わることがないという功徳を成就する特徴とは何であるか。偈に仏の本願力を観察する者は、人生を空しく終わらせることがない。すみやかに宝の海のような広大な功徳をいっぱい成就するのであるから、といわれている。

—（『聖典』一九七頁）

とあります。ここで、「虚偽でなく変わることがないという功徳を成就する」（不虚作住持功徳成就）ということは、「仏の本願力を観察する者は、人生を空しく終わらせることがない」（仏の本願力を観ずるに、遇うて空しく過ぐるものなし）ということなのです。つまり、人生に無駄はないということ。かならず意味ある人生が成就する、ということです。

そういうことで、前掲の親鸞聖人『教行信証』の「信楽を願力に彰し、妙果を安養に顕さん」という文の「願力」ということをキチッと押さえて理解しておくと、力の奥に願があって、その願いにもとづいて、具体的な力がはたらいてきていることが明確になります。その具体的な力は何かといいますと、お名号、南無阿弥陀仏が我々に届けられているということです。これがいちばん具体的なものがらです。

その南無阿弥陀仏をとおして、南無阿弥陀仏のいわれ（本願）を聞いていって、南無阿弥陀仏のいわれが分かったところをもって、「聞即信」というのです。お聴聞で聞いたところが、そのまま、よく理解できましたというご信心になるわけです。そうすると、ご信心によって私たちは、仏様のいらっしゃる安養の浄土にいくよりほかはない、ということが明らかになってくるということ。これが「妙果を安養に顕さん」ということです。「安養の浄土に往生して覚りを達成するであろう」と見通しがつくこと。これによって大安心を得たということになるのです。

そういう意味で、親鸞聖人は、「信順を因とし、疑謗を縁として」といわれる。すべての人が信じるから、信じますということではなく、信じる人もあれば、疑う人もいる。私は信じているけれども、他の人は謗るし、信じない、疑ったまま。そういうように、両方があるということが、すでに仏説において予想されていることですから、なるほどそのとおりだなあ。と思ってますます仏説を信頼していけばいいのです、ということです。

仏はかねて知ろしめす

とはいえ、

(14) だけど、このようにいうからといって、必ず謗ってもらえというのではありません。

> かく申せばとて、かならずひとにそしられんとにはあらず。

人から悪くいわれるのがかえっていいのだとか、疑われることがかえっていいのだというふうに、一種の居直りをして、それを強調する必要もまたないのです。

この世は娑婆ですから、娑婆の人間が全部正しいことをするはずがない、というのが真理。煩悩をもっている人間同志ですから――。かといってみんなが信じないで、謗り、疑うからといって、依怙地になって、自分の信心は絶対だと固執するというのも、これもまちがいです。信ずる人もあれば、謗る人もある。それが娑婆世界でしょう、と「知って」（しろしめして）柔軟に対応するようにせよ、ということです。

よって、

(15) 釈尊がすでに前もって、信じる人と謗る人と、ともにあることをご承知の上で、『謗る人があるからといって、

> 仏の、かねて信謗ともにあるべきむねをしろしめして、ひとの疑をあらせじと、説きおかせたまふことを申す

教えを疑うことのないように』と、お説きくださっていることをいうのです、と仰せられたことでした。

なり、とこそさふらひしか。

「かねて、しろしめして」ということばが『歎異抄』には、何度か出てきますが、この「かねて」ということは、重要な視点です。私たち凡夫が気づくより前に、とっくに仏様は知っておられた、ということですから。

疑う者がいるということをあらかじめ知ったうえで、できるだけ皆さんは疑わないようにこの教えを信じてご覧なさい、と私たちの気づきよりはるか前から説き示してくださっている。それが釈尊の「仏説」だということです。釈尊は、経典の最後に、この教えを信じてくださいよといっているけれども、それは、疑う人が百パーセントなくなるようにということではありません。そんなことはないことを前提に、信ぜよ、といっているのです。

ですから、私たちも自分が信じているのだから、ほかの人も信じるはずだ、全員が信じなければ、その教えは正しくない、とか、そういうふうな極端な考え方をする必要はないということです。

学問の甲斐

(16) しかるに、このごろの人々は、学問することによって、他人からの非難をやめさせようとし、もっぱら教義の論議や問答(もんどう)を主にしようとつとめているように見受けられます。

今の世には、学文してひとのそしりをやめ、ひとへに論議問答むねとせんとかまへられ候ふにや

『歎異抄』の書かれた時代には、学問によって相手の非難の口封じをする、あるいは、論議のための議論に終始するだけの人がいた。学問をすることも、論議をすることも、信心をいただいていく手がかりとすればいいのに、目的と手段が逆転して、学問や論議が目的になってしまっている人がいた、ということです。だから、

(17) 学問すれば、いよいよ如来様のご本意を知り、広大な大悲の本願のいわれも分かって、

学問せば、いよいよ如来の御本意をしり、悲願の広大のむねをも存知して、

学問の目的を、いよいよ如来様のご本意を知らせていただくこととし、如来様の悲願の広大なお心をお知らせいただく、というところにつながっていくようにすれば、

(18) 私のような賤(いや)しい身では、浄土に生まれることはできないのではなかろうかなどと危ぶんでいる人々

いやしからん身にて往生はいかがなんどあやぶまんひと

自分を卑下し、不安をかかえている人々に対しても、

(19) 如来様の本願には善人と悪人、浄(きよ)らかな人と穢(けが)れた人の差別はありませんから、ご本願はかならずあなたを助けてくださいますよ、というふうに説いて聞かせてあげた

本願には善悪(ぜんあく)・浄穢(じょうえ)なき趣をも説ききかせられ候はばこそ、学生(がくしょう)のかひにても候はめ

ならば、それこそ学問した甲斐があるというものです。――

学問をしたことの意味は、ご信心を危ぶんでいる人たちに懇切丁寧に理路を教えることができるところにあります。そういうところに学問は使うべきなのです。

それなのに、今の世は、

(20)ところが、たまたま、何のはからいもなく本願のこころにかなって念仏を称えている人に対して――たまたまなにごころもなく、本願に相応して念仏するひとをも

何のはからいもなく(なにごころもなく)、何の理屈もいわずに、純朴に、素直にすっと教えをいただいている人、すなわち、本願に相応している人、そういう人に対して、

(21)「もっとちゃんと勉強をしないとダメだ」と不安におとしいれるならば、この人は、仏法のはたらきを妨げる悪魔であり、仏様の怨敵です。この人は、自ら他力のご信心に欠けているばかりでなく、誤って他人を迷わそうとするものです。――学文してこそなんどといひおどさるること、法の魔障なり、仏の怨敵なり。みづから他力の信心かくるのみならず、あやまって他を迷はさんとす

学問しなければダメだという人は、自分自身の努力を肯定することになり、自力に傾いて、かえって他

力ということを分からなくしているのです。ですから、そういうことにならないように十分気をつけなければいけません。そうしないと、

(22) こういう人は、亡き親鸞聖人のお心に背くことになります ――― 先師(せんし)の御こころにそむくことを

また、

(23) こういう人は阿弥陀如来の本願に沿っていない ― 弥陀の本願にあらざることを

と、こういうふうにおっしゃって、こういう人びとは、

(24) あわれな人びとと申さねばなりません ― かねてあはれむべし

と歎きつつ本条は終えられています。

第十五条　この世で仏には成れません

第十五条は、浄土真宗の救いのすばらしさを強調するあまり、この世で覚れるような話にまでもっていってしまう即身成仏（そくしんじょうぶつ）の異義です。これも明らかに行き過ぎです。これも理屈に傾きすぎて、実態にそぐわない異義です。この世で成仏の証を立てられる人がどこにおりましょう。煩悩が全くない、そんな立派な人は見たことがありません。そこを考えて見れば、この主張が無理なことは明白なのですが、「正定聚（しょうじょうじゅ）不退（ふたい）」というお覚りに近づいた状態を強調すると、このような主張がでてきます。机上の空論ですね。だから頭でっかち。

しかし、この第十五条に関連して、今日でも、浄土真宗にとっての大きな課題は、浄土真宗はサタデーナイト・レリジョン（Saturdaynight Religion）（土曜の夜の宗教）か、という批判があることです。サタデーナイト・レリジョンというのは、土曜の夜は、日曜日が待ち遠しい状態ということで、浄土真宗は、あの世の極楽往生を待ち望むだけの宗教か、と問うているのです。あの世の往生ばかりいっていて、この世のご利益がないではないかと、そういうことを皮肉って、サタデーナイト・レリジョン（Saturdaynight Religion）と名づけたもののようです。

（1）阿弥陀仏に救われたならば、煩悩をまるごとかかえているこの身のままで、この世で覚りが開けるということ、

煩悩具足の身をもつて、すでにさとりをひらくといふこと。この条、もつてのほかのことに候ふ。

これはもってのほかの議論です。

(2) この身このままで成仏するという即身成仏（そくしんじょうぶつ）の教えは、真言宗の秘密の教えが中心に説くところで、三密加持といって手に印を結び、口に真言を唱え、意（こころ）に大日如来を観じて、大日如来と行者がひとつになることによって達成される覚りです。(3) また、視覚・聴覚・嗅覚・味覚・触覚・意識の六感を清浄にする六根清浄は法華宗がこれこそ最高とする教えで、身と口と意（こころ）と誓願とによって身も心も安楽にみちびく修行によって感得する功徳です。(4) これらはみな難行であり、能力の高い人が励むこと。超越的観察力を完成した人だけの覚りです。(5) これに対して、来世で覚りを開くというのが浄土の教えであり、往生は信心をもって決定するというのが変わらぬ通則です。(6) これこそ易しい修行であり、能力の低い人でも実行できる行いで、善人・悪人を選ばない教えです。

(7) 今生において煩悩も悪の障りも断ち切るなんてことは、極めて難しく、(8) 真言宗や、法華宗のお坊さんだって来世を祈っているではないですか——。

(9) まして私たちのように戒律も守れず、理解力もない

即身成仏は真言秘教の本意、三密行業の証果なり。六根清浄はまた法華一乗の所説、四安楽の行の感徳なり。これみな難行上根のつとめ、観念成就のさとりなり。

来生の開覚は他力浄土の宗旨、信心決定の通故なり。

これまた易行下根のつとめ、不簡善悪の法なり。

おほよそ今生においては、煩悩悪障を断ぜんこと、きはめてありがたきあひだ、真言・法華を行ずる浄侶、なほもつて順次生のさとりをいのる。

いかにいはんや、戒行（かいぎょう）・慧解（えげ）ともになしといへども、

者であっても、阿弥陀仏の願いの船に乗せていただいて生死の苦海を渡り、真実の報土に到着すれば、煩悩の黒雲もたちまちに晴れ、法性を覚って、覚りの月がたちまちあらわれて、あらゆる方角にゆきわたる仏様の光明に同化して、すべての衆生を助けることが出来るのです。この利他をなしえることこそ私たちの求める真の覚りです。(10)この世で覚りを開く人、要するに即身成仏できるという人は、釈尊と同じように相手に応じていろいろな姿を現わし、三十二相・八十随形好（ずいぎょうこう）という、普通の人にはない特色を示して説法し、衆生に利益を与えられるとでもいうのでしょうか。

これができてこそ、今生において覚りを開くという即身成仏の本意を果たすものでありましょう。

(11)親鸞聖人はご和讃（高僧和讃）に

「金剛堅固なる信心が定まりさえすれば、阿弥陀仏の心の光に摂め護られて、永久に生死の迷いを離脱することができる」

と述べています。ひとたびご信心が定まりさえすれば、阿弥陀仏様がすべて受け容れて見捨てないでいてくださるの

弥陀の願船に乗じて、生死の苦海をわたり、報土の岸につきぬるものならば、煩悩の黒雲はやく晴れ、法性の覚月すみやかにあらはれて、尽十方の無碍の光明に一味にして、一切の衆生を利益せんときにこそ、さとりにては候へ。

この身をもつてさとりをひらくと候ふなるひとは、釈尊のごとく、種々の応化の身をも現じ、三十二相・八十随形好をも具足して、説法利益候ふにや。これをこそ、今生にさとりをひらく本とは申し候へ。

『和讃』（高僧和讃・七七）にいはく、「金剛堅固の信心の　さだまるときをまちえてぞ　弥陀の心光摂護して　ながく生死をへだてける」と候ふは、信心の定まるときに、ひとたび摂取して捨てたまはざれば、六道に輪廻すべからず。

で、六道に輪廻することはなくなります。そうすると、(12)生死の迷いを離れることができますが、(13)このように正定聚不退の位についたということをもって、これを覚りと勘違いしてしまっているのでしょうか。残念なことです。「浄土真宗では、今生では阿弥陀仏様のご本願におまかせして、(14)かの土で覚りを開かせてもらうのである、と法然聖人から教えていただいております。」と亡き親鸞聖人もおっしゃっています。

しかれば、ながく生死をへだて候ぞかし。かくのごとくしるを、さとるとはいひまぎらかすべきや。あはれに候ふをや。「浄土真宗には、今生に本願を信じて、かの土にしてさとりをばひらくとならひ候ふぞ」とこそ、故聖人（親鸞）の仰せには候ひしか。

この世のさとりは難行

浄土真宗もこの世におけるご利益があるよ、ということを強調すると、この第十五条の異義のような、究極的には、即身成仏のように、この世で覚りが開けるという話にまで至ってしまいます。『正信偈（しょうしんげ）』に「煩悩を断ぜずして涅槃を得る」（不断煩悩得涅槃（ふだんぼんのうとくねはん））とある教えを強調するあまり、

(1)阿弥陀仏に救われたならば、煩悩をまるごとかかえているこの身このままで、この世で覚りが開けるとまでいってしまった極端な主張です。

煩悩具足の身をもって、すでにさとりをひらく

これは、

（2）この身このままで成仏するという即身成仏の教えは、真言宗の秘密の教えが中心に説くところで、三密加持といって手に印を結び、口に真言を唱え、意に大日如来を観じて、大日如来と行者がひとつになることによって達成される覚りです。

即身成仏は真言秘教の本意、三密行業の証果なり

とありますように、即身成仏（そくしんじょうぶつ）を目指す真言宗に近い教えになるのです。即身成仏は理屈では可能でも、本当に即身成仏できたかどうかの判断が非常に難しい。真言密教、つまり真言宗では、宇宙的な力である大日如来の身口意の三業と、人間の三業とが、ある秘密の修行方法によってつながること（これを三密加持（さんみつかじ）という）によってこの世で成仏が可能になるというのですが、これは、理論上成り立つとしても、現実にどこまでそれが実現できるか、そこが問題です。少なくとも、だれもがたやすく出来る話ではないでしょうし、だれがその証明をするのでしょう。きわめて難しいことです。

それに対して、『法華経』には「六根清浄」が説かれます。

（3）また、視覚、聴覚、臭覚、味覚、触覚、意識の六感を清浄にする六根清浄は法華宗がこれこそ最高とする教えで、身と口と意と誓願とによって身も心も安楽にみちびく修行によって感得する功徳です。

六根清浄はまた法華一乗の所説、四安楽の行の感徳なり

この『法華経』の教えでは、「諸法実相」といって、この世のあらゆる現象は真実の相のままである。我々は仮のように思っているけれども、この世の無常の移りゆくまんまが真実相、つまり真実の様相を現している、というのです。ですから、花は咲き、花は散るということは、それが、そのまま、覚り、すなわち真実の相ということです。

『法華経』というお経は、この世のあり方を全部認める。そういうところを思想的な特色としてもっています。これを別の言葉でいうと、「一色一光、無非中道」といいまして、この世における一つ一つの事物が、一つ一つ輝きをもち、全部中道をあらわすものでないものはない、として、仏教の根本の覚りである「中道」を実証している、というのです。

この世の中をよくよく子細に眺めてみますと、すべてのものがお互いに助け合って生きている。そのありかたは、絶妙のハーモニーをあらわしているではないか、というふうに捉えれば、この世の、このまんまが真実である、ということも確かにいえますね。しかし、それをそのように率直に受け止めることができない私という人間がいる。人間は煩悩をもって、色メガネで自分に都合のいいように歪めて見るので、事物が中道のまま、ありのままには見えてこない、ということです。

でも、六つの感覚器官（六根）を清めて、自分の都合とか、色メガネなしにこの世の中をありのままに見ていけば、それぞれがそれぞれの場を得て、中道のままに、ちゃんと生きられるようになっていることが分かる、というのです。これが「諸法実相」という考え方です。要するに、我々がこの世の中をそのように受け入れることができないのは、我々の六根が清浄でないからだということです。我々の心、感覚が濁っているために、いろいろな矛盾や問題が出てきているのだ、ということでしょう。ここに説かれる「身と口と意と誓願とによって身も心も安楽にみちびく修行」（四安楽行）によって、清らかな、本来のあり方に戻れば、実にこの世の中は素晴らしい中道の世界だということが感得されてくるというのです。

　このように、この世の中が丸抱えで素晴らしい世界になってしまうと、この世を離れたお浄土は考える必要がなくなるのです。この世がそのまま浄土だといってもいい。これを霊山浄土（りょうぜんじょうど）というのです。霊山というのは、お釈迦様が覚りを開かれて説法された場所、霊鷲山（りょうじゅせん）のことです。そこがそのまま浄土ではないか。つまり、釈尊の覚りの眼で眺めたこの世の世界が、そのまま清らかな世界、お浄土だということです。

　したがって、『法華経』の教えは、六根清浄と、我々が煩悩をはらい清めていく、それが菩薩としての修行だ、というのです。だから、菩薩行を一生懸命修行しましょうということになります。これも、分かりやすいといえば分かりやすい。

　浄土真宗のように、浄土があるのか、ないのか行ってみないと分からないという教えより、よほど真言宗や、『法華経』にもとづく天台宗の教えの方がこの世の現実を踏まえていて、分かりやすい教えといえましょう。

　ただ、問題は、先ほどからくり返しますけれども、これらの教えは、理屈はそのように立つのだけれども、現実にそれが実行され、実現されるかどうか、というところが問題です。『法華経』の教えにもとづいて一生懸命に菩薩行を積むということは、それ自体はとても素晴らしいことですが、現実に、本当の意味において菩薩行が達成されているのかどうか、ここに問題が残るのです。

　また、一生懸命努力して菩薩行を積むこと自体、そこに、煩悩が入らないかどうかということも注意が必要です。菩薩行を積めば積むほど俺はやったぞ、という自尊感情（我欲）という煩悩が入るのではないか。自分を他者より優位に置く優越感がそこに芽生えるのではないか。その懸念に対して、真言宗、法華宗（天台宗）は楽観的すぎるのではないか、ということもいえるのです。

浄土真宗の立場からすれば、これらの宗派は

（4）これらはみな難行であり、能力の高い人が励むこと。超越的観察力を完成した人だけの覚りです

これみな難行上根のつとめ、観念成就のさとりなり

ということになります。よほど能力が高い人でも達成できるかどうか。つまり、それは、相当、超越的観察力を磨かないと達成はむずかしい覚りです。不可能ではないが、きわめて難しい。だから、来世の覚りを期待するしかないのではないか、ということになります。

来生の開覚

そこで浄土の教えは、

（5）これに対して、来世で覚りを開くというのが浄土の教えであり、往生は信心をもって決定するというのが変わらぬ通則です。

来生の開覚は他力浄土の宗旨、信心決定の通故なり

「来生の開覚」つまり、来世において浄土で覚りを開く、という方が実現可能で現実的である、と考える。

つまり、浄土真宗のご信心こそ来世の覚りを約束するもので、この方が万人に可能だというわけです。

万人に開かれている、ということは、

(6) これこそ易しい修行であり、能力の低い人でも実行できる行いで、善人・悪人を選ばない教えです —— これまた易行下根（いぎょうげこん）のつとめ、不簡善悪（ふけんぜんあく）の法なり

すなわち、どんなに能力が劣っていても、善人でも悪人でも救われていく教え、ということ。これほど素晴らしい教えはないではないか、というわけです。出来もしないこの世の覚りを求めるのではなくて、確実に覚りが開かれる来世の覚りを求めていくべきだ。これが、浄土真宗の宗旨であり、信心獲得の道こそ易しい修行である、というのです。

しかし、これをあまり強調すると、先ほど申したように、この世の覚りを放棄した、サタデーナイト・レリジョン（Saturdaynight Religion）（土曜の夜の宗教）ではないかと批判されます。「来生の開覚（かいかく）」を求めるのではなくて、この世の開覚を求めるべきではないか、と。やる前から出来ないと結論を出しているのはよくない、という批判です。でも、

(7) 今生において煩悩も悪の障りも断ち切るなんてことは、極めて難しい —— おほよそ今生においては、煩悩悪障を断ぜんこと、きはめてありがたきあいだ

だから、

（8）真言宗や、法華宗のお坊さんだって来世を祈っているではないですか——。

真言・法華を行ずる浄侶、なほもって順次生のさとりをいのる。

それはそのとおりです。日蓮上人だって結局最後は、来世において霊山浄土で会いましょうと、来世の往生をいわざるをえなかったわけです。真言宗においても、この世ですべての人が即身成仏できるわけではありませんから、この世で即身成仏できない人は、来世を願うしかないのです。そういう意味で、彼らも限られた人以外は即身成仏は無理なのです。

（9）まして私たちのように戒律も守れず、理解力もない者であっても、阿弥陀仏の願いの船に乗せていただいて生死の苦海を渡り、真実の報土に到着すれば、煩悩の黒雲もたちまちに晴れ、法性を覚って、覚りの月がたちまちあらわれて、あらゆる方角にゆきわたる仏様の光明に同化して、すべての衆生を助けることが出来るのです。この利他をなしえることこそ私たちの求める真の覚りです。

いかにいはんや、戒行（かいぎょう）・慧解（えげ）ともになしといへども、弥陀の願船に乗じて、生死の苦海をわたり、報土の岸につきぬるものならば、煩悩の黒雲はやく晴れ、法性の覚月すみやかにあらはれて、尽十方の無碍の光明に一味にして、一切の衆生を利益せんときにこそ、さとりにては候へ。

私たちのような者は、「戒行」（戒律を保って修行するということ）は出来ないし、「慧解」（智慧の眼でもって理解していくこと）も出来ない凡夫ですから、阿弥陀仏の願いの船に乗せてもらうことで、報土すなわち真実のお浄土に至り着かせてもらう。そのお浄土に着いたら、煩悩の黒雲はたちまち晴れて、覚りの月が現れてくる。そうすれば仏の光明と一体となって、一切衆生を救済することさえ可能になる。これこそすばらしいことではないか――。

(10) この世で覚りを開く人、要するに即身成仏できるという人は、釈尊と同じように相手に応じていろいろな姿を現わし、三十二相・八十随形好という、普通の人にはない特色を示して説法し、衆生に利益を与えられるとでもいうのでしょうか。

この身をもってさとりをひらくと候ふなるひとは、釈尊のごとく、種々の応化の身をも現じ、三十二相・八十随形好をも具足して、説法利益候ふにや。

この身このままで覚りを開くならば、この世で釈尊と同じ特徴（三十二相など）を持った姿になるはずでしょう。利他行も出来るはず、と。

釈尊を道場に安置して修行なさる聖道門の僧侶方は、釈尊を手本にして修行なさるのです。これに対して、浄土真宗は、釈尊を手本にして修行するというやり方はできないので、浄土真宗のお寺には、釈尊はご安置されていません。でも、二河白道の喩えの中に、西の岸からは阿弥陀仏様がおいでおいでと呼び招いているけれども、こちらの岸からはお釈迦様がその道を尋ねていけと、お勧めしておられるのだから、浄土真宗のお寺にお釈迦様を安置しないというのはまずいでしょう、というのもまた一つの理屈ですね。

確かに、『浄土三部経』は、釈尊がお説きになり、それによって、阿弥陀仏の本願が明らかにされたのですから、釈尊を尊ばねばなりません。ただ、『大無量寿経』に関していえば、釈尊が五徳瑞現（ごとくずいげん）（これまでにない五つの兆候）を示されて、この経が「出世本懐の経」（この経を説くことが、この世に生まれた主目的であることをあわらしたもの）であるとして説かれ、その時の釈尊は、普段のときの釈尊とはまったく違っておられた。阿弥陀仏と一体となった弥陀三昧の中で説法されたのですから、釈尊がお説きになったというよりも、釈尊を介して阿弥陀仏様が直接お説きになったのが『大無量寿経』だった、ということです。ですから、お経はすべて釈尊がお説きになったというけれども、浄土真宗では、一番に依りどころとする経典である『大無量寿経』は阿弥陀仏様の直説と促える。だから、釈尊のお経というふうに考えなくてもいいのだ、という理由で、阿弥陀仏のみの安置になっているようです。

現生の正定聚

ところで、ここに、(5)「来世で覚りを開く」（来生の開覚）といいますけれども、浄土真宗でも「即得往生」といって、来世でなく、この世で正定聚の位に定まることをまた「往生を得る」、というのだ、とされます。この点を重視すれば、現在の生における即得往生をもって覚りを開くことと捉えることもあながち無理とはいえないでしょう。ここの異義の人たちは、この点を強調したのではないか、とも考えられます。実際、親鸞聖人の往生には、二種類が説かれています。それを、不退出往生と、退出往生と名づける、という説明もあります。不退出往生は、まだ人生を終えていないこの世での往生で、退出往生は、この人生から退出した後に往生する来世の往生のこと。したがって、

(11) 親鸞聖人はご和讃に「金剛堅固なる信心が定まりさえすれば、阿弥陀仏の心の光に摂め護られて、永久に生死

『和讃』にいはく、「金剛堅固の信心の　さだまるときをまちえてぞ　弥陀の心光摂護して　ながく生死をへ

の迷いを離脱ことができる」と述べています。ひとたびご信心が定まりさえすれば、阿弥陀仏様がすべて受け容れて見捨てないでいてくださるので、六道に輪廻することはなくなります。

だてける」と候ふは、信心の定まるときに、ひとたび摂取して捨てたまはざれば、六道に輪廻すべからず。

という、この親鸞聖人の御和讃の、「信心定まるとき」に、この世での「生死の迷いからの離脱」が実現する、といえます。これは不退出往生のこと。つまり、摂取不捨のご利益をいただいたところ、すなわち正定聚不退の位に就くということでして、ここのところを重視していえば、今生で阿弥陀仏様のご本願におまかせしたとき、

(12) 永久に生死の迷いを離れることができます。

ながく生死をばへだて候ぞかし

ということになります。この正定聚不退の位に就いて、生と死に振り回されなくなったときをもって一つの往生の達成と見ることができる、というのがこの異義派の人々の主張です。しかし、この「へだてける」のところを唯円房は、

(13) 正定聚不退の位についたということをもって、これを覚りと勘違いしてしまっているのでしょうか。残念なことです。

かくのごとくしるを、さとるとはいひまぎらかすべきや。あはれに候ふをや。

といって批判しておりますから、ここの「生死をへだてる」を、覚りと解してはいけない、と唯円房はいうのです。

覚りはあくまで

「かの土にしてさとりをばひらくとならひ候ふぞ」とこそ、故聖人の仰せには候ひしか。

(14)「かの土で覚りを開かせてもらうのである、と法然聖人から教えていただいております。」と亡き親鸞聖人もおっしゃっています。

というふうに、聖人のお言葉を持ち出して念をおして、この世の覚りを否定してこの条を終えています。

したがって、唯円房の考えでは、今生に本願を信じて、かの土にして覚りを開く、ということ。あくまでもさとりは、「来生の開覚」とする、ということです。念仏の教えを、密教や法華経の教えと混同しないようにするにはこの点を強調する必要があります。

しかし、ここに引用の『高僧和讃』善導讃七七の中の

「金剛堅固の信心の　さだまるときをまちえてぞ」

とは、第一条の「念仏もうさんとおもいたつこころのおこるとき」と同じことで、信心獲得のところを指しています。そして、

「弥陀の心光摂護して、ながく生死をへだてける」

ということとは、同じく第一条のその後ろの文、「すなわち摂取不捨の利益にあずけしめたまうなり」のと

ころに対応しています。これは、明らかに現生正定聚（この現生で成仏が約束される）というこの世でのご利益を述べているといえます。したがって親鸞聖人は、現生正定聚不退のご利益を強調された。それは、この世を生きていく、現実の中における宗教のはたらきをむしろ重視していたものと理解することができましょう。

親鸞聖人が「つつしんで浄土真宗を案ずるに、二種の回向あり」、と言って、往相だけでなくて、還相もあるよ、とおっしゃったのは、回向というこの世における如来様の現実的なはたらきの中でも、特に、利他を重視されたからにほかなりません。如来様の利他のはたらきまで今生において見ておられたということは、とっても大事な視点だと私は思います。この点からして、聖人はサタデーナイトレリジョンを否定されていると思われるからです。

神力加勧

この点を『教行信証』の証の巻には、曇鸞大師の『浄土論註』を引用して、仏様たちのご加護が強調されています。

> すなわちかの仏を見たてまつれば、未証浄心の菩薩、畢竟じて平等法身を得証す。
>
> （『聖典』三一三―四頁）

(A)すなわち、かの仏にお会いすると、まだ浄らかなこころが得られていない菩薩もついには平等な法を体現することになる

とあります。

「未証浄心の菩薩」というのは、浄心を証していない、ということですから、さとり（＝浄心）を成就していない菩薩のことをいっています。この菩薩は、正定聚不退の位につけば、「畢竟じて平等法身を得証する」のです。平等法身というのは、八地以上の法性生身の菩薩のことです。菩薩の修行の階位の第八地以上になると、利他を行う菩薩になるのです。菩薩というのは、十段階の修行を達成すると考えられているのですが、初地から第七地までは、これは、自利なのです。自分の修行を高めていくということです。第八地以上になると、利他を実践して、自利と利他が完成して、初めて、大乗仏教における成仏ということが成就するということになっているのです。

　ところが、第七地のところに、七地沈空の難というのがありまして、

菩薩、七地のなかにして大寂滅を得れば、上は諸仏の求むべきを見ず、下に衆生の度すべきを見ず。仏道を捨てて実際を証せんと欲す。

（『聖典』三一五頁）

(B)菩薩は第七地に到達して大寂滅という静けさを得ると、それ以上の仏の世界を求めようとしなくなり、衆生を救おうともしなくなり、仏道を捨ててこの状態のままでよいと思ってしまう

　第七地の位の菩薩は、第七地のところですごく気持ちが良い状態に入ってしまい、それ以上の覚りを求めようという気持ちが起こらなくなる。また、衆生を救わなければならないという気持ちも起こらないし、自分はこの居心地の良いところに、ずっと留まりたいなあと思ってしまうのです。そして、仏道を捨ててしまうというのです。

(C)その時に、もし十方の仏たちから力を加えていただき、背中を押していただかないと自分の覚りだけにとどまって小乗仏教のさとりと違わなくなる

その時に、もし十方諸仏の神力加勧を得ずは、すなはち滅度して二乗と異なけん。（『聖典』三一五頁）

そこで、十方の諸仏たちが、お前、そこに留まっては駄目だぞ、そこを一歩突き抜けなければ駄目だよ、というように励ましてくれるのが、ここの「神力加勧」です。このような仏様のはげましの力が現に加えられるという点が重要です。私たちはこの世でこのような力をいただくのです。

親鸞聖人が強調された、このような浄土真宗の証、つまり、正定聚不退の、不退たるゆえんは何かといいますと、神力のお勧めをいただいて七地沈空の難を突破できる、ということでしょう。

(D)そうであるから、ついには平等となるといわれるのである

このゆゑにすべからく、畢竟平等といふべし。（『聖典』三一六頁）

この、「畢竟」については問答のところで、「畢竟はいまだすなはち等しといふにはあらずとなり」（『聖典』三一五頁）と論じています。上位の菩薩とまったく平等ではないが、最終的には平等になっていくといえる、というのです。

ですから、親鸞聖人の教えは、必ず利他に展開していくことが、正定聚不退の「不退」にこめられているのです。自己満足の世界にはまらないように、そこを突き抜けていくご利益が、正定聚不退の位であり、

それは、還相（利他）の回向をそこに含めているのではないかと思われます。

前念に命終して

「現生正定聚」は不退出往生ですから、今生で、生身の身を持ちながら往生するというのが、現生正定聚の往生です。これは注意すべきところです。

　このことを一番端的に表しているのが、『愚禿鈔』の中の、「本願を信受するは、前念命終なり、即得往生は、後念即生なり」という文です。「即生」とは往生の位に即（つ）く、ということです。したがって、この世における前念の命終は、信心を得るということ、後念即生も、不退出の往生である即得往生を表わす、という理解です。

　この、正定聚不退の不退出の往生ということは、『歎異抄』の中にはどこにも出て来ないのです。往生はこの世の終わったところをもって往生とする「来生の開覚」だけになっています。したがってこの世での在り方としては、あくまでも、退出往生の条件としての平生業成（へいぜいごうじょう）を説いているだけです。平生の業成は、すなわち信心獲得ということで、信心があれば、この世を終わったときに、必ず退出の往生が遂げられる、ということをいっているだけになっています。

　七地沈空の難をこえていくことが『歎異抄』にはないのですが、この『浄土論註』を引用して重視された親鸞聖人の教えに立ち返れば、もっと不退出往生の方を重視して考えていくべきではないかと私は考えます。

　実は、蓮如上人も還相回向については何も言及していません。「後生の一大事」を強調していますが、そこに「利他」は反映されません。

そう考えると、親鸞聖人が『教行信証』冒頭において、「つつしんで浄土真宗を案ずるに、二種の回向あり、ひとつには往相、ひとつには還相」とおっしゃって、二種回向が浄土真宗の根幹だと述べられていること、特に、還相を語られたことは、忘れてならないことです。

もっと、還相回向の部分に注目しなければなりませんね。そうしないと、自分があの世にいってさとりを開くだけの話になってしまい、サタデーナイト・レリジョン(Saturdaynight Religion)(土曜の夜の宗教)と、批判される話になってしまうのです。

そういう、還相の利他ということを、よくよくつきつめて考えていくと、浄土往生は、楽をしようという自利を求めて往生するわけではないのだから、利他のためなら、むしろ浄土にいかなくてもいいよ、とさえいえるようになっていくのが、親鸞聖人のお考えに適った在り方ではないかとさえ私は思います。

したがって、還相回向については何も言及せず、往生というと、この身を失うという退出往生のみになってしまっているところに『歎異抄』の問題点があるということは注意しておかなければなりませんね。

第十七条　辺地の往生はご方便

第十七条は、「辺地堕獄（へんちだごく）の異義」といわれます。往生には、報土の往生と辺地の往生と二種あって、自力が捨てられない人は辺地に往生し、五百年間、覚りを開くことが出来ない。五百年間を経たのちにようやく真実の報土に往生できる、と『大無量寿経』に述べられているのを、五百年待つまでの間に地獄に堕ちるぞ、といって恐れさす異義です。辺地の往生を回避させるために地獄を持ち出した。これも過剰な理屈に走った、偏った主張です。『大無量寿経』の趣旨は、報土の往生ができない者のためにも浄土の片隅（辺地）への往生が用意されている、という阿弥陀仏様のお慈悲を示すもので、五百年間さとりを開くことが出来ないというのを戒めとして、できれば遠回りせず、浄土のど真ん中の真実報土に生まれて欲しいとお勧めになっているのです。ですから、これは、辺地の往牛を方便とし、辺地の往生そのものの意義は否定していないのです。にもかかわらず、その趣旨を取り違えて、辺地の往生をしてはならない、辺地往生の人はついには地獄におちる、といってしまった。お浄土のど真ん中に生まれなさいよ、といえばよいものを、お浄土の片隅（辺地）に生まれた人は、成仏できないばかりか、最後には、地獄に堕ちると言い脅してしまったのです。

ちなみに、辺地の往生をしてしまう、というのは、自力の心がとれないために阿弥陀仏様のお救いを疑っているので、辺地（化土（けど））にとどまるのです。これは、すべて阿弥陀仏様におまかせしきっていなくて、疑心があるため、遠慮して自分から勝手に遠いところに身を置いてしまう、ということです。阿弥陀仏様が遠ざけるのではなくて、自力の心が自ら殻を作って遠ざかっている状態が辺地なのです。

(1)お浄土の真ん中でなく隅っこに生まれた人は最後には地獄に堕ちてしまう、という人たちがいます。これは何の証文に書いてあるというのでしょうか。学者ぶっている人のなかに、このようなことをいいだす人がいるということ、まことに浅ましいかぎりです。お経や論書、教義をどのようにいただいておられるのでありましょうか。

(2)ご信心をいただいていない行者は、本願を疑う心が捨てられないからこそ、仏は辺地を設け、(3)まずは辺地に生まれて、疑いの罪に気づかされ、そこで罪を償って、その後に報土に生まれて覚りを開くようにして下さっているのである、とうけたまわっております

(4)仏智を疑う心を除いてご信心をいただいた人というのは、なかなか少ないので、方便として化土に多く勧め入れられるのですが、

(5)化土の往生は結局、無駄なことで、地獄に堕ちるというのは、自分の誤解を釈尊のせいにして、釈尊の教えを虚妄だとすることになりましょう。

辺地往生をとぐるひと、つひには地獄におつべしといふこと。この条、なにの証文にみえ候ふぞや。学生だつるひとのなかに、いひいださるることにて候ふなるこそ、あさましく候へ。経論・正教をば、いかやうにみなされて候ふらん。

信心かけたる行者は、本願を疑ふによりて、辺地に生じて、疑の罪をつぐのひてのち、報土のさとりをひらくとこそ、うけたまはり候へ。

信心の行者すくなきゆゑに、化土におほくすすめいれられ候ふを、

つひにむなしくなるべしと候ふなるこそ、如来に虚妄を申しつけまゐらせられ候ふなれ。

知識人の脅し

（1）お浄土の真ん中でなく隅っこに生まれた人は最後には地獄に堕ちてしまう、という人たちがいます。これは何の証文に書いてあるというのでしょうか。学者ぶっている人のなかに、このようなことをいいだす人がいるということ、まことに浅ましいかぎりです。お経や論書、教義をどのようにいただいておられるのでありましょうか。

辺地往生をとぐるひと、つひには地獄におつべしといふこと。この条、なにの証文にみえ候ふぞや。学生だつるひとのなかに、いひいださることにて候ふなるこそ、あさましく候へ。経論・正教をば、いかやうにみなされて候ふらん。

お浄土の真ん中ではなく隅っこ、つまり辺地に往生する人は、ついに地獄に堕ちる、とまことしやかにいう人がいて、それも学者ぶって知識をひけらかす人の中にそういう人がいる、ということです。「学生」というのは、当時は学者を指す言葉ですから、ちょっと勉強をした、ちょっと知識を得た人。文字を知り、経文等を読むことが出来る、そういう知識人の中に、地獄に堕ちると脅す人がいたということです。

当時、文字が読めない人が圧倒的に多かった時代に、少し文字が読め、お経を学ぶことができる、恵まれた身分の人が学問のない人に対して、知識をひけらかして、〝あなたは辺地往生ということを知らないでしょう、知識もないまま念仏を称えていてはダメですよ〟といって優越感に浸る人が出たわけです。

親鸞聖人のおこころからすれば、『正像末和讃』自然法爾章に、

よしあしの文字をもしらぬひとはみな
まことのこころなりけるを

善悪の字しりがほは
　おほそらごとのかたちなり

とお示しのとおり、一文不知の人の方が「まことのこころ」で、むしろ、本願に従っているのです。「善悪の字、知り顔」の学者ぶった人たちの方が善悪をふりかざして、かえって本願のはたらきを妨げている、と。親鸞聖人の時代から現実にこのようなことが起こっていたので、このように『和讃』にも注意されていたのです。

第十二条にも、「**経釈をよみ学せざるともがら、往生不定のよし。**」（お経などを学問しない者は、往生が決まらないぞ）といういい方で相手を非難する人たちがいたことが述べられていましたね。

そういう「**学生だつる**」（学者ぶる）人たちも、親切心から、真実報土の往生を遂げなければダメだよ、辺地の往生にならないようにしよう、といいたかったのでしょうけれども、辺地の往生を否定するあまり、その否定がいきすぎて、ついには地獄におちてしまうぞと、脅迫するような結果になってしまったのでしょう。

辺地往生の人は不退の位に至っていないのですから、理論的には、退転してついには地獄に堕ちるかもしれません。けれど、唯円房は、そんなことは、「何の証文に書いてあるというのでしょうか」（**なにの証文にみえ候ふぞや**）、そんな証文はどこにもない、といって非難しているのです。

唯円房からすると、これはもう

（1）……まことに浅ましいかぎりです。お経や論書、教義をどのようにいただいておられるのでありましょうか

あさましく候へ。経論・正教をば、いかやうにみなされて候ふらん。

ということです。

ここの「経論」の「経」とは、『大無量寿経』です。そこには、次のように書かれてあります。

仏、弥勒に告げたまはく、『このもろもろの衆生も、またまたかくのごとし。仏智を疑惑せしをもってのゆゑに、かの〔胎生の〕宮殿に生じて、刑罰乃至一念の悪事もあることなし。ただ五百歳のうちにおいて三宝を見たてまつらず、〔諸仏を〕供養してもろもろの善本を修することを得ず。これをもって苦とす。余の楽ありといへども、なほかの処を楽はず。』

（『聖典』七八頁）

釈尊は弥勒菩薩にこう告げられた。この諸々の衆生もまた同じである。仏智を疑う故に宮殿に生まれるとしようか、その宮殿ではなにひとつ刑罰を受けず悪事ひとつも犯さず暮らすのだが、ただし五百年間、仏にも教えにも菩薩たちにも会うことができず、諸仏を供養して善を修めることができない。これが彼らの苦悩であるとしたら、他の楽しみがどんなにあってもそのような宮殿に生まれたいとは思わないであろう。

ここに「仏智を疑う故に、宮殿に生まれる」と書かれています。宮殿に生まれると、「仏にも教えにも菩薩たちにも会うことが出来ず」（三宝を見たてまつらず）「諸仏を供養して善を修めることができない」（〔諸仏を〕供養してもろもろの善本を修することを得ず。）ということになるのです。

ですから、辺地というのは、阿弥陀仏の光明の世界にいながらも、宮殿という自我の殻に閉じ籠って、仏様の智慧を疑い、その光明の世界にいるという恩恵（三宝を見る、善を修す）に浴さない状態のことです。

迷いの世界に閉じ籠る

もともと、人間は常識の世界に生きています。常識の世界は自我中心の世界です。自分が認識した世界が真の世界だと妄想しているのです。これを仏教では「業感」の世界に生きている、と言います。業感をもっともよく示す有名な喩え「一水四見の喩え」を思い出して下さい。水も立場の違いで4通りに見えるのです。人間は水を飲み物と見るが、水の中にいる魚は、水を住処と思い込む、餓鬼は膿の河、天人は宝石の大地と見ているのです。このように、「業」という、私たちの経験は、自分が積み重ねてきた行為の習性にこだわって、それを基準にして物事を見てしまうのです。一種の偏見です。

ですから、私たちは、職業に就いていれば、その職業の経験の上にその偏った世界を生きていくわけです。例えば、音楽の世界に、生きていきますと、音ということについて、非常に敏感になります。あるとき、有名な音楽家が、日本に来まして、日本のホテルに泊まったのですが、そのホテルから流れる、音楽を全部消してくれといったそうです。私たちは素人ですから、いいBGMが流れていると思いますが、音楽家の人にいわせますと、ここで間違えた、あそこはこう演奏した方がいい、などと気になってしようがない、というのです。このように、音楽の世界に生きている人は、常に音というものに敏感になるのです。商売の人は、計算高い損得の世界のものの見方になっているのです。何百何十何万円と言いましても、お釣りがすぐ分かってしまうところが、すごいなあ、と思います。古美術商の人がお寺に来ると、拝むより先に、この仏像はいくらかなあ、と美術品に思ってしまうようです。これは、「業」が、そう感じさせてしまうのです。いずれも職「業」——経験がそう感じさせるのです。自分の経験を通して、ひとつの癖ができるのです。その癖に基づいてものごとを見るのです。これが「業感」なのです。

業感の世界が捨てられない人は、お浄土にいきましても、自分の生きてきた経験、自分の習い性となっている業感で物事を見て、仏様の智慧を疑い、それに従えないのです。それがここにいう「辺地」の往生。自分の経験という色眼鏡でものごとを見ているということですから、本当のお浄土が見えてこない。「自分の業に相応した世界」を虚構してしまうのです。こういう人は、自我に固執した世界にとどまっていますから仏様を信じない人です。ご信心がいただけていない人です。まったくかけ離れたものの見方です。

本願を疑う心の罪

（2）ご信心をいただいていない行者は、本願を疑う心が捨てられないからこそ、仏は辺地を設け、（3）まずは辺地に生まれて疑いの罪に気づかせ、そこで疑いの罪を償って、その後に報土に生まれて覚りを開くようにして下さっているのである、とうけたまわっております。

信心かけたる行者は、本願を疑ふによりて、辺地に生じて、疑の罪をつぐのひてのち、報土のさとりをひらくとこそ、うけたまはり候へ。

信心とは、「疑蓋無雑」（疑いの蓋がまじらない）の状態ですから、ご信心というのは、仏智の不思議なはたらきを疑う罪が除かれたところにあるわけですが、その疑いがなかなか捨てられません。

仏智の不思議を疑う者は、謗法の罪――教えを謗る罪を犯す人なのです。曇鸞大師はこの罪は、仏も仏の教えも否定し、菩薩も菩薩の教えも認めない、という考え方だから、五逆と闡提と謗法の人、（難化の三機、難治の三病人）のなかでも、いちばん罪が重い人といっています。

五逆罪の正法なきより生ずることを知らず

（『聖典』二九八頁）

なぜかというと、

法を誹り、法を信じないところから、五逆罪が発生することを知らないな。

法に従わないところから妄想が生まれ、罪を犯していても罪ということが分からない。ですから罪を重ねて、結果重い罪を犯す（五逆）ことになる、というのです。したがって、仏智の不思議を疑う罪が重いことをわれわれに知らしめようというのが、辺地往生という方便なのです。

仏教を信じなくても自分を信じていればいいという人は、辺地において、仏智の不思議なはたらきを受けて、「（3）疑いの罪に気づかされ、そこで疑いの罪を償って、その後」（うたがひのつみをつぐのひてのち）真実の浄土に向かうように仕向けて下さるのです。だから、辺地往生は、私たちを地獄へと捨てるためではなく、かえって、そういう人を救うために方便として用意されている、と理解するべきなのです。

よって、仏智への疑いが除かれるというのは、仏智そのもののはたらきによるしかない。自力ではできない。親鸞聖人が他力思想を解明されたゆえんは、疑念の除去。自身の疑いは如何にしたら取り除けるかについて徹底した思索をなさったがゆえに、ついに他力による疑いの除去という事実にたどりつかれたのです。

そもそも、お浄土は、広大無辺の世界ですから、私たちは、すでにお浄土の中に包まれているのです。だから、今、ここでも、すでにお浄土の仏様のはたらきは至り届いてくるのです。お浄土とちがうところにいるのではないのです。お浄土にいながら、しかし、迷っているのです。自分の殻に閉じこもって浮かれているために、真実の世界に居ながら、まったく真実の世界に触れないで生きている。これが迷っている状態です。

ですから、迷いといっても、迷いの世界と真実の世界が遠く離れているのではないのです。真実の世界にいても、その真実を拒絶している限りは、自分の殻に籠って真実は分らない。迷いからの解放がむずかしいから遠いといわれるのです。

六道を輪廻する、といいましても、お浄土と別な世界を輪廻するのではないのです。六道の世界は、お浄土のまっただ中に妄想状態としてある。だから、地獄の人も如来様に救われる可能性がある。だが、迷いの人はそこがお浄土と分からないでいる――。お浄土と分かっても、自分で妄想したお浄土は辺地。真実のお浄土とはちがう。そのことに私たち自身、早く気がつかなくてはなりませんね。

『正像末和讃』疑惑讃六五に

仏智疑惑のつみゆゑに
五百歳まで牢獄に
かたくいましめおはします
これを胎生とときたまふ

とあります。これは、五百年の間に、しっかり教えをいただかないとダメだよと、「いましめ」ていわれているのです。それを、五百年たっても、真実報土に行けないのだから地獄に堕ちるよ、と誤解してしまったのがここの異義の人たちです。

ここの五百年というのは、インドの数字でして、あまり正確な長さをいっているのではないのです。五百年を、三百年といってもあまり差がなくて、要するに、報土に生まれる人と、辺地に生まれる人とでは、時間差があるよ、ということをいいたかったのだと思われます。お浄土の一日一夜は、娑婆世界の一劫に相当すると『往生要集』に示されていますから、お浄土の五百年というのをどうわれわれが見るか、ということは、いろいろな見方があるでしょう。しかし、五百年と時間が限られているということは、要するに、時間差はあるけれども、やがて、他力の不思議なはたらきをいただいて、真実報土に至るのだという救いの約束を時間を限って示してくれていると考えるべきでしょう。だから、はやく自力を離れることが求められていると見るべきです。

ただし、自力を離れることは、「叩けよ、しからば開かれん」ではなく、「開かれつるに叩くとは」なのです。世間普通の考え方ですと、「叩けよ、しからば開かれん」（叩かないとドアは開かないぞ）ですから、「開かれつるに、叩くとは」ということがなかなか理解できません。叩かないものにドアが開かれるわけがない、という考え方から抜け出せない。人間は努力することに意味があるのだ、という考えに立つと、仏智の不思議は信じられませんね。だから、叩かなければいけないと考えるのはムダだ、という、それほどに南無阿弥陀仏の功徳、ご利益（りやく）は広大なのですが、そのことが信じられていない。南無阿弥陀仏にそんな力があるわけがない、そんなものよりも、人間の努力のほうが、功徳があるのだ、利益があるのだ、と考えてしまう。そこが愚かな凡夫の根本的な間違いです。

廃立（はいりゅう）か権用（ごんゆう）か

よって、次のように言われます。

（4）仏智を疑う心を除いてご信心をいただかれた人とい　——信心の行者（ぎょうじゃ）すくなきゆゑに、化土（けど）におほくすすめいれ

うのは、なかなか少ないので、方便として化土に多く勧め入れられるのですが、

られ候ふを、

辺地の往生は、〈方便化土の往生〉といわれます。真実報土にただちに入ることが難しい者のために、方便として立てられているのです。辺地往生を方便として認めるか認めないかという議論は、『教行信証』の化土巻をどう読むかということにも関係するむずかしい問題でもあります。すなわち、廃立(はいりゅう)で読むのか、権用(ごんゆう)で読むのかということです。

廃立というのは、方便は仮りのものだから、早く廃して真実に立つべし、ということ。第十八願こそが真実の願ですから、方便としての第十九、二十願は捨てるべきもの、ということです。第十九願、第二十願にとどまっていてはダメだ、はやく第十八願の真実をいただかなければいけない、という考えです。

しかし、そうはいっても、これまで述べたように、自力への執着心は捨て難く、現実的には、なかなか真実信心に至ることが難しい。一足飛びに真実の浄土に入るのは困難。だから、第十九、第二十願という方便の中二階の段階があって、その「権用」(仮のはたらき)を方便として用いないと、直ちには第十八願に入っていけないでしょう、というのが「権用」の立場。

これは議論の分かれるところです。方便はあくまで方便であり、真実ではない、として注意しておかないと、方便がいつのまにか真実にすり替ってしまいます。また、方便は現実に近いところで説かれるので、真実と見間違えやすい。そのために、どうやって方便から真実にさらに一歩前進するかということが現実的には大問題なわけです。方便化土、辺地の往生のところまでは自力で何とか行けますけれども、そこから、真実の世界へは、他力によらなければ行けないわけで、自力から他力への一大転換が要求される。そ

こがなかなか難しいのです。そこはもう、我々の自力のはからいを超えているので、ひたすら他力のはたらきを待つよりほかはない、ということであります。

いずれにしても、第十九願、第二十願の世界は、あくまでも方便の世界、化土（＝仮りの浄土）の世界、辺地の往生でしかないので、辺地の往生をさらに一歩進めて、真実報土の往生に至ることがないと、本当に阿弥陀仏の本願（第十八願）に浴することにはならない。そこまで至らないと、方便が方便ということにならない。

方便を説いたほうがいいのか、真実信心だけを説いたほうがいいのか、これは実践の上ではとても難しい課題です。方便を説くと、方便に安住してしまいます。さりとて一気に真実報土へは入り難い。この辺のところを『浄土和讃』大経讃六七に、

安楽浄土をねがいつゝ
他力の信をえぬひとは
仏智不思議をうたがひて
辺地・懈慢にとまるなり

とあります。自力の方に軸足を置いている人は、自信がありすぎるという意味で懈慢です。おごり高ぶりです。

また、『正像末和讃』誡疑讃八二には、

仏智不思議をうたがひて
罪福信ずる有情は
宮殿にかならずうまるれば

胎生のものとときたまふ

また、『正像末和讃』誡疑讃七九

仏智うたがふつみふかし
この心おもひしるならば
くゆるこゝろをむねとして
仏智の不思議をたのむべし

とあります。

仏智不思議を疑う人というのは、罪福を信ずる心の人です。罪と福を信じる人というのは、善心、悪心の別を信じて、自分で善いことをしようと思えば善いことが出来る、悪を止める気がないから悪いことをするのだ、というように、自分の意思の努力を信じて疑わない人です。また、この人は、廃悪修善（悪をやめて善を修すること）を人間の善行として認めているわけですけれども、廃悪修善ということが人間の努力、すなわち自力として可能かどうか、十分考えていないのです。

廃悪棄修善が可能だと思う人は、他力の仏智不思議をたのまなくてもすむわけです。自分で悪をやめて、善を修すればいいわけですから……。でも、これは難しい、というのが親鸞聖人の実践上の率直な宗教経験だったのです。

自力称名の落し穴

『正像末和讃』誡疑讃六五には、

自力称名のひとはみな

如来の本願信ぜねば
うたがふつみのふかきゆゑ
七宝の獄にぞいましむる

とあって、「自力称名の人」は、如来の本願を信じないので、物質的な豊かさ（＝七宝の獄）を求め、そこから抜け出せない。そういう「自力称名の人」を、『教行信証』では次のように示されています。

悲しきかな、垢障の凡愚、無際よりこのかた助正間雑し、定散心雑するがゆゑに、出離その期なし。みづから流転輪廻を度るに、微塵劫を超過すれども、仏願力に帰しがたく、大信海に入りがたし。まことに傷嗟すべし、深く悲嘆すべし。おほよそ大小聖人、一切善人、本願の嘉号をもっておのれが善根とするがゆゑに、信を生ずることあたわず、仏智を了らず。かの因を建立せることを了知することあたわざるゆゑに、報土に入ることなきなり。

（『聖典』四一二頁）

悲しむべきことに、煩悩が捨てられない愚かな凡者は、はるか遠い過去から正しい修行と補助の修行とまぜて修行し、心が集中するかとおもえば散乱して、迷いの世界を脱出する機会がない。自力で輪廻をやめようとするが、微塵劫という長い時間を超過しても仏の願力におまかせすることができず、広大なご信心の海には入れない。まったく痛ましく、歎かわしいことです。おおよそ大乗の聖人、小乗の聖人も善人といわれる人も本願の嘉号である南無阿弥陀仏を自分の善にしてしまうのでご信心が生まれないし、仏の智慧が得られない。すでに往生の因が用意されてあることを知ることができない。よって、真実の浄土に往生できないのです自力（自分の努力）で念仏を称える人は、自分でどんな状況も克服できるのだという心のままに念仏を励むところに、「本願の嘉号をもっておのれが善根（手柄）とする」ところがある。それは、仏智の不思議ということが分かっていない、「仏智を了らず」、ということです。

人間の善根をもってしてはいかんともしがたい状況を如何にして乗り越えさせるか、ということが阿弥陀仏の誓願の最大のテーマであり、そこに向けて、仏智の不思議なはたらきとして南無阿弥陀仏が届けられているのですが、それが理解できない。ですから、「信を生ずることあたわず」。（如来様からいただいた信）（他力廻向の信）が得られないのです。

南無阿弥陀仏を称えるところに、阿弥陀仏の仏智が満入して、仏智の力によって我々が導かれていくという、そういう宗教経験に気づいていかないと、真実なる報土の世界に入るということは起こりえないのです。

報土に入らないということは、名号がそもそもどういう意図でもって、我々に届けられているのか、その名号が我々に対してどういうはたらきをするのかということが、根本的に分かっていない。分かれば報土に入ることが出来るはずです。他力真実のはたらきが実感されるということが信心をいただくこと。それには念仏の実践しかないですね。

まだ自分の能力を過信しているうちは念仏のはたらきの実感はありません。したがって、報土に入ることはないということです。よって、罪と福を信ずる人、つまり道徳の世界にとどまる人は、仏智の不思議を疑って、真実報土には往生できない。でもそういうひとにも辺地往生という方便が用意されている。なんとありがたいことか、というのが唯円房の理解です。

したがって、

（5）化土の往生が結局、無駄なことで、地獄に堕ちるというのは、自分の誤解を釈尊のせいにして、釈尊の教えを虚妄だとすることになりましょう。

つひにむなしくなるべしと候ふなるこそ、如来に虚妄を申しつけまゐらせられ候ふなれ。

化土の往生が「無駄なこと」になるというのは、最終的に地獄に堕ちてしまうから、という主張でしょうが、これは、釈尊のおっしゃった化土の往生ということの真意を理解しておらない。なんのために、化土の往生が説かれているのか。それは方便のためということをよく理解できていないのではないか、ということです。それでは、残念ながら、釈尊の教えを虚妄だというに等しい、と。

方便のありがたさを、聖人のお言葉として

（3）まずは辺地に生まれて疑いの罪に気づかせ、そこで罪を償って、その後に報土に生まれて覚りを開くようにして下さっているのである、とうけたまわっております

辺地（へんじ）に生じて疑ひの罪をつぐのひてのち、報土（ほうど）のさとりをひらくとこそ、うけたまはり候へ。

唯円房はそう承っていた、ということです。異義の人たちは、この方便への理解が不十分だったということですね。

第十三条　善人だから殺さないのではない

道徳派の流れに属する異義としてまずあげられるのが、この第十三条の「怖畏罪悪(ふいざいあく)の異義」です。これは、罪悪は恐れなくてはならない。よって、善を行って悪はするな、という道徳に近い考え方なので、道徳派の主張といってよいでしょう。この道徳派の考えは、次の第十四条の、罪は滅ぼさねばならない、第十六条の、悪事に対しては回心(えしん)をしなければならない、という、罪悪は放置すべきでないとする態度、そして、第十八条の、布施という善行の多少によって大仏、小仏になる、と善行の報酬を厚かましくも主張する所にまで及んでいくのです。

そこで、この第十三条の「怖畏罪悪の異義」を唱えた人たちは、当時行われていた「本願ぼこり」という、これも大変な異義ですが、これを批判したのでした。「本願ぼこり」とは、阿弥陀仏の本願には不思議な力があるからどんな悪を犯しても往生の妨げにはならない、悪は恐れなくてよい、どんな悪いことも阿弥陀仏様は許してくれるのだ、と自慢して、かえって悪事を勧める人たちの主張です。それを、往生できないと批判したのがここの道徳派の人たちです。確かに、本願に甘える「本願ぼこり」は問題です。しかし、悪事をするな、善を行え、というのも問題です。善が行えない者も救いたい、というのが阿弥陀仏の悲願ですから。よって、唯円房は、まず、道徳派の主張をしりぞけ、次いで、本願ぼこりも問題ではあるが、宿業ならばやむをえないと肯定するのです。

（1）「阿弥陀仏の本願には不思議なはたらきがあるからといって、悪をおそれず、平気で悪を行う人は、本願ぼこりの人であって往生できない、という。これは本願の凄さを疑っているし、善悪は過去からの行為（業）の積み重ねの結果であって、どうにもならない、ということを理解していない、という点で異義です。

（2）善い心が起こるのも過去からの善の積み重ねによるのです。悪事を思いつき、してしまうのも、過去からの悪に誘われるからです。

（3）故親鸞聖人は、兎の毛、羊の毛の先についた微量の塵ほどの罪さえも、過去の行為の結果でないものはない、と知るべきである、とおっしゃっています。

（4）また、ある時、唯円房は私のいうことを信じるか、と親鸞聖人がおっしゃったところ、信じます、と唯円房が答えた。間違いないな、と重ねて尋ねられたので、謹んで承ります、といったところ、例えば、人を千人殺してみよ、そうすれば往生は確定するぞ、とおっしゃいました。そこで、仰せではございますが、私の能力では一人も殺せそう

弥陀の本願不思議におはしませばとて、悪をおそれざるは、また本願ぼこりとて、往生かなふべからずといふこと。この条、本願を疑ふ、善悪の宿業をこころえざるなり

よきこころのおこるも、宿善のもよほすゆゑなり。悪事のおもはれせらるるも、悪業のはからふゆゑなり。

故聖人（親鸞聖人）の仰せには、「卯毛・羊毛のさきにゐるちりばかりもつくる罪の、宿業にあらずといふことなしとしるべし」と候ひき。

またあるとき、「唯円房はわがいふことをば信ずるか」と、仰せの候ひしあひだ、「さん候ふ」と、申し候ひしかば、「さらば、いはんことたがふまじきか」と、かさねて仰せの候ひしあひだ、つつしんで領状申して候ひしかば、「たとへばひと千人ころしてんや、しからば往生は一定すべし」と、仰せ候ひしとき、「仰

にありません、と申し上げました。ならば、どうして親鸞のいうことに従うといったのだ。これによって分かるだろう。何事も心の思い通りになるなら、往生のために千人殺せといわれたら、ただちに殺せるだろう。でも、一人も殺すべき業縁がないと害することさえできないのだ。私の心が善いから殺さないのではない。また、害すまいと思っていても百人・千人殺すこともあるぞ、とおっしゃった。（5）そして、私たちの心が善いと善人だから救われる、悪いと悪人だから救われないと思って、どんな人も本願の不思議なおはたらきは助けてくださる、ということを知らないな、とおっしゃったのでした。

（6）その昔、邪しまな見解にとりつかれた人が悪事を犯した人を助ける願だからということで、わざと悪事をして往生の業としなさいと勧めたため、次第に悪い噂が耳にはいってくるようになった時、聖人がお手紙で「毒消しの薬

せにては候へども、一人もこの身の器量（きりょう）にては、ころしつべしともおぼえず候ふ」と、申して候ひしかば、「さてはいかに親鸞がいふことをたがふまじきとはいふぞ」と。

「これにてしるべし。なにごともこころにまかせたることならば、往生のために千人ころせといはんに、すなはちころすべし。しかれども、一人にてもかなひぬべき業縁なきによりて、害せざるなり。わがこころのよくてころさぬにはあらず。また害せじとおもふとも、百人・千人をころすこともあるべし」と、仰せの候ひしかば、われらがこころのよきをばよしとおもひ、悪しきことをば悪しとおもひて、願の不思議にてたすけたまふといふことをしらざることを、仰せの候ひしなり。

そのかみ邪見におちたるひとあつて、悪をつくりたるものをたすけんといふ願にてましませばとて、わざとこのみて悪をつくりて、往生の業とすべきよしをいひて、やうやうにあしざまなることのきこえ候ひしとき、

があるからといって毒を好んで食べるものではない」とお諭しになっているのは、こういう誤った見解へのとらわれを止めさせるためです

(7)悪いことをしたらお浄土に往けないよ、というように悪が往生の妨げになるというわけではありません。

(8)戒律を守ることでしか本願を信じられないのならば、私たちはどうやって迷いを離れられましょう、と。善いことをしようと思っても、それがやり通せない、そういうあさましい身も、阿弥陀仏様のお救いにあずかってこそ往生をとげるのであり、それこそが誇りであります。

(9)そうはいっても、自分の身にそなわっていない悪業は行おうとしてもできませんね。

(10)また、海や河に網を引き、釣りをして生活する者も、野山に猪を狩り、鳥を取って命をつなぐ者も、商いをし、田畑を耕して過ごす人も皆おなじです。しかるべき業縁にあったら、善でも悪でもどんなふるまいをするか分からないものだ、と親鸞聖人はおっしゃいましたが、(11)当時は、後生願いの風をして、善人だけが念仏申す人であるかのよ

御消息に『くすりあればとて、毒をこのむべからず』と、あそばされて候ふは、かの邪執をやめんがためなり。

まつたく、悪は往生のさはりたるべしとにはあらず。

持戒持律にてのみ本願を信ずべくは、われらいかでか生死をはなるべきやと。かかるあさましき身も、本願にあひたてまつりてこそ、げにほこられ候へ。

さればとて、身にそなへざらん悪業は、よもつくられ候はじものを。

また、「海・河に網をひき、釣をして、世をわたるものも、野山にししをかり、鳥をとりて、いのちをつぐともがらも、商ひをし、田畠をつくりて過ぐるひとも、ただおなじことなり」と。「さるべき業縁のもよほさば、いかなるふるまひもすべし」とこそ、聖人は仰せ候ひしに、当時は後世者ぶりして、よからんものばかり念

うに、これこれのことをした者は道場に入るべからず、などと張り文をしている人たちがいるが、この人たちは、もっぱら外面は賢く努力の人を装って、内面は内実のない生き方をしているのではないでしょうか。

(12) 本願を自慢して作る罪でさえ、過去の業の結果なのです。したがって善も悪も業の報いとあきらめて、ただひたすら本願をたよりとしていくことが他力の生き方なのです。

(13) 『唯信鈔』にも、阿弥陀仏の力がどの程度だと思って、罪業の私は救われ難い、と思うのでしょうか、とあります。本願を誇りにする心があればこそ、他力をたのむ信心も確定するはずです。

(14) 本願ぼこりを良くないという人達は、悪い行いや煩悩を断ち切ったのちに本願を信じるのみ、というので、それだと願をほこる思いもなくてよいでしょうが、それでは煩悩がないということですから、もうすでに仏に成ってい

仏申すべきやうに、あるいは道場にはりぶみをして、なんなんのことしたらんものをば、道場へ入るべからずなんどといふこと、ひとへに賢善精進の相を外にしめして、内には虚仮をいだけるものか。

願にほこりてつくらん罪も、宿業のもよほすゆゑなり。されば善きことも悪しきことも業報にさしまかせて、ひとへに本願をたのみまゐらすればこそ、他力にては候へ。

『唯信抄』にも、「弥陀いかばかりのちからましますとしりてか、罪業の身なればすくはれがたしとおもふべき」と候ふぞかし。本願にほこるこころのあらんにつけてこそ、他力をたのむ信心も決定しぬべきことにて候へ。

おほよそ悪業煩悩を断じ尽してのち、本願を信ぜんのみぞ、願にほこるおもひもなくてよかるべきに、煩悩を断じなば、すなはち仏に成り、仏のためには、五劫思惟の願、その詮なくやましまさん。本願ぼこりとい

るはずです。すでに仏に成っている者のためには、法蔵菩薩の五劫の間の思惟から立てられた本願も無意味になるでしょう。本願ぼこりを誡めている人たちでさえ、煩悩を断じているかといいますと、そんなことはないのです。煩悩具足（煩悩は丸がかえ）ですよ。あなたがたも煩悩を持ちながら本願によって助けられているのではないですか。そういうふうにみえますよ。どんな悪が本願ぼこりの悪で、どんな悪が本願ぼこりにならない悪というのでしょう。本願ぼこりを否定するなんて、まったく幼稚な考え方です。

ましめらるるひとびとも、煩悩・不浄具足せられてこそ候うげなれ。それは願にほこらるるにあらずや。いかなる悪を本願ぼこりといふ、いかなる悪かほこらぬにて候ふべきぞや。かへりて、こころをさなきことか。

まず、この第十三条には、唯円房という名前が出てくることを指摘しておかなければなりません。第九条にも唯円房の名が出てきました。第二条にも、親鸞聖人とお弟子たちとの対話という場面が出てきていましたね。

「先師（故親鸞聖人）の口伝」をもっとも重視する『歎異抄』の視点からすると、聖人とお弟子の対話は、聖人が弟子に対して何を力説されたかを知る上で重要です。その意味で、この第十三条の親鸞聖人のことばは、特に注目すべき条であります。

また、この第十三条の、親鸞聖人と唯円房の対話は、覚如上人の『口伝鈔』にもほぼ同じ内容で紹介されているのですが、理解が食い違っていると思われる表現が見られますので、検討が必要だと思います。

こういう点から、この第十三条は『歎異抄』の中でも、特に注目すべき条であると私は思っています。

本願ぼこり批判

では、ここで歎かれている異義つまり、本願ぼこり批判について条文にそって詳しく見てまいりましょう。

弥陀の本願不思議におはしませばとて、悪をおそれざるは、また本願ぼこりとて、往生かなふべからずといふこと。この条、本願を疑ふ、善悪の宿業をこころえざるなり

（1）阿弥陀仏の本願には不思議なはたらきがあるからといって、悪をおそれず、平気で悪を行う人は、本願ぼこりの人であって往生できない、という。これは本願の凄さを疑っているし、善悪は過去からの行為（業）の積み重ねの結果であって、どうにもならない、ということを理解していない、という点で異義です。

この第十三条の異義の人々は、この条文にあるように、「本願ぼこりの人は悪をおそれないので往生できない」という主張をしているのですが、この異義は、第一に、「本願の凄さを疑っている」という点で異義である、と唯円房は反論します。阿弥陀仏の本願の不思議な力＝はたらきによって、どんな人でも往生できることについては、第一条にも「弥陀の本願には老・少・善・悪の人を選ばれず」とあるように、阿弥陀仏の本願の不思議なはたらきはどんな人をも往生させることができるにまちがいないのです。しかし、どんなに悪いことをしても、本願の不思議なはたらきは救ってくれるのだ、ということを逆手にとって、悪を恐れないどころか、かえって悪を積極的に行い、こんなに悪いことをした人でも阿弥陀仏の本願は救えるんだぞ、と本願を自慢するような、「本願ぼこり」を主張する人たちが現れた。それに対して、

その「本願ぼこり」は悪を積極的に肯定する点で反道徳的すぎる、そこまでいっては「往生できないはず」（往生かなふべからず）、と反発する人たちが当然のように現れたのでした。それがここの道徳派の異義の人たちです。

この、「本願ぼこり」に反発する人たちの考えは、往生はだれもが理想として求める究極の善なのだから、当然、悪いことをしないで、善いことをする方が有利なはず、という価値観に立っています。どちらかというと、道徳的な善の延長線上において、往生を善いものとして捉える、いわば世俗的な道徳論者の考え方に近い思考の人たちです。

しかし、そういう考えは、「本願の凄さを疑う」（本願を疑ふ）気持ちがあるからではないか、と唯円房は批判するのです。本願のはたらきが絶対的なものであるなら、どんな悪を犯した人をも阿弥陀仏様は受け容れて見捨てないはず。したがって、どんな悪人であっても救われる、ということでなければならないはずです。道徳を超えたところにあるのが宗教なのだから、どんな悪人をも救う宗教であってこそ真の宗教です。本願の救いを世俗の道徳的な常識の範囲にとどめて、善の追求が親鸞聖人のみ教えだとすべきではない。むしろ、道徳を超えたところで本願を捉え、悪人さえも救ってくれるところにこの教えの真骨頂がある、というのが唯円房の主張です。

このように、唯円房は、道徳的な考えに反発して、道徳的理解は本願の凄さを過小評価するものだ、とするのです。確かに、一切衆生を救うのが本願ならば、どんな悪人も救われなければなりません。しかし、そうすると、積極的に悪を肯定する反社会的な者まで救いの対象に含まれるが、それは、社会に対して誠実に生きている一般の人たちにとっては容認できないことになります。

善悪の宿業

そこで、唯円房はさらに、第二の「善悪の宿業」についての考察へと論点を進めます。

（2）善い心が起こるのも過去からの善の積み重ねによるのです。悪事を思いつき、してしまうのも、過去からの悪に誘われるからです。

よきこころのおこるも、宿善のもよほすゆゑなり。悪事のおもはれせらるるも、悪業(あくごう)のはからふゆゑなり。

すなわち、善悪の宿業を知らないから、本願ぼこりを否定することになるのだ、というのです。宿業とは、過去からの善悪の行為（業）の積み重ねのことです。今となってはどうにもならない過去の行為の積み重ねが業となって、それに支配されているのが現在の私たちだという考えです。したがって、過去に善を行った「宿善」が因となれば、現在の私たちに善い心が起こるし、過去からの悪業がはたらくと現在の私たちの心は悪となり、悪を犯してしまう。このように、宿業論は「善因善果(ぜんいんぜんか)、悪因悪果(あくいんあっか)」の因果論になるのです。

たしかに、私たちは、善いことを積めば、善いことがしやすくなり、悪事をすればそれが習慣となって悪事への抵抗感もなくなって、平気で悪い事をするようになりますね。この習慣化、〝馴れ〟とか〝癖〟、これが宿業という捉え方の根拠になっていると思われます。この馴れは日常生活のなかでもたしかに実感されます。

しかし、この習慣化、馴れがどうして起こるのか。過去の行為の記憶はどこに蓄積されて習慣化されるのか、考えてみるとこれは不思議な現象です。体がおぼえている、ということでしょうが、体のどこにその記憶装置があるのでしょう。まだ、発見されていません。アビダルマといわれる仏教教義学では、無表色という目に見えない物質を想定しています。無表色という物質が体内に蓄積され、それが習慣づけているのだ、それが〝体がおぼえる〟、ということだ、というわけです。

さて、その宿業の中には、すでに申したとおり、宿善と宿悪とがあるので、「善悪の宿業」といえるのですが、当面は、悪の方、宿悪が問題です。宿業といった場合、多くはこの宿悪を指しています。過去の悪の積み重ねが今の悪、罪を作らせているのだということを、親鸞聖人のお言葉として唯円房は次のように提示します。

故聖人（親鸞聖人）の仰せには、「卯毛・羊毛のさきにゐるちりばかりもつくる罪の、宿業にあらずといふことなしとしるべし」と候ひき。

（3）故親鸞聖人は、兎の毛、羊の毛の先についた微量の塵ほどの罪さえも、過去の行為の結果でないものはない、と知るべきである、とおっしゃっています。

親鸞聖人ご自身がこのような「宿業」ということを実際おっしゃっていたかどうかは、親鸞聖人の他の文献にこの言葉が出てこないので私には疑問です。しかし、唯円房はこのように記憶して、宿業によって微細な罪さえも消せない、ということを、聖人の仰せをもって論の根拠としていこうとするのです。

かくして、私たちの善悪は、過去の善悪によって規定されている以上、今となっては、どうすることもできない。だから、道徳が守れない人もでてくる。これはやむを得ない。これは人間の本質が道徳的に無力であることを示すもの、というわけです。このようにいって、道徳派の人たちを退けて、そしてそこにこそ本願の救いが示される理由がある、という論理立てで、本願を頼みとせよ、というわけです。

確かに、人間はこのような宿業に支配されている面が否定できないのですが、それでは、人間の意思の自由はまったくないのでしょうか。道徳は成立しないのでしょうか。過去を反省してあらたに生きようとする人だっているのではないでしょうか。人間の、将来に向かっての意思の自由を否定する点で、これもまた一つの極端な意見のように私には思えてならないのですが……。

人を千人殺せ

唯円房は、善悪の宿業のどうにもならない例として、親鸞聖人が唯円房に次のような質問をなさったという逸話を紹介します。

（4）また、ある時、唯円房は私のいうことを信じるか、と親鸞聖人がおっしゃったところ、信じます、と唯円房が答えた。間違いないな、と重ねて尋ねられたので、謹んで承ります、といったところ、例えば、人を千人殺してみよ、そうすれば往生は確定するぞ、とおっしゃいました。そこで、仰せではございますが、私の能力では一人も殺せそうにありません、と申し上げました。ならば、どうして親鸞のいうことに従うといったのだ。これによって分かるだろう。何事も心の思い通りになるなら、往生のために千人殺せといわれたら、ただちに殺せるだろう。でも、一人も殺

またあるとき、「唯円房はわがいふことをば信ずるか」と、仰せの候ひしあひだ、「さん候ふ」と、申し候ひしかば、「さらば、いはんことたがふまじきか」と、かさねて仰せの候ひしあひだ、つつしんで領状（りょうじょう）申して候ひしかば、「たとへばひと千人ころしてんや、しからば往生は一定すべし」と、仰せ候ひしとき、「仰せにては候へども、一人もこの身の器量（きりょう）にては、ころしつべしともおぼえず候ふ」と、申して候ひしかば、「さてはいかに親鸞がいふことをたがふまじきとはいふぞ」と。

「これにてしるべし。なにごともこころにまかせたることならば、往生のために千人ころせといはんに、すなはちころすべし。しかれども、一人にてもかなひぬべき業縁なきによりて、害せざるなり。わがこころのよくてころさぬにはあらず。また害せじとおもふとも、百人・千人をころすこともあるべし」と仰せの候ひしか、

すべき業縁がないから害することさえしないのだ。私の心が善いから殺さないのではない。また、害すまいと思っていても百人・千人殺すこともあるぞ、とおっしゃった。

この逸話をドラマ仕立てに再現すると、

親鸞：唯円房よ、唯円房はわたしがいうことを信じるか。
唯円：はい信じます。
親鸞：間違いないな。
唯円：間違いありません。
親鸞：それでは、人を千人殺せ、そうすれば往生が決まる。
唯円：お聖人さまの仰せではございますけれども、私には一人も殺せるような能力はないと思います。
親鸞：それなら、どうして私のいうことに違わないといったのか。
　これで分かっただろう。何事も自分の思い通りになるのならば、往生のために千人殺せといわれたら、即座に殺せるはず。でも、実際は、害そうと思っても一人さえも害せないこともある。また、害すまいと思っても百人・千人殺すこともある。

　ここの条文に、「心の思い通りになるなら」（こころにまかせたることならば）とありますが、これは、現代のことばでいえば、「自己の意思の自由のとおりにできるならば」、ということですね。意思の自由があるのなら、人を殺そうと思ったら千人だって殺せるはずだ。けれども、あなたは「一人も殺せない」。それは「殺すべき業縁がないから害することさえしないのだ」（業縁なきによりて害せざるなり）。つまり「業縁」がないからだと――。

　唯円房はこのエピソードを「宿業」の例話として取り上げているのですけれども、ここには「宿業」とはなくて、「業縁」とあります。この言葉の相違はとても重要でして、宿業と業縁はまったく異なる概念です。結果としての善悪の行為は、現在の人間の意思の自由の及ぶ範囲を超えている、という点では業縁も宿業も同じに見えるのですが、それは過去の自分の行為（因）によるのではなく、それを凌駕した縁によるのだと親鸞聖人はいっているのです。過去に悪いこともせず、現在も殺すまいと思っている人だってたまたま、過失により結果的に百人千人殺すことだってある。どんなに、心の中に善い心をもっていても、人間の善い心だけでは、善い結果をもたらすことはできません。縁が別の方向にはたらけば、結果は善い方向には行かないのです。また、逆に、心の中にどんなに悪の心をもっていたとしても、縁がなければ、悪行は結果として実行されないのです。つまり、それは、人間の意思の自由（因）を超えた「業縁」のあるなしによって決まってくる、ということです。すなわち、縁＝「きっかけ」の問題です。この「きっかけ」は人間の過去の因の行為を超えているのです。このように、親鸞聖人は人間の自由意思を認めつつも、それだけでは結果が出ないことを業縁の問題として指摘しているのです。縁（きっかけ）の重要性ということですね。

縁はつねに、順縁、逆縁の両方があるわけですから、善い心をもっている人に、善い結果が出るというのは、順縁ですし、善い心をもちながらも、悪い結果が出るというのは、逆縁です。悪もそうです。悪い心をもっていて、悪い結果が出るというのは、順縁で、悪い心をもっていても、悪い結果が出ないというのは、逆縁です。

縁欠不生（えんけつふしょう）

そういうふうに、縁には、順逆両方があるということですけれども、その中でも、逆縁の方が注目に値すると思います。

悪い方の逆縁が出ないということで、私たちは悪くない、善人だと思っていますが、それは、悪いことを思ったりしたりした因はあるのですが、たまたま縁がないということで、とりあえず悪を犯さないということが成り立っているだけです。仏教では、これを「縁欠不生（えんけつふしょう）」といいます。何事も縁がないと起こらない。縁が欠けているから、悪い行為（因）も悪事という結果をもたらさないのです。

しかし、逆に、善い行いを過去にもっていても、たとえば、誰かが邪魔をするというような、私たちにとっては、都合の悪い方の逆縁がはたらくと善い結果が出せませんが、そういう邪魔という縁が入らないということで善い結果が出てきているという一面もありますね。これも一種の縁欠不生です。逆縁が欠けたということ。

私たちは、縁というと、つい善い方の縁、つまり順縁ばかりをご縁だと思いがちですけれども、たとえば、法話会に誰かが連れてきてくれたという順縁ばかりでなく、来られなくなるような邪魔が入らなかったというのも大切なご縁なのです。どんなに来たいと思っても邪魔が入ったら来られないのですから。そういう意味で、善い方の縁があるかないかというよりも、自分にとって都合の悪い方の縁、つまり逆縁がなくて助かっている、救われているという面もあるのです。そういう意味で、逆縁が防がれているという縁欠不生、こちらの面も、注意してみておかなければいけないと思います。

さて、このように縁というのは、人間の意思を超えていますから、はるかに大きな力です。因のちからよりも、縁の力のほうがはるかに結果と結びつきやすい。ですから、こころの中では悪いことをしたくないと、どんなにこころに誓っていても、おおきな縁の力がはたらいたら、人を百人、千人殺すことだってあるでしょう、ということです。それから、私はだれか殺してやりたいと、殺意をもって狙っていたとしても、どういうわけか、その人が現れてこなければ殺せないのです。こころの中に、悪い殺害の因を持っていても、それを実現する縁が、縁欠不生で欠けていたために、結果が生じない、ということで犯罪者にならずにすんでいる、ということもあるのです。

だから、善悪について深くつきつめて考えていくと、結果としての善悪というのは、ストレートに自分の心の善悪（因）とは結びついていないのです。善い意味（順）でも悪い意味（逆）でも、「縁」による、としかいいようのない状況に避けがたく振り回される、それが人間だ、と人間の存在の構造的危うさを親鸞聖人は「業縁」とおっしゃっているのです。「人間であることの根本問題」とはそういったたぐいのものでしょう。

しかし、世間の道徳一般からすると、悪いことは許されないわけですから、進んで悪いことをするような奴は、いくらなんでも阿弥陀仏の本願だって救わないだろうと、宗教さえも世俗の道徳の論理の範囲内で理解しようとしたのが、ここの異義、つまり本願ぼこりは往生できない、という批判です。だから、オーム真理教の教祖、麻原彰晃が救われるかどうかという問題も、「いや、麻原彰晃だって救われるよ」ということは、「本願ぼこり」を認めることになるのですが、一般的な道徳の立場といいますか、ここの道徳派のような人たちからすれば、「あんなやつがお浄土に救われていくということは、承服できない」という考え方になります。そして、悪人が救われるといっても、できるだけ悪いことをしない人の方が救われやすい、という主張に傾くことになります。これがここの異義を生んでいるのですね。道徳派の異義です。

『口伝鈔』の問題点

ところで、この逸話は『口伝鈔』にも収録されています。『口伝鈔』は親鸞聖人のひ孫の覚如上人が伯父の如信上人から口伝されたことを書き記したもの、ということですが、そこに、

> あるときの仰せにのたまはく、「なんだち、念仏するよりなほ往生にたやすきみちあり、これを授くべし」と。「人を千人殺害したらばやすく往生すべし、おのおのこのをしへにしたがへ、いかん」と。
>
> （『聖典』八七九頁）

> ある時、聖人はおっしゃった。おまえたちに、往生の道を説いて聞かせようが、念仏よりもっと簡単に往生できる道があるよ、これを授けてやろう、と。人を千人殺したならば、往生がたやすくなるだろう。各々この教えに従え。どうだ。

とあります。

ここでは、往生の道（修行法）として、念仏と殺人をはかりにかけて、念仏より人を千人殺した方がたやすく簡単に往生できる、といっています。親鸞聖人にそんな比較の発想があったかどうか、はなはだ疑

問です。唯円房が聞いた親鸞聖人のことばは、悪人（殺人者）の救い（往生）を問題にしていて、修行法の是非を念仏か殺人か、で問題にしているのではありません。そこに、『口伝鈔』とは発想の根本的な相違があります。

時に、ある人がいう、「私には千人はおろか、一人も殺せるとは思えない」、と等々

ときにある一人申していはく、「某においては千人まではおもひよらず、一人たりといふとも殺害しつべき心ちせず」と云々

そこで、

聖人がさらにいわれた、「おまえは、私の教えをずっと日ごろからその通りに実践して、私の教えに背かないできたのだから、今、教えたところの教えについても、まったく疑うことはないな」

しかし、一人も殺せそうにないというのは、過去にその因がないからである。過去に因があれば、どんなに殺生罪を犯すまい、犯すと往生ができないぞと誡めたとしても、因に誘われて必ず殺罪をつくってしまうだろう

上人かさねてのたまはく、「なんぢわがをしへを日ごろそむかざるうへは、いまをしふるところにおいてさだめて疑をなさざるか」

しかるに一人なりとも殺害しつべき心ちせずといふは、過去にそのたねなきによりてなり。もし過去にそのたねあらば、たとひ殺生罪を犯すべからず、犯さばすなはち往生をとぐべからずといましむといふとも、たねにもよほされてかならず殺罪をつくるべきなり

ここでは、「あなたが殺せそうにないのは、過去にその種（因）がないからだ」（**殺害しつべき心ちせずといふは、過去にそのたねなきによりてなり**）、といっています。そして、「因に誘われて」（**たねにもよほされて**）殺害をつくる、というのです。縁ではなく、因だ、と。だから、『口伝鈔』の中にある、親鸞聖人のお話しは、今の心を過去に差し戻すことによって、今の心は、過去の自分の行為（因）によって規制されているので、結果を善悪のどちらにすることも自由にならない、という論理の展開となっています。

これに対して、『歎異抄』の親鸞聖人は、「業縁なきによりて害せざるなり」とおっしゃっていました。因よりもっと広い概念の「縁」がないから殺害しないのだ、という業「縁」の論理でした。覚如上人も唯円房とおなじく業縁を理解していない、と私は思います。

我が心の善くて殺さぬにはあらず

親鸞聖人の真意は、「(4)わがこころのよくて、ころさぬにはあらず」という先ほどの『歎異抄』の言葉に象徴されるように、人間の自由意志（因）がストレートに罪悪の結果につながるのではない、というところにあるのでした。自分の心（因）が悪でなくても、業「縁」にもよおされれば、殺すこともあるし、殺意があっても縁が欠ければ、殺さないですむこともある、〝殺さないのは心が善いからではない〟、というのです。

ですから、親鸞聖人の論理は、殺さない＝心が善い、というように、今の結果がストレートに今の私の意思とつながっているのではなく、人間の意思を超えたもう一つの大きな要素＝縁がこの世においてはたらいて結果が出る、とおっしゃるのです。悪い行為（果）は悪い心（因）から起こり、善い行為（果）は善い心（因）から起こるという単純な因果論ではこの世の善悪の結果は判定できない、とおっしゃっているのです。

日常、まじめに生活している人が大変悲惨な結果を引き受けざるを得ないこともあれば、悪いことをしていても、のうのうと生きている人もいますね。まったく人生は理不尽です。こういう理不尽を目の当たりにすれば、現在の結果は過去の業因に支配される、と単純にはいえないでしょう。現代社会の犯罪の追求も「過失」を認めてはいますが、犯行の意思の有無によって罪を裁く、ということになっています。しかし、縁（きっかけ）によるとなれば、いつ善人が悪人に、悪人が善人に変わるかも分からないのです。だから、親鸞聖人は、善悪の道徳論の危うさを知って、私、親鸞は善悪を知らない、といっておられます。（『歎異抄』後序参照）

それなのに、覚如上人は、全部、宿業論にしてしまって、「過去に因があれば、どんなに殺生罪を犯すまい、犯すと往生ができないぞと誡めたとしても、因に誘われて必ず殺罪をつくってしまうだろう」という結論にしてしまっているのです。唯円房も

（5）私たちの心が善いと善人だから救われる、悪いと悪人だから救われないと思って、どんな人も本願の不思議なおはたらきは助けてくださる、ということを知らないな、とおっしゃったのでした。

われらがこころのよきをばよしとおもひ、悪しきことをば悪しとおもひて、願の不思議にてたすけたまふといふことをしらざることを仰せの候ひしなり。

と、善悪の自由意志を批判し、『口伝鈔』と同様の結論づけを聖人の言葉としています。すでにやってし

まった宿業はどうしようもないのだから、「私たちの心が善いとか、悪いとかいっているが、そういうことは考えるな。過去は消せないのだから、そのどうにもしようのない悪の結果を助けてくれるのが本願だと心得よ」、という論理です。そこが、親鸞聖人のおっしゃりたいこととズレているのです。

親鸞聖人は、さらに後ろの部分でも

（10）しかるべき業縁にあったら、善でも悪でも、どんなふるまいをするか分からないものだ ―― さるべき業縁のもよほさば、いかなるふるまひもすべし

といっています。人間の意思の自由を認めています。人間の意思の自由を認めたとしても、意思の自由を超えた縁が働くとき、意思に反した結果をまねく危険を私たちはみな覚悟しなければならない。そういう危ういところに立っているのが人間だ――これが親鸞聖人の「人間観」、「罪悪観」です。「縁起」という仏教の根本思想に立って、人間の意思よりも大きな縁の視点から人間を見ているのです。ここが唯円房には理解できていないのです。これは、重要な誤解と私は考えます。

薬があるからといって毒を好むべからず

次の段落でも、「本願ぼこり」の「造悪無碍（ぞうあくむげ）」の極端を一旦は批判しますが「宿業」の観点から擁護します。

（6）その昔、邪しまな見解にとりつかれた人が悪事を犯 ―― そのかみ邪見におちたるひとあって、悪をつくりたる

した人を助ける願だからということで、わざと悪事をして往生の業としなさいと勧めたため、次第に悪い噂が耳にはいってくるようになった時、聖人がお手紙で「毒消しの薬があるからといって毒を好んで食べるものではない」とお諭しになっているのは、こういう誤った見解へのとらわれを止めさせるためです

> ものをたすけんといふ願にてましませばとて、わざとこのみて悪をつくりて、往生の業とすべきよしをいひて、やうやうにあしざまなることのきこえ候ひしとき、御消息に『くすりあればとて、毒を好むべからず』と、あそばされて候ふは、かの邪執をやめんがためなり

「造悪無碍」とは、ここにあるように、「わざと悪事をして往生の業としなさいと勧める」（わざとこのみて悪をつくりて、往生の業とすべきよしをいふ）考え方。本願のすばらしさを強調するあまり、どんな悪を犯しても大丈夫と自慢し、かえって好んで悪事をなすよう勧め、その方が往生のための修行になる、とさえいうのです。これは「本願ぼこり」を極端に強調した考えといえます。これは明らかに誤った見解です。

こういう人は、宗教を理屈っぽく考えすぎているのです。実生活のうえで捉えれば、悪を積極的に勧めるなど許されるはずがないのです。そこを聖人は、薬があるからといって毒をすすんで飲むはずもない、と喩えをもってこの極論を批判しているのです。

親鸞聖人の『御消息集』第二通には、このあたりのことがもう少し詳しく述べられています。

むかしは、どの人も、阿弥陀仏の本願も知らず、念仏も称えなかったのだが、お釈迦様・阿弥陀様からのご方便に促

> まづおのおの、むかしは弥陀のちかひをもしらず、阿弥陀仏をも申さずおはしましし候ひしが、釈迦・弥陀

されて、今は阿弥陀仏の本願を聞くようになりました。以前は無明の酒に酔っていて、貪欲・瞋恚・愚痴の三毒を飲み、好んで行っていましたが、阿弥陀仏のお誓いを聞き出してからは無明の酔いが少しずつ醒め、三毒も少しずつ好まないようになり、お互いに阿弥陀仏の薬を常に好みいただくようになられましたね。ところが、まだ酔いが醒めてもいないのに、さらに酔うことを勧め、毒を勧める人がいるということですが、それはあさましいことです。

煩悩が捨てられない身だからと、これを肯定し、意にまかせて、体でしてはないらないことも平気でやり、言ってはならないことも口に出して、意に思ってはならないこともゆるして、心の赴くままに何をしてもいいのだとなぐさめあっているのは、まことに気の毒に思います

の御方便にもよほされて、いま弥陀のちかひをもききはじめておはします身にて候ふなり。もとは無明の酒に酔ひて、貪欲・瞋恚・愚痴の三毒をのみ好みめしあうて候ひつるに、仏のちかひをききはじめしより、無明の酔ひもやうやうすこしづつさめ、三毒をもすこしづつ好まずして、阿弥陀仏の薬をつねに好みめす身となりておはしましあうて候ふぞかし。しかるに、なほ酔ひもさめやらぬに、かさねて酔ひをすすめ、毒も消えやらぬに、なほ毒をすすめられ候ふらんこそ、あさましく候へ。

煩悩具足の身なればとて、こころにまかせて、身にもすまじきことをもゆるし、口にもいふまじきことをもゆるし、こころにもおもふまじきことをもゆるして、いかにもこころのままにてあるべしと申しあうて候ふらんこそ、かへすがへす不便におぼえ候へ。

三毒とは貪欲と瞋恚と愚痴です。貪欲は欲張りなこと。人間が根底にもっている利己心です。瞋恚というのは、不満とか、嫉妬心のこと。今の世の中でいちばんやっかいなのがこれです。不平不満とか、人の成功をうらやむ嫉妬心が足を引っ張るわけです。この瞋恚は、こころのいかりとおもての怒りとに分けて

考えることができると、聖徳太子が『十七条憲法』第十条で次のように指摘しています。

> 十にいはく、忿を絶ち瞋を棄てて、人の違ふを怒らざれ。人みな心あり。心おのおの執（我執）ることあり。かれ是んずればすなはちわれは非んず、われ是みすればすなはちかれは非んず。われかならず聖なるにあらず、かれかならず愚かなるにあらず。ともにこれ凡夫ならくのみ。（『聖典』一四三六頁）

> 第十に、心のいかりを絶ち、表のいかりを捨てて、人が違った意見だからといって腹を立てなさんな。人には皆心があり、どの人の心にも執われがある。彼が是とすることは我は否であり、我が是とするところは彼は否である。私が聖人で彼が愚か者とはかならずしも断言できない。共に凡夫であるにすぎない。

要するに、自分と意見が違うからといって腹を立てるな、ということです。それは、おもてに表せば怒りでしょうけれども、こころのなかで面白くないというのは、怒りというよりも、むしろ不平不満です。その不平不満が相手の方に向けられれば、嫉妬心ということになります。他人の幸せがおもしろくない、悔しい、ということです。これは、我執すなわち利己心から来ていて、常に自己が中心で正しい、としないと気が済まない心。だから、自分よりすぐれた他人の幸せが許せないという心です。そういう心が地獄の世界をつくります。自分も他人も「ともにこれ凡夫」と観る『十七条憲法』のような一段高い仏教的な視点がないと嫉妬心は防げません。必然的に自他は対立し、争うことになりますね。

愚痴というのは、因果撥無といいますから、因果を認めないという愚かさのことです。端的にいえば、今の私という結果があるのは目に見えないご恩（お蔭）という因縁があるからですが、それを知らないのが愚痴です。それは感謝を知らない。すべてを当たり前と思ってしまう。また、逆に、自分がこのようになったのは、自分の責任だと受けとめられない。あの人が悪いからこうなったのだとか、状況が悪くなったからと、他人や周りのせいにして言い訳をし、言い逃れを図るのを愚痴といいます。また、人間を超えたはたらき、宗教を認めないことも、この愚かさに含まれましょう。

このような無知に気づかされて、「無明の酔いが少しずつ醒め、三毒も少しずつ好まないようになり、阿弥陀仏の薬を常に好みいただくようになる」――これが、浄土の教えをいただいていく人の姿です。そうして、だんだん毒も、酔いも軽くなっていくべきところですが、先ほどの造悪無碍(ぞうあくむげ)の人は、『御消息集』第二通のつづきに

酔いが醒めないうちに、さらに酒を勧め、毒が消えていないのにますます毒を勧めるようなものだ。

酔ひもさめぬさきに、なほ酒をすすめ、毒も消えやらぬに、いよいよ毒をすすめんがごとし。

とあるように、薬があるから毒を好めと勧めている。悪人をも救う阿弥陀仏様のお慈悲を逆手にとって悪を肯定している。これは、宗教に従うのでなく、〝宗教を利用する〟態度。本来の宗教行為に反する、真反対の行為です。よって、

薬があるからどんどん毒を好みなさい、なんていうことはあっていいはずもないことではないか、と思います。

薬あり毒を好めと候ふらんことは、あるべくも候はずとぞおぼえ候ふ

こんなことがあっていいはずがありません、ということです。

悪は往生を妨げない

そこで、親鸞聖人は引きつづき『歎異抄』において、悪は往生の妨げにはならない、と明言しています。

（7）悪いことをしたらお浄土に往けないよ、というように、悪は往生の妨げになるというわけではありません
――まったく、悪は往生のさわりたるべしとにはあらず

しかし、どんな悪人も救ってくれるからといって、進んで悪いことをすることはない。でも、悪いからといって救わないわけではない。そこのところが理屈のようで理屈でないことを聖人はいおうとしているのです。理屈だけでものごとを考えてしまうと、仏教の話は分からなくなるのです。仏教の話は、あくまで極論を避け、現実に根ざした生き方について話をしているのです。それにもかかわらず、理屈で理解しようとすると、ズレた話になってしまいます。

ですから、悪は往生の妨げになるということはありません。ここはちゃんと抑えておかなければなりません。しかし、だからといって進んで悪いことをせよ、というのでもありません。

だから、

（8）戒律を守ることでしか本願を信じられないのならば、私たちはどうやって迷いを離れられましょう、と。
――持戒持律にてのみ本願を信ずべくは、われらいかでか生死をはなるべきやと。

悪いことをするな、善いことをしなさい、ということは、持戒持律です。道徳です。そういう善いこと

をするということが本願を信ずるということだ、というなら、私たちは、それが難しいから、到底、迷い（生死）を離れることができません。救われようもありません。持戒持律（ルールを守る）ということは実践してみると分かりますが、できるようでできないことです。継続は力なり、といいますが、これは理想です。多くは三日坊主で終わってしまいます。

　でも、そういう私たちでも、阿弥陀仏の本願にお遇いしたということで、この阿弥陀仏様によって救われるのです。これが親鸞聖人の思し召し。「薬あり毒を好めとは、あっていいはずもない」という、ここに留まるので、親鸞聖人は本願ぼこりを肯定していません。しかし、唯円房は、戒律は守れなくともよい、

善いことをしようと思っても、それがやり通せない、そういうあさましい身も、阿弥陀仏様のお救いにあづかってこそ往生をとげるのであり、それこそが誇りであります。

かかるあさましき身も、本願にあいたてまつりてこそ、げにほこられ候へ。

と、本願に誇ることを肯定しています。その理由として、

（9）そうだからといって、自分の身にそなわっていない悪業は悪といえども行えるものではない。

さればとて、身にそなえざらん悪業は、よもつくられそうらわじものを。

と、宿業論を論拠とするのです。過去からの行為の集積として「自分の身にそなわっていない悪業は、悪といえども行えるものではない」、と。ここの、身にそなわっていない悪業は行えないという断定はまさ

しく宿業論ですね。この宿業論によって、「悪いことはどんどんすればよい」といってもできない人はできない、宿業だから、と本願ぼこりの「悪のすすめ」は否定し、本願をほこることは肯定するのです。そして、宿業の例として次のように、漁師などをあげるのです。

業縁のしわざ

(10) また、海や河に網を引き、釣りをして生活する者も、野山に猪を狩り、鳥を取って命をつなぐ者も、商いをし、田畑を耕して過ごす人も皆おなじです。しかるべき業縁にあったら、善でも悪でもどんなふるまいをするか分からないものだ、と親鸞聖人はおっしゃいましたが、

また、「海・河に網をひき、釣をして、世をわたるものも、野山にししをかり、鳥をとりて、いのちをつぐともがらも、商ひをし、田畠をつくりて過ぐるひとも、ただおなじことなり」と。「さるべき業縁のもよほさば、いかなるふるまひもすべし」とこそ、聖人は仰せ候ひしに

しかし、親鸞聖人はここでまた、宿業といわず「業縁」と述べています。業縁ということになると、どのような善い行いをしている生活であっても悪い結果を引き起さないとはいえませんね。

表面的に見れば、「海・河に、網をひき、釣をして、世をわたるもの」は、魚を捕っているわけですから、魚の命、を奪っているわけです。野山で狩りをする人も獣や鳥の命をとっている。それに対して、商いをする人というのは、直接自分で命に手をかけているわけではないのです。そうすると、「海・河に、網をひき、釣をして、世をわたる」人や、「野山に、ししをかり、鳥をとりて、いのちをつぐ」人は悪人で、

商いをする人は、善人ということになるかも知れません。「田畠をつくりて過ぐるひと」にいたっては、命を育てているのですから、さらに善い人、ということになるかもしれませんが、しかし、それは「ただ同じことなり」（それも含めてみな同じだよ）と、親鸞聖人はおっしゃるのです。

表面的に見て命を奪っているかいないかということが、善人、悪人を分ける話ではないのです。なぜなら、漁師も猟師も商人も農夫もみな「さるべき業縁のもよおさば、いかなるふるまいもすべし」――どういう職業の人であろうとも、そこに業縁が加われば、いかなる振舞もあるではないか、というのです。ここに親鸞聖人の深い人間観が表明されています。

このように、この第十三条で親鸞聖人は、繰り返して「業縁」といっています。それなのに、親鸞聖人の業縁という言葉を引用しながらも、唯円房は「海・河に網をひき、釣をして、世をわたるものも、…」の文を宿業論「（過去から）自分の身にそなわっていない悪業は悪といえども行えるものではない。」（**身にそなへざらん悪業は、よもつくられ候はじものを**）の例示としてとり扱っています。ここのところが、唯円房の理解不足なところです。

本願ぼこりは否定できない

さて、道徳派の人たちは、自分たちだけを善人にして、他の悪人を仲間から排除していたようで、唯円房はそれを次のように非難します。

(11) 当時は、後生願いの風をして、善人だけが念仏申す人であるかのように、これこれのことをした者は道場に入

当時は後世者ぶりして、よからんものばかり念仏申すべきやうに、あるいは道場にはりぶみをして、なんな

るべからず、などと張り文をしている人たちがいるが、この人たちは、もっぱら外面は賢く努力の人を装って、内面は内実のない生き方をしているのではないか

――んのことしたらんものをば、道場へ入るべからずなんどといふこと、ひとへに賢善精進の相を外にしめして、内には虚仮をいだけるものか。

道徳派の人たちは、結局、外面を繕って、内面は実がないと。

ここの「もっぱら外面は賢く努力の人を装って、内面は内実のない生き方をしている」（賢善精進の相を外にしめして、内には虚仮をいだけるもの）とあるのは、善導大師の「外面は賢く努力の人を装って、内面は内実のない生き方ではいけない」（外に賢善精進の相を現じて内に虚仮を懐くことを得ざれ）という、外も内も同じであるように精進努力せよとのことばに基づいています。この文については、親鸞聖人は独特の解釈をなさり、私たち凡夫は、内面に不実を抱えているから、外面を賢く努力しているように見せることはできない、と自己を悲嘆する言葉として逆説的に用いられたのでしたが、道徳派の人たちはまた、善導大師と同じく、外面も内面も賢く努力する者を善人とし、そういう人しか念仏の道場に入ってはならない、としたのです。あたかも、善人以外は念仏する資格がないかのように。そこで、唯円房は、それこそ、内外に善を求めながら、差別という悪を犯して、かえって内実のなささをさらけ出している、と非難するわけです。

そして、

(12) 本願を自慢して作る罪でさえ、過去の業の結果なの――願にほこりてつくらん罪も、宿業のもよほすゆゑなり。

です。したがって善も悪も業の報いとあきらめて、ただひたすら本願をたよりとしていくことが他力の生き方なのです。

されば善きことも悪しきことも業報にさしまかせて、ひとへに本願をたのみまゐらすればこそ、他力にては候へ。

と、こんどは、悪といわなくて、罪（つみ）といっていますが、本願ぼこりの罪も、「過去の業の結果なのです」（**宿業のもよほすゆゑなり**）と、唯円房は、宿業論で止むを得ないこととします。

そして、結論として、善いことも、悪いことも業報（過去の業の報い）だとひとくくりにして、過去の因の報いという結果は引き受ける以外どうにもできないよ、というわけです。ですから、これは運命論、決定論になりますね。現時点における善も悪も本願ぼこりの罪も、全部、宿業（過去の業）の結果だというのですから。

そうすると、ここの「さしまかせる」ということは、業報にまかせるのですから、あきらめるしか仕様がないということです。お手上げだということです。だから、あとは、ひたすら本願をたのむしか方法はない。つまり自己放棄して本願におまかせする――それが、他力にまかせるということですよ、と、本願ぼこりは他力にまかせるしかないというのです。

確かに、お救いは阿弥陀仏様のひとりばたらきです。それをたよりにするのが他力です。しかし、このように、自分の努力を運命論、決定論によって放棄して、私たちは無力なんだから「他力をたのめ」という論法にして本願ぼこりを肯定してしまっているのはまずい。

この「業報にさしまかせる」という運命論の一番巧妙なところは、自力の努力ということをいっさい主張しようがなくしてる、ということです。その意味では、自力を否定するのには、いちばん都合のいい論理かも知れません。決定論ですから。しかし、そういうことで、自力を全否定して、そこはどうにもならないから、「ひとえに本願をたのみまいらせる」というところで、他力をもち上げていって、それが本願ぼこりだというと、これは、人間は何をするにも、宿業という運命に従うまま、自由意思はないということになってしまいます。それは、あきらかに、親鸞聖人の思し召しと違っているでしょう。

本願をほこり他力をたのむ

他力ということについても、唯円房は、

(13)『唯信鈔』にも、阿弥陀仏の力がどの程度だと思って、罪業の私は救われ難い、と思うのでしょうか、とあります。本願を誇りにする心があればこそ、他力をたのむ信心も確定するはずです。

『唯信抄』にも、「弥陀いかばかりのちからましますとしりてか、罪業の身なればすくはれがたしとおもふべき」と候ふぞかし。本願にほこるこころのあらんにつけてこそ、他力をたのむ信心も決定(けつじょう)しぬべきことにて候へ。

というのです。

『唯信鈔』の作者、聖覚は、どんなに私の罪業が深くても、それに勝る阿弥陀仏の救いの力があるのだから、救われるのですよ。こんなにも罪業が深い人は救われないのではないか、なんて思う必要はないよ、といって、阿弥陀仏の救済力というものは、すべての罪業を凌駕(りょうが)しているのだ、といおうとするのでして、人間の努力を否定するものではないのです。なのに、『歎異抄』の作者、唯円房は、ここで、私たちも「本願をほこる」心は持っていいのだ、本願はいかなる罪よりも強い救う力を持っているのだ、と自慢できること（本願にほこるこころのあらん）が、他力をたのむ信心が決定（けつじょう）していることなのだから、というのです。

こうして、善を行うべしという道徳派の自由意志の努力を評価する考え方を否定し、本願をほこることは、決して間違っていない。どんな罪のある人でも本願にすくわれる、と誇っていい。そう『唯信鈔』にも書いてあるではないか。むしろ、積極的に本願にほこっていくことの方が、他力をたのむ信心が確定しているといえる――と、本願ぼこりをそのまま他力をたのむ信心決定と重ねて、肯定して、道徳派の考え方を否定するのです。

以上のとおり、『歎異抄』の作者の道徳派への批判は、一方では、善を勧めるということは宿業によってできないのだ、という直接的否定を用い、他方では、阿弥陀仏の本願力、すなわち他力というものは、宿業による罪悪をも凌駕（りょうが）するものだから、本願の偉大さに対して誇りをもっていいと、本願ぼこりを肯定し、いかなる罪悪も妨げにはならないのだ、善を要求する必要はない、という言い方で、道徳派の考え方を退けているのです。

このように道徳派の主張を宿業論で斥けておいて、最後に、道徳派の人たちも善を求めながら煩悩を断ち切っていないことを皮肉って、本願ぼこりを否定するあなたたちも本願を頼りにし、ほこっているのではないですか、といいます。

(14) 本願ぼこりを良くないという人達は、悪い行いや煩 ― おほよそ悪業煩悩を断じ尽してのち、本願を信ぜんの悩を断ち切ったのちに本願を信じるのみというので、それだと願をほこる思いもなくてよいでしょうが、それでは煩悩がないということですから、もうすでに仏に成っているはずです。すでに仏に成っている者のためには、法蔵菩薩の五劫の間の思惟から立てられた本願も無意味になるでしょう。本願ぼこりを誡めている人たちでさえ、煩悩を断じているかといいますと、そんなことはないのです。煩悩具足（煩悩は丸がかえ）ですよ。あなたがたも煩悩を持ちながら、本願によって助けられているのではないですか。そういうふうにみえますよ。どんな悪が本願ぼこりの悪で、どんな悪が本願ぼこりにならない悪というのでしょう。本願ぼこりを否定するなんて、まったく幼稚な考え方です。

みぞ、願にほこるおもひもなくてよかるべきに、煩悩を断じなば、すなはち仏に成り、仏のためには、五劫思惟の願、その詮なくやましまさん。本願ぼこりといましめらるるひとびとも、煩悩・不浄具足せられてこそ候うげなれ。それは願にほこらるるにあらずや。いかなる悪を本願ぼこりといふ、いかなる悪かほこらぬにて候ふべきぞや。かへりて、こころをさなきことか。

これはあきらかに皮肉です。

道徳派の人たちは、「本願ぼこり」は往生できないと否定していますから、本願を誇らない、本願に甘えないことをよしとする人たちです。それは、善を積む、煩悩を断じる、精進努力することを推奨する人たちです。したがって、信心を獲得するのにも、ついには悪業煩悩を断じつくすほどの浄かさを求める、ということにならざるを得ません。ところが、煩悩を断じるということは、それはそのまま成仏ではないか、すなわち、仏に成ることではないか。この世で煩悩を断じることができ、仏に成ることができるというのであるなら、本願がいらなくなるではないか、と賢善精進派の考えを揶揄するのです。また、本願ぼこりでは、往生できないといっている賢善精進の人たちも、悪業、煩悩をもっているようだけれども、その人たちの悪業、煩悩は本願ぼこりではない悪業、煩悩とでもいうのでしょうか。また、煩悩具足したままでいられる、としたら、それは、本願に身をゆだねているからでしょう。つまりそれは本願ぼこりということではないでしょうか。悪業、煩悩をもちながら、自分は本願ぼこりでない、というとしたら、どんな悪業、煩悩が本願ぼこりにならない悪業、煩悩なのでしょう。本願ぼこりになる悪とならない悪と区別できるでしょうか――。

悪業、煩悩があっても本願は救ってくれるのだということは、それ自体が本願をほこり、甘えていることではないですか。道徳派の人たちも、悪業、煩悩を断ちきってはいない。悪業、煩悩を現にもっている。もっていながら、本願ぼこりはけしからんといっているこの人たちは、明らかに矛盾した立場に立っている、ということです。

したがって、本願ぼこりを否定するなんて、「まったく幼稚な考え方です」(かえりて、こころおさなきことか)、と道徳派の弱点を衝いてこの条を終えています。

宿業論より業縁論へ

最後に、この第十三条でもっとも重視するべき親鸞聖人のお言葉「しかるべき業縁にあったら、どんなふるまいをするか分からない」(さるべき業縁のもよほさば、いかなるふるまひもすべし)についてもう一度考えておきましょう。唯円房や覚如上人が宿業と取り間違えた業縁と宿業との違いは、はっきりさせておかなければなりません。

私たちが善行をもって煩悩を断ずることができない、ということの事実を、『歎異抄』の作者、唯円房は、宿業論にもとづいて、過去の業に縛られているからだと示しました。人間が善い心を起こすとか、悪い心を起こすという意思の自由も、それ自身がありえない、と。それは過去の行いの結果だから、という言い方で善行を否定する論理になっています。

彼らの論理においては、私たちの善悪の心が、縁によって、心とは逆転した結果をもたらすことがある、というようなことは一切考えられていないのです。しかし、現実的によく考えてみると、縁の力というものが結果に対しては大きなはたらきをしているのではないでしょうか。

例えば、天変地異が起こって、その犠牲になるというような悪い結果までも宿業論で、すべて説明しつくすことはできないと思います。そういう天地の動きというようなものによって引き起こされる悲劇は人間の宿業とは関係ないでしょう。

それからまた、本願の不思議なはたらきというものも、縁の中にはたらいています。そういうふうに考えた方が、縁というものが豊かであり、合理的な説明になると私は思います。

この第十三条のところを全部、宿業論で切って、みんな過去の行いのせいなのだから、善悪は考えないで、本願におまかせをして、本願に甘えてもよい、それは決して間違ったことではないのだ。本願に甘えることを批判する人たちというのは、賢善精進の考え方だ。道徳論だ。この人たちは、宿業論が分かっていないから、道徳的な考え方を持ち出すのだ。宿業なのだから、自力は完全に否定される。だから、賢善精進はありえないでしょう――。こういう切り方になっていたのですが、この自力否定論は、「ひとえに本願をたのむ」という点では、分かりやすい論理かも知れませんけれども、そのような宿業論では、私たちの日常的な自由意志に基づく努力というものが、全部否定されてしまうのです。そこが私にはしっくりこないところなのです。それよりも、現在、私たちがどんなに善い心を起こそうとも、どんなに悪い心を起こそうとも、それを超えた縁の世界が動いて、その結果、私たちの人生が左右されているのではないか、社会も自然界も縁によって動かされているのではないか、と考えた方が合理的ではないかと私は思います。

そう考えると、縁というものは、いつどこでどういうふうに起こるか分からない。誰も予測不可能なことですし、想定外のことですから、人生には想定外の縁が起こるということで、いろいろな想定外の結果も避けては通れないのです。それは結果的に善い意味でも、悪い意味でも、思いがけない方向に私たちの人生も社会も進めることになります。

それは、日頃の行いが善いからとか、悪いからとか、ということではない。それを宿業だというのは、俗説に言われる、日頃の行いが悪かったから今日の行事の日に雨が降ったのだ、というのと同じことになりましょう。決定論ですから。それは、自分の業だ、あなたの業だといって、自分を責め、人を責めるという点でもまずい場面が出てくることを、私は危惧します。善悪の宿業論は、基本的には、縁という宇宙の大きなはたらきを認めていない因果論になっているので間違っている、と私は思います。仏教は縁を含んだ縁因果論です。だから、聖人も、

「業縁なきによりて、害せざるなり。わがこころのよくてころさぬにはあらず」

「『さるべき業縁のもよおさば、いかなるふるまいもすべし』とこそ、聖人はおおせそうらいしに」

と、いずれも業縁としているのに、『歎異抄』の作者は、業因とか、宿業の意味に読んで、全体を「善悪の宿業をこころえざるなり」ということにしてしまっていることはまことに残念な誤解であると再度申しておきたいと思います。

第十四条　滅罪のご利益も最後はかなわない

第十四条は「念仏滅罪(ねんぶつめつざい)の異義」といわれます。この第十四条も、第十三条につづいて、私たちの犯す罪をとりあげ、念仏にはその罪を帳消しにできるはたらきがあることを強調する論になっています。しかし、この論には人生の最後に大きな落し穴があるのです。

一念に八十億劫の重罪を滅すと信ずべしといふこと。この条は、十悪・五逆の罪人、日ごろ念仏を申さずして、命終のとき、はじめて善知識のをしへにて、一念申せば八十億劫の罪を滅し、十念申せば十八十億劫の重罪を滅して往生すといへり。これは十悪・五逆の軽重をしらせんがために、一念・十念といへるか、滅罪の利益なり。いまだわれらが信ずるところにおよばず。

（1）一回念仏を称えたら、八十億劫の間、浮かばれないほどの重罪をも帳消しにできると信じなさい、という異義。

（2）これは『観無量寿経』のなかに、十悪・五逆を犯した罪人が日頃まったく念仏申さなかったとしても、臨終の時、はじめて師匠に勧められて、一回念仏申せば、八十億劫の罪を滅ぼし、十回念仏申せば、八百億劫に及ぶ重罪をも滅ぼすことができて、往生できる、と説かれているのに基づいて主張するのであろう。これは、十悪・五逆の罪の軽重を知らせようと、一回の念仏では軽い十悪が、十回の念仏では重い五逆の罪が滅される、というのだが、要するに念仏には滅罪のご利益がある、ということです。しかし、

（3）このような臨終における念仏の滅罪のご利益といえども、私たちが信じているご利益にはまったく及びもつかないものです。

（4）なぜなら、私たちは、阿弥陀仏の智慧の光明に照らされ、お育てにあずかりますので、ふと念仏申そうという心が起こるとき、ダイヤモンドのように堅いご信心を頂きます。そして、その時には「もうすでに往生が決定した位」に就かせていただけるので、（5）臨終したならば、もろもろの煩悩や悪の障りを転じて、往生ばかりか、無生忍という覚りも得させていただけるのです。（6）このようなお慈悲の願いがなかったとしたら、このように浅ましい罪人がどうやって生死の迷いから抜け出すことができましょうぞと思います。（7）したがって、一生のあいだお称え申す念仏は、みなことごとく罪人をお救いくださる如来様の大慈悲のご恩に報い、そのお徳に感謝する報恩感謝のお念仏と思うべきであり、滅罪のための念仏ではありません。

（8）念仏申すたびに罪を滅ぼすのだと信じるのは、自力

そのゆゑは、弥陀の光明に照らされまゐらするゆゑに、一念発起するとき金剛の信心をたまはりぬれば、すでに定聚の位にをさめしめたまひて、命終すれば、もろもろの煩悩悪障を転じて、無生忍をさとらしめたまふなり。この悲願ましまさずは、かかるあさましき罪人、いかでか生死を解脱すべきとおもひて、一生のあひだ申すところの念仏は、みなことごとく如来大悲の恩を報じ、徳を謝すとおもふべきなり。

念仏申さんごとに、罪をほろぼさんと信ぜんは、すで

の努力で罪を帳消しにして往生しようとするのでありましょう。もしそうであるならば、一生の間、私たちが心の中で思っていることは、みんな生死の迷いのきずなに繋がれる、迷いの因となるものばかりですから、それを滅ぼさないと往生できないというなら、臨終のその瞬間まで、念仏を怠りなく称えないと、罪を全部滅ぼして、往生することはできないでしょう。しかし、過去の行いの報いに縛られていますから、どんな思いがけないことにあうかもしれないし、また、病気に悩み、苦痛にせめられて、心を正しくできないで死を迎えることにもなりましょう。そのとき念仏を申すことは難しいが、その間に犯した罪はどうやって滅ぼしたらよいのでしょう。罪が消せなかったら往生はかなわないのでしょうか。

(9) どのような時にも、一切衆生を受け容れて見捨てない、という阿弥陀仏の本願におまかせすれば、どんな状況の中にあっても、たとえ思いがけないことに出会って罪を犯したまま、滅罪のための念仏を申さずに死を迎えたとしても、阿弥陀仏様が私たちを受け容れて、護り、すみやかにお浄

にわれと罪を消して、往生せんとはげむにてこそ候ふなれ。もししからば、一生のあひだおもひとおもふこと、みな生死のきづなにあらざることなければ、いのち尽きんまで念仏退転せずして往生すべし。ただし業報かぎりあることなれば、いかなる不思議のことにもあひ、また病悩苦痛せめて、正念に住せずしてをはらん。念仏申すことかたし。そのあひだの罪をば、いかがして滅すべきや。罪消えざれば、往生はかなふべからざるか。

摂取不捨の願をたのみたてまつらば、いかなる不思議ありて、罪業ををかし、念仏申さずしてをはるとも、すみやかに往生をとぐべし。

土に連れていってくださるのです。
(10)また、臨終の時に念仏が申されるとしても、それは覚りを開く時が近づくにしたがっていよいよ阿弥陀仏様をたのみ、ご恩に報いる心からのお念仏となりましょう。
(11)それを、罪を滅する念仏と解するのは、自力のはからい心であって、臨終に心を正しく、と祈る人の意向ですから、そこには他力の信心はないのです。

また念仏の申されんも、ただいまさとりをひらかんずる期のちかづくにしたがひても、いよいよ弥陀をたのみ、御恩を報じたてまつるにてこそ候はめ。罪を滅せんとおもはんは、自力のこころにして、臨終正念といのるひとの本意なれば、他力の信心なきにて候ふなり。

滅罪の落とし穴

念仏滅罪というのは、念仏のご利益に関する問題です。称名念仏すると罪を滅ぼすことができる、という実際的なご利益を念仏の有効性として主張する異義です。

(1)一回念仏を称えたら、八十億劫の間、浮かばれないほどの重罪をも帳消しにできると信じなさい、という異義。

一念に八十億劫の重罪を滅すと信ずべしといふこと。

彼らは、一遍の念仏で八十億劫の重罪を滅すことができると信ずべしと、主張したのです。これは、どんな罪も放置できない、かならず滅ざなければならないという考えですから、これも道徳的な観念に立っている道徳派の考え方といえます。念仏を実践する上で得られる効果を強調し、あわせて念仏を称えることは善いことであるとする異義の典型がこの第十四条といえましょう。

往生するには、罪があってはいけない。念仏を称えれば、罪を滅ぼすことが出来るから、往生には念仏が有効、とこういう論理ですが、このような主張は、何を根拠になされたのでしょうか。

この条は、十悪・五逆の罪人、日ごろ念仏を申さずして、命終のとき、はじめて善知識のをしへにて、一念申せば八十億劫の罪を滅し、十念申せば十八十億劫の重罪を滅して往生すといへり。これは十悪・五逆の軽重をしらせんがために、一念・十念といへるか、滅罪の利益なり。

（2）これは『観無量寿経』のなかに、十悪・五逆を犯した罪人が日頃まったく念仏申さなかったとしても、臨終の時、はじめて師匠に勧められて、一回念仏申せば、八十億劫の罪を滅ぼし、十回念仏申せば、八百億劫に及ぶ重罪をも滅ぼすことができて、往生できる、と説かれているのに基づいて主張するのであろう。これは、十悪・五逆の罪の軽重を知らせようと、一回の念仏では軽い十悪が、十回の念仏では重い五逆の罪が滅される、というのだが、要するに念仏には滅罪のご利益がある、ということです。

確かに『観無量寿経』の、「下品上生（げぼんじょうしょう）」の人を救う段に、

智者また教えて、合掌叉手して南無阿弥陀仏と称せしむ。仏名を称するがゆゑに、五十億劫の生死の罪を除く。

（『聖典』一一三頁）

智慧ある師匠が、合掌して南無阿弥陀仏と称えよ、と教えた。その人は、教えに従って阿弥陀仏の名を称えたので、五十億劫に及ぶ迷いの罪を除くことができた。

と、五十億劫の生死の罪が念仏によって除かれることが示されています。

それから、「下品中生」のところにも、「この人、（仏の光明神力を説く等を）聞きをはりて八十億劫の罪を除く」とあります。

そして、「下品下生」のところでは、

真心こめて、声が途切れないようにして、十回、南無阿弥陀仏と称えさせた。仏の名を称えたので、一回ごとの念仏によって八十億劫に及ぶ迷いの罪が除かれた。

心を至して、声をして絶えざらしめて、十念を具足して南無阿弥陀仏と称せしむ。仏名を称するがゆゑに、念々のなかにおいて八十億劫の生死の罪を除く

（『聖典』一一六頁）

と説かれています。

また『観無量寿経』の最後のところには、

「もし善男子・善女人、ただ仏名・二菩薩名を聞くだに、無量劫の生死の罪を除く。いかにいはんや憶念せんをや。もし念仏するものは、まさに知るべし、この人はこれ人中の芬陀利華なり」。（『聖典』一一七頁）

とあります。

二菩薩とは、観世音菩薩と大勢至菩薩です。仏の名だけでなく、この二菩薩の名前を聞いただけでも、無量劫の生死の罪が除かれる、憶念すればもっと重い罪が除かれる、というのです。このように、名前には、滅罪のはたらきがあるということは、『観無量寿経』にはっきりと説かれています。

ここの五十億劫、八十億劫の重罪とは、実際に数え上げたものではなく、私たちが積み重ねてきた罪の

壮大さを五十億劫とか八十億劫という単位で示したものでしょう。重い罪を負っている人は、これらの罪が重石のように重なって長い間迷いの世界を出られないほど大変な罪なんだよ、ということを強調しながら、それほどの罪を犯した人であっても、南無阿弥陀仏と一声称えたら、たちどころにその重罪さえも除くことができる。念仏にはそういうスーパーパワーがあるよ、という主張です。念仏は、超強力で即効性のある毒消し薬みたいなもの、といえば一番分かりやすいでしょうか。このような経典の説を根拠に、念仏の滅罪効果を主張する人たちが現れたのでした。

では、このように念仏にはすばらしいご利益があることは認めるとして、それが異義だというのには、どういう理由があるのでしょうか。それについては、次のような落とし穴があると唯円房はいうのです。

（8）念仏申すたびに罪を滅ぼすのだと信じるのは、自分の努力で罪を帳消しにして往生しようとするのでありましょう。もしそうであるならば、一生の間、私たちが心の中で思っていることは、みんな生死の迷いのきずなに繋がれる、迷いの因となるものばかりですから、それを滅ぼさないと往生できないというなら、臨終のその瞬間まで、念仏を怠りなく称えないと、罪を全部滅ぼして、往生することはできないでしょう。しかし、過去の行いの報いに縛られていますから、どんな思いがけないことにあうかもしれないし、また、病気に悩み、苦痛にせめられて、心を正しく

念仏申さんごとに、罪をほろぼさんと信ぜんは、すでにわれと罪を消して、往生せんとはげむにてこそ候ふなれ。もししからば、一生のあひだおもひとおもふこと、みな生死のきづなにあらざることなければ、いのち尽きんまで念仏退転せずして往生すべし。ただし業報かぎりあることなれば、いかなる不思議のことにもあひ、また病悩苦痛せめて、正念に住せずしてをはらん。念仏申すことかたし。そのあひだの罪をば、いかがして滅すべきや。罪消えざれば、往生はかなふべからざるか。

できないで死を迎えることにもなりましょう。そのとき念仏を申すことは難しいが、その間に犯した罪はどうやって滅ぼしたらよいのでしょう。罪が消せなかったら往生はかなわないのでしょうか。

お念仏のご利益は罪の帳消しだといえば、人はとっつきやすいけれども、罪を帳消しにしないと往生できないということになると、臨終のところで「予想外の状況に出会って」（**不思議のことにもあひ**）、あるいは、「病気の痛みが走って」（**病悩苦痛せめて**）、痛い痛い、あの医者は藪医者だ、こんな痛みも治せないのか、と、医者の悪口をさんざんいって、「安らかな死に方ができない」（**正念に住せずしてをはらん**）ような人はどうなりましょうか。そういう人は、その間の罪は消せないので、往生はできないことになりましょう。それでは、とどのつまり、最後のところで念仏のご利益がいただけない話になってしまいます。かくして、このような分かりやすいご利益話は、最後のところで破綻してしまうのです。落とし穴とはこういうことなのです。

仏様を讃（ほ）める

では、親鸞聖人は、お念仏をどのように受け止めておられたのでしょうか。

聖人の著『尊号真像銘文（そんごうしんぞうめいもん）』本（『聖典』六五五頁）には、善導和尚真像銘文の「智栄（ちよう）が善導大師の特にすぐれた徳を讃（ほ）めていう。「善導は阿弥陀仏の生まれ変わりである。仏の六字を称えれば、すなわち仏を嘆ずるなり、すなわち懺悔するなり、すなわち発願回向なり、一切善根、浄土を荘厳するなり」

という文について、

「「仏の六字を称える」（称仏六字）とは、南無阿弥陀仏の六字を称えるという意味です。「すなわち仏を嘆ずる」（即嘆仏）とは、すなわち南無阿弥陀仏を称えることは、仏をほめたてまつることになるという意味です。」

といっています。南無阿弥陀仏を称えるのは、滅罪のご利益を求めてするのではなくて、「仏をほめたてまつる」（即嘆仏）行為ということです。ほめたてまつる、ということは、「讃嘆し、供養する」ということです。『阿弥陀経』の中にも「讃歎阿弥陀仏不可思議功徳」とありまして、六方にまします諸仏が釈尊と共に阿弥陀仏を讃えています。お念仏を称えて讃嘆するのです。また、

「また「即懺悔」とは、南無阿弥陀仏を称えることは、すなはち無始よりこのかたの罪業を懺悔することになると申します。」

とあります。

ここは、「罪業を滅す」といっていなくて、「罪業を懺悔する。」といっています。この点は注意しておいたほうがいいと思います。懺悔と滅罪は同じと考えるのか、違うと考えるのかということですけれども、私は違うと考えるほうがいいと思うからです。「無始よりこのかたの罪業を懺悔する」ということは、罪

業を認めるということです。悪かったと認める。それは、罪を帳消しにする滅罪とは違うと思います。消すことができない罪を引き受けるのです。私は罪深い人間だと。

次に、

「即発願回向」とは、南無阿弥陀仏を称えることは、すなはち安楽浄土に往生しようと思うことになるのです。また、一切衆生にこの功徳を与えることになるということです。」

無始以来の罪業がこれだけある、と気づかされてみれば、これは、安養浄土に往生する以外にこの罪業から脱却する道はないぞ、ということになります。

ここに、親鸞聖人は、南無阿弥陀仏を称えることの意味を「即歎仏」、「即懺悔」、「即発願回向」という意味にとっておられたことが明らかです。

そして、ここの「また一切衆生にこの功徳を与えることになるということです」とは、直接的に読めば、ここの功徳とは、発願廻向の功徳ということでしょう。浄土に往生しようと思う、そういう心を一切衆生の心に起こさせることになる、ということです。したがって、自らも発願し、一切衆生にもその発願の心を起こさせるような功徳が与えられる、ということです。

「一切善根荘厳浄土」とは、阿弥陀の三字に一切の善根がそなわっているので、南無阿弥陀仏とお称えすれば、それは、浄土を立派に飾ることになります」

つまり、自分だけでなく、一切の生きとし生けるもの（衆生）が浄土の意義を知ることになる、と。

以上の『尊号真像銘文』の言葉によって、親鸞聖人は、南無阿弥陀仏と称えることは、滅罪というよりも、まずは、「即嘆仏」（仏をほめたてまつる。）ということで、仏様の慈悲のこころを尊敬の念をもって受け止めていくようになるといわれるのです。仏様の御名を繰り返すことがそのまま仏様のおこころに順っていくことになっていくのです。

我々が仏様のこころに順応していくこと、それによって、阿弥陀仏様は、私たちを受け容れて見捨てない、護って下さる、という摂取不捨のご利益を下さり、私たちは、阿弥陀仏様の他力によって往生していくのです。したがって、

（3）臨終における念仏の滅罪のご利益は、私たちが信じているご利益にはまったく及びもつかないものです。

> いまだわれらが信ずるところにおよばず

ということで、滅罪のご利益は、私たちが信じているところの「摂取不捨のご利益」には遠く及ばない、お粗末な考え方だ、ということになります。そのことがこの条の後半部で次のように明かされています。

（9）どのような時にも、一切の衆生を受け容れて見捨てない、という阿弥陀仏の本願におまかせすれば、どんな状況の中にあっても、たとえ思いがけないことに出会って罪を犯したまま、滅罪のための念仏を申さずに死を迎えたと

> 摂取不捨の願をたのみたてまつらば、いかなる不思議ありて、罪業をおかし、念仏申さずしてをはるとも、すみやかに往生をとぐべし

しても、阿弥陀仏様が私たちを受け容れて、護り、すみやかにお浄土に連れていってくださるのです。

と。

　そもそも救いということは、罪があるとかないとかということを抜きにして、罪のある者もない者も、平等に受け容れて見捨てない（摂取不捨）という如来様のお慈悲のなかで、すでに往生が約束されているので、罪を滅ばさないまま臨終しても往生させてもらえる。こういうことの筈です。

　親鸞聖人は、『観経』の滅罪という表ての意味をさらに深めて、それを保証するものは「摂取不捨のご利益」を誓った本願である、ということを明確に示されたのです。ここが一番大事なところです。

　その「摂取不捨のご利益」は、具体的には、

そのゆゑは、弥陀の光明に照らされまゐらするゆゑに、一念発起するとき金剛の信心をたまはりぬれば、すでに定聚の位にをさめしめたまひて、

（4）私たちは、阿弥陀仏の智慧の光明に照らされ、お育てにあずかりますので、ふと念仏申そうというこころが起こるとき、ダイヤモンドのように堅いご信心を頂きます。そして、その時には「もうすでに往生が決定した位」に就かせていただける

と示されてあります。

　お念仏をいただくというのは、同時に阿弥陀仏様の智慧のお光りをいただくのです。そうすると、「光

明の縁」が「ふと念仏申そうという心」を起させます。つまり、ご信心がいただかれて、このご信心が往生の直接の因となって、浄土に往生しなければ私の人生は完結しない、という方向性が明らかになってくるのです。これが往生極楽の道です。光明の縁と名号の因とを「外縁」（外からの縁）とし、ご信心を「自分自身の内因」（内なる因）として往生という結果を獲得するのです。

　私たちには、光明という目に見えない智慧のはたらきは、具体的には、いろいろな方々から念仏のお誘いをいただくというご縁としてはたらいているのです。しかし、そのご縁はどういうかたちでいただいたかは、後からしか分かりませんから、〝不思議のご縁〟というのです。このご縁は、因となる南無阿弥陀仏をいただいていく中で、だんだんはっきりと見えてきますね。

　したがって、阿弥陀仏様は南無阿弥陀仏のお名号のところにいらっしゃると考えればよいのです。しかし、南無阿弥陀仏だけが阿弥陀仏様かといいますと、そうではなくて、同時に、目に見えない光明のはたらきというものが私たちに向かって陰に陽にはたらいて摂取して捨てたまわず、お護り下さる、ということも阿弥陀仏様のはたらきなのです。

　この名号と光明の因縁によって、直接的には、私たちが南無阿弥陀仏のお念仏を称えるように仕向けられていく。そうして、心の中に阿弥陀仏の本願に順って生きていこうというご信心がいただかれていき、阿弥陀仏様におまかせをしていこうという心が私たちに芽ばえてくる。このご信心が私たちを往生に導く一番確かな物柄です。ということで、このご信心が往生の根本因（正因）なのです。

　しかし、このご信心だけで往生するのではなくて、この信心が手がかりになるときには、それと同時に、阿弥陀仏様の光明も、名号も、はたらいていると見なければなりません。それが外からの縁となり、外縁である縁（光明）と因（名号）と、さらにご信心という内因と、縁と因が二重にかさなって手厚く導かれていく、これを「両重の因縁」といっています。

そうやって、まず光明に照らされることで、煩悩の闇が破られ（破闇）、菩提心が育てられ（調熟）、信心が護られる（摂取）という三つの光明のはたらきをいただきますと、

(3)……ふと念仏申そうというこころが起るとき、ダイヤモンドのように堅いご信心を頂きます。

一念発起するとき金剛の信心をたまはり

すなわち、第一条にいう「念仏申さんとおもひたつこころのおこる」、これがご信心です。これが、「金剛（ダイヤモンドのように堅い）の信心」といわれるものです。

金剛の信心をいただくと「(4) もうすでに往生が決定した位」（正定聚不退の位）、つまり摂取不捨のご利益をいただく位に就くことができるのです。そうすれば、私たちは、摂取不捨のご利益をいただいておりますから、

(5) 臨終したならば、もろもろの煩悩や悪の障りを転じて、往生ばかりか、無生忍という覚りを得させていただけるのです

命終すれば、もろもろの煩悩悪障を転じて、無生忍をさとらしめたまふなり

ということ。つまり、私たちの悪業、煩悩よりもはるかに強い、摂取不捨の光明の力がはたらいているので、悪業、煩悩が覚りの妨げとならないのです。ですから、浄土真宗の考え方では、悪業、煩悩を打ち消

していく必要はないのです。悪業、煩悩があっても、それよりも、阿弥陀仏様の摂取不捨の力の方が強力なので、悪業、煩悩がそのはたらきを失ってしまう、ということです。

たとえば、夜の電灯は明るく感じられますので、力を持っているように思いますが、昼間の電灯は、点灯していることすら分かりませんね。それは、電灯よりも太陽の光の方が桁外れに明るいものですから電灯は相対的に光を失うのです。

このように、強い力が、弱いものを圧倒してしまうと、弱いものは力を失ってしまう。これを専門用語では、「増治（ぞうち）」といいます。私たちの、悪業、煩悩も、阿弥陀仏様の摂取の光明のはたらきというご利益を得ていないところでは、力を発揮するのですが、摂取不捨のご利益の力がはたらくと、仏力のために、悪業、煩悩は昼間の裸電球みたいに、力を発揮できないので、浄土往生を妨げる障りにならないのです。なくなったわけではないのですけれども、そのはたらきを失っている、ということです。これを「煩悩を断ぜずして涅槃を得」といいます。

ですから、

「(5)もろもろの煩悩や悪の障り」は転ぜられて、「無生忍（むしょうにん）」をさとらせていただく。」

「無生忍」というのは、〝無生の生（むしょうのしょう）〟といいまして、浄土に往生することは、迷いの世界を離れることとなるので、普通のように「生まれるではない」のです。迷いの生が無いということを認知する、認めるというのが「無生忍」。忍はここでは認めるの意味で使われています。

お浄土に往くということは、この世におけるような我をはった個体は持たない。みんな、一味平等になった世界ですから、私のせいとか、あなたのせいとか、そういうふうに我を張って自他が張り合うような思考の世界ではないということで「無生」というのです。阿弥陀仏と、同じ慈悲のはたらきをしていく世界なのです。

それは『正信偈』に「如衆水入海一味」（川の水が、海に入ってひとつの潮になるようなもの）と説かれるように、みんながひとつはたらき（一味）になっていく世界です。みんながそれぞれ心を通わせて、阿弥陀仏の智慧と慈悲の力をもってはたらくのです。これが〈弥陀同体のさとりをひらく〉、ということです。かくして、

（6）このようなお慈悲の願いがなかったとしたら、このように浅ましい罪人がどうやって生死の迷いから抜け出すことができましょうぞと思います。

> この悲願ましまさずは、かかるあさましき罪人、いかでか生死を解脱すべきとおもひ

とご信心こそが往生の要であることが分かります。

そうすると、念仏は滅罪のためではないことは、ますます明らかになり、念仏の意味も違った受け止め方になります。それが、

（7）したがって、一生のあいだお称え申す念仏は、みなことごとく罪人をお救いくださる如来様の大慈悲のご恩に報い、そのお徳に感謝する報恩感謝のお念仏と思うべきであり、滅罪のための念仏ではありません。

> 一生のあひだ申すところの念仏は、みなことごとく如来大悲の恩を報じ、徳を謝すとおもふべきなり

念仏はご恩報謝の念仏ということになるのです。

（10）また、臨終の時に念仏が申されるとしても、それは覚りを開く時が近づくにしたがっていよいよ阿弥陀仏様をたのみ、ご恩に報いる心からのお念仏となりましょう。

また念仏の申されんも、ただいまさとりをひらかんずる期のちかづくにしたがひても、いよいよ弥陀をたのみ、御恩を報じたてまつるにてこそ候はめ。

臨終のとき念仏が称えられるにしても、それは滅罪のためのものではなくて、まもなくさとりを開かしていただくときが近づいているのだと思って、「いよいよ弥陀をたのみ、御恩を報じたてまつる」報恩感謝の念仏であり、ああ、ありがたいなあ、と思って、お礼の意をこめて称えさせていただくだけ、ということになります。

（11）それを、罪を滅する念仏と解するのは、自力のはからい心であって、臨終に心を正しく、と祈る人の意向ですから、そこには他力の信心はないのです。

罪を滅せんとおもはんは、自力のこころにして、臨終正念といのるひとの本意なれば、他力の信心なきにて候ふなり

私たちは、〈臨終待つことなし〉という世界をいただくのですから、滅罪を目指す自力（自分の努力）を当てにする人たちのように、〈臨終正念（りんじゅうしょうねん）〉を祈る必要はないのです。

全部の人が、滅罪できて、安らかに、臨終を迎えられるのであれば、念仏を称えて罪を滅ぼすという考え方も成り立つかもしれませんけれども、苦しんで最期を迎える人もあるのですから、臨終正念を期待す

る必要がない「他力の信心による」しか、すべての人が往生できる可能性はありませんね。平生の罪深い生活を生きるしか道がない私たちのような者にとっては、他力のはたらきが回向されて、賜わるところのご信心こそが確かな救いです。これこそ親鸞聖人が、もっとも悩み、考え抜かれて見出された真実の教えだったのです。

いずれにせよ、滅罪で解決するという考え方は自力、道徳心に迷った間違いであります。

発願のこころを

今日、現代人の私たちにとって一番深刻な問題は、滅罪で往生できるかどうかよりも、そもそも浄土に往生しようと思う「発願」の思いがない、ということではないかと思います。現代人は、別に浄土に往生しなくてもいいと思っているのではないかと思います。それは、私たちが無始以来つくりとつくる罪業は、八十億劫の間、浮かばれないほどの重罪、いやそれ以上にも達する重いもの、という自覚がないからです。どんなに被害者が被害を訴えても、加害者の側に加害の自覚がないこと、これが現代社会のもっとも大きな罪でしょう。

このように、浄土に往生しようという思いもないし、自分たちが八十億劫の重罪を積み重ねているという加害者の自覚もない。十悪五逆の罪人という思いに至っては、さらさら持ち合わせない現代人というのは、無自覚のまま、さらに罪（加害）を重ねていきます。この無知の罪（加害）こそ何とかしなければなりません。今日の社会的課題です。そういう点では、その加害性は滅ぼさなければ仏には成れない、というのは、現代人にとって、重要なテーマではあります。けれども、こういうと、罪を亡ぼせない人は成仏できない、という落とし穴に陥ることになりますから、やはり、摂取不捨のご利益をたのんで、正定聚不退の位に就かせていただく、ということでないと、臨終に際し、正念でいられる人も少ないわけですから、成仏できないということになりましょう。

滅罪よりも「摂取不捨のご利益」のありがたさに早く気づいていかなければなりません。そして、どんな罪人も受け容れて下さる浄土に往生しようという発願の思いを持って、加害の事実に向き合っていきたいものです。

第十六条　回心よりも御恩を

第十六条は、「自然回心の異義」。これは、ご信心をいただいてお念仏申す人は、悪いことをしたときにはかならず回心せよ、という異義です。この場合の回心は、心を入れかえよ、ということです。自分自身の心を転換する。悪から善へと心の向きを変えること。悪を廃めるようにして善を修する。これを回心とここではいっています。腹を立て、悪を犯し、同朋同侶と口論をした時なども、かならず回心すべしという主張です。回心することで、悪を帳消しにしようということでしょう。先の第十四条の滅罪と同じ路線です。ですから、同様に、緊急な事態によって回心できない場合に悪が消せない、という問題が起こります。

それに、回心の意味を正しく理解していないことも問題です。「回心」は、浄土真宗では、人生に一度しか起こらない宗教的転換の体験のことなのです。それを何度もやれという。善を行うことをもって宗教的実践と誤解したために、このような誤解が生まれるのです――。

(1) ご信心を得て念仏を行ずる人は、思いかけず、腹を立てたり、悪いことをしたり、友達と口論した場合には、かならず回心すべきであるという人達がいる。これは、悪を廃め、善を修めることを主張するのであろうか。

信心の行者、自然にはらをもたて、あしざまなることをもをかし、同朋同侶にもあひて口論をもしては、かならず回心すべしといふこと。この条、断悪修善のここちか。

（2）ただひたすらお念仏申す人には、回心ということは一度しかないのです。本願、他力、真宗の教えを知らなかった人が阿弥陀仏の智慧をいただいて、（3）世俗の道徳心では往生はできないと知って、世俗の心をひるがえして本願におまかせすることを回心というのです。

（4）行いの一つひとつに対して、朝に夕に回心しないと往生できないとするなら、出た息が再び入らないうちに人は死んでしまうので、回心できず、また、柔和なこころ、辛抱強いこころにならないうちにいのちが尽きてしまって、すべてを受け容れてお浄土に連れていくという阿弥陀仏様の摂取不捨の願いが無駄になってしまうでしょう。

（5）口には本願力におまかせするといいながら、心のなかでは、悪人をこそ助けてくださる不思議なおはたらきの本願といえどもやはり善人の方から優先的に助けてくださるはずと思うために、（6）本願を疑い、他力におまかせするこころが欠けて、お浄土の片隅（辺地）に生まれることになるのは、なんとも歎かわしいことです。

（7）ひとたびご信心が定まりさえすれば、すべて阿弥陀

一向専修のひとにおいては、回心といふこと、ただひとたびあるべし。その回心は、日ごろ本願他力真宗をしらざるひと、弥陀の智慧をたまはりて、日ごろのこころにては往生かなふべからずとおもひて、もとのこころをひきかへて、本願をたのみまゐらするをこそ、回心とは申し候へ。

一切の事に、あしたゆふべに回心して、往生をとげ候ふべくは、ひとのいのちは、出づる息、入るほどをまたずしてをはることなれば、回心もせず、柔和忍辱のおもひにも住せざらんさきにいのち尽きなば、摂取不捨の誓願はむなしくならせおはしますべきにや。

口には願力をたのみたてまつるといひて、こころにはさこそ悪人をたすけんといふ願、不思議にましますといふとも、さすがよからんものをこそたすけたまはんずれとおもふほどに、願力を疑ひ、他力をたのみまゐらするこころかけて、辺地の生をうけんこと、もっともなげきおもひたまふべきことなり。

信心定まりなば、往生は弥陀にはからはれまゐらせて

仏様のおはからいで往生させていただくのですから、自力のはからいはまじえようがありません。(8)我が身の悪に気づけばこそ、このような悪人をも見捨てないお慈悲が有難い、といよいよ本願力を仰いでいくので、自然の道理として、柔和なこころ、辛抱強いこころも湧いてくるはずです。(9)何事であれ、すべて往生に関しては、小賢しい思いを持たないで、ただほれぼれと阿弥陀仏様の御恩の深く重いことをつねに思い出すことにいたしましょう。そうすれば、お念仏も自然に出てきます。(10)自力のはからいがないのが自然ということです。これが他力ということです。(11)それなのに、自然ということが他力とは別なことのように、物知り顔にいう人がいるそうですが、浅ましいことです。

することなれば、わがはからひなるべからず。わろからんにつけても、いよいよ願力を仰ぎまゐらせば、自然のことわりにて、柔和忍辱のこころも出でくべし。すべてよろづのことにつけて、往生にはかしこきおもひを具せずして、ただほれぼれと弥陀の御恩の深重なること、つねはおもひいだしまゐらすべし。しかれば、念仏も申され候ふ。これ自然なり。わがはからはざるを自然と申すなり。これすなはち他力にてまします。しかるを、自然といふことの別にあるやうに、われ物しりがほにいふひとの候ふよしうけたまはる、あさましく候ふ。

回心とは

ここでは、まず「回心」の語義解釈についての根本的な誤りを指摘することから始まります。

(1)ご信心を得て念仏を行ずる人は、思いかけず、腹を立てたり、悪いことをしたり、友達と口論した場合には、

信心の行者、自然にはらをもたて、あしざまなることをもをかし、同朋同侶にもあひて口論をもしては、か

かならず回心すべきであるという人達がいる。これは、悪を廃め、善を修めることを主張するのであろうか。

ならず回心すべしといふこと。この条、断悪修善のここちか。

浄土真宗の「信心の行者」である人々は、腹を立てたり、悪いことをしたり、友達と口論したりするということは、あってはならないことだ、という、このような世俗の道徳的な観念の延長線上に立って、そうした場合は、その悪を帳消しにするために、心を入れ替え「回心」すること、そうして善に向かうこと、これが信心の行者には当然要求される、というのです。したがって、悪事を犯した場合には、その度に回心すべきである――と。

親鸞聖人のみ教えを信じたら、次第に腹も立てなくなるとか、悪口もいわなくなるとか、口論もしなくなるとか、そういう信心の効果みたいなものを求める気持ちが、努力精進する道徳的な信者の心には、どこかにかならず潜んでしまうものです。それはそうじゃないと注意を喚起しておかなければなりません。浄土真宗の信心は、悪を断って善を修めよ、というような聖者の生き方を目指すような考え方ではない。自己努力によって自分を改善することをもって信心とする教えではありません。阿弥陀仏様に救ってもらう教えです。阿弥陀仏様の視点に立てば、煩悩が捨てられない私たちは、どうしても悪が噴き出してきて、悪を断ち切れない弱い存在なのです。道徳的な善を勧めるというやり方では上手く救えない存在なのです。

ですから、教えを聞いてお聴聞をしていけば、少しはましな人間になれるのではないかという期待感をもって努力するのは、根本的にまちがっていて、浄土真宗の信心はそういうことではない、ということがはっきり気づかれていくご宗旨なのです。つまり、阿弥陀仏の智慧をいただいて、努力でなんとかできるという自我の妄想を徹底的に間違いだと明らかにしていく宗旨なのですが、しかし、そこを見誤ったために、このような悪を廃め善を修めるために「回心」をすべしというような道徳論的な回心理解が出てきてしまったのです。

そもそも「回心」という語の本当の意味は、親鸞聖人のみ教えにおいては、

日ごろ本願他力真宗をしらざるひと、弥陀の智慧をたまはりて、日ごろのこころにては往生かなふべからずとおもひて、もとのこころをひきかへて、本願をたのみまゐらするをこそ、回心とは申し候へ。

（2）…本願、他力、真宗の教えを知らなかった人が阿弥陀仏の智慧をいただいて、世俗の道徳心では往生はできないと知って、世俗の心をひるがえして本願におまかせすることを回心というのです。

と、いうことです。簡潔に言葉を換えていえば、俗の自力心を転換して、本願力におまかせすることが「回心」なのです。

世俗の論理にしたがって生きていた私たちが、本願に順う、という心の一大転換を行う。本願という世俗の論理を超えた論理に立ち、世俗を相対化すること、それが真の回心です。世俗を相対化するということは、私の視点から阿弥陀仏様の視点へと視点を百八十度換えて、真実を依り所にして世俗の誤りを明らかにすることです。

従って、

一向専修のひとにおいては、回心といふと、ただひとたびあるべし。

（2）ただひたすらお念仏申す人には、回心ということは一度しかないのです。

ということになります。

世俗の本当の相（すがた）は、世俗にどっぷり浸っていては分かりません。世俗を無批判に肯定し、世俗の論理でいく限りは、宗教的真実は必要ない話になります。すべて世俗のことは世俗内のルールや道徳で結着をつければいいというのが世俗の論理です。しかし、それだけではうまく解決できない問題が人生には避け難くふりかかってきます。厄難、災難といわれるものがそれです。それがふりかかってきたときに、人間の努力ではどうにもこうにもならないような苦しみや、悩みにおそわれることになります。だから、回心という大転換がなければ、人生は行き詰まるのです。

苦悩の中で真実に気づく

そもそも苦しみ悩むということ自体、方向転換を求めているといえます。「弥陀の智慧をたまわりて」とありますように、阿弥陀仏の智慧をいただくから、真実に反した事態を真剣に苦しみ悩むともいえるのです。つまり従来の考え方が通用しない事態が起こると、感受性が鋭敏になるから、そのことの深刻さが分かるのです。けれども、その場合でも、感受性が鈍感だと、そのことの深刻さが分からないわけで、そういう人は、さらに、にっちもさっちもいかないところまで追い詰められて行かないと、従来の考えがまちがっていたという真実が見えてきませんね。事の深刻さに気づかない。したがって、信心をいただこうとも思わない。ですから、迷っていながら、深刻な迷いの問題もそれほど深刻に捉えていないということです。鋭敏な感受性をもって深刻に捉えはじめたとき、はじめて、人は苦しみ悩み、宗教を求める、ということでしょう。その意味では、真剣に苦しみ悩む時には、もうすでに智慧がいただかれつつあって、真実の気づきが始まっているといえるでしょう。

心理学なども人間が苦しみ悩むというのは、心が動いているからだといって、それを肯定しています。悩みは一種の自己防衛であると。心が硬直化してしまうと、苦しんだり、悩むことさえしなくなる。そして、心の動きが失われてくるといいます。このことの方が、むしろ深刻であるというのです。

宗教的世界を持とうとしない人は、自力（人間の努力を信じる）のまま生きていっても大丈夫だと思っています。これは妄想です。だから、その自力ではどうにもならないところに必然的に追い詰められていくところに人生の本質があります。たとえば、今の世の中で、一番深刻な問題を取り上げると、子どもに先立たれる、という不条理です。そういう立場におかれたら、人は、どういう苦しみに遭遇して、それをどう乗り越えて生きようとするのでしょうか。この問題は、非常に大きな問題なのだけれども、こんな事例はレアケースだと思って誰も本気で自分の事とは考えないようです。だから、そういう大変な状況の人に出会っても、ほとんどが〝お気の毒〟といって終わりにしているような気がします。かける言葉も知らない。

自分に今起こっていない問題は、お気の毒だ、で済むのかも知れないけれども、当事者ともなれば、なんとかせねばならない大問題であるはずです。愛する者と別れなければならないという「愛別離苦（あいべつりく）」という苦悩の問題も、あまり社会の表に出して取りあげられませんけれども、当事者は深刻な問題として個人の内部にかかえこんでいますね。キッチンドリンカーになってしまったり――。これは、だれにでも起こりうる問題として考えておかなければならないと私は思います。

それと、もう一つは、カウンセラーが扱う問題とされることが多いのですけれども、「怨憎会苦（おんぞうえく）」の問題です。気にくわない人と一緒にチームを組んで仕事をしなければならないという人間関係の問題です。

例えば、十歳も年下の人が上役で、チームを組んで仕事をしなければならないというような事例で、ベテランの部下の方が業績を上げろと年下の人に文句をいわれるような場合、上下関係は結構、深刻な精神的プレッシャーとしてあるのだけれども、それをどうのり超えていったらいいのか、日々悩んでいるサラリーマンは多いのではないでしょうか。結局、占いのところに行くか、また、カウンセラーのところに行くか、になっています。こういう場合も、もう少し早い時期から「阿弥陀仏の智慧をいただいて」、前もって事態の深刻さを考えておくことができるといいですね。

　このように、愛別離苦や怨憎会苦は、何としても乗り越えなければ生きていけませんから、それには、早くから仏様の智慧をたまわることが必要です。

　私は、このような深刻な苦しみや悩みを乗り越えていくときにこそ、

（3）…世俗の道徳心では往生はできないと知って世俗の心をひるがえして本願におまかせすることを回心というのです

日ごろのこころにては、往生かなうべからずとおもひてもとのこころをひきかへて、本願をたのみまゐらするをこそ、回心とは申し候へ

という、真の「回心」が重要だと思っています。自分の道徳心、自分の世俗的な価値観を翻して本願をたのむ、本願をよりどころに視点を移す。念仏を通して仏様の智慧をいただいていく。そうして世俗心から宗教心へと軸足を移し替えるというところが大事だと思います。軸足を移し替えて、回心（えしん）して、ものの見方、視点を、自分の妄想から「念仏」（仏を念う）の方向へと転換する（翻す）。それは、一度転換すれば済むことなので、何度もすることではない、というのが、「（2）**ひとたびあるべし**」ということです。そ

れが何度もあるという人は転換していない、ということになりましょう。

そういう意味で、口論したらかならず回心すべし、というのは、回心ということばの誤用である、ということです。口論してかならず回心すべしというのは、一般的に、改心する、ということですから、それは、悪を改めて、善に向かうというような意味の理解なので、道徳的な考え方の延長であって、親鸞聖人のみ教えでいう「回心」とは全く異なるものなのです。

念仏の智慧を頂いていくと、苦しみは無くすことが真の解決ではないというところに気づく面がありす。本願をたのむことによって苦しみとうまくつき合っていける。苦しみを嫌うのでなく受け入れていけます。そうすれば、何度も回心（改心？）する必要もなくなるでしょう。

念仏を薬に譬えますと、治す薬というよりも、飲み続けることで悪化を防ぐようにする薬ということになりましょう。例えば、高血圧の人が、高血圧を治そうと思って、最初は飲むのかもしれませんが、高血圧というのは、基本的に治らない病気ですから、治らなくてもこのくすりを飲み続ければいいのだ、というかたちで、治らないままで折り合いをつけていく。他力の念仏の世界もこれと同じで、自分の悩み、至らなさをそのまま認めて、愚かなままでおまかせしていく世界です。

治してやるという宗教は分かりやすいけれど、その期待が外れるところが問題です。お念仏の世界は、治らなくてもなんとかなるというところに落ちつけるところが、治してやるというまやかしの教えにはない安心があり、そこにこそ真実があるといえるのです。口論したら回心すべしといっても、煩悩があるかぎりは、死ぬまで口論は止みませんね。

道徳のつまずき

それに、このような賢く善に向けて精進努力するという考え方、つまり改心して善を修めるという道徳的な努力主義は百歩譲って認めたとしても、それは、最終的にはうまく行かないということを唯円房は、次のように説明しています。

（4）行いの一つひとつに対して、朝に夕に回心しないと往生できないとするなら、出た息が再び入らないうちに人は死んでしまうので、回心できず、また、柔和な心、辛抱強い心にならないうちにいのちが尽きてしまって、すべてを受け容れてお浄土に連れていくという阿弥陀仏様の摂取不捨の願いが無駄になってしまうでしょう。

一切の事に、あしたゆうべに回心して、往生をとげ候ふべくは、ひとのいのちは、出づる息、入るほどをまたずしてをはることなれば、回心もせず、柔和忍辱（にゅうわにんにく）のおもひにも住せざらんさきにいのち尽きなば、摂取不捨の誓願はむなしくならせおわしますべきにや。

これは、第十四条において滅罪ということが臨終のところで果せなかったのと同じ理由ですね。

人間の努力で何とかするという話は、元気に生きている間は分かりやすいけれども、切羽つまった、いよいよ臨終というときには、自分の力は何も役にも立たないですね。そのとき、悪いことをしたら、回心しなさいといっても回心しない間に息が止まってしまう。そうしたらどうするのでしょう。「出た息が再び入らないうちに人は死んでしまうので」（**出づる息、入るほどをまたずしてをはることなれば、**）臨終の今わの際（きわ）に、「回心できず」、悪を断じることができず、心を入れ替えることができないで、「柔和な心、辛抱強い心にならないうちに」（**柔和・忍辱のおもひにも住せざらんさきに**）いのちが尽きてしまったら、この人は往生できないのですか、ということです。

だから、滅罪も回心もいよいよの時には実行がかなわないことを見越して、我々の心の如何を問わないで助けたいというのが、阿弥陀仏の「摂取不捨（すべて受け容れて見捨てない）の誓願」なのです。滅罪や回心（改心）でことが足りるのであれば、摂取不捨のご利益（りやく）は必要ないということになりましょう。また、回心しなければ往生できないのであれば、摂取不捨の約束がウソになります。我々の側の滅罪や回心を救いの条件にせず、すべて阿弥陀仏にまかせよ、と。阿弥陀仏様の側ですべて段取りをつけて下さっているところが摂取不捨のご利益なのです。

善行へのこだわり

それでも道徳派の人たちは、

(5) 口には本願力におまかせするといいながら、心のなかでは、悪人をこそ助けてくださる不思議なおはたらきの本願といえどもやはり善人の方から優先的に助けてくださるはずと思う

口には願力をたのみたてまつるといひて、こころにはさこそ悪人をたすけんといふ願、不思議にましますといふとも、さすがよからんものをこそたすけたまはんずれとおもふ

悪人を助ける不思議な願いが本願であるからそれにおまかせするばかりです、と口ではいっているけれども、心のなかでは、「やはり善人の方から優先的に助けてくださるはず」（さすがよからんものをこそ、たすけたまはんずれ）と思う。これは、まだ善行にこだわっていますね。悪にも上中下の差をどうしても

つけて、できるだけ上の悪を目指そう、それが善、と思う気持ちが抜けない。相変らず道徳論に立っています。

前の段で、「**出ずる息、入るほどをまたずしてをはる**」ときに、断悪はむずかしいよ、と聞いていても、でもやっぱり「さすが善からん者をこそ」と、善は修した方がやっぱりいいのではないか、とこういう方向に傾く。ということは結局、願力を疑う気持ちが抜けきっていないということです。すっかりおまかせする、という気持ちになれていない。

願力を疑うということは、他力をたのむ心が欠けているということですから、表向きは願力を頼んでいるようだけれども、心底、願力を当てにしていない。だから、これは、結局、自分の努力にしがみついて、仏智の不思議なはたらきが自分のところに来ていることに気づけないでいるのです。願力を疑わない、ということがいかに難しいか、それをここのところは明瞭に示しています。

辺地の往生

本願を疑う心が捨てられない人は浄土に生まれても辺地にとどまるのです。

願力を疑ひ、他力をたのみまゐらするこころかけて、辺地の生をうけんこと、もつともなげきおもひたまふべきことなり。

（6）本願を疑い、他力におまかせするこころが欠けて、お浄土の片隅（辺地）に生まれることになるのは、なんとも歎かわしいことです

自力（人間の努力）の念仏のまま終わってしまえば、自分勝手に考えた浄土すなわち「辺地」に往生す

ることになる、ということはすでに第十七条のところで説明しましたね。辺地の往生とは、お浄土に往生しながら、自我の殻が破れず、自惚れたまま、すなおに仏様のお慈悲のはたらきが受け入れられない状態でした。

自力が捨てられないから、仏智すなわち他力を疑う。そこを親鸞聖人は『正像末和讃』誡疑讃を二十三首も作成して、「仏不思議の弥陀の御ちかひをうたがふ罪・咎」を警告しています。その第一首には、

不了仏智のしるしには
如来の諸智を疑惑して
罪福信じ善本を
たのめば辺地にとまるなり

とあります。如来様の智慧を疑うと、辺地にとどまることになる、と。しかし、少しでも「善の本を当てにして」ましな人間になる方がいいのだ、という世俗の道徳心は、世俗の生活を送らざるを得ない在家の者にとっては、なかなかぬぐい去ることが難しい観念です。だから、どうしても罪を改め、善を求めることに価値を置いてしまう。親鸞聖人のみ教えの特徴である、善悪を超えるということが、なかなか受け入れられないのです。頭では分かりながらも、心底分かり得ない。道徳心から抜け切らない。

そういう意味で、『歎異抄』のなかで、そのことを一番明確に断言されたのは、第二条の

念仏は、本当に浄土に生まれる因になるのか、地獄に堕ちる業なのか、まったくもって知りません

念仏は、まことに浄土にうまるるたねにてやはんべらん、また、地獄におつべき業にてやはんべるらん。総じてもって存知せざるなり。

という親鸞聖人の直截的な言葉です。

念仏は善い行いだ、と主張すれば、必然的に、それは浄土に生まれる因になるはず、という積極的な話になりましょうし、逆に、念仏すると無間地獄におちるぞといえば、念仏は「地獄に堕ちる行為」と、悪い事になりますが、それについて、親鸞聖人は、「総じてもって存知せざるなり」と、善悪の視点では念仏を考えない、ということで、念仏の善悪観をしりぞけていましたね。

そうして、念仏して地獄におちても後悔しない、とおっしゃって、その理由を第二条では次のようにおっしゃっていました。

そのゆゑは、自余の行もはげみて仏に成るべかりける身が、念仏を申して地獄にもおちて候はばこそ、すかされたてまつりてといふ後悔も候はめ。いづれの行もおよびがたき身なれば、とても地獄は一定すみかぞかし。

なぜなら、念仏以外の修行をすれば成仏できるのはずだったのに、念仏を称えたために地獄に堕ちてしまうというのならば、騙されてしまったと後悔もするでしょうが、私はどんな修行も達成できない身であることを見極めましたから、どうやっても地獄は私の居場所に定まっていることです。

ここの「どんな修行も達成できない身」（いずれの行もおよびがたき身）というのが、親鸞聖人の人間観のいちばんの見極め所です。この場合の、「いずれの行」というのは、「賢善精進（けんぜんしょうじん）」の行、つまり、善を修める修行のことです。それが「およびがたき身」（達成できない身）ということです。これが、親鸞聖人の見極めなのですが、そこまで自己省察を徹底して深めるということがむずかしい。そこまで〝愚かな自分〟というものは認めたくない、という自力の我愛（自己肯定感）が邪魔をする。

親鸞聖人が、法然聖人のところに行ってよくよく見極められたのが、この「いずれの行もおよびがたき身」という、我が「身」の事実なのでした。

「自余の行もはげみて仏に成るべかりける身」という、念仏以外の行を励んで仏になることができる身、という甘い見込み、楽観的人間観がここ第十六条での「悪を廃(や)め、善を修める」（廃悪修善）の根拠になっている、といってもいいでしょう。どうかすれば、善行に頼っていけば仏に成ることができるのだ、と思いたいという願望が、私たちの心に残っていると、善悪の道徳心に誘惑されることになるのです。

この誘惑を断つことは、口でいうほど簡単ではないので、「口には願力をたのみたてまつる」といいながらも、心は納得できないので、「(5)やはり善人の方から優先的に助けてくださるはず」（さすがよからんものをこそたすけたまはんずれ）とおもってしまう。どこか自分には善い行いをする可能性があると自(みずか)らに認めたいという善人意識がどうしても抜けないので、口と心が裏腹に食い違うのです。

それは、「願力を疑う」ということだから、つまるところそれは「辺地の往生」になってしまいます。だから、「(6)なんとも歎かわしいことです」（もっともなげきおもひたまふべきことなり）と唯円房は歎くのです。

わがはからひなるべからず

さて、そうすると、浄土真宗においてもっとも重要なことはというと、「信心が定まる」ことです。阿弥陀仏様におまかせすることです。よって、信心定まりなば、往生は弥陀にはからはれまゐらせてすることなれば、わがはからひなるべからず。

(7) ひとたびご信心が定まれば、すべて阿弥陀仏様のおはからいで往生させていただくのですから、自力のはからいはまじえようがありません。

この、信心が定まった、阿弥陀仏様におまかせすると決心がついた、というふうになることさえも、阿弥陀仏様の御はからいによるのですから、ここでも「わがはからい」を加えてはいけないのです。自力の「はからい」を離れるということが、信心定まるということなのです。

こういうと、人間がはからいをしなくなるのか、ということですが、人間はどこまでいってもはからいをするから人間なのです。けれども、往生の問題に関しては、はからってみても無駄なのだと気づくことです。はからいによって往生ができたり、できなかったりするわけではない。往生の問題は、阿弥陀仏様の御はからいの世界で行なわれるものであって、私たちのはからいの次元を超えている問題なのだ、と手離すことです。

私たちのはからう世界と次元が違うわけですから、我々のはからいがどっちに転ぼうと、それとは関係のないところで、往生の問題はすすめられているのです。

「はからいなるべからず」というところの「べからず」をどう読むかということです。「何々してはならない」というふうに読むのではなくて、「べくもあらず」――そういうことは根本的にありえないでしょう、と読む。本来そういうものではない、ということ。

阿弥陀仏様がはかろうていなさる次元のことですから、私たちがどういうふうにはからってみても、私たちのはからいが通用することはありません。そういうような次元のものではない、ということ。だから、そのはたらきは私たちにとっては不思議な出来事なのです。これを第十条では、「はからわないのがよいはからい」（義なきを義とす）と述べられていましたね。

私たちにできることは、ただ、

（8）我が身の悪に気づけばこそ、このような悪人をも見捨てないお慈悲が有難い、といよいよ本願力を仰いでいくので、自然の道理として、柔和なこころ、辛抱強いこころも湧いてくるはずです

わろからんにつけても、いよいよ願力を仰ぎまゐらせば、自然のことわりにて、柔和忍辱のこころも出でくべし。

という姿勢でいることです。腹を立てて、口論したとしても、そのことをご縁にしてこういう私を見捨てないという阿弥陀仏の願力を仰いでいこう――、と視点を転換する。もう二度と腹を立てたり口論はしませんと、改心すべし、などといった小賢しいことは考えない。

いよいよ、願力を仰いでお念仏していく。そうすれば、自然に柔和なこころ、辛抱強いこころが恵まれてきます。「自然に」というのは、本願のはたらきです。私たちのはからいではないから「おのずからしからしむ」のです。腹を立てなくするとか、口論しないようにする、というはからいよりも、腹が立ち、口論がやめられない私たちの性根に気づかれた阿弥陀仏様が、こういう私のようなものを見捨てるわけにいかないからと、本願を立てられ、念仏をさずけられた。そのお慈悲が有難いと思えば、自然に腹を立てても、口論しても、それを治めてゆく道が不思議と開けるのです。このような解決の道以外に私たちの心

のおさまりはつかないのではないでしょうか。

自分で腹を立てないように努力しようとすると、余計にくやしくて腹が立ってきませんか。ここで「柔和・忍辱のこころ」が出てくるのは、私たちの側でできることではなくて、阿弥陀仏様のおはたらきとしてです。自分からは意図的には出しようがありません。そこが自然のはたらきの自然なところです。「いでくべし」というのは、阿弥陀仏様のお約束としてそうなっている筈、ということです。唯円房といえども断定はできない。私たち人間の努力（自力）の範疇ではないから。

先ほどのところにも、「(4) **回心もせず、柔和忍辱のおもひにも住せざらんさきにいのち尽きなば**」とありましたが、そこでの「柔和忍辱のおもひ」は私たちが意識して修行した結果としての柔和忍辱です。善を修行すると、柔和忍辱のこころが出てきて、その柔和忍辱のこころに住したままで安らかに臨終を迎えたいとする私たちの柔和忍辱です。けれども、こちらの方は、「自然のことわりにて、柔和忍辱のこころもいでくべし」とありますから、こちらの「柔和忍辱のこころ」というのは、私たちが意識して、起こしたり、保ったりする必要のない柔和忍辱でして、願力の自然なはたらきとして与えられるものです。ですから、仮りに柔和忍辱ということを往生の条件にしたとしても、私たちの努力による柔和忍辱は臨終のところで挫折するのです。

ただほれぼれと

よって、往生に関しては、

(9) 何事であれ、すべて往生に関しては、なにより小賢 ―― **すべてよろづのことにつけて、往生にはかしこきおも**

しい思いを持たないで、ただほれぼれと阿弥陀仏様の御恩の深く重いことをつねに思い出すことにいたしましょう。そうすれば、お念仏も自然に出てきます。

ひを具せずして、ただほれぼれと弥陀の御恩の深重なること、つねはおもひいだしまゐらすべし。しかれば、念仏も申され候ふ。これ自然なり。

「かしこきおもひ」とは小賢しい「わがはからひ」のこと。「わがはからい」を「具せずして」（そういうものを持たないで）、私がどうなるか、ならないか、を注視するのではなく、「阿弥陀仏様の御恩が深く積み重なっていることをつねに思い出」せばいい。

私たちの「小賢しい思い」（かしこきおもひ）を否定したところに、「ただ、ほれぼれと」という自然の世界があります。我がはからいのない「ほれぼれ」という心は、善悪という力みを見ないのです。何が善、何が悪というような、世俗の道徳的なものさしを入れないのです。そういう計算高いことをしない。「善悪の思いがない」。

かしこさのないかたち、かしこさの抜けた状態、それが、「ほれぼれ」です。

（9）……ただほれぼれと阿弥陀仏様の御恩の深く重いことをつねに思い出すことにいたしましょう。

ただほれぼれと弥陀の御恩の深重なること、つねはおもいいだしまいらすべし。

と、ほれぼれと阿弥陀仏様の御恩を思うと、感謝の気持から、念仏が自然に申される。〝念仏を称えて善く思われようといった、はからい〟のない念仏が出てきます。これが自然であり、これが本当の他力に促された念仏、ということです。

他力と自然というのは、イコールです。「自然」つまり〝自ずからしからしむる〟というのは、「他力」のことをいっているのです。

阿弥陀仏の願力というのは、私たちのはからいをまったく条件にしていないわけで、むしろ私たちのはからいを打ち消すようにはたらいてくるものです。だから自然であり、他力であるということです。それは、次の『正像末和讃』一二七のとおりです。

「願力無窮にましませば、
罪業深重もおもからず
仏智無辺にましませば
散乱放逸もすてられず」

「罪業深重も重からず」、「散乱放逸も捨てられず」と、まさに、罪業深重の人を救わんがための願力の無窮なるはたらきであります。散乱放逸の凡夫を救わんがための、無辺なる仏智のはたらきがすなわち他力である、ということです。

罪業深重も、散乱放逸も、それはすべて阿弥陀仏が私たちの存在の真相を見抜かれた言葉です。私たちには、この自覚はなかなか持てないのです。そういう凡夫の私たちの身を対象として、願力も仏智も私たちの身の上に、現に自然にはたらいてきているのです。

自我の思い、自力を否定していくことがない限り、罪業深重も、散乱放逸も、自力の中では無自覚のうちに行われています。だから、我がはからいを否定していく、おのずからなる世界が、罪悪深重、散乱放逸から私たちを救い出すのです。救いは、自然のことわりとして現れ出てくるということです。

自然のことわりとして、願力がはたらいてきて、自然のことわりとして、念仏が私たちに届けられてくる。そして、念仏によって自然のことわりとして、罪悪深重、散乱放逸の私と教えられて、柔和忍辱のこころも与えられてくる。その自我の真実に気づかされ、自然のことわりに順うところに「ただ、ほれぼれ」という自然の世界が出現します。自我固執からの解放が「ただ、ほれぼれ」です。そうすると、自然のことわりとして、阿弥陀仏様の御恩がつねに思い出されることになります。

ご恩ということ

現代社会では、ご恩ということがほとんど語られません。それは、戦時中に「皇恩」といって、天皇のご恩を強調し、国民を戦争にかりたてたことの反動として、恩をいわなくなったためと思われます。しかし、私たちは、親の恩をはじめ、多くの人々のご恩を受けて今ここに存在しているのではないでしょうか。絶海の孤島で自給自足の生活をするわけでもなければ、何らの恩恵も受けずに独立して生活できる人などいないでしょう。第一、命をめぐまれ、育てていただかないで大きくなった人はいませんね。その様々な人たちのご恩を私たちは思わなくてよいのでしょうか。

恩というのは、受ける側の人が感じるものですが、与える側の者にとっては、相手を我がことのように思う慈悲のこころから恩恵を与えているので、与えるという意識もなくそれは行われています。

親の恩を例に考えてみれば分かりましょう。親から見れば子はひとつです。子の悩みはそのまま親の悩みです。子の喜びは親の喜びです。そうでないとしたら、親子関係が崩れているのです。だから、子のために親が犠牲になることも、犠牲という意識さえ親にはないのです。この、子に対する親の慈愛の思いは、子が親を思う思いとは次元を異にしています。子の立場から親の思いは到底理解できません。だから、〝子を持って知る親の心〟。親に成ってはじめて親心は理解できる、そういう境地なのです。次元がちがう。

親鸞聖人は、日本の宗教界にあってはじめて公然と結婚され、家庭をいとなまれました。だから、子育てを通して親の気持ちを十分理解されました。それが仏様のお慈悲の理解にも反映されていると思われます。他力ということも、自力とはまったく次元が違うということを親の視点での体験をもとに発見されたのだと思われます。したがって他力は（仏様の）親心なのです。自力は子の立場です。親心は子の知らないところで子のためにはたらき続けるのです。子が知りえた親の恩は、微々たるもので、知らないところで親がどれだけ子のことを案じ尽くしているか分からないほどです。仏様の親心は、身を粉にするほどの思いだと知りえたので、親鸞聖人は「如来大悲の恩徳は、身を粉にしても報ずべし」とおっしゃるのです。私たちはそこまで知りえていないので、身を粉にするほど尽くさねばならないと思えないのでしょう。

仏様の智慧を頂いていくということは、そのご恩に気づかされることです。そして、気づいてもなお気づきを忘却する愚かな私であると反省させられることである、と親鸞聖人はおっしゃるのです。ご恩に感謝するところに、お慈悲を感じる世界があり、そこに「有ることが難い」（ありがたい）、「かたじけない」という宗教感情も湧いてきます。仏教学栄えて仏教滅びる、と揶揄されるのは、この宗教感情にまで至らないところで終わる学問になっているところが問題なのです。学問が客観的であるがゆえに、主体的な人生のいとなみと感動につながっていない。そこを突破する学問が宗教的な実践の上に立った経験的主体的学問で、そういう学問でなければなりません。ご恩報謝というところにまで至る学問が今、求められています。

「(9)…そうすれば、お念仏も自然にでてきます。」（しかれば念仏も申され候ふ。これ自然なり）

ありがたいことに、無理せずとも、自然とおのずからご恩を感じる、感謝の念仏が出てくる。他力の信心はここに尽きる、というわけです。

したがって、

(10) 自力のはからいがないのが自然ということです。これが他力ということです。

(11) それなのに、自然ということが他力とは別なことのように、物知り顔にいう人がいるそうですが、浅ましいことです。

わがはからわざるを自然と申すなり。これすなはち他力にてまします。

しかるを、自然といふことの別にあるやうに、われ物しりがほにいふひとの候ふよしうけたまはる、あさましく候ふ。

我がはからいを離れるということ以外に、自然はないのに、それとは別なところに自然ということがあるように強調していうのは問題です。それをまた「我物知り顔にいう」のでは、その中にまたまた善人意識という〝我〟のはからいがにじみ出てしまいます。それもまた実にあさましいことではないですか、というのです。

他力について

ここに、

「(10) わがはからはざるを自然と申すなり。これすなはち他力にてまします」

と「他力」に触れていますので、ここで他力について考えておきましょう。

他力とは、仏様のはたらきですから、先ほども申し上げましたように、人間の力である自力とは次元のまったく異なるはたらきです。それは、どこまでも自力の問題点を明らかにし、それを否定していく力です。これを、自と他に分けて、自力と他力が別々にあると考えるからややこしい話になるのです。自分と関係ないところに、「他」をおいてしまうから、「あなたまかせ」みたいになってしまうのです。そういう他力観は根本的に間違っているのです。他力も、あくまでも自分の身の上に起こっているはたらきとしての他力でないと正しくないのです。ご恩と感じていく他力ですから、自力も実は他力によって成り立っているということです。

他力に気がつけば、気がつくほど、自分の力というものが、小さなものに、見えてくるはずです。大きな他力に気づけば、自分のすべてだと錯覚していた自力もわがはからいとしてだんだん否定的に見えてくるはずです。だから、わがはからいは、かぎりなく「(7) 自力のはからいはまじえようがありません」（**わがはからいなるべからず**）と否定する、そこにむしろ他力のはたらきがあるのではないでしょうか。一般的に私たちがいう他力というのは私たちが他力を利用（はからい）するという、〝わがはからい〟の他力です。それは、つねに自分を善（よし）としたいという煩悩によって成り立っていますから、どこまでいっても、自力と同じレベルの他力です。

そういう、他力さえも利用（はからい）という自分の善とを結びつけたがるところに、かえって諸悪の根元があるということを見抜かれたのが親鸞聖人である、といってもいいのではないでしょうか。

だから、「他力をたのみたてまつる」といっても、その「たのむ」というのが、自力によってたのむということだと、すなわち、「(5) さすがよからんものをこそ、たすけたまわんずれ」というはからい心が動いて、たのむ心がすぐれている人は善人、たのむ心が欠けている人は悪人として、「たのむ」心に、いつのまにかに自力の物差しを忍び込ませてしまうのです。それは、他力のようで、いつしか自力のはからいになっています。

だから、つねにそういう自力は否定されなければなりません。そういう自力は事実に反する妄想ですから。真実に、他力の他力たるゆえんは「わがはからいなるべからず」――阿弥陀仏様のはからいなのだ、というところ。まさに自力の誤りを明らかにしていくところに他力の不思議なはたらきというものを見ていく、ということです。

したがって、他力は、つねに我が身の上にはたらいて、自力を否定するはたらきですから、自力の世界と無関係なところに他力があるのではありません。普通に考えれば自力のように思えるわが身の行為の上にはたらいて支え、自力を否定し、超えさせるはたらきのことです。それさえも自力というふうにまちがって妄想すると、他力に気づかず、他力をも自力と思う。一見、自力、自分がはからって行った行為と思えるはたらきの中にも自力を超えた不思議な力がはたらいていると気づかされる、そこに他力を見出していくというのが親鸞聖人のおっしゃる他力観なのです。

ですから、自力つまり人間の努力は努力として続けていくのだけれども、その努力の中に自分の努力とはいえない力がはたらいている、と発見されるものが他力なのです。そして、絶対のはたらきである阿弥陀仏様の他力のスポットライトを受けるとき、自我の自己中心性がはっきり浮き彫りにされ、自力という受け止め方のまちがいが明らかにされるのです。

絶対的な他力は、相対的な現実の我々の世界の中にはたらいてきたときには、我々の自力（自我肯定性）というものを、それは真実ではない、道理に反する動き、妄想として気づかせてくれるものです。

妙好人の浅原才市さんが、「他力には自力も他力もなかりけり、一念の他力」といったときには、相対世界での自他の区別を自力と他力といっているのではない、ということです。他力に気づいてみると、他力は、自力よりはるかに大きな力なので、自力もそのなかに包まれるというのです。それが「一念の他力」

です。全部他力。ものごとの視点を他力の方に移して観ていくと、人間の努力すなわち自力が小さな固執だと知られてくる。そうすると、「自力、自力とおもうていたが、みな他力」といわれるように、自力という考えは狭い見方、自我に固執した見方であった、すべては他力に収まる。自分の努力という自力も他力に支えられて発揮される力であった、ということになるわけです。

他力に気づかされてみると、自力を積み重ねている世界とはまったく質の異った感覚がそこにはあります。親が子を観るように、自分と他者とは切り離せない存在である、と。すべては自他不二でつながり合って、他人事に思えないと、そう思える。それが他力の世界ではないかと私は思います。

第十八条　お布施は御恩報謝のはず

第十八条は、「施量別報の異義」といわれます。これは、仏法の方に向かって施す施し物の多少によって私たちが大仏になったり、小仏になったり、差が出るという異義です。差別を持ち込むことによって、有利さを強調する主張ですが、人間の欲心をくすぐって修行を励まそうとするところが問題です。これも道徳の世界の発想で、善いことをすれば、善いことがある、悪いことをすれば、悪いことがある、というところから脱け出ていない。お布施が多い方を善しとし、大仏になるよと誘い、お布施の少ないのを悪として、小仏になるよ、と脅迫するのでしょう。これは、まったく世俗の常識論に立っています。布施というのは、本来、優劣のない平等の仏道修行で、今日でもお寺さまに差し上げる金品を「御布施」と表書きしますね。これはみなさんが立派な布施の修行を行っている、ということで料金のように一律ではないはずです。それなのに、そこに欲心の差別心を持ち込むとしたら大いに問題があるでしょう。

（1）仏道修行の一環として布施の行を積むが、その時の物品が多い人は大仏となり、少ない人は小仏になる、という人がいる。（2）これは説くべきではなく、説いてはならない。あきれかえったことです。

（3）仏様に大小の分量のちがいがあるということ自体が

仏法の方に、施入物の多少にしたがって、大小仏に成るべしといふこと。この条、不可説なり、不可説なり。比興のことなり。

まづ、仏に大小の分量を定めんこと、あるべからず候ありえないことです。（4）お浄土にいらっしゃる阿弥陀仏の身体に大きさを（六十万億那由他恒河沙由旬とか丈六尺と）示されてあるのは、（5）かの仏の誓いの偉大さを示す方便で、その誓いが成就した仏であることを形で示しているのです。

（6）宇宙を動かす道理であるところの法性というものを覚って仏に成っているのですから、（7）本来、長短・方円の形はなく、青・黄・赤・白・黒の色もないのです。何をもってあれは大きい仏、こっちは小さい仏と決められましょう。

（8）ただし、自力の念仏を称える人たちの中には、仮の姿の仏様を見るということが体験としてあるそうで、（9）大声で念仏すると大仏を観、小声で念仏すると小仏を観る、という経文があるので、それにひきかけて施物の大小で大仏・小仏を分けるのでしょうか。

（10）また、これは、大乗仏教で説かれる布施の行をすすめているともいえましょうが、どんなに宝物を仏前に供え、師匠に施しても、（11）ご信心をいただいてなければ、意味はありません。（12）一紙の布施もせず、半銭の布施も

ふか。かの安養浄土の教主の御身量を説かれて候ふも、それは方便報身のかたちなり。

法性のさとりをひらいて、長短・方円のかたちにもあらず、青・黄・赤・白・黒のいろをもはなれなば、なにをもつてか大小を定むべきや。

念仏申すに、化仏をみたてまつるといふことの候ふなるこそ、「大念には大仏を見、小念には小仏を見る」といへるが、もしこのことわりなんどにばし、ひきかけられ候ふやらん。

かつはまた、檀波羅蜜の行ともいひつべし。いかに宝物を仏前にもなげ、師匠にも施すとも、信心かけなば、その詮なし。一紙・半銭も仏法の方に入れずとも、他力にこころをなげて信心ふかくは、それこそ願の本意

せずとも、他力のはたらきにおまかせして、ご信心を深くすれば、そっちの方が仏の本願の本意に沿っています。（13）施物の多少をいうのは、すべて仏法の話をしているような顔をして、実は世間の欲心がそこにはたらいているから、同信者を脅すことになるのではないでしょうか。

にて候はめ。すべて仏法にことをよせて、世間の欲心もあるゆゑに、同朋をいひおどさるるにや。

布施の行

（1）仏道修行の一環として布施の行を積むが、その時の物品が多い人は大仏となり、少ない人は小仏になる、という人がいる。

施入物の多少にしたがって、大小仏に成るべしといふこと

ここの「施入物」とは、施物ともいいますが、布施の行を行う時の事物のことです。大乗仏教では、菩薩の修行として六波羅蜜行が説かれますが、その第一が布施という修行です。この第十八条では、「檀波羅密行」と出てきますが、檀というのは檀那の略称で、檀那はインド語のダーナの音訳で布施のことです。

さて、その布施について、その多少で成仏に差が出ると、こういうことをいう人が現れたわけですね。これは、布施を勧めることにことよせて、浄土の往生について、大仏、小仏というような差を示し、布施を多くさせようとした。これは、まったく根拠のない暴論です。

文字が読めず、お経の内容もよく分からず、ただ、善知識（師匠）からいわれたことを信じていくという純朴な人たちにたいして、布施を促すための交換条件としてこのような異義を言い出したのでしょう。

（2）これは説くべきではなく、説いてはならない。あきれかえったことです。
——不可説なり、不可説なり。比興のことなり。

と唯円房は厳しく戒めます。

このことについては、そもそも

（3）仏様に大小の分量のちがいがある
——仏に大小の分量を定めんこと

という考え方そのものが間違いだというのです。

（4）お浄土にいらっしゃる阿弥陀仏の身体に大きさを示されてある
——かの安養（あんにょう）浄土の教主の御身量を説かれて候ふ

ということについては、たとえば、『観無量寿経』真身観には、阿弥陀仏の真の姿を観察せよと説かれ、そこには、次のように示されています。

「阿難、まさに知るべし、無量寿仏の身は百千万億の夜摩天の閻浮檀金色（えんぶだんごんじき）のごとし。仏身の高さ六十万億那由他恒河沙（なゆたごうがしゃ）由旬（ゆじゅん）なり」

「由旬」というのは、長さの単位ですから、数字としては、「六十万億那由他恒河沙ヨージャナ」という、長さの身長があるということです。

「眉間（みけん）の白毫（びゃくごう）は、右に旋（めぐ）りて婉転（えんでん）して、五つの須弥山のごとし」

阿弥陀仏の眉間の白毫は時計の針の方向にぐるっと回って、須弥山が五つあるほどの大きさである、と。

「仏眼（ぶつげん）は四大海水（しだいかいすい）のごとし、青白分明（しょうびゃくぶんみょう）なり」

仏様の眼は四大海のように大きく、潤って、青く、白目とくっきり分かれている。

「身のもろもろの毛孔（もうく）より光明を演出（えんすい）す。〔大きさ〕須弥山のごとし」

身体の毛穴からは光明が出ている。それは須弥山ほどの大きさがある。

「かの仏の円光は、〔広さ〕百億の三千大千世界のごとし」

仏様の頭の頂上の所の背後に、後光がさしており、それは三千大千世界の百億倍のように巨大です。その、

「円光のなかにおいて、百万億那由他恒河沙の化仏まします」

後光のなかには、百万億那由他恒河沙という数の仮の姿の仏様がいらっしゃいます。

「一々（いちいち）の化仏（けぶつ）にまた衆多無数（しゅたむしゅ）の化（け）菩薩ありて、もつて侍者（じしゃ）たり」

その仮の姿の仏には、侍者として菩薩が取りまいていて、その仮の姿の菩薩の数も無数です。

「無量寿仏に八万四千の相（そう）まします」

無量寿仏、つまり阿弥陀仏には八万四千の相（特徴）があり、その、

「一々の相におのおの八万四千の随形好（ずいぎょうこう）あり。」

随形好とは細かな特徴のこと。これも八万四千ある。

「一々の好にまた八万四千の光明あり。一々の光明は、あまねく十方世界を照らし、念仏の衆生を摂取して捨てたまはず」

好とは随形好のこと。細かな特徴。その八万四千の細かな特徴の一つ一つに、また八万四千の光明が輝いて、その一つ一つの光明が、十方世界を照らして、念仏する衆生をすべて受け容れて見捨てない、つまり護ってくださる、ということです。

そうして、

「仏身を観ずるをもってのゆゑにまた仏心を見たてまつる」

仏様の身体を観察すると、仏様の心が知られてくるので、仏心が見える、という。仏様の心は何かといいますと、

「仏心とは大慈悲これなり」

といわれるように、大慈悲心が仏様の心です。

「無縁の慈をもってもろもろの衆生を摂（せっ）す」（以上『聖典』一〇一―二頁）

その平等にして無差別な仏様の大慈悲心を、〝無縁の慈〟といいます。縁なき者をも救いとるからです。だから、お願いした人だけを救うのではなくて、お願いしていない者をも救う。それこそが大慈悲心です。光明を放つ仏様なので、仏像には金箔を施して、光明を放つ姿を表わします。その姿を通して、私たちに分かってくるのは、大慈悲心です。その大慈悲心は、仏様の方から縁無き者にも近づいてきて縁を与えて、慈愛の心をもって、善人であれ悪人であれ、あらゆる衆生をすべて平等に受け容れて下さるのです。

しかし、こういう姿で描かれる阿弥陀仏様は、

（5）かの仏の誓いの偉大さを示す方便で、その誓いが成就した仏であることを形で示しているのです。——それは方便報身のかたちなり。

六十万億那由他恒河沙由旬という、その大きさが述べられていても、それは、あくまでも方便で、偉大な存在だということを示すためのもので、大小をいうためではありません。

真実の仏は法性

実は、真実の仏様は

（6）宇宙を動かす道理であるところの法性というものを覚って仏に成っているのです——法性のさとりをひらいて

法性というのは、現在の言葉でいいますと、宇宙のシステムのことです。宇宙世界は、ある一定のルール、法則によって動いている。その法則を動かしているものを法性という。要するに、宇宙の法則をつかさどる原理そのもののことです。現在の言葉でいえば、宇宙の根本システムのことです。そのシステムである「性」に従って、具体的に現れて来た現象を「相」（すがた）というのです。

蝉は、地表に出てから、夏の一週間から一ヵ月ぐらいの寿命しかもらっておりません。蝉にその寿命を

与えているのは法性です。宇宙が、蝉には蝉の性、人間には人間の性、馬には馬の性、牛には牛の性という特性を与えて現実にはそれぞれちがった相（すがた）を現して、それぞれが全体として、すべてうまく調和して機能するようにされており、それによってこの宇宙世界が成り立つようになっているのです。それは、そういうシステムがゆきわたっているからです。それを「法性」といいます。この「法性」のはたらきを明らかにしているのが仏教なのです。大乗仏教はその法性を仏陀の覚りとしているのです。だから、〝宇宙大の仏〟といわれます。この法性という宇宙原理を人間の煩悩が乱しているので、その煩悩を克服して法性の世界に戻ろう、というのが大乗仏教の目指すところです。

また、人間という存在には、宗教性というものが特性としてそなわっていて、その宗教性というものを持って人間は生まれているから、宗教を持ちうるし、宗教にも関心を持つのだということです。犬や猫には、宗教を持ちうる特性が与えられていませんから、宗教を持つということがないのです。それも法性がそうしているのです。

そういうわけで人間は、みんな宗教性を持って生まれているのですけれども、遺伝子にスイッチが入らないと、一生涯、宗教性が芽ばえないで終わってしまいます。そこで、宗教性にスイッチが入れば、宗教性が芽ばえた人になります。

お釈迦様が覚ったとか、目覚めたということは、妄想とか、妄念からさめて、本来の法性に戻ったということなのです。だから、法性の世界がそのまま本来の世界で、それが仏法の世界、それを覚るのが、成仏なのです。ですから、法性には、

(7) 本来、長短・方円の形はなく、青・黄・赤・白・黒—長短・方円のかたちにもあらず、青・黄・赤・白・黒

の色もないのです。何をもってあれは大きい仏、こっちは小さい仏と決められましょう。

> のいろをもはなれなば、なにをもってか大小を定むべきや。

法性の世界は、本来的に、いろもなくかたちもなく、したがって「長短・方円」もないのです。システムというものには形はないですね。それから青・黄・赤・白・黒の色もない。

親鸞聖人も、『唯信抄文意』において、

覚りの性質を法性という。法性が仏の身体で、いろもなく、かたちもない。だから、心でも把握できず、言葉で表すこともできない。

> 仏性すなはち法性なり、法性すなわち法身なり。法身はいろもなし、かたちもましまさず。しかれば、こころもおよばれず、ことばもたえたり。
>
> （『聖典』七〇九—一〇頁）

といっています。

その法性をそのまま阿弥陀仏と見たところが〝法身（ほっしん）（法性身）の阿弥陀仏〟です。法身の世界は、また一如です。一如というのは、「一つのごとし」ということですから、それぞれのものがうまくかみ合って、ハーモニーを形成している。「大調和」といってもいいと思います。すべてがうまくかみ合って、うまく回っているシステムのことです。この一如が、法のまま（法性）の世界です。

蝶は無心に花の蜜をとろうとして花に近づきますが、花は、無心に近づく蝶によって、自分のおしべとめしべの受粉をしてもらう。蝶は、花の受粉させるために花に近づいているのではないのです。ただ、蜜が欲しいために行っているのですが、それが、花にとっては受粉をして、子孫を残すことにつながっている。その両者の無心のつながり。それは法性です。そういう大調和のありかたが一如の法性の世界です。それが、法としての〝法身の阿弥陀仏〟です。でも、それは、名前すらあたらない仏様です。でも名前がないと仏様がいることが知られないので、仮りに名前を名告って仏様として現れ出てくださったのです。それが方便の仏様です。

それをまた、『唯信抄文意』において、親鸞聖人は、

この一如よりかたちをあらはして、方便法身と申す御すがたをしめして、法蔵比丘となのりたまひて、不可思議の大誓願をおこしてあらはれたまふ御かたちをば、世親菩薩（天親）は「尽十方無礙光如来」となづけたてまつりたまへり。この如来を報身と申す、誓願の業因に報ひたまへるゆゑに報身如来と申すなり。

（『聖典』七一〇頁）

この一如の世界から形を現して、方便の相（すがた）を示して、法蔵比丘と名のって、不可思議な大誓願を発された方を世親菩薩は尽十方無礙光如来と名づけられました。この如来様を〝報身（ほうじん）〟といいます。誓願を成就されたので報いの如来様と申し上げるのです。

と示されています。「いろもなく、かたちもなく、ことばもたえたもの」では、私たちに、つかみどころがありませんから、名前をもって方便としての姿を示してくださったのです。その方便法身（ほうべんほっしん）のお姿が「阿弥陀仏」なのであります。また、別名として、尽十方無礙光如来ともいいます。

法蔵菩薩は履歴書

では、その阿弥陀仏という方便身には、どういうはたらきがあるのでしょうか。

阿弥陀仏のはたらきを具体的に我々に示すには、物語で示すのが分かりやすいというので、それを法蔵菩薩の修行のお話しで表現してあります。

ものごとの意味やはたらきを明らかにするときには、私たちは物語というものを用いて説明するのが分かりやすい。

例えば、私がここにこのような才能をもって存在していることを分かりやすく説明するには、私を育てた父親と母親の物語を語らないと分からないし、その父親と母親の物語は、さらにその先の先祖の物語を知らないと分からないのです。そうやって過去にさかのぼってファミリィヒストリーを知ることによってしか、今のこの私がどんな才能の持ち主であるかということは説明できないでしょう。それは、理窟の説明論では分かりにくいのです。

それはもう、その物語を聞いて、聞いた人たちが、ああ、あの人の能力は、そういう過去に由来するのであったのか、と、人それぞれがその物語を受け止めて理解してもらう以外に、その人の今の能力は知らせようがないのです。それはまた、自分自身も自分自身の過去を物語として振り返ることでしか、今を確認することが出来ないということでもあります。そういう意味で〝物語る〟ということは大事なことです。この物語というものを持たなかったら、我々はアイデンティティを持てないのです。したがって、アイデンティティがあるということは、自分自身の物語を持つということです。

ところが、先日、読んでいた本に、「近代人はいつも未来ばかりを見つめている」、つまり、明日の自分がどうなるか、という夢ばかりを追っかけている、と書かれていました。わたしたちにとってほんとうに本質的なものは、未来にあるのではなくて、過去にある。自分とはなんぞやということは、未来を見つめることで分かるのではなくて、過去を見つめないと分からない。なのに、未来ばかり見つめて、過去を見つめようとしない。過去なんて古臭くて意味がないと思っている。

それだと、どんどん先には進んでいくけれども、後ろの方が順に消えていって、なにも残らないような人生になってしまうでしょう。残されるべき過去がみんな消えてしまったら、結局その人は、何をどう生きたか、示せるものが何もなく終わってしまいます。アイデンティティを持たない人になります。したがって、過去を知り、過去を物語るということは、自分を知るうえで大事なことですね。人物に関する物語は、いわばその人の履歴書なのですから。

阿弥陀仏についても、同様に、この仏にはどんなはたらきがあるかを知るには、阿弥陀仏がどのようにして阿弥陀仏に成ったのか、を知らなくてはならないのです。阿弥陀仏の能力は、法蔵菩薩の物語として語るより他に示すことが出来ないので、法蔵菩薩の物語が阿弥陀仏とは何ぞやの解説としてあるのです。そこでは、法蔵菩薩の物語が、実話か実話でないかということは問題にすべきではないのです。履歴書を見なければその人が分からないように、法蔵菩薩の物語は、阿弥陀仏という仏様のはたらきの中身を知るための履歴書だと考えたらいい。この法蔵菩薩の物語が語られることによって、阿弥陀仏は衆生救済の願いをもった仏であるということが明らかに分かるのです。

法蔵菩薩は私たちを救うために四十八の願を立てられ、修行をなさった、という物語によって、その四十八願のいちばん中心にあるものが、第十八願だと知られます。それは、念仏往生の願と呼ばれます。この願によって、阿弥陀仏は、念仏（南無阿弥陀仏）をもって一切衆生を極楽浄土に往生させたいという願いをもった仏であると明かされているのです。

つまり、先の『唯信抄文意』でいえば、

「不可思議の大誓願をおこしてあらわれたまふ御かたち」（『聖典』七一〇頁）

が阿弥陀仏なのです。一切衆生の中でも、特に、「五逆の罪人と正法を誹謗する者」を念仏ひとつで助けたい、という願いを完成した仏様が阿弥陀仏様なのです。

この仏はまちがいなく願いを果たす仏なので、願いに報いた（報身）仏様です。

応身仏・化身仏

それゆえ、『唯信抄文意』はさらに、

「この報身より応・化等の無量無数の身をあらわして、微塵世界に無碍の智慧光を放たしめたまふゆゑに尽十方無碍光如来と申すひかりにて、かたちもましまさず、いろもましまさず。」（『聖典』七一〇頁）

と述べて、報身仏は、さらに展開して、応身になったり、化身になったりするといいます。「応身」の仏様は、具体的に説法の出来るお釈迦様のような仏様です。「化身」の仏様は、人間の姿で活動しつつ、仏様の慈悲心や智慧を届ける仏様です。

報身の仏様は、光ですから、「かたちもましまさず、いろもましまさず」とあるように、かたちもなく、いろもないのだけれども、智慧のはたらきを現にはたらかせています。

さきほどの、法性の仏様は、「心に思えないし、言葉にも言い表わせない」（こころもおよばれず、ことばもたえたり）のだけれども、智慧の光を放たれている尽十方無碍光如来といわれる報身の仏様は、こころも言葉もつながって、現実にはたらきかけてくださるのです。しかし、光ですから、形はないし、色もない、眼には見えないはたらきの仏様。したがって、木像とか絵像の仏というのは、本来の阿弥陀仏の姿からは遠いのです。ただ、「尽十方無碍光如来」という名前、あるいは、無量光仏、無量寿仏という名前で表わす方が現実的です。しかし、阿弥陀仏でも、無量寿仏でも、無量光仏でも、尽十方無礙光仏でも、名称は何でもよろしいですけれども、この仏様は現に、智慧の光を放っているので、『唯信抄文意』に

無知の闇を払い、悪い行為にも妨げられなく、護ってくださるので、礙り無き光の仏様と申すのです。だから阿弥陀仏は光明の仏様です。光明は智慧を表わしています。

無明の闇をはらひ悪業にさへられず、このゆゑに無礙光と申すなり。無礙はさはりなしと申す。しかれば阿弥陀仏は光明なり、光明は智慧のかたちなりとしるべし。

（『聖典』七一〇頁）

と述べられています。

「無知の闇をはらい、悪い行為にも妨げられなく、護ってくださるので」、「無礙」（妨げられることがない）の人生を約束する仏様、といわれるのです。このようなはたらきを表わしているのが、また、南無阿弥陀仏という名号でもあるのです。

ただし、この念仏を称えると化仏を見るという体験をする人がいたようです。

（8）ただし、自力の念仏を称える人たちの中には、仮の姿の仏様を見るということがあるそうで、（9）大声で念仏すると大仏を観、小声で念仏すると小仏を観る、という

念仏申すに、化仏をみたてまつるといふことの候ふなるこそ、「大念には大仏を見、小念には小仏を見る」といへるが、もしこのことわりなんどにばし、ひきか

経文があるので、それにひきかけて施物の大小で大仏・小仏を分けるのでしょうか。

けられ候ふやらん。

これは、念仏を称えるときに見えてくる仏様の姿に大小の形があるといっているのであって、施物についていっているのではありませんね。昔の人が修行の過程でそういう体験をしたということです。仏現前(ぶつげんぜん)三昧(さんまい)と呼ばれる三昧に入ると、眼前に仏様の姿が現われることがあった。その時の仏様が大きいとか、小さいとか、そういうことは現にあった。それは一応認められるわけです。

しかし、それに引っかけて、施した物の多い少ないに従って、大仏に成るとか、小仏に成るということをいうのは、これはあきらかに話を曲げている、ということです。

もともとの仏様に姿形はないのですから、方便としてあらわされた阿弥陀仏は、言葉ではあらわすことができても、姿形では捉えられる仏様ではないはずです。だから、原則、大仏、小仏ということはないのです。

お布施よりもご信心

でも、施すことは、檀波羅密といって、菩薩の修行の完成のまず第一歩に当たるものですから、檀波羅密の行は否定されるべきではありません。

(10) また、これは、大乗仏教で説かれる布施の行をすすめているともいえましょうが、どんなに宝物を仏前に供え、

かつはまた、檀波羅密の行ともいひつべし。いかに宝物を仏前にもなげ、師匠にも施すとも

師匠に施しても、

しかし、そういう檀波羅密の行を如何にやったとしても、——

(11) ご信心をいただいてなければ、意味はありません。——**信心かけなば、その詮（せん）なし。**

施しをするということは、確かに立派なことだけれども、親鸞聖人のみ教えの上からすると、ご信心の方が大事です。どんなに菩薩の行を積んだとしても、ご信心が欠けていたらなんの役にも立ちません。

逆に、

(12) 一紙の布施もせず、半銭の布施もせずとも、他力のはたらきにおまかせして、ご信心を深くすれば、そっちの方が仏様の本願の本意に沿っています——**一紙（いっし）・半銭（はんせん）も仏法の方に入れずとも、他力にこころをなげて信心ふかくは、それこそ願の本意にて候はめ。**

つまり、紙一枚、少しの金銭も檀波羅密行として布施（ふせ）しなくても、他力ということに心を入れて、ご信心が深ければ、浄土真宗の教えに適っている、ということです。阿弥陀仏の願いの本意は、私たちに布施を勧めることではなくて、ご信心を勧めているのです。

結局、こういう異義が出てくるのは、

（13）施物の多少をいうのは、すべて仏法の話をしているような顔をして、実は世間の欲心がそこにはたらいているから、同信者を脅すのではないでしょうか。

すべて仏法にことをよせて、世間の欲心もあるゆゑに、同朋をいひおどさるるにや。

世間の欲心が仏道においても出てしまうということでしょう。

これは現代においても問題です。早島鏡正先生は、

「布施をすればするだけ、来世は浄土に生まれること請け合いだという功利的な布施観が、何となく僧侶の間に底流となっているようである。唯円の歎いた第十八章の趣旨を、そのまま現在の仏教界に投影してみる必要があるであろう。略「一紙半銭も仏法の方に入れなくても、ご信心が深ければそれでよろしいのですよ。」と、きっぱり檀信徒に向かって言い切ることができようか。まことに、反省すべきことである。真の意味での布施とは何かと問うことは、唯円だけが問うていると考えてはならないからである。」「『歎異抄』早島鏡正著作集　第11巻」（二四五―六頁）

と述べて、現代の問題でもあることを指摘しておられます。

布施は仏法を護るため

真の布施とは、報恩感謝の思いからするもの、というのが浄土真宗の人々の基本的考え方でなければなりません。仏法が盛んになるように（仏法興隆）、お寺を道場として愛し、仏法を護るため（愛山護法）という精神から布施はするべきなのです。

私もまた、阿弥陀仏様のお慈悲に恵まれたので、私たちの子々孫々にもまた、そのお慈悲に浴させてもらうご縁ができるようにしておいてやろうじゃないかという利他の精神です。それが、愛山護法です。愛山護法のための布施であり、阿弥陀仏様のお慈悲に対する報恩感謝の布施だということです。それには、やっぱり、念仏に出遇えてよかったという、その念仏の喜びがないところでは、このような思いは起こりませんね。その念仏の喜びが、ほんとうに与えられているか、得られているか、という、ここが私たちにとっても大事なところです。

ですから、このお寺がなければ、私が今、ここで仏法のご縁に遇うこともできなかったし、このお寺がつづかなければ、私たちの子々孫々(ししそんそん)が仏法に出遇う機会もないであろう。それでは永遠の闇路を迷うことになる。そうであってはならない――、という思いが、仏法を盛んにし、お寺の護持にいささかの布施をする、ということになるのであって、自分自身の、功利的な思いを満足させるために、布施をするのではない、ということが重要です。

それには、もっともっと念仏というものが、大変なおはたらきのあるものだよ、ということを、自らもそう感じ、それを他の人にも伝えていこうということでなければなりません。そうでないということは、そもそも、阿弥陀仏の願いに出遇えていない、ということはないでしょうか。浄土真宗にご縁をいただいている、一人一人が、私は本願に出遇えてよかった、念仏によって確かに救われた、ということがなければならないわけです。

それは理屈でこうなっていますという解説ではなくて、自分自身が念仏をいただくことで、実際、豊かな人生になっているという実感の共有ということではないかと思います。私たちにとっての一番の問題は、人生においてたった一度起こる出来事が私たちの人生を左右するわけですから、そのたった一度の出来事を私たちがどう受け止めていくかということが、その人の人生を決めるのです。この、阿弥陀仏の本願に出会うというたった一度の人生の運命的出来事をただ単に、運命といって終わらせたのでは、生きる所詮はないのです。運命といった言葉の中には、何の意味づけもない。

人生の意味づけ

人生において起こる出来事には、一つ一つちゃんとした意味が与えられることを人間は望んでいるはずです。そうでないと人間の心はおさまらない。病気になって身体の調子が悪い時でも、何でそうなったのだろう、と思うばかりでは気持ちは収まりません。それを、しばらく休めということだと意味が与えられれば、それで一旦落ち着けます。

しかし、何か起こった時に、そういうことが起こったのはバチが当たったのだと、口汚い人にいわれて、そうかもしれないと思ったら、それからは辛い日々になってしまいます。このことを契機にして、あなたはこの方向に自分の人生の向きを変えて行きなさいという仏様からのご指示だ、ということが見えてくると、つらい出来事も耐えられるのです。意味が見つかると耐えられるのです。その意味というのが、この世だけの意味ですと、この世を終わらなければならないときには、意味が失われていきます。

よって、究極の出来事である、「死なねばならない」という未経験の出来事に遭遇したときにも、死を受け入れることは意味があることだと思えるならば、その死が受け入れられるでしょう。けれども、この死を意味づけることができない人は、死を拒絶します。そういう人は、どこまでいっても死にたくないといいながら死んでいかなければならない。死にたくないといって死んで行った人を、見送らなければいけない家族もまた、その後、つらい人生を送らねばならない。死を受け入れていった人を見送るのは、家族にとっても安らかなことです。ああ、あの人も安らかに阿弥陀仏様の浄土に往生していったな、私もいつかはあの人のいる仏様の浄土に行くのだな、と思えるわけですから。

だから、死の問題というのは、本人の問題だけでなく、遺された家族の問題でもあるのです。本人がどう死を受け止めていったかということを、そのまま、遺された家族が引き受けていくことになりますから。我が子が事件や、事故に巻き込まれていった親というのは、我が子の無念を思うが故に、その無念を晴らすことがこれから親の仕事だと思うのです。わが子の死の意味を、親が引き受けているわけです。だから、人間というのは、どこまで行っても、たった一度、人生に起こる事柄をこそ、それをしっかり意味づけないと、収まりがつかないのです。運命だとか、偶然だとかいう意味づけでは、とても、絶えられないのです。したがって、この世を超えた仏様の言葉をいただいて、この世を超えた意味づけをしていく世界がなければ、私たちは真に生きていけないし、死を乗り超えられないのではないでしょうか。

宗教的意味づけが必要

世俗的な世界というのは、道徳的な価値観の世界です。道徳的な価値観では、死も含めて、このような人生にたった一度の出来事というものは、なかなか意味づけられません。そこに、この世を超えた、あの世までも含んだ宗教的な意味づけが必要となる理由があるのです。だから、先立っていった人は、阿弥陀仏様のお浄土に行っているのですと思えることで、残された人は安らいでいられるのです。

私たちは往ったことがないから、そんなことはいえない、なんていわないで、「そういうふうに仏様は、おっしゃっておりますよ、そういうふうに、親鸞聖人もおっしゃっていますよ」と、伝えることでも十分ではないでしょうか。そういうふうに伝えれば、本人がその言葉をどう斟酌（しんしゃく）するかは、本人次第です。疑問が湧いたら、そこから、仏教の学びもはじまるでしょう。そして、本人がああそうかと、それなりの意味づけが出来てくればそれでよろしいでしょう。そういうふうに、なんらかの示唆を与える、ということが大事なことです。それは、お坊さんであってもいいし、ご家族の誰かであってもいいし、近所の人であってもいいわけです。

　なぜだ、と人間が悩むということは、何らかの意味づけを求めているということです。その意味で、人間はなぜだと悩むことそれ自体の中に宗教を求める心をすでに与えられている、といえるのです。だから、悩むということは、決して悪いことではないのです。悩んだことが、なんの役にも立たなかった、ということが一番の問題なのであって、悩んだことを通して、何か出口や、新しいものが見出せたということは、悩んだことの意味があったということです。悩みを通して法性の世界に、気づかせていただくということ、自分は、妄想顛倒の世界にいたのだ、と気づかせていただく契機が与えられる、ということがあれば、これほどすばらしいことはないでしょう。

　そういうふうに考えると、科学は、たった一度の出来事については、何の意味づけも出来ませんので、科学があれば、宗教は要らないということには絶対なりません。どんなに、合理的にすべてを割り切ってみせるという科学者も、自分の愛する人の死を、どう受け止めるかということについては、まったく、科学的、合理的にはできませんからね。

　だから、自分の死については、分からないものは分からない、まだ来ていないものは来ていない、生きている間は死んでいないのだ、といってしまうこともできるかもしれませんけれども、自分の大切な人の死（二人称の死）の問題は、宗教で意味づけていかなければ、遺された者としても、どうにもできないものがあると私は思います。そういう意味で、科学と宗教は扱う領域が違うので、科学万能とは絶対にいきません。科学のおよばない領域が確かにあるのです。とはいえ、科学が不要というのでもありません。科学と宗教は、車の両輪です。

したがって、宗教が宗教として扱う部分は厳然としてまだ残されている、ということは強調しておかなければなりませんね。

よって、

(10)どんなに宝物を仏前に供え師匠に施しても、(11)信心が欠けているならば、意味はありません

いかに宝物を仏前にもなげ、師匠にも施すとも、信心かけなば、その詮なし

という信心の重要性については再度、確認しておかなければなりませんね。

述懐篇

後序

後序は長文ですが、およそ六段に分けられますので、分割してそれぞれ学んで参りましょう。

（1）右にあげた数々の異端は、すべてご信心の受け止め方が親鸞聖人と違ったために起こったのではないでしょうか。これについて、亡き聖人は次のようなお話しをなさったことがあります。法然聖人がまだ御存命のとき、お弟子がたくさんいらっしゃるなかに、師と同じご信心を得てい

右条々は、みなもつて信心の異なるよりことおこり候ふか。故聖人（こしょうにん）の御物語に、法然（ほうねん）聖人の御時、御弟子そのかずおはしけるなかに、おなじく御信心のひともすくなくおはしけるにこそ、親鸞、御同朋（おんどうぼう）の御中にして御相論（ごそうろん）のこと候ひけり。

る方は少なかったので、親鸞聖人が弟子仲間のあいだでご信心について論争なさったことがあった。というのも、親鸞聖人が「善信（親鸞）の信心も、法然上人のご信心も同一である。」とおっしゃったところ、勢観房（百万遍知恩院の開基）、念仏房（嵯峨往生院の開基）など仲間の方たちが、とんでもないことだと反論して、「どうして、師匠の法然聖人のご信心と善信房の信心とが同一であるはずがあろうか」といわれた。そこで、親鸞聖人は「法然聖人のお智慧や学問の広さに対して、私が同一であるというのなら、それは勘違いもはなはだしいでしょうが、浄土往生のためのご信心に関しては、まったく異なるものではありません。同一です。」とお返答なさったけれども、なお「どうしてそんな理屈があろうか」と疑いや非難が示されたので、最終的に、これは法然聖人の御前で、両者どちらが是か非か判定すべし、ということになって、論争の次第を詳しく申し上げたところ、法然聖人が仰せになるには、「源空（法然聖人）の信心も如来様からいただいたご信心である。善信房の信心も如来様からいただかれたご信心である。だから、同一です。私とちがった信心でいる人は、源空が

そのゆゑは、「善信が信心も、聖人の御信心も一つなり」と仰せの候ひければ、勢観房・念仏房なんど申す御同朋達、もつてのほかにあらそひたまひて、「いかでか聖人の御信心に善信房の信心、一つにはあるべきぞ」と候ひければ、「聖人の御智慧・才覚ひろくおはしますに、一つならんと申さばこそひがごとならめ。往生の信心においては、まつたく異なることなし、ただ一つなり」と御返答ありけれども、なほ「いかでかその義あらん」といふ疑難ありければ、詮ずるところ、聖人の御まへにて自他の是非を定むべきにて、この子細を申しあげければ、法然聖人の仰せには、「源空が信心も、如来よりたまはりたる信心なり。善信房の信心も、如来よりたまはらせたまひたる信心なり。さればただ一つなり。別の信心にておはしまさんひとは、源空がまゐらんずる浄土へは、よもまゐらせたまひ候はじ」と仰せ候ひしかば、当時の一向専修のひとびとのなかにも、親鸞の御信心に一つならぬ御ことも候ふらんとおぼえ候ふ。

行こうとする浄土へは、きっと行かれないでしょう。」ということであった。この、法然聖人と多数のお弟子の信心が異なった事実からして、ちかごろ、もっぱら念仏に励む人々のなかにも、私、親鸞のご信心と同一でない事態が生じていることもありえるであろうと思います。

賜りたるご信心

この段では、信心が同一でないという事態が法然聖人の弟子たちの間でも見られたことを述べています。これによって、親鸞聖人の弟子たちのなかにも聖人のご信心と同一でない（**親鸞の御信心に一つならぬ**）者が出てくることも、それは起こりうることというわけです。そして、智慧と学問の広さにおいてはちがっても、信心は同じであると、親鸞聖人は法然聖人との信心の同一を主張されました、と述べ、信心が違うと、同じところには往けない、ということを法然聖人みずからがおっしゃっていることもここに証拠として述べられて、親鸞聖人と法然聖人の信心が同じであることは、それが「如来様からいただいたご信心」（**如来よりたまはりたる信心**）であるからだ、ということ。そこがポイントであることが示されています。この点は、この『歎異抄』が一貫して繰り返してきたことでした。

(2) これまで述べてきたことは、どれもこれも、繰り言にすぎないけれども、書きつけてみました。露のようにはかない生命がわずかに枯草のような身体に残っているにす

いづれもいづれも繰り言にて候へども、書きつけ候ふなり。露命わづかに枯草の身にかかりて候ふほどにこそ、あひともなはしめたまふひとびとの御不審をもう

ぎないですけれど、今であれば、ご一緒できる同行の人のご不審についてお聞きすることもでき、また親鸞聖人の仰せられたみ教えの趣旨もお話しいたすこともできますけれども、私が眼を閉じたあとは、さぞかし、てんでんばらばらにみ教えをとりちがえていくことであろうと、歎かわしく思いますので、もしも、ここに挙げたような異義を主張する人たちに、言い惑わされるようなことがあるときには、亡き聖人がご自分の心にかなって用いられたお聖教などを、よくよくご覧になってくださいますように。およそ、お聖教には、真実を説いた部分と、方便として仮に説かれた部分とが混じり合っています。だから、方便の部分を捨てて真実の部分を取ることが聖人の御本意にかなうことです。よくよく注意して、お聖教の本意を見誤らないでください。そのために、いま証拠とすべき大切な証文を少しばかり抜き出して、真実を見分ける基準として、この書に添えておくことにします。

けたまはり、聖人の仰せの候ひし趣をも申しきかせまゐらせ候へども、閉眼ののちは、さこそしどけなきことどもにて候はんずらめと、歎き存じ候ひて、かくのごとくの義ども、仰せられあひ候ふひとびとにも、いひまよはされなんどせらるることの候はんときは、故聖人の御こころにあひかなひて御もちゐ候ふ御聖教どもを、よくよく御覧候ふべし。おほよそ聖教には、真実・権仮ともにあひまじはり候ふなり。権をすてて実をとり、仮をさしおきて真をもちゐるこそ、聖人の御本意にて候へ。かまへてかまへて、聖教をみ、みだらせたまふまじく候ふ。大切の証文ども、少々ぬきいでまゐらせ候うて、目やすにして、この書に添へまゐらせて候ふなり。

文意の二重構造

この段では、これまで同輩たちの疑問に答えてきたが、私、唯円房が亡き後は教えが乱れ、異義に惑わされることが予想され、歎かれる。そういう場合は、親鸞聖人が用いられた経典を学びの根拠にすること。そして、特に、経典には、真実と方便が書かれているから、そこを取り間違えないようにという配慮が必要であることが強調されています。お経文には「隠顕（おんけん）」といって、表の意味と裏の意味があって、それを読み違えると、文意を十分に理解したことにはなりません。真実の願と方便の願、真実を示すお経と方便を説くお経を仕分けていかれたのが親鸞聖人の思索の最大の特徴ですから、そこを見誤ると異義が出てしまいます。例えば、表には「除く」と書かれていても、裏の真意は「見捨てない」ということなのだ、といった具合です。このような文意のアヤを見逃さないことが大事です。

さて、ここでいう、「大切な証文」とは何なのか、ということがこの『歎異抄』の大問題です。この大切な証文が、第一章から第十章までの親鸞聖人の言葉ではないか、ということをおっしゃる先生もあるわけです。また、『歎異抄』は後で条の組み替えが行われたのではないかといわれるのも、ここの「いま証拠とすべき大切な文を少しばかり抜き出して、真実を見分ける基準として、この書に添えておくことにします。」（**大切な証文ども、少々ぬきいでまゐらせ候ふて、目やすにしてこの書に添へまゐらせて候ふなり。**）の文をどう読むかということにかかわっています。

このままで読むとすれば、大切な証文というのは、単純に、次の「聖人のつねのおおせ」の文ということになります。ここを考える以外に、大切な証文は他にないわけです。しかし、この大切な証文を「少々ぬきいでまゐらせ」てというのは、「少々」とありますから複数はあったのではないかということです。そうすると「聖人のつねのおおせ」というところで少々が尽きるのでは少なすぎるのではないか、もうちょっとあったのではないか、という疑問も湧いてきます。このように、『歎異抄』はいろいろな疑問が尽きないところがありますが、決着をつけるのは難しいと思います。

(3)聖人がつねにおっしゃっておられた言葉として、(a)「阿弥陀仏が五劫の長い間、思索された本願を、よくよく考えめぐらせてみると、それは、(イ)ひとえに親鸞一人を救うためでありました。そう考えると、(ロ)数知れぬ罪業を重ねた我が身であるのに、(ハ)助け救おうと思い立たれた阿弥陀仏の本願は、何とももったいないことであります。」とご述懐をなさったことを、いま改めて考えてみると、(b)このお言葉は、かの善導大師の「私自身は、現在、罪悪を重ねて輪廻する凡夫であり、しかもはるか遠い過去世から今まで、迷いの生存に沈んだまま流転し続けてきて、今後もさらに、この迷いの輪廻から脱れ出る機縁もない身である、と思い知るべきである。」という金言（『散善義』の二種深信の文）と、少しも相違しておりません。してみると、これは、もったいなくも親鸞聖人が御自身のことに引きよせて、私たちが、わが身の罪深く悪多い者であることに気づかず、まして如来のご恩の高いことも知らないで迷っているのを思い知らせようとなさってのことだったのです。

(c)まったく、如来様のご恩ということを忘れて、私も他人も、善いとか悪いとかということばかり言い合っていま

聖人のつねの仰せには、「弥陀の五劫思惟の願をよくよく案ずれば、ひとへに親鸞一人がためなりけり。さればそれほどの業をもちける身にてありけるを、たすけんとおぼしめしたちける本願のかたじけなさよ」と御述懐候ひしことを、いままた案ずるに、善導の「自身はこれ現に罪悪生死の凡夫、曠劫よりこのかたつねにしづみつねに流転して、出離の縁あることなき身としれ」といふ金言に、すこしもたがはせおはしまさず。さればかたじけなく、わが御身にひきかけて、われらが身の罪悪のふかきほどをもしらず、如来の御恩のたかきことをもしらずして迷へるを、おもひしらせんがためにて候ひけり。

まことに如来の御恩といふことをば沙汰なくして、われもひとも、よしあしといふことをのみ申しあへり。

すが、(d)親鸞聖人は、「私は善と悪の二つについて何も知りません。(e)なぜなら、如来様のおこころにおいて、善いとお思いになるほどに私が知りとおしていたならば、善を知っているといえます。また、如来様が悪いとお思いになるほどに私が知りとおしていたならば、悪を知っているといえましょうが、(f)わが身は煩悩をすべてそなえた凡夫であり、この世は、燃えさかる家のように無常ですから、すべてのことがみな、うそ・いつわりで何一つ真実はないのです。(g)しかし、ただ念仏だけが真実です。」とおっしゃっています。

聖人の仰せには、「善悪のふたつ、総じてもって存知せざるなり。そのゆゑは、如来の御こころに善しとおぼしめすほどにしりとほしたらばこそ、善きをしりたるにてもあらめ、如来の悪しとおぼしめすほどにしりとほしたらばこそ、悪しさをしりたるにてもあらめど、煩悩具足の凡夫、火宅無常の世界は、よろづのこと、みなもつてそらごとたはごと、まことあることなきに、ただ念仏のみぞまことにておはします」とこそ仰せは候ひしか。

最下の人の救いがすべての救い

ここの、「(3) 聖人のつねの仰せ」とは、

(a)阿弥陀仏が五劫の長い間、思索された本願を、よくよく考えめぐらせてみると、それは、(イ)ひとえに親鸞一人を救うためでありました。そう考えると、(ロ)数知れぬ罪業を重ねたわが身であるのに、(ハ)助け救おうと思い立たれた阿弥陀仏の本願は、何ともったいないことであります。

弥陀の五劫思惟の願をよくよく案ずれば、ひとへに親鸞一人がためなりけり。さればそれほどの業をもちける身にてありけるを、たすけんとおぼしめしたちける本願のかたじけなさよ

とおっしゃっていたということです。

五劫思惟の願、つまり四十八の願は、どれもが「(イ)ひとえに親鸞一人を救うため」ということです。これを文字通りに理解すると、四十八願を親鸞聖人が独り占めするように読めます。しかし、そんなことを聖人が思われて、そうおっしゃるわけはありません。ここに、「(ロ)数知れぬ罪業を重ねたわが身」（**そくばくの業をもちける身**）とあるように、自分の罪の重さを痛感しつつ、阿弥陀仏様の悲願は、罪の重い者にこそかけられている、といわんとしています。したがって、親鸞一人が救われるということをもって、すべての人が救われることになる、ということを示してくださっているのです。前にもいったように、阿弥陀仏様の願いは、

〝「極悪最下（ごくあくさいげ）」の衆生に、「極善最上（ごくぜんさいじょう）」の法を与えたいという本願〟

なので、ここで、「極悪最下の人」を「親鸞一人」とすることで、最悪の自分自身を基準にすれば、世の人々はすべて自分以上となり、すべての人は極善最上の法つまりお名号、南無阿弥陀仏によって救われる、ということを言おうとしているのです。

親鸞聖人の『正像末和讃』一五には、

正法の時機とおもへども
底下の凡愚となれる身は
清浄真実のこころなし
発菩提心いかがせん

と、「底下の凡愚（ていげのぼんぐ）」という表現があります。この他、「常没流転の凡愚」という表現も使われています。ふ

つう最低の人は「底」でしょうけれども、「底下」はそれよりさらに下ということですから、これ以下の下はないことを「底下の凡愚」というわけでしょう。そういう「底下の凡愚」さえも救って下さる本願ですから、「(a)…何とももったいないこと」（かたじけなさよ）とおっしゃるのです。

この箇所より後ろの所に「(b)**われらが、身の罪悪のふかきほどをもしらず、如来の御恩のたかきことをもしらずしてまよえる**」とあるのも、「罪悪の深きこと」を「極悪最下の凡愚」に、「如来の御恩の高きこと」を、「極善最上の法」ということばに対応させてみると分かりやすいでしょう。最下と最上という大切なことの両面がちっとも分かっていないのが私たち。それこそが実は底下の凡愚であることの実態なのですが、その自覚がないことがますます底下であることを証明する、ということがこれではっきりしますね。

そういうわけで、ここの「(イ)ひとえに親鸞一人を救うため」というのは、親鸞聖人がわが身に引き寄せておっしゃってくださっている。と同時に、ご自分でも実際わが身は最悪の、最低の存在だ、というふうに受け止める境地に至った、と表明されたということです。

身の哀しみ

ところで、『歎異抄』には、「身」という言葉が何度か出て来ます。たとえば第二条のところにも「**自余**(じょ)**の行をはげみて仏になるべかりける身**」とか「**いづれの行もをよびがたき身**」とありましたね。

それから、同じ第二条の終わりのところには、

「**詮**(せん)**ずるところ愚身**(ぐしん)**の信心にをきては、かくのごとし**」

とあります。いずれもわが「身」の危うさを述べています。

そういうわけで、煩悩に振り回されるわが「身」をひっさげて、成仏を実現するなどということは非常に難しいわけです。したがって、私たちは成仏の世界から極めて遠いところで生きている、というのが、阿弥陀仏様の視点からの「極悪最下の人」、「底下の凡愚」という指摘です。凡夫の私たちは、阿弥陀仏様の眼から見るとそのように見えるのですが、私たち自身にはまったくそれが分かっていない、自覚がない。ここが問題です。

第三条のところに

煩悩具足のわれらは、いづれの行にても生死をはなるることあるべからざるを、あはれみたまひて願をおこしたまふ本意、悪人成仏のため

煩悩が捨てられない私たちは、どんな修行をしても迷いを離れることなど望めませんので、それを憐れんで願いを発してくださったのですから、その本意は悪人を成仏させることにあります。

とありましたが、私たちは「煩悩具足の我ら」でありながら、煩悩具足という自覚もなく、さらに、「どんな修行をしても迷いを離れることができない」という危機感もなく善人のように振舞って過ごしています。

親鸞聖人は、自分は「(a)…数知れぬ罪業を重ねた我が身である」（**それほどの業をもちける身にてありける**）という自分の真の姿を、法然聖人のところに百か日通いながら気づいていかれました。それが第二条の「**いづれの行もをよびがたき身**」の自覚であり、それがそのままここで「**それほどの業をもちける身**」

といわれ、地獄に堕ちて当然、後悔することもできない我が身の事実として明かされているのです。

聖人のおっしゃる「罪業深重」――罪深さとか、悪の重さというのは、なかなかわれわれ現代人に理解しにくいことがらですが、しかし、視点を変えて、われわれが動植物に対してしていることを、される立場になって見てみたらこれは地獄ではないか、ということです。これはよくよく考えてみる必要がありますよね。ほかの動物の命を奪っている姿は、我々が地獄で鬼からされるといわれていることとそんなに変わったことではないのです。われわれは、生きていくために仕方がないと、理屈をつけて正当化してやっていること、すなわち、いのちあるものを煮たり焼いたりしているそのまんまが、される側からすれば地獄の沙汰なのです。そういうふうに考えると、地獄の光景というのは、われわれが日常していることの、されている側から見た写し絵である、ということになりましょう。「数知れぬ罪業を重ねた我が身」というのは、まったくそう考えると、納得のいくことではないでしょうか。

第十三条には「**「海・河に網をひき、釣をして、世をわたるものも、野山にししをかり、鳥をとりて、いのちをつぐともがらも、商ひをし、田畠をつくりて過ぐるひとも、ただおなじことなり」と。「さるべき業縁のもよほさば、いかなるふるまひもすべし」とこそ、聖人は仰せ候ひし**」

とありました。

「海や河に網を引き、釣りをして、生活する者も、野山に猪を狩り、鳥を取って、命をつなぐ者も、商いをし、田畑を耕して過ごす人も」とは、すべての職業を指していっているのです。職業をもって行うことがらというのは、みな種類は違っても、結局それは、罪作りなこと。罪悪深重の業すなわち〝罪業〟とならざるを得ないことがらではないでしょうか。だから職「業」です。罪業です。そこの自覚をもつか、もたないかは、私たちの側の問題で、阿弥陀仏様の目に映っている姿というのは、「**とても地獄は一定(いちじょう)す**

みかぞかし」（歎第二条）という、〝地獄が居場所の「身」〟といわなければならない状況にあるわけです。それがここの「(ロ)数知れぬ罪業を重ねたわが身」という自覚です。

そういう地獄が居場所の私たちを、

(ハ)助け救おうと思い立たれた阿弥陀仏の本願は、何とももったいないことであります。

たすけんとおぼしめしたちける本願のかたじけなさよ

阿弥陀仏の本願というのは、「弥陀成仏のこのかたは、いまに十劫をへたまへり」と『讃阿弥陀仏偈和讃』三にもありますように、十劫という遙か遠い昔からすでに成仏して、阿弥陀仏と成り、南無阿弥陀仏の名号を今日の私たちにまで届けている、というその本願のはたらきそのもののことです。この本願に出遇う機会が本願の側からすでに与えられている――。この事実が私たちに気づかれてこないと、「本願のかたじけなさよ」という思いには至らない。われわれが南無阿弥陀仏に出遇ったということは、そういう私たちを助けたいという本願が、十劫の昔から今日まで私の身の上にはたらきつづけている、ということを事実として示しているのです。そういう事実をもって、親鸞聖人は「たすけんとおぼしめしたちける本願のかたじけなさよ」と御述懐されるのです。

これは、親鸞聖人の御述懐ですが、他方、

(b)このお言葉は、かの善導大師の「私自身は、現在、罪悪を重ねて輪廻する凡夫であり、しかもはるか遠い過去世か

善導の「自身はこれ現に罪悪生死の凡夫、曠劫よりこのかたつねにしづみつねに流転して、出離の縁あるこ

ら今まで、迷いの生存に沈んだまま流転し続けてきて、今後もさらに、この迷いの輪廻から脱れ出る機縁もない身である、と思い知るべきである。」という金言と、少しも相違しておりません。

となき身としれ」（『散善義』）といふ金言に、すこしもたがはせおはしまさず

という〈機の深信〉で善導大師がおっしゃったことと全く相違しない。

「(ロ)それほどの業をもちける身にてありける」というのも、〈機の深信〉のことです。ここの「迷いの輪廻から脱れ出る機縁もない身である、と思い知るべきである」（出離の縁あることなき身としれ）という所と対応し、同じ意味を示しています。

それに対して、「(ハ)たすけんとおぼしめしたちける本願のかたじけなさよ」というのは、〈法の深信〉です。これは、「かの本願は、我々を摂取したもう、疑いなく、慮(おもんぱか)りなく、かの願に乗ずれば、真実報土の往生をとぐるなり」という、同じく善導大師の『散善義』の御言葉に対応しています。

また、そのあとの、「わが御身にひきかけて、われらが身の罪悪のふかきほどをもしらず」というのは、〈機の深信〉。「如来の御恩のたかきことをもしらず」というのが、〈法の深信〉です。

その〈機の深信〉、〈法の深信〉を私たちに知らせるのが親鸞聖人ご自身の反省のことばであったわけでしょう。

善悪を超えて

(c)まったく、如来様のご恩ということを忘れて、私も他の ――

まことに如来の御恩といふことをば沙汰なくして、わ

人も、善いとか悪いとかということばかり言い合っています。 —— **れもひとも、よしあしといふことをのみ申しあへり**

これは、異義の問題の根本を指摘しています。結局、恩という視点を持たず、善悪という世俗の道徳観念から脱け出すことができないところが、すべての異義の発生の根本原因なのでした。

また、これこそが、宗教と道徳との違いだろうと私は思うのです。「如来様の御恩」ということを思うのが宗教、「善し悪し」ということをいうのが道徳ですから、「(c)如来様のご恩ということを忘れて」（**如来の御恩といふことをば沙汰なくして**）ということは、宗教的な世界を知らないで、「私も他の人も、善いとか悪いとかということばかり言い合っています。」これは道徳の世界だけでものを考えているということです。

ところが、皮肉なことに善悪の問題は道徳の世界だけでは決着がつきません。

だから、聖人は、ここに、

(d)私は善と悪の二つについて何も知りません —— **聖人の仰せには、「善悪ふたつ、総じてもって存知せざるなり**

善悪の問題は私は知らない、とおっしゃいます。これは、道徳には限界があることの明言です。

(e)なぜなら、如来様のおこころにおいて、善いとお思いに —— **そのゆゑは、如来の御こころに善しとおぼしめすほど**

なるほどに知りとおしていたならば、善を知っているといえます。また、如来様が悪いとお思いになるほどに私が知りとおしていたならば、悪を知っているといえましょうが、

にしりとほしたらばこそ、善きをしりたるにてもあらめ、如来の悪しとおぼしめすほどにしりとほしたらばこそ、悪しさをしりたるにてもあらめど

道徳の世界は、善悪をよく知りとおしていなければ、判断の決着がつかないのです。だが、善悪の判断は、残念ながら、凡夫と無常という現実の前では限界を露呈します。そこのところを、

(f)わが身は煩悩をすべてそなえた凡夫であり、この世は、燃えさかる家のように無常ですから、すべてのことがみな、うそ・いつわりで何一つ真実はないのです。

煩悩具足の凡夫、火宅無常の世界は、よろづのこと、みなもつてそらごとたはごと、まことあることなき

善悪を見通せないという問題は、私たち人間には能力に限界があるということ。また「火宅無常」ということは、人間は世界の構造上は受け身であり、無常に振り回わされざるを得ない、ということです。だから、私たちの予知能力不足と、ある日突然変わってしまうというこの世の無常性と、この両方から、私たちは正しい善悪の判断ができない。したがって、百パーセント大丈夫ということはいえない。そこに「まことあることなき」という問題が出てきます。

そこで、

(g)しかし、ただ念仏だけが真実です

——ただ念仏のみぞまことにておわします

という結論が導かれます。

これは、念仏を称えて、仏様の大慈悲を念い、如来様の御恩ということに眼を開いていかなければどうにも善悪問題の決着はつけられないということでしょう。

ただし、私たちの道徳に基づく社会では、善悪に「まことあることなし」というと、道徳の全否定のように受け取られるかもしれませんが、これは、相対的で、限界があり、絶対的ではないことをいっているだけです。だいたい善悪の話は、絶対私が正しいとか、絶対あなたは間違っている、という話になりがちです。つまり、道徳だけが判断基準になっていくと、相対的でありながらも、対立し、お互いに譲れなくなり、絶対的な判断の様相を呈してきますね。

これを相対的なものに限定しておかないといけないので、宗教的な絶対性のもとで道徳を相対化する必要があります。道徳を相対化する装置がないと、相対的であるべき道徳が絶対化されてしまうのです。

よって、相対的だから道徳はダメだということではありません。道徳を全部否定して、道徳なしでこの世の中が回るかというと、それは回りません。だから、やっぱりこの世の中には、善悪はある程度必要なのです。善悪の判断はせざるをえないのです。けれども、それを絶対化しないで上手に用いていかないと、ほんとうの意味での、道徳の善さをこの世の中で機能させていくことは出来なくなりましょう。先ほどの「まこと」というのを宗教的な絶対指標とでも呼ぶとするならば、それによって、この私たちの道徳に基づく社会には絶対指標はない（ⓕまことあることなき）ことが明らかにされる。そうして、そういう絶対指標は、仏様のことを念うという念仏のところにおいて、仏様の目線で観るという視点を持ち、これによって私たちの見方の絶対化を常に回避する、とこういうふうに考えよう、ということです。したがって、「ただ念仏のみぞまことにておわします」というのは、「念仏」という、まことをもってこの世を相対化する、つまり、善悪には絶対に正しいということはないので常に譲り合わなければいけない、ということで、これがあってはじめて道徳が有効に機能する、と言おうとしている、と考えるべきです。

そこで再び、

(c)「如来の御恩といふことをば沙汰なくして、われもひとも、よしあしといふことをのみ申しあへり。」の文に返して考えてみると、「如来の御恩をば沙汰なくして」善悪を語るということは、してはいけないことです。善悪は最終的には如来様にお任せするべきだ、と唯円房はいうのです。それは、要するに、善悪を相対化するために、如来の御恩ということを「沙汰しろ」ということです。

如来様のご恩を忘れたとき、私たちは、自分の考えを絶対化していくわけです。そして、善悪の判断といいつつ、自分は常に善（正義）の側に立って、善人だと主張する。

如来様の御恩だというところで、道徳に対しても、私たちはかろうじて謙虚さを持ちうるわけです。私の方がまちがっているかもしれない——と。そういうふうに考えると、今後、私たちは、あらゆる場面において、恩恵を受けてこの世に生まれ、恩恵を受けてこの世を生きているという恩義の厳粛な事実を大事にしていかなくてはなりません。さまざまなところで受けている恩恵の総称として、「如来の御恩」とか、〈人間的な営みを超えた、大きな宇宙のあり方に支えられたいのち〉とか、そういうものとしての、宗教的な世界観が人間の沙汰の善悪を包括し、かつ、相対化するものとして大切にされるべきです。そうでないと、世の中は、次の世代に向けてうまく回っていかないのではないかという気がします。

「如来の御恩」という思想は、まさに、現在の私たちに自惚れるな、と警鐘を鳴らすものです。現代社会は、親子関係を比喩にして表現すると、子ども同士が力を合わせて生きていくという横の助け合いの倫理ですが、その子ども同士は親たち先人によって支えられているという縦の恩恵の倫理に支えられているのに、それが見落とされているといえないでしょうか。

　子どもを支える親のように、一段次元が高い視点から物事を観察するのが、宗教の世界です。同じレベルの子どもたちが連携して力を合わせて生きていくという、道徳のレベルを大きく包み込んでいくような次元を高くした宗教的世界を持たないと、道徳の世界の対立抗争は収めることができないのではないでしょうか。

(4) 本当に、私も他の人も、嘘ばかり言い合っているところがなにより痛ましいことといえましょう。どういうことかといえば、念仏を称(とな)えることについて、(a)信心の正しい在り方はどうか、互いに問答し、また、ほかの人に教え諭すことがあるが、その際に、(b)相手に一言も言わせないで、議論を打ち切ろうとして、まったく聖人がおっしゃっていないことまでも、聖人の仰せであると言い張ることでいます。(c)これは、実にあさましく、歎かわしいことと思っています。(d)どうか、このことはよく考え理解して、気をつけていただきたいところです。

まことに、われもひともそらごとをのみ申しあひ候ふなかに、ひとつのいたましきことの候ふなり。そのゆゑは、念仏申すについて、信心の趣をもたがひに問答し、ひとにもいひきかするとき、ひとの口をふさぎ、相論(そうろん)をたたんがために、まったく仰せにてなきことをも仰せとのみ申すこと、あさましく歎き存じ候ふなり。このむねをよくよくおもひとき、こころえらるべきことに候ふ。

議論を尽くそう

「私も他の人も、嘘ばかり言い合っている」――まったく仰せにないことまでも仰せと言い張る。これこそ異義の発生の根本でしょう。議論に負けたくない、という〝勝他〟の感情が優先し、何が正しいかが後回しになる。そして、

(a)信心の正しい在り方はどうか、互いに問答し、また、ほかの人に教え諭すことがある ―― 信心の趣をもたがひに問答し、ひとにもいひきかするとき

そのときにも、

(b)相手に一言も言わせないで、議論を打ち切ろうとして、まったく聖人がおっしゃっていないことまでも、聖人の仰せであると言い張る ―― ひとの口をふさぎ、相論をたたんがために、まったく仰せにてなきことをも仰せとのみ申すこと

ことがあった。

相手の意見に耳を傾け、受け入れようとしないで、お互いに問答し合うことさえも断って、論議をたたかわせることとさえ拒絶する。そして、問答無用と、反論を拒否した、ということでしょう。

相手から、質問されることをも、あるいは非難されることをも嫌って、これは、親鸞聖人のおっしゃったことだから、あなたがとやかく言ってもしょうがないんだよ、というような言い方で、親鸞聖人を権威

にして相手を押さえ込んでしまうというようなことがあったのでしょう。権威に寄りかかってものをいう場合は、しばしばそういう暴言になります。親鸞聖人のおっしゃったことは、絶対である、とか、もう間違いはない、という言い方で、実は、自分の考えをそこに忍ばせてしまうのです。だから、相手に一言も反論させないで、そういうものを封じ込めようとする。そんな状況が現れていたのです。議論を許さない。それは今日でも権力者にありがちな態度です。ここからは、真の正義が後退してしまいます。心すべきところですね。

(c)これは、実にあさましく、歎かわしいこと――あさましく歎き存じ候ふ

「異を歎く」というのは、相手を批判することではなくて、歎かわしいといっているだけですから、まあ、自分はこういうふうに思うのだけれども、と、ちがった考え方の人をも許している態度ですね。自分のいっていることが正しい、ということを、相手に押しつけていっているわけではないのです。ここが『歎異抄』の奥ゆかしいところです。「仰せにあらざること」を仰せということは、差し控えたいという思いから、親鸞聖人のお言葉を、できるだけ忠実に伝えたつもりだ、ということです。

『歎異抄』のいちばん最初の序文にある「**先師の口伝**」(口伝えに伝えられたことがら)が、ここでは「仰せ」ということばになっているわけですが、その聖人の仰せに従っていない、ということが問題で、ここから異義は発生するというのです。

「先師の口伝の真信に異なる」、あるいは、「後学相続の疑惑がある」。相続を心掛けていないこと。それが、「聖人がおっしゃっていないこと」(**仰せにてなきこと**)をいってしまう、という態度になるのです。

(d)どうか、このことはよく考え理解して、気をつけていただきたいところです。

このむねをよくよくおもひとき、こころえらるべきことに候ふ。

唯円房の希望は「よく考え理解して、気をつけていただきたい」ということです。著者の気持ちをそこまでにとどめ、この『歎異抄』を締めくくるのです。

そして、そのあとは、『歎異抄』制作の経緯をつづっています。

(5) (a)これまで述べたことは、もとより私個人の勝手な見解ではないけれども、私自身は、何ぶんにも、(b)経典や注釈書の論理もよく知らず、また教義を説いた文の浅い深いを理解しているとはいえないので、(c)きっとおかしいことを述べていると思われるけれども、(d)亡き親鸞聖人のおっしゃった御趣旨の百分の一ほど、ほんの少し思い出したものをちょっとばかり書きつけたつもりです。

これさらにわたくしのことばにあらずといへども、経釈の往く路もしらず、法文（ほうもん）の浅深（せんじん）をこころえわけたることも候はねば、さだめてをかしきことにてこそ候はめども、古親鸞（こしんらん）の仰せごと候ひし趣、百分が一つ（ひと）、かたはしばかりをもおもひいでまゐらせて、書きつけ候ふなり。

『歎異抄』制作の経緯

ここでは、最後に『歎異抄』を自分が作成することへの謙遜の気持ちを述べています。

(a)これまで述べたことは、もとより私個人の勝手な見解ではないけれども

と、あくまで親鸞聖人のお言葉に基づく歎異であるとします。だから、

(c)きっとおかしいことを述べていると思われるけれども

と、どこまでもへりくだった姿勢を貫いています。

なぜなら、自分は、

(b)経典や注釈書の論理もよく知らず、また、教義を説いた文の浅い深いを理解しているとはいえないので

と愚かさに徹して、このような書物を著す資格はないのです、という。

そういうわけで

(d)亡き親鸞聖人のおっしゃった御趣旨の百分の一ほど、ほんの少し思い出したものをちょっとばかり書きつけたつもりです。

これさらに、わたくしのことばにあらずといふとも

さだめてをかしきことにてこそ候はめども

経釈の往く路もしらず、法文(ほうもん)の浅深(せんじん)をこころえわけたることも候はねば、

古親鸞の仰せごと候ひし趣、百分が一つ、かたはしばかりをもおもひいでまゐらせて、書きつけ候ふなり。

これは、いちばん最初の序文のところの「耳の底に留まるところ、」ということと同じ趣旨でしょう。自分の心のなかに刻まれていたことを思い出して書きました、ということです。

ここまでが、この『歎異抄』制作についての経緯です。

これから後は、『歎異抄』を書いた作者の切なる願いがを述べられています。

かなしきかなや、さいはひに念仏しながら、直に報土に生れずして、辺地に宿をとらんこと。一室(いちしつ)の行者(ぎょうじゃ)のなかに、信心異なることなからんために、なくなく筆を染めてこれをしるす。なづけて『歎異抄』といふべし。外見(がいけん)あるべからず。

（6）(イ)せっかく念仏を称えるという幸いなる身になりながら、この身を終えたとき、ただちに真実の浄土へ生まれないで、浄土の片隅に宿を取るとしたら、それは、まことに悲しいことです。(ロ)同室のよしみを結んでともに念仏を称えるご縁をいただいた人々のなかで、信心の異なる人が出ないようにと念願し、泣く泣く、筆をとって書きしるした次第です。この書は名づけて「歎異抄」といたしましょう。しかし、公にするようなものではありませんよ。

作者の願い

かなしきかなや、さいはひに念仏しながら、直に報土に生れずして、辺地に宿をとらんこと。

（6）(イ)せっかく念仏を称えるという幸いなる身になりながら、この身を終えたとき、ただちに真実の浄土へ生まれないで、浄土の片隅に宿を取るとしたら、それは、まことに悲しいことです。

同じ念仏をいただきながら、念仏の意味を取り違えて、真実報土に生まれずして、浄土の片隅（辺地）に往ってしまうなんて、とても残念だ、というのです。

真実報土に生まれるのは、他力の念仏をいただくからですが、辺地に往くのは、自力（自分の努力）を手柄にして念仏を称えようとするからです。どうしても、自分中心の思いがなくならないし、自我の執心（しゅうしん）が捨てられず、おまかせができないから、辺地に宿をとることになるのです。

真実報土は、絶対他力の第十八願に相応するのですが、辺地の往生は、自力の第二十願、方便の願に留まるからです。

(ロ)同室のよしみを結んでともに念仏を称えるご縁をいただいた人々のなかで、信心の異なる人が出ないようにと念願し、泣く泣く筆をとって書きしるした

一室の行者のなかに、信心の異なることなからんために、なくなく筆を染めてこれをしるす

信心を取り違えて方便に留まらないように、と、すでに取り違えてしまった人のことを歎き、早く真実の信心に気づくようにと願っているのです。

信心の異なる、異ならない、のポイントは、やっぱり、「回向」の理解ということです。阿弥陀如来様が「施したもう」ところに回向があるということで、自分が善根を積んで回向するのではない。このこと

が、分からなくなってしまうと、自力の念仏になるのです。自分の努力で念仏することになる。善人意識が捨てられていない。

だから、くれぐれも信心を取り違えることのないようにお願いしますよ、という作者の切なる願いです。第六条の親鸞聖人のお言葉の中にも、「如来の御はからい」によって、念仏するのだから、「親鸞は弟子一人ももたずそうろう」ということが強調されていましたね。そして、

「弥陀の御もよほしにあずかって念仏申し候ふひとを、わが弟子と申すこと、きわめたる荒涼のことなり」と、如来様の御もよほしにあずかってはじめて念仏は申されるのである、ということです。そして、

「如来よりたまはりたる信心を、わがものがほに、とりかえさんと申すにや」（第六条）

「わがものがほ」というのは第二十願に堕した姿です。我がものにすると、他力を否定することになります。あくまで、「如来よりたまはりたる信心」だ、と頂いていただいていくのが、「他力廻向の信心」です。

それが、一番の基本なのですが、「一室の行者のなかに」（同じ流れをくむ一門の部屋の中に）居るものが、そのような「わがものがほ」の間違った信心になってしまうことは返す返す残念だというのです。

歎異抄というべし

最後の最後にも、信心は、他力廻向の信心だということを、取り間違えてしまうことがないようにと、くり返し書き綴ってみたが、

> なづけて『歎異抄』というべし。外見あるべからず

この書は名づけて歎異抄といたしましょう。しかし、公にするようなものではありませんよ。

ということでございますと、唯円房のまことに謙虚な姿勢が示されています。お念仏のご縁を恵まれた〝同朋〟としてご信心が異なることがないように。それによって往かせてもらうお浄土が違わないように。ただそれだけを願ってこの歎異抄が編まれたということです。

さらに、これは、人目にさらすようなものではありません（外見あるべからず）、とさらに謙譲をもって筆を擱いています。これは、冒頭の「ひそかに愚案をめぐらして」の「ひそかに」という心持とも蓋函一致して、深い内省の人を思わしめるところがあります。

第六部の付記は、よくいわれているところの、御流罪に関する記録を書き残したものです。『教行信証』最後の化身土巻の終わりのところにありますご文とほぼ同じ内容で、流罪者死罪者の名前を付して記したものです。

『教行信証』では、

「主上臣下、法に背き義に違し、忿りを成し怨みを結ぶ。これによりて、真宗興隆の大祖源空法師ならびに門徒数輩、罪科を考へず、猥りがはしく死罪に坐す。あるいは僧儀を改めて姓名を賜うて遠流に処す。」

（『聖典』四七一頁）

とあります。「法に背き、義に違し」と当時の政権の横暴がいかに、真実にはずれたものであったかを述べています。親鸞聖人にとって、これほどの理不尽なことはなかったので、書き残しておこうとされたものと思われます。唯円房においても、このことは看過できなかったので、実名をあげて再掲したものと思われます。

他力回向の信心ということ

ここで、まとめとして親鸞聖人のみ教えの要である「信心」について改めて概説しておくことにしましょう。

親鸞聖人の「信心」は他力廻向を特徴とします。このことを改めて、『教行信証』の信巻の「三心釈」（『聖典』二三一頁以下）から明らかにしておきましょう。三心釈とは、至心釈と信楽釈と欲生釈の三つの解釈です。

まず、「至心釈」でありますが、そこには

「如来の至心をもって、諸有の一切煩悩悪業邪智の群生海に廻施したまえり。」

と出てきます。

それから「信楽釈」（『聖典』二三五頁）には、

「如来、苦悩の群生海を悲憐して、無礙広大の浄信をもって諸有海に廻施したまへり。」

とあり、そして「欲生釈」は、

「利他真実の欲生心をもって諸有海に廻施したまへり」（『聖典』二四一頁）

となっています。

いずれも、この三心は、阿弥陀仏が至心、信楽、欲生心を、群生海、諸有海に「廻施したもう」たのです。ですから、他力廻向、つまり、阿弥陀仏様の側からはたらいて、私たちに、善根功徳を届けて下さっている、「廻施したもう」ている、ということです。

この「三心釈」のところに書かれていることは、むかしから、機無、圓成、廻施、と言われています。

“機無”とは、機根が無いつまり、我々凡夫の側にはさとりを開く能力がない、ということ。なので、何とかしてやろうと、阿弥陀仏が善根功徳を〝圓成〟なさった。そして、その徳を阿弥陀仏様の方から、我々の側に〝廻施〟してくださっているということです。機（私たち）が全然もっていない至心、信楽、欲生の三心、その徳を円かに完成して、それを私たちに与えてくださっているということ。

親鸞聖人の言葉に即してみていくと、「欲生心」のところに、「真実の回向心なし、清浄の回向心なし」（『聖典』二四一頁）という、この「なし」というのが、〝機無〟です。また、「このゆえに如来、一切苦悩の群生海を矜哀して、菩薩の行を行じ」て「大悲心を成就することを得たまえるがゆえに」（『聖典』二四一頁）。これが、〝圓成〟です。大悲心の成就です。そして、それをそのまま「利他真実の欲生心」として、「諸有海に廻施したまえり」（『聖典』二四一頁）、これが〝廻施〟。これは「回向」と同義です。

「諸有海」というのは、私たちの機の全体を海で表現しているのです。有とは迷いの意味。

このように、欲生釈は、「機無、圓成、廻施」になっていますが、信楽釈のところもそうなっているし、至心釈のところも、そうなっています。

この三心は、一つにまとめれば、まん中の「信楽」におさめられて、それを「世親菩薩」が『浄土論』に、「世尊我一心、帰命尽十方無碍光如来、願生安楽国」と、「世尊よ。われ一心に」、と論の冒頭におっしゃっていますから、それで、親鸞聖人は至心、信楽、欲生の三心は一心にまとめられる。それは信楽の一心が、回向の信心を表す、と結論づけられたのです。

それは、どうしてわかるかというと、『大無量寿経』の下巻のところに、第十八願の成就文があるわけですが、その第十八願の成就文のところに、「あらゆる衆生、その名号を聞きて、信心歓喜せんこと、乃至一念せん」（『聖典』四一頁）と書いてあり、「信心歓喜せんこと乃至一念せん」となっているのです。それで、第十八願は、この成就文で頂戴していけば、信心は「一念＝一心」と表現されているので回向された三心は信心の一心で受ける、ということです。

名号の回向

さて、その三心の回向は名号（南無阿弥陀仏）の回向によって行なわれるのでした。

『仏説無量寿経』下巻にある、

「十方恒沙の諸仏如来は、みなともに無量寿仏の威神功徳の不可思議なるを讃歎したまふ。」（『聖典』四一頁）

という文は、第十七願の成就文といわれるものですが、これは、直接的には名号の威神功徳を讃嘆しているのです。

法蔵菩薩の四十八の願いの中の第十七願は、

「たとひわれ仏を得たらんに、十方世界の無量の諸仏、ことごとく咨嗟（ししゃ）して、わが名を称せずは、正覚を取らじ」（『聖典』一八頁）

となっていました。

「咨嗟する」というのは、「ほめる」こと。ほめて、私の名前を称えるようにしてもらいたい、という願いです。「咨嗟する」は第十七願成就文の、「讃歎する」と同じです。

第十七願では、法蔵菩薩が自分のこととして、言っているので「わが名」となっているのですが、成就文の方は、諸仏如来の側から見るので、阿弥陀仏様は「威神功徳の不可思議なる」姿として見え、それを讃嘆することで阿弥陀仏の名が広がっていく。つまり、南無阿弥陀仏が称えられていくのです。そして、あらゆる衆生がその名号を聞くわけです。

その結果、「あらゆる衆生、その名号を聞きて、信心歓喜せんこと乃至一念せん。至心に回向したまえり。かの国に生まれんと願ずれば、すなわち往生を得、不退転に住せん。ただ五逆と正法を誹謗するものとをば除く」（『聖典』四一頁）と。第十八願が成就したのです。

「たとひわれ仏を得たらんに、十方の衆生、至心信楽して、わが国に生ぜんと欲ひて、乃至十念せん。もし生ぜずは、正覚を取らじ。ただ五逆と誹謗正法とをば除く。」（『聖典』一八頁）

という第十八願が阿弥陀仏の徳を讃嘆する諸仏如来のはたらきを通して、あらゆる衆生に伝わり、その名号を聞いたものが信心歓喜するのです。

無上正真の道

こうして信心歓喜したところで第十八願が成就するのです。そしてその衆生は、「無上正真の道に立つ」のです。

この「無上正真の道」という言葉は『無量寿経』の中に、三回出て来ることは、すでに指摘しましたが、改めて申しますと、まずは、法蔵菩薩の発心のところ。

「時に国王ありき。仏（世自在王仏）の説法を聞きて、心に悦予を懐く。すなわち無上正真道の意を発す。」（『聖典』一一頁）

「時に国王ありき」というのは、法蔵菩薩のことです。

世自在王仏の説法を聞いて、法蔵菩薩であった国王は、心に悦予を懐いて、無上正真道の意を発したのです。

次には、第二十二願（還相回向の願）に、浄土に往生した者は、一生補処に至らせると誓われているのですが、その中に一生補処から「除かれる人」の説明文中です。

「弘誓の鎧を被て、徳本を積累し、一切を度脱し、諸仏の国に遊んで、菩薩の行を修し、十方の諸仏如来を供養し、恒沙無量の衆生を開化して無上正真の道を立せしめんをば除く。」（『聖典』一九頁）

還相回向の菩薩が、恒沙無量の衆生を導いて、無上正真の道に立せしめる。つまり、往生した者が、無上正真の道から外れないように衆生を護って下さる、ということです。

つまり、還相回向して、この世に戻る志の菩薩は一生補処に居らず諸の国に出て行って衆生を無上正真の道に立せしめるはたらきをするわけです。

最後は、法蔵菩薩が、四十八の願を建て終わって、『重誓偈』を述べて、そのあとに「兆載永劫」の修行をするところで、

「無数の衆生を教化して安立して、無上正真の道に住せしむ」（『聖典』二七頁）とあります。

最初は、「無上正真道の意を発す」というのでした。第二十二願は、「無上正真の道に立たせる」でした。そして、ここでは、「無上正真の道に住せしむ」、そこにずっと留まらせる、とあります。

したがって、私たちが信心を頂くということは、私たちがまず、法蔵菩薩の発心のように、「無上正真の道」に向かって心を起こし、そういう心に立脚させてもらって、そして、そういう心に立ち続けるように、住せしめられるということです。これがまさしく「往生極楽の道」ということです。

私たちがさとりの世界に向かっていくとき、どこかで方向性を見失ったり、外れてしまったりしないように、阿弥陀仏様のはたらきは、私たちを導いてくれるのだということです。

そういうものとして、信心が我々に回向されているということです。

浄土真宗のご信心はそういう信心です。ですから、自分で作り上げる信心ではありません。賜りものとして頂いていくときに、おのずから、その道に立ち留まらせて、お浄土へと誘引され、真実報土に生まれていくように仕向けられる、ということです。そこのご信心を取り間違えると、〝自力の信心〟になってしまいます。心したいものですね。

終わりに

最後に、もう一度私の思いを述べさせていただきます。

親鸞聖人のみ教えというのは、人間を超えた、「如来の御もよほし」という、仏様のはたらきに出遇っていく宗教だと思います。

人間を超えたはたらきに出遇っていくという体験を実感しないと、結局、教えが生きていく上での力にならないと思います。よりどころにならないということです。

思想とか、考え方というのは、あくまでも理知的なもので、それは、私たち人間の理解力の及ぶ範囲での事柄になってしまいます。人間の理解力を超えたところのはたらきに促されていくという実感がないと、宗教的な超越的体験にならないのではないでしょうか。

これまで、仏教学者は増えたけれども、仏教が滅びていく、といわれるのは何故か、というと、それは、思想とか、教義の話ばっかりになって、結局、宗教的体験が語られていないからだと私は思います。一人ひとりの人間の仏教に関する語りが、人々に力をおこし、奮い立たせていくものになっていないのです。つまり、生活に根ざしたものでなくなっている。理屈だけでは人生は乗り越えられません。

当然、理屈もなければ、宗教になりませんけれども、理屈もありながら、もうひとつ、儀礼というものが必ずあるところが宗教の特質です。教えを手掛かりにしながらも、それをもっと超えた、大きなものに出遇っていくには、儀礼とか、聖なる場とか、そういうものがもっている目に見えない何かが必要です。

そういう、人間の思想とか、観念を越えた何かの不思議な力というものを、我々がきちっと評価していかないと、宗教にならないと思うのです。

ですから、み教えを聞くといっても、文化センターで聞くのと、ご本尊のある本堂で聞くのとでは、まったく質が違うのだと我々は承知しておく必要があると思うのです。場のもっている力というものを、我々は軽視してはいけないのです。また、そういう儀礼、親鸞聖人のみ教えで言うならば、「五正行」をもっと重視すべきです。

「読誦、観察、礼拝、称名、讃嘆供養」の4番目の称名をもって、正定業というわけですけれども、前の三（読誦、観察、礼拝）、後の一（讃嘆供養）の四つの助業も重要ではないでしょうか。

もちろん、覚りを開くための、一番の行いは「称名」、つまり南無阿弥陀仏を称えることです。けれども、その他の助業というもの、読誦するとか、観察するとか、礼拝するとか、讃嘆供養するということは儀式の中に含まれているのですが、これも重要な宗教的要素です。これらの助業が称名を誘っていく。誘発していくものになっているので、そういうものなしには浄土真宗は宗教としては捉えられないはずです。そのところを、近代は、教義に傾きすぎて、その教義も、人間親鸞のような、人間論として考えたために、結局人間を超えた如来様のはたらきというところまで語られていないのではないでしょうか。

お寺という場あるいはお仏壇という場と、そこで行われる儀礼というものがもっている宗教的力、そこから人間は人間を超えた如来様のはたらきというものを感じて、その感じた如来様のはたらきが、最終的に、称名念仏というものに集約していけば、み教えと儀礼がきちっと収まって、確たる宗教になっていくと私は思います。たしかに、どこでも念仏は称えられるのだけれども、しかし、念仏をいただくための器なくしては、中身の念仏は捉えられないのです。儀礼は器ではないでしょうか。

すでに述べたように、私たちは、みかんは欲しいけれども、みかんの皮はいりません、というわけにはいかないし、皮のないみかんからみかんのジュースは作られていないのです。よって、助業なくして正定業はない、といわねばなりません。どちらが大事だといわれれば、もちろん正定業が大事な中味ですけれども。念仏を中心に置いて、助業という器、読誦（お経を読む）とか、観察する（目に見えないものを見えるがごとくに荘厳していく）とか、手を合わせて拝む（礼拝）とか、信境を述べ合う（讃嘆供養）とかということを、もっと活かしていかないと、教えが十分に伝わっていかない気がします。

そういう意味で、私たちはお念仏に出遇っていくということはどういうことなのか、お念仏はどういう形で私たちのところまで伝わってきたのか、とまず最初に疑問を持つときに、ただ、単に書物からお念仏が伝わってきたのでなくて、お念仏を現実に相続している場所というものが伝統的にあって、そういう場を通して今日まで伝えられて来ているというところをはずしたら、現実生活の上にはたらいている南無阿弥陀仏というはたらきが見えなくなってしまいます。抽象的な観念の中だけの南無阿弥陀仏になってしまうと思います。

善知識をはじめ、諸仏が阿弥陀仏をほめたたえるという、御讃嘆のお念仏から伝承されていく南無阿弥陀仏のはたらきというものを直接、肌で頂いていくことがないと、書物の中だけの南無阿弥陀仏では、実際に我々が生きていくときの力になる南無阿弥陀仏にならないというのが、私の最近の痛切なる思いです。

ですから、南無阿弥陀仏はどこから来たのかというと、蓮如上人が領解文において言われたように、「ご開山聖人ご出世の御恩」からはじまって、「次第相承の善知識の、浅からざる御勧化の御恩」ということが現実にあり、それを謹んで頂いていくということでないと、親鸞聖人のみ教えも抽象的なものに留まってしまうとつくづく思っています。

とにかく、お念仏は、だまされてもいいから称えごらんなさい、というお勧めをいただくところから始まるし、私たちのお話しだけでは、阿弥陀仏様のお慈悲は私たちが充分にお取り次ぎができるとも思いませんから、一度、とにかく、お仏壇に手を合わせなさい、とか、お寺の本堂にお参りしてくださいとか、本堂の阿弥陀仏様の前に座ったら、そこから何か気づかされるものがあるでしょう、という、場所とか儀礼とか、代々の人たちがそこで仏様に接してきたところのものが持っている目に見えない伝統の不思議なおはたらきというものに、もっともっと気を配っていく必要があると思っているところです。

最後に我が恩師の早島鏡正師の素晴らしい一文を抜萃で申し訳ありませんが、添えさせていただきましょう。先師の口伝の相続という意味も籠めて――。

1　いかにして一味の信心を得るか

『歎異抄』を結ぶ「後序」の文章は、唯円自身も語っているように、老いのくりごとにふさわしく、懇切を極めている。略　末尾の「一室の行者のなかに信心ことなることなからんために、なく〱ふでをそめてこれをしるす」の言葉は、彼、唯円の願いを余すところなく披瀝している。親鸞を師と仰ぐ同じ念仏者たちのなかで、異端の道を辿る人々を見るにしのびなかったのである。師弟が一味の信心に安住することこそ、師の願いであり、弟子の願いに他ならない。唯円が、師の言葉を中心として、念仏の本義を明らかにすることができたのも、異端の友が存在していたからである。師の願いをその心とした唯円であってみれば、異端の友こそ、自己の善知識でなければならなかったろう。こうして、唯円が記した『歎異抄』

は、異端に対する歎きであるとともに、彼自身に対する歎きでもあった。つまり、ともすれば如来の真実に背き、師の教えにたがいがちな自分と知った歎きである。この自他の歎異は、伝統に生きることへの歎きでもある。だから、唯円は「後序」のなかで、師の亡きあとのよりどころは、師の言葉であり、師の心にかなった聖教であると告げている。　略　一味の信心に生きるためには、自他の歎異が媒介とならねばならない。

各自が伝統のなかにおりながら、伝統を超えて行こうとするところに生ずる苦悩の一つが、自他の歎異である。およそ、歎異の世界は、真実の前に立たされた者においてのみ、打ち開かれている世界である。歎異は真実の開顕に連続する。　略

2　道を信じ、得道の者を信じる

明治時代の中頃、わが国の思想界において、精神主義を唱えた清沢満之は、親鸞の他力を、われわれ現代人の知性にわかるように解明してくれた人であった。彼のおかげで、『歎異抄』が広く一般人の心の糧となった。とくに、高等学校の生徒たちの間における愛読書の一つとなり、こうした風潮のなかから、倉田百三の『出家とその弟子』が生まれたのである。満之が亡くなる三年前にお弟子たちと起居を共にして、人々の教化につとめられた住居は、東京の本郷にあった浩々洞であった。

あるとき、一人の病人が浩々洞を訪ねてきて、彼に教えを仰いだ。

「先生、商売をしていますと、どうしてもうそをつきますが」

「うそをやめたらよい」

「うそをつかねば商売はできません」

「商売をやめたらよい」

「商売をやめたら、死ななければなりません」

「死んだらよい」

「先生、死ぬことを覚悟するなら、なんでもできますね」

「そうだ。死ぬことを覚悟せずに、なにができるか」

この対話のなかに流れているものは、親鸞の宿業観であろう。自分の心で、善だ悪だと考えてみたところで、所詮、はからいにすぎない。　略

如来の願力にまかせきるところに、死んでもよし、死ななくてもよい世界が開かれるのである。

満之は明治三十六年、四十歳をもって病死した。絶筆となった「わが信念」のなかで、「なぜ、わたしは如来を信ずるのか」という理由を書いている。　略　彼は、阿弥陀如来を次の三つの特性から説明する。

一つ、如来はわたしにたいする無限の慈悲である。わたしの煩悶苦悩が払い去られるから。

二つ、如来はわたしにたいする無限の智慧である。わたしのはからいや知性の役立たないことを知らしめる智慧の究極であるから。

三つ、如来はわたしにたいする無限の能力である。自力無功と知らされたわたしを、わたしたらしめる能力の根本本体であるから。

ここで、「わたしたらしめる」というのは、虚心平気に、善悪、幸不幸の世界に生きるところの、真実の自己を実現させるということである。

このように述べた満之は、「わたしは、この如来を信ぜずしては、生きてもおられず、死んでいくこともできない」と告白し、「如来とは信ぜざるを得ざるもの」と呼んで、この論文を結んでいる。この信念こそ、師法然の確信を自らの確信とした、「たゞ念仏して弥陀にたすけられまひらすべし」（『歎異抄』第二章）という、親鸞の表明と同一である。

親鸞が七高僧の一人として尊敬している曇鸞は、その著『往生論註』（巻の下）のなかで、言う。

　豈これ如来、本願を満たしたまへるに非ずや。仏願に乗ずるを、わが命となす。

また、このように力説している。

　愚かなるかな。後の学者、他力の乗ずべきことを聞いて、まさに信心を生ずべし。みずから局分（はからい）することなかれ。

『歎異抄』には、二箇所にわたって「本願に相応する」の言葉が使われている。

本願に相応して実報土に往生するなり（第十一章）

本願に相応して念仏するひと（第十二章）

これは、如来の真実のお心にかなっていくということで、かの曇鸞の「仏願に乗ずるを、わが命となす」に当たるし、また満之の「虚心平気にこの世を生き抜く」ということと同じである。略

けだし、『歎異抄』は、次のことをわれわれに教えているようである。

「信じるということは、顕示されている真実の道を信じることだけでなく、さらに、その真実の道にかない相応していく得道の者をも信じることである」と。（『早島鏡正著作集11』「歎異抄」二五六―二六三頁）

得道の者が仏道を学んだ場、生きた人生そのものを抜きにしては、信じることは成立しないということでしょう。それは、その人を諸仏の一人として見出していくことでもありましょう。まちがいなく、その人は、阿弥陀仏の名号を讃嘆し、私にそれを届けて下さった人であった――と。

あとがき

本書は、前書きにおいても述べたように、さまざまなご縁が積み重なって、ようやくこの度、出版の運びとなったのですが、中でも種々お世話になりながら、約束を果たせず今日に至った、山喜房佛書林前社長の故浅地康平氏に、なんとしても約束を果たさねばという想いの中からの出版です。氏のご存命中に出版できなかったことは、なんとも悔やまれることです。そして、筆者とほぼ同世代の山喜房佛書林社長吉山利博氏にも若い時から親しく接していただいて、浅地社長に果たせなかった約束を吉山社長の下で、この度、是非お願いしたいと、ご相談いたし、快くお引き受けくださって、時間の限られた中、ご無理をいいつつ、作業を進めていたところでしたが、突然の出来事に私は茫然自失でした。しかし、この作業を継続してもよろしいと、浅地美稲前社長夫人からの温かいご配慮をいただき、ようやくここに日の目を見ることとなりました。まことに皆々様の目に見えないところでのお支えの賜物でございます。特に、度重なる校正並びに装丁について温かいご理解とご支援ご協力を惜しまれなかった長野印刷株式会社の竹村賢祐氏に厚く御礼申し上げます。

令和三年十月

田中教照識

著者略歴

田中教照（たなか　きょうしょう）

昭和46年　東京大学文学部インド哲学・梵文学科卒業
昭和51年　東京大学インド哲学・梵文学専修博士課程退学
昭和51年　武蔵野大学講師
平成30年　武蔵野大学教授退職
令和３年　武蔵野大学名誉教授

著作

親鸞　日本人のこころの言葉	創元社	2011
仏教最前線の課題（共著）	武蔵野大学出版会	2009
仏は叫んでいる	武蔵野大学出版会	2008
歎異抄－21世紀の指針として－	世界聖典刊行協会	2000
親鸞の宗教	山喜房佛書林	1998
浄土真宗の学び方	教育新潮社	1989

現代文「歎異抄」に学ぶ　親鸞の教え

2021年10月14日　初版発行

著　者　©田　中　教　照

発行所　株式会社　山　喜　房　佛　書　林
〒113-0033　東京都文京区本郷 5-28-5
電話 03-3811-5361 FAX 03-3815-5554

ISBN978-4-7963-0494-8　C1015

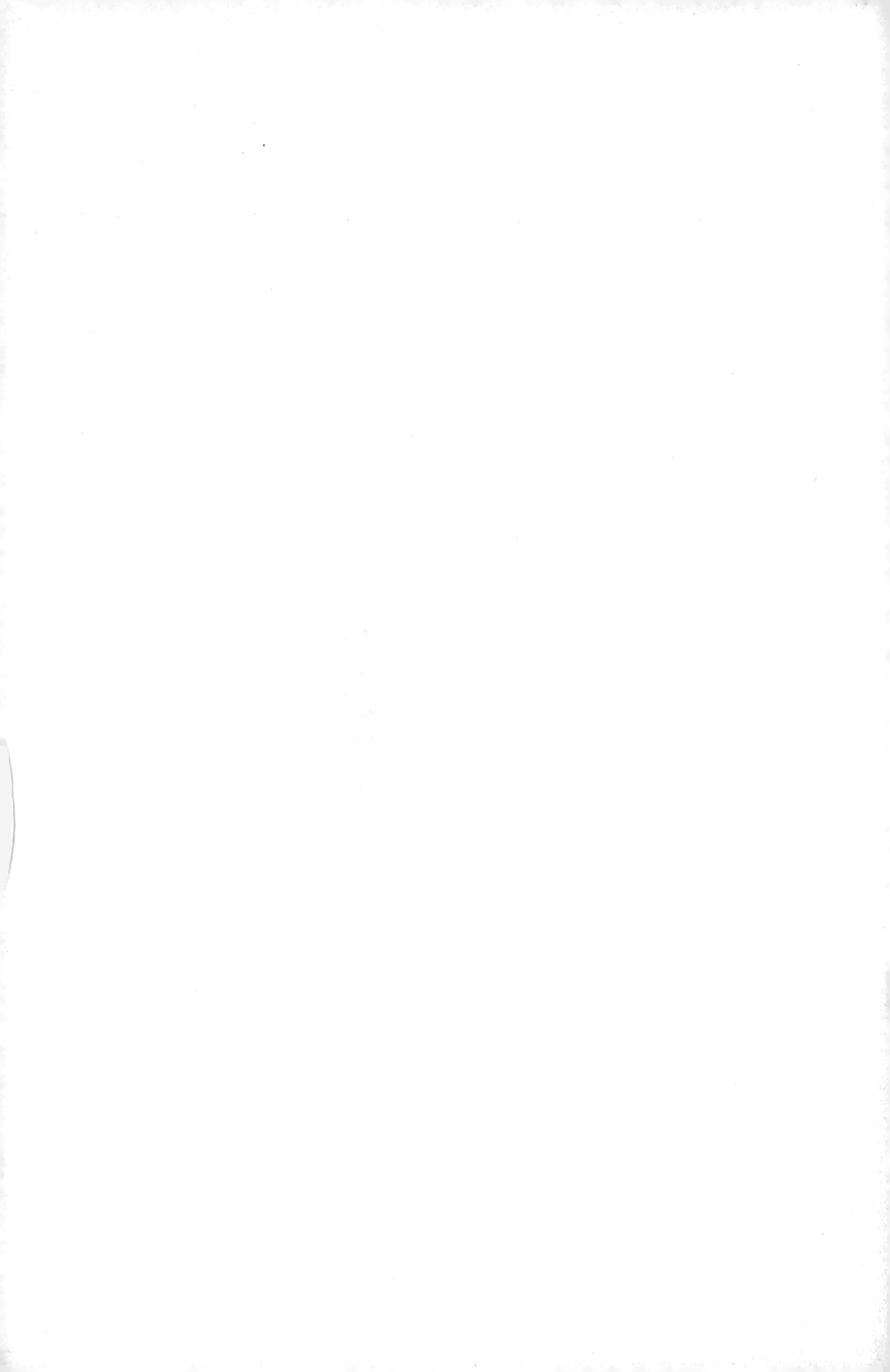